大学本科生法治素养及其提升策略

——基于A校本科生尊法学法守法用法状况调查

石旭斋◎著

中国法制出版社
CHINA LEGAL PUBLISHING HOUSE

序言

INTRODUCTION

一、调研背景

法治观念是法治素养的核心内涵和显性指标，法治素养是法治文化的精神体现。法治素养的全面提升，需要在确立科学正确的法治观念基础上，增强法律信仰，丰富法律知识，提高法律运用能力。青年大学生是建设中国特色社会主义事业的未来中坚力量，是法治国家建设实践的重要主体。有效增强大学生法治观念，全面提升大学生法治素养，不仅是大学法治文化建设的重要内容，更是直接关乎“全面依法治国，建设社会主义法治国家”目标的实践进程。

随着对外开放的不断扩大，尤其是改革的不断深化，中国共产党在治国理政基本方略层面做出了伟大选择：“依法治国，建设社会主义法治国家”。《国民经济和社会发展“九五”计划和2010年远景目标纲要》等文件将“依法治国”作为一项奋斗目标确立下来：“依法治国，建设社会主义法制国家。”1997年9月，党的十五大不仅明确提出了“依法治国，建设社会主义法治国家”，而且正式将依法治国提升到治国“基本方略”的战略高度：“依法治国，是党领导人民治理国家的基本方略，是发展社会主义市场经济的客观需要，是社会文明进步的重要标志，是国家长治久安的重要保障。”从而在党和国家的历史性文献中，第一次正式采用“法治国家”这一概念并对它的科学内涵作出了重要的丰富与发展。1999年3月《宪法》修改，增加规定：“中华人民共和国实行依法治国，建设社会主义法治国家。”“依法治国”由此获得根本法保障。

党的十八大以来，以习近平同志为核心的党中央对全面依法治国作出了一系列重要部署。2012年11月，党的十八大强调要“加快推进社会主义民主政治制度化、规范化、程序化，从各层次各领域扩大公民有序政治参与，实现国家各项工作法治化”。“全面推进依法治国。法治是治国理政的基本方式。要推进科学立法、严格执法、公正司法、全民守法，坚持法律面前人人平等，保证有法必依、执法必严、违法必究。……提高领导干部运用法治思维和法治方式深化改革、化解矛盾、推动发展、维护稳定能力。”2013 年 11 月，十八届三中全会《中共中央关于全面深化改革若干重大问题的决定》提出：“全面深化改革的总目标是完善和发展中国特色社会主义制度，推进国家治理体系和治理能力现代化。”同时强调，“建设法治中国，必须坚持依法治国、依法执政、依法行政共同推进，坚持法治国家、法治政府、法治社会一体建设。深化司法体制改革，加快建设公正高效权威的社会主义司法制度，维护人民权益，让人民群众在每一个司法案件中都感受到公平正义”。十八届三中全会对全面深化改革作出部署后，习近平多次强调凡属重大的改革都要于法有据，在整个改革过程中，都要发挥法治的引领和推动作用，加强对相关立法工作的协调，确保在法治轨道上推进改革。2014 年 10 月，党的十八届四中全会首次专题讨论依法治国问题并一致通过《中共中央关于全面推进依法治国若干重大问题的决定》，对全面推进依法治国作出重大部署，再次强调把法治作为治国理政的基本方式。

为全面增强公民法治观念，十八大以来党中央对法治宣传教育提出了新的更高要求，明确了法治宣传教育的基本定位、重大任务和重要措施。十八届三中全会要求“健全社会普法教育机制”；十八届四中全会要求“坚持把全民普法和守法作为依法治国的长期基础性工作，深入开展法治宣传教育”；十八届五中全会要求“弘扬社会主义法治精神，增强全社会特别是公职人员尊法学法守法用法观念，在全社会形成良好法治氛围和法治习惯”。《中央宣传部、司法部关于在公民中开展法治宣传教育的第七个五年规划（2016 — 2020 年）》提出，第七个五年法治宣传教育工作的主要目标是：普法宣传教育机制进一步健全，法治宣传教育实效性进一步增强，依法治理进一步深化，全民法治观念和全体党员党章党规意识明显增强，全社会厉行法治的积极性和主动性明显提高，形成守法光荣、违法可耻的社会氛围。

十八届四中全会在提出全面推进依法治国的总目标和重大任务的同时强调，法律的权威源自人民的内心拥护和真诚信仰。人民权益要靠法律保障，法律权威要靠人民维护。必须弘扬社会主义法治精神，建设社会主义法治文化，增强全社会厉行法治的积极性和主动性，形成守法光荣、违法可耻社会氛围，使全体人民都成为社会主义法治忠实崇尚者、自觉遵守者、坚定捍卫者。《中央宣传部、司法部关于在公民中开展法治宣传教育的第七个五年规划（2016 — 2020 年）》强调，法治宣传教育的对象是一切有接受教育能力的公民，重点是领导干部和青少年。提出要坚持从青少年抓起，切实把法治教育纳入国民教育体系，要加强对高等院校学生的法治教育，增强其法治观念和参与法治实践的能力。

《思想道德修养与法律基础》作为必修的思想政治课程，实际上是针对非法学专业本科生进行法治教育的主要载体，其中法律基础部分教学也就成为提升青年大学生法治素养的主要路径。为推动习近平新时代中国特色社会主义思想进教材、进课堂、进头脑，深入贯彻党的十八大以及十八届三中、四中全会，十九大以及十九届二中、三中全会精神，中宣部、教育部先后于 2015 年、2018 年对《思想道德修养与法律基础》进行了修订。其中，对于法律基础部分内容修订幅度较大。2018 年版教材特别强调："法治是现代文明的制度基石。法治兴则国家兴，法治衰则国家乱。建设法治中国，离不开每个公民的参与和推动。在全面依法治国、建设法治中国的进程中，大学生肩负重要责任。大学生要担当民族复兴责任，不仅要加强思想道德修养，而且要努力提高法治素养。这就需要进一步学习马克思主义法学理论，深刻理解社会主义法律的本质特征和运行机制，整体把握中国特色社会主义法律体系、法治体系和法治道路的精髓，培养法治思维，尊重和维护法律权威，依法行使权力与履行义务，以实际行动带动社会崇德向善，努力做尊法学法守法用法的模范。"基于这一主旨所编写的法律基础部分内容，在篇幅上几乎占全本教材的三分之一，内容体系也非常庞大，不仅有法学基础理论，而且涉及法律运行的各个环节。然而，非常有限的教学时间分配（理论上应占总学时的三分之一，也即应有 18 学时，实际上少有学校和老师能做到），抽象的教材内容体系，思想政治教师为主的师资队伍，能否从教学效果上保障有效增强大学生法治观念、全面提升大学生法治素养这一目标的充分实现？

根据安徽省教育厅 2018 年名师工作室（思政理论课教师）项目"明法厚德"工作室（Szzgjh1-1-2018-7）建设方案，为科学研判本科生法治素养水平，总结反思针对本科生的法律教育目标、内容、方式、方法等存在的问题与不足，有效推进《思想道德修养与法律基础》课程教学改革，重点解决法律基础部分教材体系向教学体系转化等问题，并为改革完善大学生法治素养提升机制，我们专题组织了面向 A 校本科生尊法学法守法用法基本状况问卷调查。

二、调查方法

重点围绕学生法治观念、权利意识、法律常识，以及《思想道德修养与法律基础》课程教学中法律基础部分教学效果评价、学生法治观念养成机制改革意见和建议等设计调查问卷，含受访学生基本信息（性别、年级、是否法学专业、是否或有否曾经担任班干部、政治面貌、地址）等问题在内，一共设计了 35 个问题，全部为选择题（单选或多选）。借助问卷网这一网络平台的技术支持，2018 年 11 月 22 日至 12 月 3 日期间面向 A 校本科生进行了问卷调查，最后获得有效问卷 3096 份，其中非法学专业本科生 2918 份，法学专业本科生 178 份。

三、调查对象基本信息

（一）非法学专业本科生

非法学专业本科生有效问卷 2918 份。

您是否法学专业同学?

		频　率	百分比	有效百分比	累计百分比
有效	否	2918	100.0	100.0	100.0

您的性别?

		频　率	百分比	有效百分比	累计百分比
有效	男	994	34.1	34.1	34.1
	女	1924	65.9	65.9	100.0
	总计	2918	100.0	100.0	

您的年级?

		频　率	百分比	有效百分比	累计百分比
有效	大一	1771	60.7	60.7	60.7
	大二	575	19.7	19.7	80.4
	大三	437	15.0	15.0	95.4
	大四	135	4.6	4.6	100.0
	总计	2918	100.0	100.0	

您的政治面貌?

		频　率	百分比	有效百分比	累计百分比
有效	中共党员	48	1.6	1.6	1.6
	共青团员	2791	95.6	95.6	97.2
	其他	79	2.7	2.7	100.0*
	总计	2918	100.0*	100.0*	

* 本书数据处理过程中，原则上小数点后只保留一位数，因此百分比的总计、累计可能出现 0.1 或 0.2 的误差。

您是否（或者有否曾经担任）学生干部?

		频　率	百分比	有效百分比	累计百分比
有效	不是	824	28.2	28.2	28.2
	是	2094	71.8	71.8	100.0
	总计	2918	100.0	100.0	

（二）法学专业本科生

法学专业本科生有效问卷 178 份。

您是否法学专业同学?

		频　率	百分比	有效百分比	累计百分比
有效	是	178	100.0	100.0	100.0

您的性别?

		频　率	百分比	有效百分比	累计百分比
有效	男	69	38.8	38.8	38.8
	女	109	61.2	61.2	100.0
	总计	178	100.0	100.0	

您的年级?

		频　率	百分比	有效百分比	累计百分比
有效	大一	127	71.3	71.3	71.3
	大二	27	15.2	15.2	86.5
	大三	15	8.4	8.4	94.9
	大四	9	5.1	5.1	100.0
	总计	178	100.0	100.0	

您的政治面貌?

		频　率	百分比	有效百分比	累计百分比
有效	中共党员	5	2.8	2.8	2.8
	共青团员	167	93.8	93.8	96.6
	其他	6	3.4	3.4	100.0
	总计	178	100.0	100.0	

您是否（或者有否曾经担任）学生干部?

		频　率	百分比	有效百分比	累计百分比
有效	不是	56	31.5	31.5	31.5
	是	122	68.5	68.5	100.0
	总计	178	100.0	100.0	

后续统计数据分析过程中，鉴于受访法学专业学生总量偏少（共计 178 人）而且低年级居多（大一学生占比 71.3%），相关统计数据及其分析结论只是具有参考意义。尽管在分析讨论大学本科生法治观念总体评测、权利意识状况评测时，一并分析讨论了受访法学专业本科生相关情况，以此作为青年大学生群体之一加以考察和参照，但将其与受访非法学专业本科生进行了区分。考虑到法学专业学生的培养目标及课程体系与教学要求等，就本课题所涉主题而言具有其特殊性，所以对于受访法学专业学生的法律意识状况、法律知识获取与习得、法治素养养成机制改革与建议等，则未做分析和讨论。

另外，鉴于受访学生政治面貌结构中，“中共党员”和“其他”两类占比都很低，“共青团员”占绝大多数，所以相关类型化比较中就没有区分政治面貌这一情况。就是否是或者有否曾经担任学生干部而言，考虑到选择“是”的学生占比较高，外加各个班级的学生干部产生机制差别很大，有的甚至采取轮流担任机制，所以在相关类型化比较中，也没有具体考虑是否（或者有否曾经担任）学生干部这一情况。

目录

CONTENTS

第一章　大学本科生法治观念总体状况评测

为考察学生总体法律意识及法治观念状况，在调查问题设计上首先通过学生自评进行正面了解，进而分别从学生对于国家和社会治理体系结构中法律的地位和作用、一般和普遍意义上法律的主要作用两个问题的理解和认知进行考察，以对其法治观念总体状况的自我评价进行测试和印证。

一、非法学专业本科生法治观念自我评价

（一）关于法律意识状况自我总体评价

您对自身法律意识状况如何总体评价？

		频率	百分比	有效百分比	累计百分比
有效	非常强	188	6.4	6.4	6.4
	强	771	26.4	26.4	32.8
	一般	1768	60.6	60.6	93.4
	比较差	191	6.5	6.5	100
	总计	2918	100.0	100.0	

您对自身法律意识状况如何总体评价？

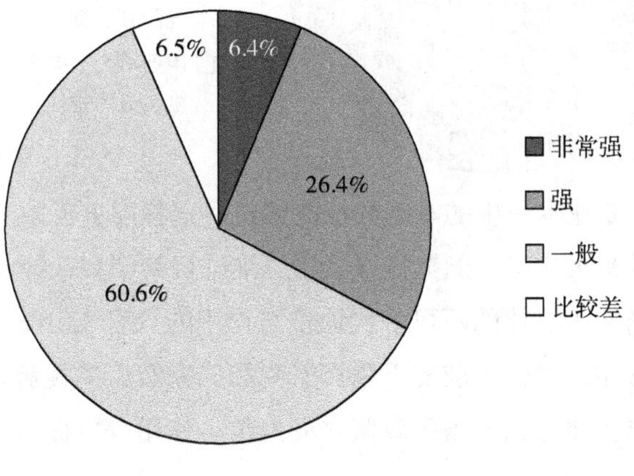

受访非法学专业本科生中，只有 32.8% 的同学自认为法律意识强，高达 60.6% 的同学自认为法律意识“一般”，甚至有 6.5% 的同学承认自身法律意识“比较差”。这一数据说明具备较强法律意识同学的占比并不高。

（二）关于国家和社会治理体系结构中法律地位和作用的认知

您如何看待国家治理和社会治理体系中法律的地位和作用？

		频率	百分比	有效百分比	累计百分比
有效	非常有用，不可替代，而且应该成为首选	1229	42.1	42.1	42.1
	非常有用，不可替代，但党和国家政策更加重要	1321	45.3	45.3	87.4
	作用一般，需要政策、道德等配套、支持	292	10.0	10.0	97.4
	用处不大，完全可以通过政策、道德替代	76	2.6	2.6	100.0
	总计	2918	100.0	100.0	

您如何看待国家治理和社会治理体系中法律的地位和作用？

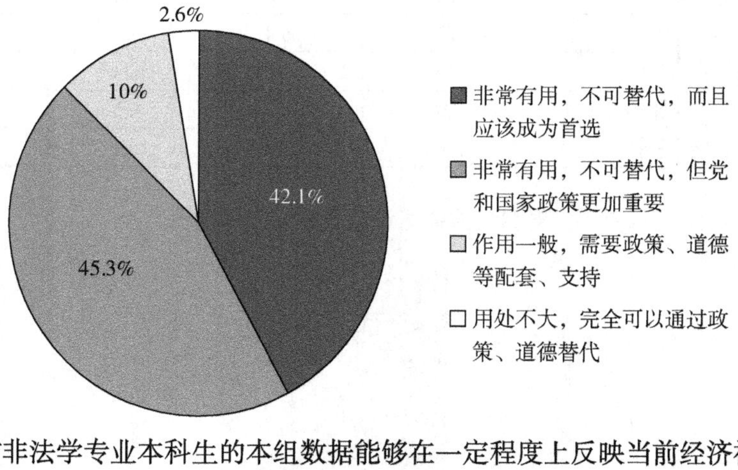

受访非法学专业本科生的本组数据能够在一定程度上反映当前经济社会发展特别是法治建设实践状态。能够根据法治思维进行判断和选择，认可国家治理和社会治理体系结构中法律的不可替代地位与作用的只有 42.1% 的同学。45.3% 的同学则在肯定法律重要作用前提下强调了党和国家政策的优势地位，45.3% 的同学直接混淆国家法律与党和国家政策之间地位、作用等方面区别，而高达 12.6%

的同学对现代民主法治实践中法律不可替代及首要选项未予认可。总体上看，近60.0% 受访非法学专业本科生没能真正理解和有效接受“依法治国是党领导人民治理国家的基本方略，法治是治国理政的基本方式”这一重大决策和重要论断。应该说，青年大学生对于法律在国家和社会治理体系结构中地位的这一理解和认知状态，是远远落后于我国近二十来的法治国家建设实践，特别是党和国家民主法治政策精神与要求的。

您对自身法律意识状况如何总体评价？

*** 您如何看待国家治理和社会治理体系中法律的地位和作用？ 交叉表**

			您如何看待国家治理和社会治理体系中法律的地位和作用？				
			非常有用，不可替代，而且应该成为首选	非常有用，不可替代，但党和国家政策更加重要	作用一般，需要政策、道德等配套、支持	用处不大，完全可以通过政策、道德替代	总计
您对自身法律意识状况如何总体评价？	非常强	计数	88	72	10	18	188
		占 您对自身法律意识状况如何总体评价？ 的百分比	46.8%	38.3%	5.3%	9.6%	100.0%
		占 您如何看待国家治理和社会治理体系中法律的地位和作用？ 的百分比	7.2%	5.5%	3.4%	23.7%	6.4%
		占总计的百分比	3.0%	2.5%	0.3%	0.6%	6.4%
	强	计数	338	337	76	20	771
		占 您对自身法律意识状况如何总体评价？ 的百分比	43.8%	43.7%	9.9%	2.6%	100.0%
		占 您如何看待国家治理和社会治理体系中法律的地位和作用？ 的百分比	27.5%	25.5%	26.0%	26.3%	26.4%
		占总计的百分比	11.6%	11.5%	2.6%	0.7%	26.4%
	一般	计数	729	829	178	32	1768
		占 您对自身法律意识状况如何总体评价？ 的百分比	41.2%	46.9%	10.1%	1.8%	100.0%
		占 您如何看待国家治理和社会治理体系中法律的地位和作用？ 的百分比	59.3%	62.8%	61.0%	42.1%	60.6%
		占总计的百分比	25.0%	28.4%	6.1%	1.1%	60.6%

续表

		您如何看待国家治理和社会治理体系中法律的地位和作用?				
		非常有用，不可替代，而且应该成为首选	非常有用，不可替代，但党和国家政策更加重要	作用一般，需要政策、道德等配套、支持	用处不大，完全可以通过政策、道德替代	总计
比较差	计数	74	83	28	6	191
	占 您对自身法律意识状况如何总体评价? 的百分比	38.7%	43.5%	14.7%	3.1%	100.0%
	占 您如何看待国家治理和社会治理体系中法律的地位和作用? 的百分比	6.0%	6.3%	9.6%	7.9%	6.5%
	占总计的百分比	2.5%	2.8%	1.0%	0.2%	6.5%
总计	计数	1229	1321	292	76	2918
	占 人数总计 的百分比	42.1%	45.3%	10.0%	2.6%	100.0%
	占 您如何看待国家治理和社会治理体系中法律的地位和作用? 的百分比	100.0%	100.0%	100.0%	100.0%	100.0%

您对自身法律意识状况如何总体评价? *您如何看待国家治理和社会治理体系中法律的地位和作用?

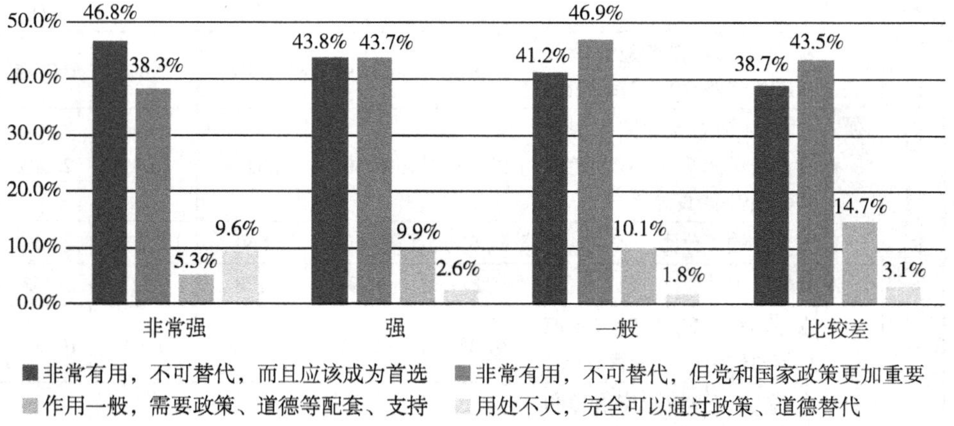

“您对自身法律意识状况如何总体评价”与“您如何看待国家治理和社会治理体系中法律的地位和作用”交叉统计数据表明，受访非法学专业本科生对于自

身法律意识状况的自我评价，与其对于国家和社会治理体系中法律地位和作用的理解直接相关联，自我评价法律意识“非常强”和“强”的同学中，相对更高比例同学能够正确理解和认识法律的不可替代地位；而自我评价法律意识状态“比较差”和“一般”的同学中，相对更加认可党和国家政策以及伦理道德等的地位和作用。由此说明，在增强学生法律意识教育活动中，应当注意帮助他们正确理解不同社会规范的功能、性质和特点，进而在此基础上正确认知在现代社会秩序的构建中，法律作为最为典型的社会规范具有首选性和不可替代性。

（三）关于法律的主要作用的认知

您认为法律的作用主要是哪些？ _惩罚制裁违法犯罪行为

		频率	百分比	有效百分比	累计百分比
有效		233	8.0	8.0	8.0
	惩罚制裁违法犯罪行为	2685	92.0	92.0	100.0
	总计	2918	100.0	100.0	

您认为法律的作用主要是哪些？ _保护公民合法权益

		频率	百分比	有效百分比	累计百分比
有效		153	5.2	5.2	5.2
	保护公民合法权益	2765	94.8	94.8	100.0
	总计	2918	100.0	100.0	

您认为法律的作用主要是哪些？ _规定公民义务

		频率	百分比	有效百分比	累计百分比
有效		479	16.4	16.4	16.4
	规定公民义务	2439	83.6	83.6	100.0
	总计	2918	100.0	100.0	

您认为法律的作用主要是哪些？ _解决处理法律纠纷

		频率	百分比	有效百分比	累计百分比
有效		373	12.8	12.8	12.8
	解决处理法律纠纷	2545	87.2	87.2	100.0
	总计	2918	100.0	100.0	

您认为法律的作用主要是哪些？_保障社会稳定

		频率	百分比	有效百分比	累计百分比
有效		249	8.5	8.5	8.5
	保障社会稳定	2669	91.5	91.5	100.0
	总计	2918	100.0	100.0	

您认为法律的作用主要是哪些？_巩固阶级统治

		频率	百分比	有效百分比	累计百分比
有效		1235	42.3	42.3	42.3
	巩固阶级统治	1683	57.7	57.7	100.0
	总计	2918	100.0	100.0	

您认为法律的作用主要是哪些？_扩大对外开放与交流、维护国家利益

		频率	百分比	有效百分比	累计百分比
有效		733	25.1	25.1	25.1
	扩大对外开放与交流、维护国家利益	2185	74.9	74.9	100.0
	总计	2918	100.0	100.0	

将上述数据进行汇总，形成以下图表：

您认为法律的作用主要是哪些？

		频率	百分比	有效百分比
有效	惩罚制裁违法犯罪行为	2685	92.0	92.0
	保护公民合法权益	2765	94.8	94.8
	规定公民义务	2439	83.6	83.6
	解决处理法律纠纷	2545	87.2	87.2
	保障社会稳定	2669	91.5	91.5
	巩固阶级统治	1683	57.7	57.7
	扩大对外开放与交流、维护国家利益	2185	74.9	74.9

本组数据表明，受访非法学专业本科生普遍对国家法律在保护公民权利、惩罚制裁违法犯罪行为，定纷止争、保障社会稳定等方面积极作用均有较高比例的知晓，其中对“规定公民义务”作用的选择占比最低，但有效百分比仍达83.6%。对法律在扩大对外开放与交流、维护国家利益方面积极作用的相关认知则有待进一步提升，尤其是关于国家法律在维护阶级统治方面的作用，还有一小半同学缺乏基本认知。总体上，关于法治的整体功能以及法律社会作用等方面知识学习和理念确立还需要进一步加强。

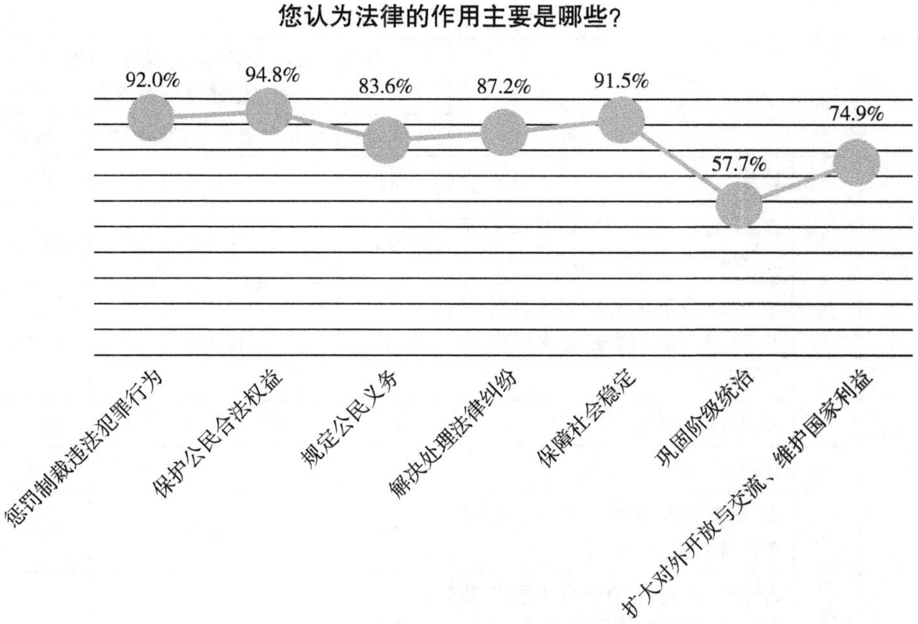

您对自身法律意识状况如何总体评价？ * 您认为法律的作用主要是哪些？_惩罚制裁违法犯罪行为 交叉表

			您认为法律的作用主要是哪些？_惩罚制裁违法犯罪行为		
				惩罚制裁违法犯罪行为	总计
您对自身法律意识状况如何总体评价？	非常强	计数	21	167	188
		占 您对自身法律意识状况如何总体评价？ 的百分比	11.2%	88.8%	100.0%
		占 您认为法律的作用主要是哪些？_惩罚制裁违法犯罪行为 的百分比	9.0%	6.2%	6.4%
		占总计的百分比	0.7%	5.7%	6.4%
	强	计数	61	710	771
		占 您对自身法律意识状况如何总体评价？ 的百分比	7.9%	92.1%	100.0%
		占 您认为法律的作用主要是哪些？_惩罚制裁违法犯罪行为 的百分比	26.2%	26.4%	26.4%
		占总计的百分比	2.1%	24.3%	26.4%

续表

			您认为法律的作用主要是哪些？_惩罚制裁违法犯罪行为		
				惩罚制裁违法犯罪行为	总计
	一般	计数	133	1635	1768
		占 您对自身法律意识状况如何总体评价？ 的百分比	7.5%	92.5%	100.0%
		占 您认为法律的作用主要是哪些？_惩罚制裁违法犯罪行为 的百分比	57.1%	60.9%	60.6%
		占总计的百分比	4.6%	56.0%	60.6%
	比较差	计数	18	173	191
		占 您对自身法律意识状况如何总体评价？ 的百分比	9.4%	90.6%	100.0%
		占 您认为法律的作用主要是哪些？_惩罚制裁违法犯罪行为 的百分比	7.7%	6.4%	6.5%
		占总计的百分比	0.6%	5.9%	6.5%
总计		计数	233	2685	2918
		占 人数总计 的百分比	8.0%	92.0%	100.0%
		占 您认为法律的作用主要是哪些？_惩罚制裁违法犯罪行为 的百分比	100.0%	100.0%	100.0%

您对自身法律意识状况如何总体评价？ * 您认为法律的作用主要是哪些？_保护公民合法权益 交叉表

			您认为法律的作用主要是哪些？_保护公民合法权益		
				保护公民合法权益	总计
	非常强	计数	28	160	188
		占 您对自身法律意识状况如何总体评价？ 的百分比	14.9%	85.1%	100.0%
		占 您认为法律的作用主要是哪些？_保护公民合法权益 的百分比	18.3%	5.8%	6.4%
		占总计的百分比	1.0%	5.5%	6.4%

续表

			您认为法律的作用主要是哪些？_保护公民合法权益		
				保护公民合法权益	总计
您对自身法律意识状况如何总体评价？	强	计数	37	734	771
		占 您对自身法律意识状况如何总体评价？ 的百分比	4.8%	95.2%	100.0%
		占 您认为法律的作用主要是哪些？_保护公民合法权益 的百分比	24.2%	26.5%	26.4%
		占总计的百分比	1.3%	25.2%	26.4%
	一般	计数	72	1696	1768
		占 您对自身法律意识状况如何总体评价？ 的百分比	4.1%	95.9%	100.0%
		占 您认为法律的作用主要是哪些？_保护公民合法权益 的百分比	47.1%	61.3%	60.6%
		占总计的百分比	2.5%	58.1%	60.6%
	比较差	计数	16	175	191
		占 您对自身法律意识状况如何总体评价？ 的百分比	8.4%	91.6%	100.0%
		占 您认为法律的作用主要是哪些？_保护公民合法权益 的百分比	10.5%	6.3%	6.5%
		占总计的百分比	0.5%	6.0%	6.5%
总计		计数	153	2765	2918
		占 人数总计 的百分比	5.2%	94.8%	100.0%
		占 您认为法律的作用主要是哪些？_保护公民合法权益 的百分比	100.0%	100.0%	100.0%

您对自身法律意识状况如何总体评价？ * 您认为法律的作用主要是哪些？_规定公民义务 交叉表

			您认为法律的作用主要是哪些？_规定公民义务		
				规定公民义务	总计
	非常强	计数	43	145	188
		占 您对自身法律意识状况如何总体评价？ 的百分比	22.9%	77.1%	100.0%
		占 您认为法律的作用主要是哪些？_规定公民义务 的百分比	9.0%	5.9%	6.4%
		占总计的百分比	1.5%	5.0%	6.4%

续表

			您认为法律的作用主要是哪些？_规定公民义务		
				规定公民义务	总计
您对自身法律意识状况如何总体评价？	强	计数	119	652	771
		占 您对自身法律意识状况如何总体评价？ 的百分比	15.4%	84.6%	100.0%
		占 您认为法律的作用主要是哪些？_规定公民义务 的百分比	24.8%	26.7%	26.4%
		占总计的百分比	4.1%	22.3%	26.4%
	一般	计数	287	1481	1768
		占 您对自身法律意识状况如何总体评价？ 的百分比	16.2%	83.8%	100.0%
		占 您认为法律的作用主要是哪些？_规定公民义务 的百分比	59.9%	60.7%	60.6%
		占总计的百分比	9.8%	50.8%	60.6%
	比较差	计数	30	161	191
		占 您对自身法律意识状况如何总体评价？ 的百分比	15.7%	84.3%	100.0%
		占 您认为法律的作用主要是哪些？_规定公民义务 的百分比	6.3%	6.6%	6.5%
		占总计的百分比	1.0%	5.5%	6.5%
总计		计数	479	2439	2918
		占 人数总计 的百分比	16.4%	83.6%	100.0%
		占 您认为法律的作用主要是哪些？_规定公民义务 的百分比	100.0%	100.0%	100.0%

您对自身法律意识状况如何总体评价？ * 您认为法律的作用主要是哪些？_解决处理法律纠纷 交叉表

			您认为法律的作用主要是哪些？_解决处理法律纠纷		
				解决处理法律纠纷	总计
您对自身法律意识状况如何总体评价？	非常强	计数	43	145	188
		占 您对自身法律意识状况如何总体评价？ 的百分比	22.9%	77.1%	100.0%
		占 您认为法律的作用主要是哪些？_解决处理法律纠纷 的百分比	11.5%	5.7%	6.4%
		占总计的百分比	1.5%	5.0%	6.4%
	强	计数	97	674	771
		占 您对自身法律意识状况如何总体评价？ 的百分比	12.6%	87.4%	100.0%
		占 您认为法律的作用主要是哪些？_解决处理法律纠纷 的百分比	26.0%	26.5%	26.4%
		占总计的百分比	3.3%	23.1%	26.4%
	一般	计数	207	1561	1768
		占 您对自身法律意识状况如何总体评价？ 的百分比	11.7%	88.3%	100.0%
		占 您认为法律的作用主要是哪些？_解决处理法律纠纷 的百分比	55.5%	61.3%	60.6%
		占总计的百分比	7.1%	53.5%	60.6%
	比较差	计数	26	165	191
		占 您对自身法律意识状况如何总体评价？ 的百分比	13.6%	86.4%	100.0%
		占 您认为法律的作用主要是哪些？_解决处理法律纠纷 的百分比	7.0%	6.5%	6.5%
		占总计的百分比	0.9%	5.7%	6.5%
总计		计数	373	2545	2918
		占 人数总计 的百分比	12.8%	87.2%	100.0%
		占 您认为法律的作用主要是哪些？_解决处理法律纠纷 的百分比	100.0%	100.0%	100.0%

您对自身法律意识状况如何总体评价？ * 您认为法律的作用主要是哪些？_保障社会稳定 交叉表

			您认为法律的作用主要是哪些？_保障社会稳定		
				保障社会稳定	总计
您对自身法律意识状况如何总体评价？	非常强	计数	41	147	188
		占 您对自身法律意识状况如何总体评价？ 的百分比	21.8%	78.2%	100.0%
		占 您认为法律的作用主要是哪些？_保障社会稳定 的百分比	16.5%	5.5%	6.4%
		占总计的百分比	1.4%	5.0%	6.4%
	强	计数	59	712	771
		占 您对自身法律意识状况如何总体评价？ 的百分比	7.7%	92.3%	100.0%
		占 您认为法律的作用主要是哪些？_保障社会稳定 的百分比	23.7%	26.7%	26.4%
		占总计的百分比	2.0%	24.4%	26.4%
	一般	计数	133	1635	1768
		占 您对自身法律意识状况如何总体评价？ 的百分比	7.5%	92.5%	100.0%
		占 您认为法律的作用主要是哪些？_保障社会稳定 的百分比	53.4%	61.3%	60.6%
		占总计的百分比	4.6%	56.0%	60.6%
	比较差	计数	16	175	191
		占 您对自身法律意识状况如何总体评价？ 的百分比	8.4%	91.6%	100.0%
		占 您认为法律的作用主要是哪些？_保障社会稳定 的百分比	6.4%	6.6%	6.5%
		占总计的百分比	0.5%	6.0%	6.5%
总计		计数	249	2669	2918
		占 人数总计 的百分比	8.5%	91.5%	100.0%
		占 您认为法律的作用主要是哪些？_保障社会稳定 的百分比	100.0%	100.0%	100.0%

您对自身法律意识状况如何总体评价？ * 您认为法律的作用主要是哪些？_巩固阶级统治 交叉表

			您认为法律的作用主要是哪些？_巩固阶级统治		
				巩固阶级统治	总计
您对自身法律意识状况如何总体评价？	非常强	计数	75	113	188
		占 您对自身法律意识状况如何总体评价？ 的百分比	39.9%	60.1%	100.0%
		占 您认为法律的作用主要是哪些？_巩固阶级统治 的百分比	6.1%	6.7%	6.4%
		占总计的百分比	2.6%	3.9%	6.4%
	强	计数	303	468	771
		占 您对自身法律意识状况如何总体评价？ 的百分比	39.3%	60.7%	100.0%
		占 您认为法律的作用主要是哪些？_巩固阶级统治 的百分比	24.5%	27.8%	26.4%
		占总计的百分比	10.4%	16.0%	26.4%
	一般	计数	785	983	1768
		占 您对自身法律意识状况如何总体评价？ 的百分比	44.4%	55.6%	100.0%
		占 您认为法律的作用主要是哪些？_巩固阶级统治 的百分比	63.6%	58.4%	60.6%
		占总计的百分比	26.9%	33.7%	60.6%
	比较差	计数	72	119	191
		占 您对自身法律意识状况如何总体评价？ 的百分比	37.7%	62.3%	100.0%
		占 您认为法律的作用主要是哪些？_巩固阶级统治 的百分比	5.8%	7.1%	6.5%
		占总计的百分比	2.5%	4.1%	6.5%
总计		计数	1235	1683	2918
		占 人数总计 的百分比	42.3%	57.7%	100.0%
		占 您认为法律的作用主要是哪些？_巩固阶级统治 的百分比	100.0%	100.0%	100.0%

您对自身法律意识状况如何总体评价？ * 您认为法律的作用主要是哪些？_扩大对外开放与交流、维护国家利益 交叉表

			您认为法律的作用主要是哪些？_扩大对外开放与交流、维护国家利益		
				扩大对外开放与交流、维护国家利益	总计
您对自身法律意识状况如何总体评价？	非常强	计数	61	127	188
		占 您对自身法律意识状况如何总体评价？ 的百分比	32.4%	67.6%	100.0%
		占 您认为法律的作用主要是哪些？_扩大对外开放与交流、维护国家利益 的百分比	8.3%	5.8%	6.4%
		占总计的百分比	2.1%	4.4%	6.4%
	强	计数	187	584	771
		占 您对自身法律意识状况如何总体评价？ 的百分比	24.3%	75.7%	100.0%
		占 您认为法律的作用主要是哪些？_扩大对外开放与交流、维护国家利益 的百分比	25.5%	26.7%	26.4%
		占总计的百分比	6.4%	20.0%	26.4%
	一般	计数	442	1326	1768
		占 您对自身法律意识状况如何总体评价？ 的百分比	25.0%	75.0%	100.0%
		占 您认为法律的作用主要是哪些？_扩大对外开放与交流、维护国家利益 的百分比	60.3%	60.7%	60.6%
		占总计的百分比	15.1%	45.4%	60.6%
	比较差	计数	43	148	191
		占 您对自身法律意识状况如何总体评价？ 的百分比	22.5%	77.5%	100.0%
		占 您认为法律的作用主要是哪些？_扩大对外开放与交流、维护国家利益 的百分比	5.9%	6.8%	6.5%
		占总计的百分比	1.5%	5.1%	6.5%
总计		计数	733	2185	2918
		占 人数总计 的百分比	25.1%	74.9%	100.0%
		占 您认为法律的作用主要是哪些？_扩大对外开放与交流、维护国家利益 的百分比	100.0%	100.0%	100.0%

将上述数据进行汇总，形成以下图表：

您对自身法律意识状况如何总体评价？ * 您认为法律的作用主要是哪些？ 交叉表

		您认为法律的作用主要是哪些？							
		惩罚制裁违法犯罪行为	保护公民合法权益	规定公民义务	解决处理法律纠纷	保障社会稳定	巩固阶级统治	扩大对外开放与交流、维护国家利益	平均值
您对自身法律意识状况如何总体评价？_有效百分比	非常强	88.8	85.1	77.1	77.1	78.2	60.1	67.6	76.29
	强	92.1	95.2	84.6	87.4	92.3	60.7	75.7	84.00
	一般	92.5	95.9	83.8	88.3	92.5	55.6	75.0	83.37
	比较差	90.6	91.6	84.3	86.4	91.6	62.3	77.5	83.47
	平均值	91.00	91.95	82.45	84.80	88.65	59.68	73.95	

您对自身法律意识状况如何总体评价？*您认为法律的作用主要是哪些？

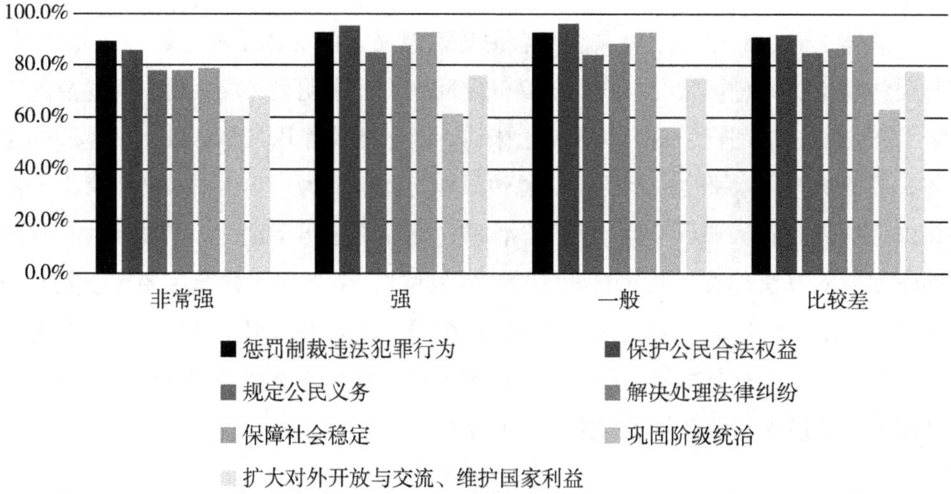

首先，从受访非法学专业本科生法律意识状况自我评价“非常强”“强”“一般”“比较差”四个群体学生，对于法律具体作用七个选项的有效百分比分布情况看，他们关于七项法律具体作用的认知程度是不一样的：四个群体学生有效百分比的平均值从高到低的七个选项依次是“保护公民合法权益”“惩罚制裁违法犯罪行为”“保障社会稳定”“解决处理法律纠纷”“规定公民义务”“扩大对外开放与交流、维护国家利益”“巩固阶级统治”，而且前两项乃至前三项

非常接近（法律意识状况自我评价“强”“一般”“比较差”三个群体学生，“保护公民合法权益”“惩罚制裁违法犯罪行为”“保障社会稳定”三个选项有效百分比非常接近），巩固阶级统治”选项四个群体学生有效百分比及其平均值均最低。

其次，从法律具体作用七个不同选项的有效百分比在受访非法学专业本科生法律意识状况自我评价“非常强”“强”“一般”“比较差”四个群体中各自分布情况看，“惩罚制裁违法犯罪行为”“保护公民合法权益”“规定公民义务”“解决处理法律纠纷”“保障社会稳定”“扩大对外开放与交流、维护国家利益”六个选项有效百分比，法律意识状况自我评价“强”“一般”“比较差”三个群体学生均是非常接近，而法律意识状况自我评价“非常强”群体学生最低且有明显差距；“巩固阶级统治”选项有效百分比，法律意识状况自我评价“一般”群体学生最低，其余三个群体学生非常接近。法律意识状况自我评价“非常强”的同学平均有效百分比不仅不比其他三种类型的群体高，反而还低了 7 个百分点以上，而法律意识状况自我评价“强”“一般”和“比较差”的三个群体的平均有效百分比则非常接近。

总体上看，对于一般意义上或者说普遍意义上的法作用的理解和认知程度，与受访学生法律意识状况自我评价高低之间没有非常明显的相关性。而这显然不符合正常的法理逻辑，因为从理论上来讲，对于法律作用具体认知水平越高的主体，其法律意识水平也应当更高。恐怕只能对此解释为，学生对一般意义上的法律作用的理解和认知更多是“直觉”性质，而非真正出于理性。与此同时，部分同学尽管对其法律意识状态自我评价“非常强”，但事实上并非主要缘于其对一般意义上法律作用的充分认知，而可能更多是出于良好习惯、高度道德自觉等缘由而对法律予以充分尊重。所以，对广大青年大学生普遍性进行一般意义上法律作用知识的说服和教育非常重要而且十分必要！

总体而言，受访非法学专业本科学生的整体法律意识状况不够理想，他们对国家和社会治理体系中法律的地位和作用，以及一般意义上的法律作用普遍缺乏深层次理性认知，因而也非常难以有效支撑其良好法治观念的确立和形成。

二、法学专业本科生法治观念自我评价

（一）关于法律意识状况自我总体评价

您对自身法律意识状况如何总体评价？

		频率	百分比	有效百分比	累计百分比
有效	非常强	25	14.0	14.0	14.0
	强	56	31.5	31.5	45.5
	一般	90	50.6	50.6	96.1
	比较差	7	3.9	3.9	100.0
	总计	178	100.0	100.0	

您对自身法律意识状况如何总体评价？

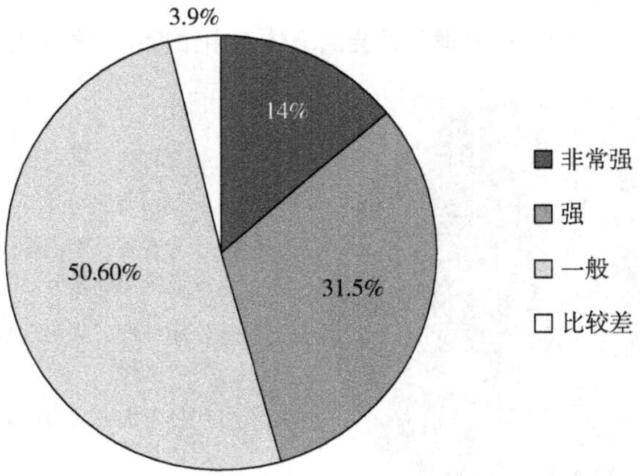

相较于非法学专业受访学生而言，受访法学专业学生对法律意识状况自我评价“非常强”“强”的有效百分比更高，特别是“非常强”的占比高了一倍多，但是就法学专业学生而言，只有 45.5% 的受访学生充分肯定自我法律意识状况，而高达 50.6% 的受访学生自我评价法律意识状况“一般”，甚至仍有 3.9% 的受访学生承认自我法律意识状况“比较差”，这一数据结构并不理想。尽管样本数据偏少，而且大一学生居多，但至少也足以说明即使就法学专业教育而言，增强和提高学生法律意识与法治素养同样任重道远。

（二）关于国家和社会治理体系结构中法律地位和作用的认知

您如何看待国家治理和社会治理体系中法律的地位和作用？

		频率	百分比	有效百分比	累计百分比
有效	非常有用，不可替代，而且应该成为首选	88	49.4	49.4	49.4
	非常有用，不可替代，但党和国家政策更加重要	64	36.0	36.0	85.4
	作用一般，需要政策、道德等配套、支持	17	9.6	9.6	95.0
	用处不大，完全可以通过政策、道德替代	9	5.1	5.1	100.0
	总计	178	100.0	100.0	

您如何看待国家治理和社会治理体系中法律的地位和作用？

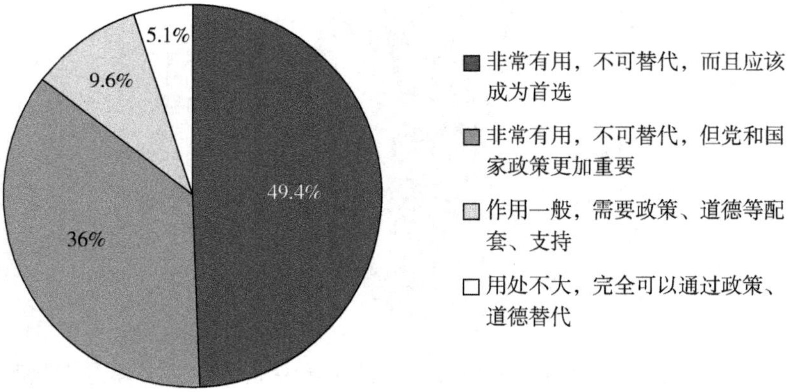

就国家治理和社会治理体系中法律地位和作用认知情况看，受访法学专业本科生能够根据法治思维进行判断和选择，认可国家治理和社会治理体系结构中法律的不可替代地位与作用的有效百分比为49.4%，虽然高于非法学专业学生，但仍然有高达36.0%的同学直接混淆国家法律与党和国家政策之间地位、作用等方面区别，甚至5.1%的同学对现代民主法治实践中法律不可替代及首要选项这一地位和作用不予认可，这一有效百分比甚至是非法学专业学生的一倍。作为未来法律职业者来说，如此认知和把握国家和社会治理体系结构中法律的地位和作用，显然无法积极有效支持法治国家建设实践的优秀法律人才需求。

您对自身法律意识状况如何总体评价？
*** 您如何看待国家治理和社会治理体系中法律的地位和作用？ 交叉表**

			您如何看待国家治理和社会治理体系中法律的地位和作用？				
			非常有用，不可替代，而且应该成为首选	非常有用，不可替代，但党和国家政策更加重要	作用一般，需要政策、道德等配套、支持	用处不大，完全可以通过政策、道德替代	总计
您对自身法律意识状况如何总体评价？	非常强	计数	9	9	2	5	25
		占 您对自身法律意识状况如何总体评价？ 的百分比	36.0%	36.0%	8.0%	20.0%	100.0%
		占 您如何看待国家治理和社会治理体系中法律的地位和作用？ 的百分比	10.2%	14.1%	11.8%	55.6%	14.0%
		占总计的百分比	5.1%	5.1%	1.1%	2.8%	14.0%
	强	计数	36	15	1	4	56
		占 您对自身法律意识状况如何总体评价？ 的百分比	64.3%	26.8%	1.8%	7.1%	100.0%
		占 您如何看待国家治理和社会治理体系中法律的地位和作用？ 的百分比	40.9%	23.4%	5.9%	44.4%	31.5%
		占总计的百分比	20.2%	8.4%	0.6%	2.2%	31.5%
	一般	计数	42	36	12	0	90
		占 您对自身法律意识状况如何总体评价？ 的百分比	46.7%	40.0%	13.3%	0.0%	100.0%
		占 您如何看待国家治理和社会治理体系中法律的地位和作用？ 的百分比	47.7%	56.3%	70.6%	0.0%	50.6%
		占总计的百分比	23.6%	20.2%	6.7%	0.0%	50.6%
	比较差	计数	1	4	2	0	7
		占 您对自身法律意识状况如何总体评价？ 的百分比	14.3%	57.1%	28.6%	0.0%	100.0%
		占 您如何看待国家治理和社会治理体系中法律的地位和作用？ 的百分比	1.1%	6.3%	11.8%	0.0%	3.9%
		占总计的百分比	0.6%	2.2%	1.1%	0.0%	3.9%

续表

		您如何看待国家治理和社会治理体系中法律的地位和作用？				
		非常有用，不可替代，而且应该成为首选	非常有用，不可替代，但党和国家政策更加重要	作用一般，需要政策、道德等配套、支持	用处不大，完全可以通过政策、道德替代	总计
总计	计数	88	64	17	9	178
	占 人数总计 的百分比	49.4%	36.0%	9.6%	5.1%	100.0%
	占 您如何看待国家治理和社会治理体系中法律的地位和作用？ 的百分比	100.0%	100.0%	100.0%	100.0%	100.0%

您对自身法律意识状况如何总体评价？* 您如何看待国家治理和社会治理体系中法律的地位和作用？

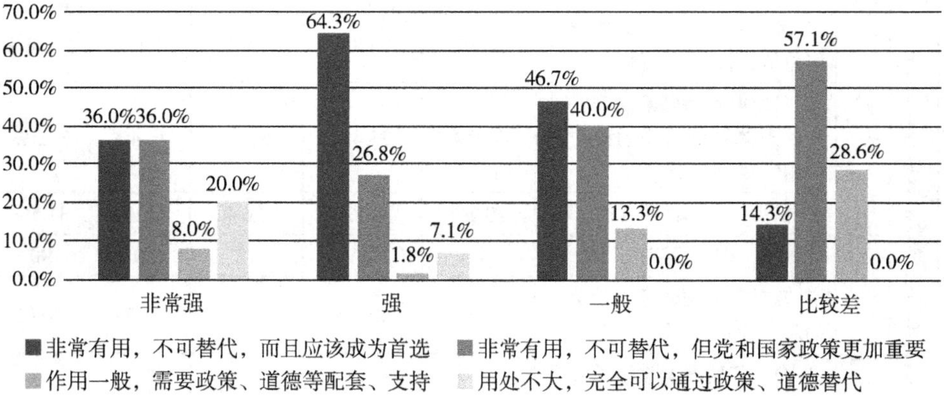

“您对自身法律意识状况如何总体评价”与“您如何看待国家治理和社会治理体系中法律的地位和作用”交叉统计数据表明，受访法学专业本科学生法律意识状况自我评价高低，与其对国家和社会治理体系中法律的地位和作用认知程度之间具有一定相关性：总体上，自我评价法律意识“非常强”和“强”的同学中，有相对更高比例同学能够正确理解和认识法律的不可替代地位；而自我评价法律意识状态“比较差”和“一般”的同学中，相对而言更加认可党和国家政策以及伦理道德等的地位和作用。然而本组数据也表明，对法律意识状况自我评价“比较差”的受访法学专业学生，对于法律与党和国家政策以及伦理道

德之间关系的认知和理解，反而明显不如非法学专业学生中同样是自我评价法律意识状况为“比较差”的学生，而这一“强烈反差”竟然更加明显地存在于法律意识状况自我评价为“非常强”的两组学生中。即使在法律意识状况自我评价“强”和“一般”的两类学生中，对于国家和社会治理体系中法律地位和作用的正确认知，受访法学专业学生要好于非法学专业学生，然而其中的优势并不特别明显，而且受访法学专业学生中就法律意识状况自我评价分别为“强”和“一般”的，正确理解国家和社会治理体系中法律地位和作用的有效百分比分别只有 64.3%、46.7%。更加令人费解的是，就法律意识状况自我评价“非常强”的受访法学专业学生，正确理解国家和社会治理体系中法律地位和作用的有效百分比只有 36.0%，与强调国家和社会治理体系中党和国家政策具有优先性的学生占比完全相同，甚至在这部分学生中完全漠视法律地位和作用，认为完全可以由政策、道德等替代的学生占比高达 20.0%，这一占比不仅是此类选项中最高，而且远远高于法律意识状况自我评价分别为“强”“一般”“比较差”的学生。考虑到样本数据偏小、大一新生居多，这一结论最多只有参考性，但是就这 178 名受访法学专业学生而言，也足以说明他们不仅总体上非常缺乏关于国家和社会治理体系中法律地位和作用的正确认知，而且其法律意识和法治素养也难以得到积极肯定。

（三）关于法律的主要作用的认知

您认为法律的作用主要是哪些？ _惩罚制裁违法犯罪行为

		频率	百分比	有效百分比	累计百分比
有效		14	7.9	7.9	7.9
	惩罚制裁违法犯罪行为	164	92.1	92.1	100.0
	总计	178	100.0	100.0	

您认为法律的作用主要是哪些？ _保护公民合法权益

		频率	百分比	有效百分比	累计百分比
有效		8	4.5	4.5	4.5
	保护公民合法权益	170	95.5	95.5	100.0
	总计	178	100.0	100.0	

您认为法律的作用主要是哪些？_规定公民义务

		频率	百分比	有效百分比	累计百分比
有效		30	16.9	16.9	16.9
	规定公民义务	148	83.1	83.1	100.0
	总计	178	100.0	100.0	

您认为法律的作用主要是哪些？_解决处理法律纠纷

		频率	百分比	有效百分比	累计百分比
有效		19	10.7	10.7	10.7
	解决处理法律纠纷	159	89.3	89.3	100.0
	总计	178	100.0	100.0	

您认为法律的作用主要是哪些？_保障社会稳定

		频率	百分比	有效百分比	累计百分比
有效		13	7.3	7.3	7.3
	保障社会稳定	165	92.7	92.7	100.0
	总计	178	100.0	100.0	

您认为法律的作用主要是哪些？_巩固阶级统治

		频率	百分比	有效百分比	累计百分比
有效		57	32.0	32.0	32.0
	巩固阶级统治	121	68.0	68.0	100.0
	总计	178	100.0	100.0	

您认为法律的作用主要是哪些？_扩大对外开放与交流、维护国家利益

		频率	百分比	有效百分比	累计百分比
有效		44	24.7	24.7	24.7
	扩大对外开放与交流、维护国家利益	134	75.3	75.3	100.0
	总计	178	100.0	100.0	

将上述数据进行汇总，形成以下图表：

您认为法律的作用主要是哪些？

		频率	百分比	有效百分比
有效	惩罚制裁违法犯罪行为	164	92.1	92.1
	保护公民合法权益	170	95.5	95.5
	规定公民义务	148	83.1	83.1
	解决处理法律纠纷	159	89.3	89.3
	保障社会稳定	165	92.7	92.7
	巩固阶级统治	121	68.0	68.0
	扩大对外开放与交流、维护国家利益	134	75.3	75.3

您认为法律的作用主要是哪些？

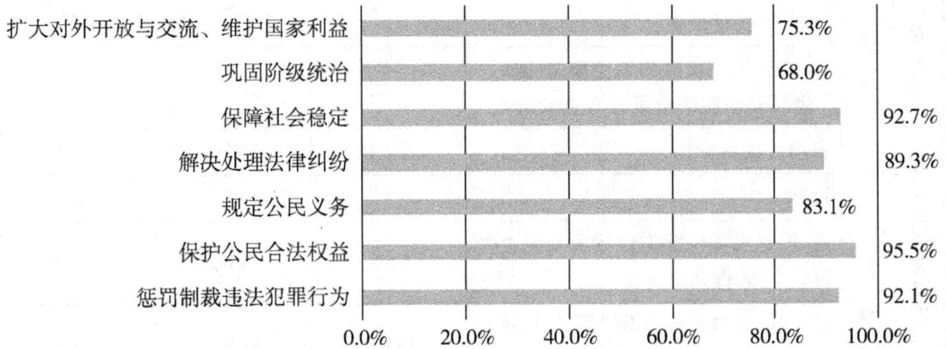

本组数据表明，对于一般意义上法律的主要作用的理解和认知，受访法学专业本科生与受访的非法学专业本科生，整体上水平高度一致（两组数据中各自对七项法律主要作用的选择有效百分比非常接近）。受访法学专业学生普遍对国家法律在保护公民权利、惩罚制裁违法犯罪行为，定纷止争、保障社会稳定的积极作用均有较高比例的知晓，其中对“规定公民义务”选项的有效百分比最低，但占比仍达83.1%。与此同时，对法律在扩大对外开放与交流、维护国家利益方面积极作用的相关认知则有待进一步提升，尤其是关于国家法律在维护阶级统治方面的作用，还有一小半同学缺乏基本认知。总体上，对法学专业本科生而言，其关于法治的整体功能和社会作用等方面知识学习和理念确立同样还需要进一步加强。

您对自身法律意识状况如何总体评价？ * 您认为法律的作用主要是哪些？_惩罚制裁违法犯罪行为 交叉表

			您认为法律的作用主要是哪些？_惩罚制裁违法犯罪行为		
				惩罚制裁违法犯罪行为	总计
您对自身法律意识状况如何总体评价？	非常强	计数	4	21	25
		占 您对自身法律意识状况如何总体评价？ 的百分比	16.0%	84.0%	100.0%
		占 您认为法律的作用主要是哪些？_惩罚制裁违法犯罪行为 的百分比	28.6%	12.8%	14.0%
		占总计的百分比	2.2%	11.8%	14.0%
	强	计数	4	52	56
		占 您对自身法律意识状况如何总体评价？ 的百分比	7.1%	92.9%	100.0%
		占 您认为法律的作用主要是哪些？_惩罚制裁违法犯罪行为 的百分比	28.6%	31.7%	31.5%
		占总计的百分比	2.2%	29.2%	31.5%
	一般	计数	5	85	90
		占 您对自身法律意识状况如何总体评价？ 的百分比	5.6%	94.4%	100.0%
		占 您认为法律的作用主要是哪些？_惩罚制裁违法犯罪行为 的百分比	35.7%	51.8%	50.6%
		占总计的百分比	2.8%	47.8%	50.6%
	比较差	计数	1	6	7
		占 您对自身法律意识状况如何总体评价？ 的百分比	14.3%	85.7%	100.0%
		占 您认为法律的作用主要是哪些？_惩罚制裁违法犯罪行为 的百分比	7.1%	3.7%	3.9%
		占总计的百分比	0.6%	3.4%	3.9%
总计		计数	14	164	178
		占 人数总计 的百分比	7.9%	92.1%	100.0%
		占 您认为法律的作用主要是哪些？_惩罚制裁违法犯罪行为 的百分比	100.0%	100.0%	100.0%

您对自身法律意识状况如何总体评价？ * 您认为法律的作用主要是哪些？_保护公民合法权益 交叉表

			您认为法律的作用主要是哪些？_保护公民合法权益		
				保护公民合法权益	总计
您对自身法律意识状况如何总体评价？	非常强	计数	3	22	25
		占 您对自身法律意识状况如何总体评价？ 的百分比	12.0%	88.0%	100.0%
		占 您认为法律的作用主要是哪些？_保护公民合法权益 的百分比	37.5%	12.9%	14.0%
		占总计的百分比	1.7%	12.4%	14.0%
	强	计数	1	55	56
		占 您对自身法律意识状况如何总体评价？ 的百分比	1.8%	98.2%	100.0%
		占 您认为法律的作用主要是哪些？_保护公民合法权益 的百分比	12.5%	32.4%	31.5%
		占总计的百分比	0.6%	30.9%	31.5%
	一般	计数	4	86	90
		占 您对自身法律意识状况如何总体评价？ 的百分比	4.4%	95.6%	100.0%
		占 您认为法律的作用主要是哪些？_保护公民合法权益 的百分比	50.0%	50.6%	50.6%
		占总计的百分比	2.2%	48.3%	50.6%
	比较差	计数	0	7	7
		占 您对自身法律意识状况如何总体评价？ 的百分比	0.0%	100.0%	100.0%
		占 您认为法律的作用主要是哪些？_保护公民合法权益 的百分比	0.0%	4.1%	3.9%
		占总计的百分比	0.0%	3.9%	3.9%
总计		计数	8	170	178
		占 人数总计 的百分比	4.5%	95.5%	100.0%
		占 您认为法律的作用主要是哪些？_保护公民合法权益 的百分比	100.0%	100.0%	100.0%

您对自身法律意识状况如何总体评价？ * 您认为法律的作用主要是哪些？_规定公民义务 交叉表

			您认为法律的作用主要是哪些？_规定公民义务		
				规定公民义务	总计
您对自身法律意识状况如何总体评价？	非常强	计数	6	19	25
		占 您对自身法律意识状况如何总体评价？ 的百分比	24.0%	76.0%	100.0%
		占 您认为法律的作用主要是哪些？_规定公民义务 的百分比	20.0%	12.8%	14.0%
		占总计的百分比	3.4%	10.7%	14.0%
	强	计数	5	51	56
		占 您对自身法律意识状况如何总体评价？ 的百分比	8.9%	91.1%	100.0%
		占 您认为法律的作用主要是哪些？_规定公民义务 的百分比	16.7%	34.5%	31.5%
		占总计的百分比	2.8%	28.7%	31.5%
	一般	计数	17	73	90
		占 您对自身法律意识状况如何总体评价？ 的百分比	18.9%	81.1%	100.0%
		占 您认为法律的作用主要是哪些？_规定公民义务 的百分比	56.7%	49.3%	50.6%
		占总计的百分比	9.6%	41.0%	50.6%
	比较差	计数	2	5	7
		占 您对自身法律意识状况如何总体评价？ 的百分比	28.6%	71.4%	100.0%
		占 您认为法律的作用主要是哪些？_规定公民义务 的百分比	6.7%	3.4%	3.9%
		占总计的百分比	1.1%	2.8%	3.9%
总计		计数	30	148	178
		占 人数总计 的百分比	16.9%	83.1%	100.0%
		占 您认为法律的作用主要是哪些？_规定公民义务 的百分比	100.0%	100.0%	100.0%

您对自身法律意识状况如何总体评价？ * 您认为法律的作用主要是哪些？_解决处理法律纠纷 交叉表

			您认为法律的作用主要是哪些？_解决处理法律纠纷		
				解决处理法律纠纷	总计
您对自身法律意识状况如何总体评价？	非常强	计数	4	21	25
		占 您对自身法律意识状况如何总体评价？ 的百分比	16.0%	84.0%	100.0%
		占 您认为法律的作用主要是哪些？_解决处理法律纠纷 的百分比	21.1%	13.2%	14.0%
		占总计的百分比	2.2%	11.8%	14.0%
	强	计数	5	51	56
		占 您对自身法律意识状况如何总体评价？ 的百分比	8.9%	91.1%	100.0%
		占 您认为法律的作用主要是哪些？_解决处理法律纠纷 的百分比	26.3%	32.1%	31.5%
		占总计的百分比	2.8%	28.7%	31.5%
	一般	计数	9	81	90
		占 您对自身法律意识状况如何总体评价？ 的百分比	10.0%	90.0%	100.0%
		占 您认为法律的作用主要是哪些？_解决处理法律纠纷 的百分比	47.4%	50.9%	50.6%
		占总计的百分比	5.1%	45.5%	50.6%
	比较差	计数	1	6	7
		占 您对自身法律意识状况如何总体评价？ 的百分比	14.3%	85.7%	100.0%
		占 您认为法律的作用主要是哪些？_解决处理法律纠纷 的百分比	5.3%	3.8%	3.9%
		占总计的百分比	0.6%	3.4%	3.9%
总计		计数	19	159	178
		占 人数总计 的百分比	10.7%	89.3%	100.0%
		占 您认为法律的作用主要是哪些？_解决处理法律纠纷 的百分比	100.0%	100.0%	100.0%

您对自身法律意识状况如何总体评价？ * 您认为法律的作用主要是哪些？_保障社会稳定 交叉表

			您认为法律的作用主要是哪些？_保障社会稳定		
				保障社会稳定	总计
您对自身法律意识状况如何总体评价？	非常强	计数	5	20	25
		占 您对自身法律意识状况如何总体评价？ 的百分比	20.0%	80.0%	100.0%
		占 您认为法律的作用主要是哪些？_保障社会稳定 的百分比	38.5%	12.1%	14.0%
		占总计的百分比	2.8%	11.2%	14.0%
	强	计数	1	55	56
		占 您对自身法律意识状况如何总体评价？ 的百分比	1.8%	98.2%	100.0%
		占 您认为法律的作用主要是哪些？_保障社会稳定 的百分比	7.7%	33.3%	31.5%
		占总计的百分比	0.6%	30.9%	31.5%
	一般	计数	6	84	90
		占 您对自身法律意识状况如何总体评价？ 的百分比	6.7%	93.3%	100.0%
		占 您认为法律的作用主要是哪些？_保障社会稳定 的百分比	46.2%	50.9%	50.6%
		占总计的百分比	3.4%	47.2%	50.6%
	比较差	计数	1	6	7
		占 您对自身法律意识状况如何总体评价？ 的百分比	14.3%	85.7%	100.0%
		占 您认为法律的作用主要是哪些？_保障社会稳定 的百分比	7.7%	3.6%	3.9%
		占总计的百分比	0.6%	3.4%	3.9%
总计		计数	13	165	178
		占 人数总计 的百分比	7.3%	92.7%	100.0%
		占 您认为法律的作用主要是哪些？_保障社会稳定 的百分比	100.0%	100.0%	100.0%

您对自身法律意识状况如何总体评价？ * 您认为法律的作用主要是哪些？_巩固阶级统治 交叉表

			您认为法律的作用主要是哪些？_巩固阶级统治		
				巩固阶级统治	总计
您对自身法律意识状况如何总体评价？	非常强	计数	8	17	25
		占 您对自身法律意识状况如何总体评价？ 的百分比	32.0%	68.0%	100.0%
		占 您认为法律的作用主要是哪些？_巩固阶级统治 的百分比	14.0%	14.0%	14.0%
		占总计的百分比	4.5%	9.6%	14.0%
	强	计数	13	43	56
		占 您对自身法律意识状况如何总体评价？ 的百分比	23.2%	76.8%	100.0%
		占 您认为法律的作用主要是哪些？_巩固阶级统治 的百分比	22.8%	35.5%	31.5%
		占总计的百分比	7.3%	24.2%	31.5%
	一般	计数	32	58	90
		占 您对自身法律意识状况如何总体评价？ 的百分比	35.6%	64.4%	100.0%
		占 您认为法律的作用主要是哪些？_巩固阶级统治 的百分比	56.1%	47.9%	50.6%
		占总计的百分比	18.0%	32.6%	50.6%
	比较差	计数	4	3	7
		占 您对自身法律意识状况如何总体评价？ 的百分比	57.1%	42.9%	100.0%
		占 您认为法律的作用主要是哪些？_巩固阶级统治 的百分比	7.0%	2.5%	3.9%
		占总计的百分比	2.2%	1.7%	3.9%
总计		计数	57	121	178
		占 人数总计 的百分比	32.0%	68.0%	100.0%
		占 您认为法律的作用主要是哪些？_巩固阶级统治 的百分比	100.0%	100.0%	100.0%

您对自身法律意识状况如何总体评价？ * 您认为法律的作用主要是哪些？_扩大对外开放与交流、维护国家利益 交叉表

			您认为法律的作用主要是哪些？_扩大对外开放与交流、维护国家利益		
				扩大对外开放与交流、维护国家利益	总计
您对自身法律意识状况如何总体评价？	非常强	计数	7	18	25
		占 您对自身法律意识状况如何总体评价？ 的百分比	28.0%	72.0%	100.0%
		占 您认为法律的作用主要是哪些？_扩大对外开放与交流、维护国家利益 的百分比	15.9%	13.4%	14.0%
		占总计的百分比	3.9%	10.1%	14.0%
	强	计数	5	51	56
		占 您对自身法律意识状况如何总体评价？ 的百分比	8.9%	91.1%	100.0%
		占 您认为法律的作用主要是哪些？_扩大对外开放与交流、维护国家利益 的百分比	11.4%	38.1%	31.5%
		占总计的百分比	2.8%	28.7%	31.5%
	一般	计数	30	60	90
		占 您对自身法律意识状况如何总体评价？ 的百分比	33.3%	66.7%	100.0%
		占 您认为法律的作用主要是哪些？_扩大对外开放与交流、维护国家利益 的百分比	68.2%	44.8%	50.6%
		占总计的百分比	16.9%	33.7%	50.6%
	比较差	计数	2	5	7
		占 您对自身法律意识状况如何总体评价？ 的百分比	28.6%	71.4%	100.0%
		占 您认为法律的作用主要是哪些？_扩大对外开放与交流、维护国家利益 的百分比	4.5%	3.7%	3.9%
		占总计的百分比	1.1%	2.8%	3.9%
总计		计数	44	134	178
		占 人数总计 的百分比	24.7%	75.3%	100.0%
		占 您认为法律的作用主要是哪些？_扩大对外开放与交流、维护国家利益 的百分比	100.0%	100.0%	100.0%

将上述数据进行汇总，形成以下图表：

您对自身法律意识状况如何总体评价？ * 您认为法律的作用主要是哪些？

		您认为法律的作用主要是哪些？							
		惩罚制裁违法犯罪行为	保护公民合法权益	规定公民义务	解决处理法律纠纷	保障社会稳定	巩固阶级统治	扩大对外开放与交流、维护国家利益	平均值
您对自身法律意识状况如何总体评价？_有效百分比	非常强	84.0	88.0	76.0	84.0	80.0	68.0	72.0	78.86
	强	92.9	98.2	91.1	91.1	98.2	76.8	91.1	91.34
	一般	94.4	95.6	81.1	90.0	93.3	64.4	66.7	83.64
	比较差	85.7	100.0	71.4	85.7	85.7	42.9	71.4	77.54
	平均值	89.25	95.45	79.90	87.70	89.30	69.03	75.30	

您对自身法律意识状况如何总体评价？ * 您认为法律的作用主要是哪些？

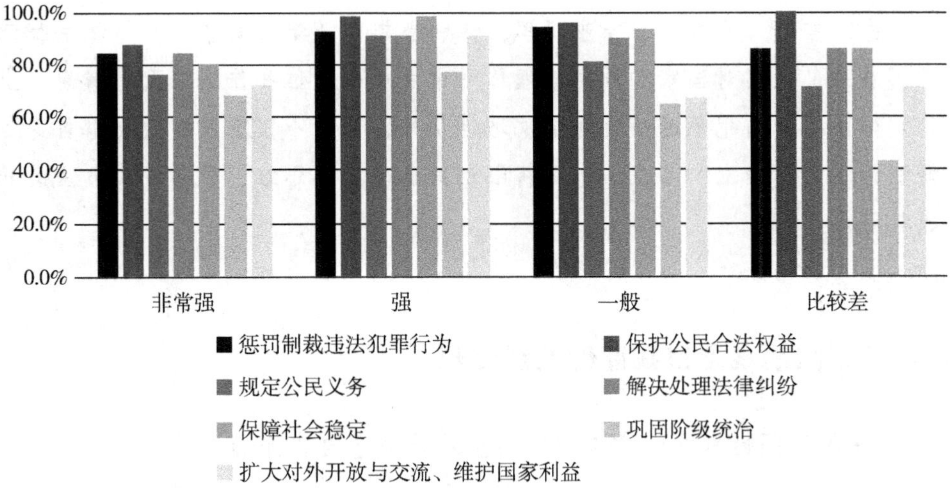

"您对自身法律意识状况如何总体评价"与"您认为法律的作用主要是哪些"交叉统计数据表明，对于一般意义上或者说普遍意义上的法作用的理解和认知，受访法学专业本科生法律意识状况自我评价的四个不同类型群体中，法律意识状况自我评价"非常强"和"比较差"两个群体学生的有效百分比平均值比较接近，而且均明显低于另外两个群体学生的有效百分比平均值。法律意识状况自我评价的四个不同群体中，自我评价分别为"非常强""一般""比较差"的三个群体学生"巩固阶级统治"以及"扩大对外开放与交流、维护国家利益"两个选项的有

效百分比，普遍低于其他选项的有效百分比。法律意识状况自我评价“强”的群体学生，“巩固阶级统治”选项有效百分比在七个选项中最低。与此同时，法律意识状况自我评价“非常强”和“比较差”的两个群体学生，“规定公民义务”选项有效百分比也相对不高。

因为受访法学专业本科生总数偏少，而且在结构上以低年级（特别是一年级）学生为主，所以上述交叉统计数据所得结论与前述非法学专业本科生相应统计数据及其结论非常相似：尽管从理论上来说，对于法律作用具体认知水平越高的主体，其法律意识水平也应当更高，但受访法学专业本科生对于自身法律意识状况自我评价与其对法律主要作用的理解与认知之间似乎没有直接关联，甚至法律意识状况自我评价“非常强”的同学对于法律主要作用的理解和认知总体上甚至不如自我评价“强”和“一般”的同学。对此也恐怕只能解释为，学生对一般意义上的法律作用的理解和认知更多并非真正出于理性，而可能更多是“直觉”性质，出于良好习惯、高度道德自觉等缘由而对法律予以尊重。

总而言之，受访法学专业同学，特别是其中低年级同学，其整体法律意识不够强，他们对国家和社会治理体系中法律的地位和作用以及一般意义上的法律主要作用也普遍缺乏深层次理性认知，因而不仅难以有效支撑自身良好法治观念的确立和形成，也必将限制其正确法律思维、科学法律方法的养成与习得。

三、法治观念自我评价性别比较

（一）不同性别非法学专业本科生法治观念自我评价

您的性别?

		频率	百分比	有效百分比	累计百分比
有效	男	994	34.1	34.1	34.1
	女	1924	65.9	65.9	100.0
	总计	2918	100.0	100.0	

您的性别？ * 您对自身法律意识状况如何总体评价？ 交叉表

			您对自身法律意识状况如何总体评价？				
			非常强	强	一般	比较差	总计
您的性别？	男	计数	99	304	541	50	994
		占 您的性别？ 的百分比	10.0%	30.6%	54.4%	5.0%	100.0%
		占 您对自身法律意识状况如何总体评价？ 的百分比	52.7%	39.4%	30.6%	26.2%	34.1%
		占总计的百分比	3.4%	10.4%	18.5%	1.7%	34.1%
	女	计数	89	467	1227	141	1924
		占 您的性别？ 的百分比	4.6%	24.3%	63.8%	7.3%	100.0%
		占 您对自身法律意识状况如何总体评价？ 的百分比	47.3%	60.6%	69.4%	73.8%	65.9%
		占总计的百分比	3.1%	16.0%	42.0%	4.8%	65.9%
总计		计数	188	771	1768	191	2918
		占 人数总计 的百分比	6.4%	26.4%	60.6%	6.5%	100.0%
		占 您对自身法律意识状况如何总体评价？ 的百分比	100.0%	100.0%	100.0%	100.0%	100.0%

您的性别？ * 您对自身法律意识状况如何总体评价？

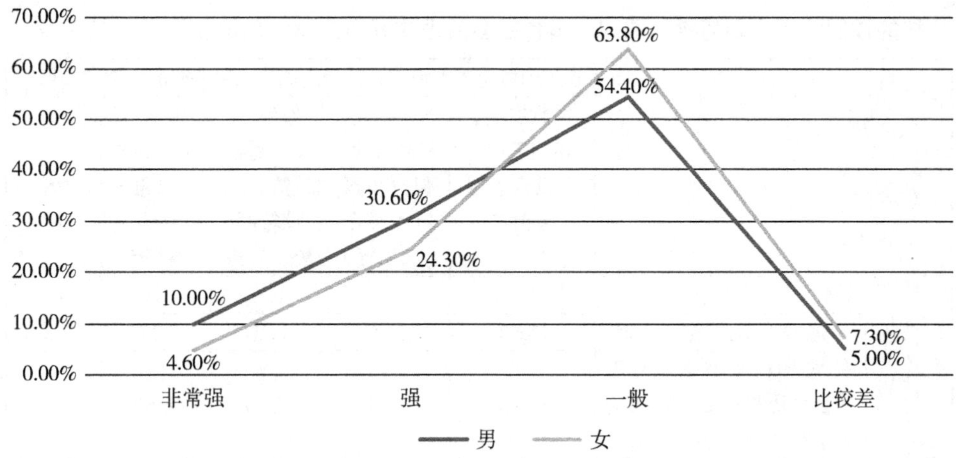

“您的性别”与“您对自身法律意识状况如何总体评价”交叉统计数据表明，受访非法学专业本科生中，男生法律意识自我评价“非常强”或“强”的有效百分比比女生高了 9.7 个百分点，其中自我评价“非常强”的男生有效百分比两倍于女生，而其自我评价“一般”的有效百分比比女生低了 9.4 个百分点，自我评价“比较差”的有效百分比也比女生少了 2.3 个百分点。考虑到受访非法学专业

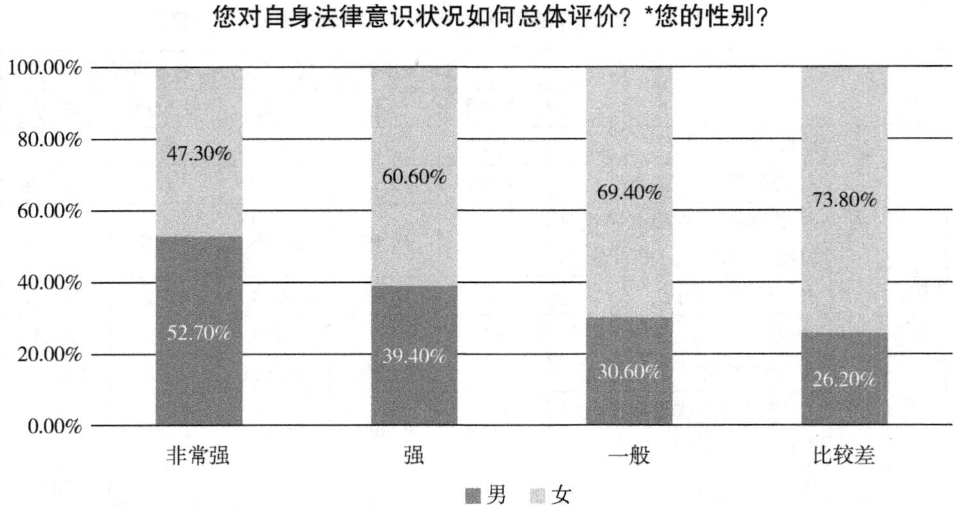

本科生中男女性别占比过于悬殊（男女各占 34.1%、65.9%），所以从法律意识状况自我评价四种类型中的男女性别占比考察意义不大，但是在男生占比几乎只有女生占比一半情况下，法律意识状况自我评价“非常强”的群体中男女有效百分比分别为 52.7%、47.3%，足以说明其中性别差异非常明显。总体上，男生在法律意识状况自我评价中正面积极评价总体上要好于女生。

您的性别？ * 您如何看待国家治理和社会治理体系中法律的地位和作用？ 交叉表

			您如何看待国家治理和社会治理体系中法律的地位和作用？				
			非常有用，不可替代，而且应该成为首选	非常有用，不可替代，但党和国家政策更加重要	作用一般，需要政策、道德等配套、支持	用处不大，完全可以通过政策、道德替代	总计
您的性别？	男	计数	414	431	106	43	994
		占 您的性别？ 的百分比	41.6%	43.4%	10.7%	4.3%	100.0%
		占 您如何看待国家治理和社会治理体系中法律的地位和作用？ 的百分比	33.7%	32.6%	36.3%	56.6%	34.1%
		占总计的百分比	14.2%	14.8%	3.6%	1.5%	34.1%
	女	计数	815	890	186	33	1924
		占 您的性别？ 的百分比	42.4%	46.3%	9.7%	1.7%	100.0%
		占 您如何看待国家治理和社会治理体系中法律的地位和作用？ 的百分比	66.3%	67.4%	63.7%	43.4%	65.9%
		占总计的百分比	27.9%	30.5%	6.4%	1.1%	65.9%

续表

		您如何看待国家治理和社会治理体系中法律的地位和作用？				
		非常有用，不可替代，而且应该成为首选	非常有用，不可替代，但党和国家政策更加重要	作用一般，需要政策、道德等配套、支持	用处不大，完全可以通过政策、道德替代	总计
总计	计数	1229	1321	292	76	2918
	占 人数总计 的百分比	42.1%	45.3%	10.0%	2.6%	100.0%
	占 您如何看待国家治理和社会治理体系中法律的地位和作用？ 的百分比	100.0%	100.0%	100.0%	100.0%	100.0%

您的性别？ * 您如何看待国家治理和社会治理体系中法律的地位和作用？

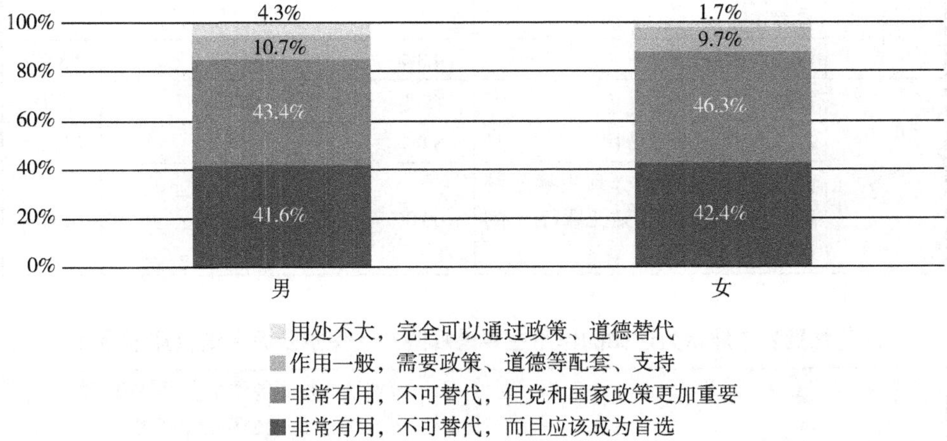

就关于法律地位和作用整体认知的性别比较而言，受访非法学专业本科生中男女性别差异非常有限，这也再次说明，尽管总体上男生法律意识状况自我评价好于女生，但是并非主要建立在对法律地位和作用正确认知的基础上，而可能缘于男性相对于女性更加理性等其他因素。同时，也足以说明为进一步增强和提高学生法治观念与法治素养，普遍加强关于法律功能、地位和作用等理论与知识教育非常重要而且十分必要。

您的性别？ * 您认为法律的作用主要是哪些？ _惩罚制裁违法犯罪行为 交叉表

			您认为法律的作用主要是哪些？_惩罚制裁违法犯罪行为		
				惩罚制裁违法犯罪行为	总计
您的性别？	男	计数	107	887	994
		占 您的性别？ 的百分比	10.8%	89.2%	100.0%
		占 您认为法律的作用主要是哪些？_惩罚制裁违法犯罪行为 的百分比	45.9%	33.0%	34.1%
		占总计的百分比	3.7%	30.4%	34.1%
	女	计数	126	1798	1924
		占 您的性别？ 的百分比	6.5%	93.5%	100.0%
		占 您认为法律的作用主要是哪些？_惩罚制裁违法犯罪行为 的百分比	54.1%	67.0%	65.9%
		占总计的百分比	4.3%	61.6%	65.9%
总计		计数	233	2685	2918
		占 人数总计 的百分比	8.0%	92.0%	100.0%
		占 您认为法律的作用主要是哪些？_惩罚制裁违法犯罪行为 的百分比	100.0%	100.0%	100.0%

您的性别？ * 您认为法律的作用主要是哪些？ _保护公民合法权益 交叉表

			您认为法律的作用主要是哪些？_保护公民合法权益		
				保护公民合法权益	总计
您的性别？	男	计数	88	906	994
		占 您的性别？ 的百分比	8.9%	91.1%	100.0%
		占 您认为法律的作用主要是哪些？_保护公民合法权益 的百分比	57.5%	32.8%	34.1%
		占总计的百分比	3.0%	31.0%	34.1%
	女	计数	65	1859	1924
		占 您的性别？ 的百分比	3.4%	96.6%	100.0%
		占 您认为法律的作用主要是哪些？_保护公民合法权益 的百分比	42.5%	67.2%	65.9%
		占总计的百分比	2.2%	63.7%	65.9%

续表

			您认为法律的作用主要是哪些？_保护公民合法权益		
				保护公民合法权益	总计
总计	计数		153	2765	2918
	占 人数总计 的百分比		5.2%	94.8%	100.0%
	占 您认为法律的作用主要是哪些？_保护公民合法权益 的百分比		100.0%	100.0%	100.0%

您的性别？ * 您认为法律的作用主要是哪些？ _规定公民义务 交叉表

			您认为法律的作用主要是哪些？_规定公民义务		
				规定公民义务	总计
您的性别？	男	计数	185	809	994
		占 您的性别？ 的百分比	18.6%	81.4%	100.0%
		占 您认为法律的作用主要是哪些？_规定公民义务 的百分比	38.6%	33.2%	34.1%
		占总计的百分比	6.3%	27.7%	34.1%
	女	计数	294	1630	1924
		占 您的性别？ 的百分比	15.3%	84.7%	100.0%
		占 您认为法律的作用主要是哪些？_规定公民义务 的百分比	61.4%	66.8%	65.9%
		占总计的百分比	10.1%	55.9%	65.9%
总计		计数	479	2439	2918
		占 人数总计 的百分比	16.4%	83.6%	100.0%
		占 您认为法律的作用主要是哪些？_规定公民义务 的百分比	100.0%	100.0%	100.0%

您的性别？ * 您认为法律的作用主要是哪些？ _解决处理法律纠纷 交叉表

			您认为法律的作用主要是哪些？_解决处理法律纠纷		
				解决处理法律纠纷	总计
您的性别？	男	计数	164	830	994
		占 您的性别？ 的百分比	16.5%	83.5%	100.0%
		占 您认为法律的作用主要是哪些？_解决处理法律纠纷 的百分比	44.0%	32.6%	34.1%
		占总计的百分比	5.6%	28.4%	34.1%

续表

			您认为法律的作用主要是哪些？ _解决处理法律纠纷		
				解决处理法律纠纷	总计
	女	计数	209	1715	1924
		占 您的性别？ 的百分比	10.9%	89.1%	100.0%
		占 您认为法律的作用主要是哪些？ _解决处理法律纠纷 的百分比	56.0%	67.4%	65.9%
		占总计的百分比	7.2%	58.8%	65.9%
总计		计数	373	2545	2918
		占 人数总计 的百分比	12.8%	87.2%	100.0%
		占 您认为法律的作用主要是哪些？ _解决处理法律纠纷 的百分比	100.0%	100.0%	100.0%

您的性别？ * 您认为法律的作用主要是哪些？ _保障社会稳定 交叉表

			您认为法律的作用主要是哪些？ _保障社会稳定		
				保障社会稳定	总计
您的性别？	男	计数	121	873	994
		占 您的性别？ 的百分比	12.2%	87.8%	100.0%
		占 您认为法律的作用主要是哪些？ _保障社会稳定 的百分比	48.6%	32.7%	34.1%
		占总计的百分比	4.1%	29.9%	34.1%
	女	计数	128	1796	1924
		占 您的性别？ 的百分比	6.7%	93.3%	100.0%
		占 您认为法律的作用主要是哪些？ _保障社会稳定 的百分比	51.4%	67.3%	65.9%
		占总计的百分比	4.4%	61.5%	65.9%
总计		计数	249	2669	2918
		占 人数总计 的百分比	8.5%	91.5%	100.0%
		占 您认为法律的作用主要是哪些？ _保障社会稳定 的百分比	100.0%	100.0%	100.0%

您的性别？ * 您认为法律的作用主要是哪些？ _ 巩固阶级统治 交叉表

			您认为法律的作用主要是哪些？ _ 巩固阶级统治		
				巩固阶级统治	总计
您的性别？	男	计数	480	514	994
		占 您的性别？ 的百分比	48.3%	51.7%	100.0%
		占 您认为法律的作用主要是哪些？ _ 巩固阶级统治 的百分比	38.9%	30.5%	34.1%
		占总计的百分比	16.4%	17.6%	34.1%
	女	计数	755	1169	1924
		占 您的性别？ 的百分比	39.2%	60.8%	100.0%
		占 您认为法律的作用主要是哪些？ _ 巩固阶级统治 的百分比	61.1%	69.5%	65.9%
		占总计的百分比	25.9%	40.1%	65.9%
总计		计数	1235	1683	2918
		占 人数总计 的百分比	42.3%	57.7%	100.0%
		占 您认为法律的作用主要是哪些？ _ 巩固阶级统治 的百分比	100.0%	100.0%	100.0%

您的性别？ * 您认为法律的作用主要是哪些？
_ 扩大对外开放与交流、维护国家利益 交叉表

			您认为法律的作用主要是哪些？ _ 扩大对外开放与交流、维护国家利益		
				扩大对外开放与交流、维护国家利益	总计
您的性别？	男	计数	296	698	994
		占 您的性别？ 的百分比	29.8%	70.2%	100.0%
		占 您认为法律的作用主要是哪些？ _ 扩大对外开放与交流、维护国家利益 的百分比	40.4%	31.9%	34.1%
		占总计的百分比	10.1%	23.9%	34.1%
	女	计数	437	1487	1924
		占 您的性别？ 的百分比	22.7%	77.3%	100.0%
		占 您认为法律的作用主要是哪些？ _ 扩大对外开放与交流、维护国家利益 的百分比	59.6%	68.1%	65.9%
		占总计的百分比	15.0%	51.0%	65.9%

续表

		您认为法律的作用主要是哪些？_扩大对外开放与交流、维护国家利益		
			扩大对外开放与交流、维护国家利益	总计
总计	计数	733	2185	2918
	占 人数总计 的百分比	25.1%	74.9%	100.0%
	占 您认为法律的作用主要是哪些？_扩大对外开放与交流、维护国家利益 的百分比	100.0%	100.0%	100.0%

将上述数据进行汇总，形成以下图表：

您的性别？ * 您认为法律的作用主要是哪些？ _交叉表

		您认为法律的作用主要是哪些？							
		惩罚制裁违法犯罪行为	保护公民合法权益	规定公民义务	解决处理法律纠纷	保障社会稳定	巩固阶级统治	扩大对外开放与交流、维护国家利益	平均值
您的性别？_有效百分比	男	89.2	91.1	81.4	83.5	87.8	51.7	70.2	79.27
	女	93.5	96.6	84.7	89.1	93.3	60.8	77.3	85.04

您的性别？ * 您认为法律的作用主要是哪些？

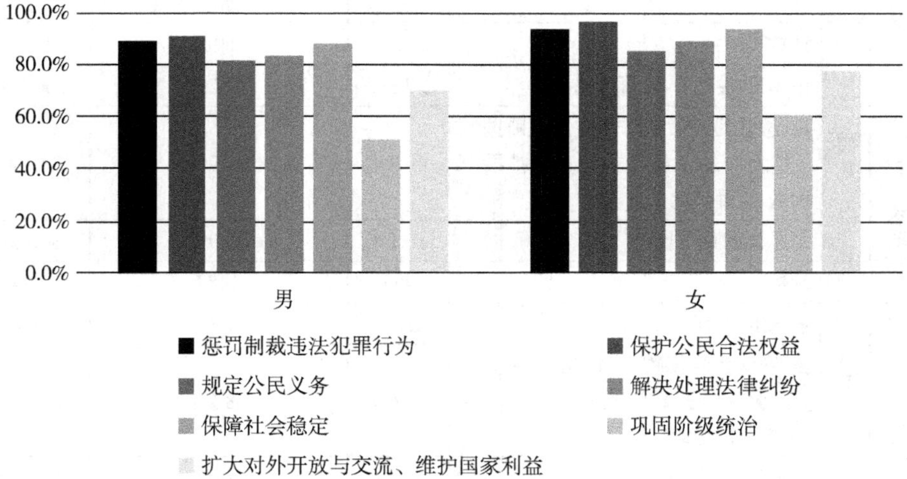

“您的性别”与“您认为法律的作用主要是哪些”交叉统计数据表明，受访非法学专业本科生中，七个方面法律主要作用选项有效百分比存在明显的性别差异。男同学不仅在七个选项有效百分比平均值上低于女生5.77个百分点，而且七个选项的有效百分比均低于女生。如前所述，尽管就关于法律地位和作用整体认知的性别比较而言，受访非法学专业本科生中男女性别差异非常有限，但是关于法律主要作用的具体理解和认知上，女性相关认可度相对更高。

（二）不同性别法学专业本科生法治观念自我评价

您的性别？

		频率	百分比	有效百分比	累计百分比
有效	男	69	38.8	38.8	38.8
	女	109	61.2	61.2	100.0
	总计	178	100.0	100.0	

您的性别？ * 您对自身法律意识状况如何总体评价？ 交叉表

			您对自身法律意识状况如何总体评价？				
			非常强	强	一般	比较差	总计
您的性别？	男	计数	13	20	33	3	69
		占 您的性别？ 的百分比	18.8%	29.0%	47.8%	4.3%	100.0%
		占 您对自身法律意识状况如何总体评价？ 的百分比	52.0%	35.7%	36.7%	42.9%	38.8%
		占总计的百分比	7.3%	11.2%	18.5%	1.7%	38.8%
	女	计数	12	36	57	4	109
		占 您的性别？ 的百分比	11.0%	33.0%	52.3%	3.7%	100.0%
		占 您对自身法律意识状况如何总体评价？ 的百分比	48.0%	64.3%	63.3%	57.1%	61.2%
		占总计的百分比	6.7%	20.2%	32.0%	2.2%	61.2%
总计		计数	25	56	90	7	178
		占 人数总计 的百分比	14.0%	31.5%	50.6%	3.9%	100.0%
		占 您对自身法律意识状况如何总体评价？ 的百分比	100.0%	100.0%	100.0%	100.0%	100.0%

您的性别？* 您对自身法律意识状况如何总体评价？

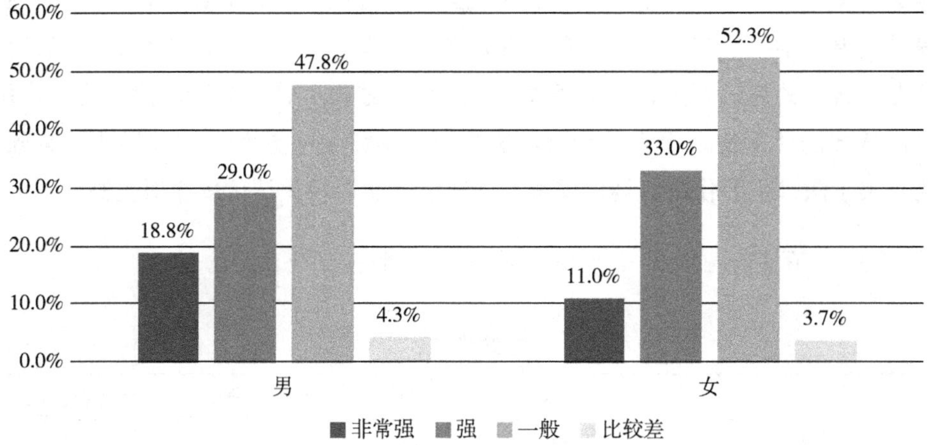

您对自身法律意识状况如何总体评价？* 您的性别？

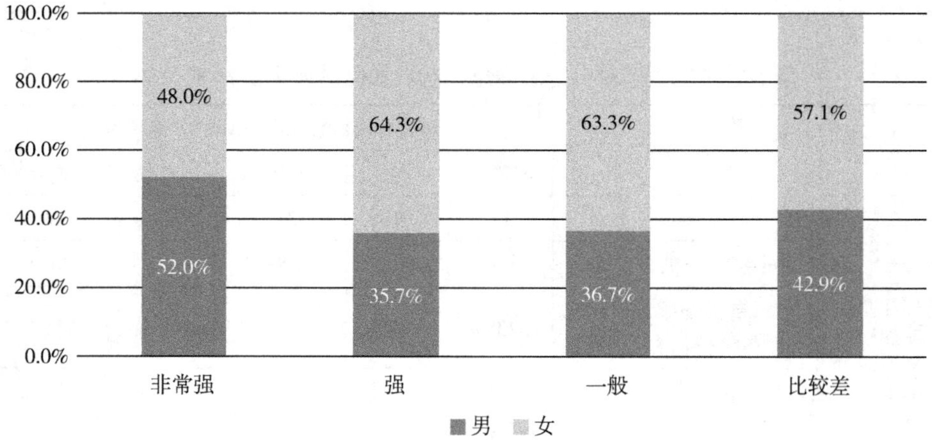

"您的性别"与"您对自身法律意识状况如何总体评价"交叉统计数据表明，受访法学专业本科生中，男生中法律意识自我评价"非常强"的有效百分比比女生高了 7.8 个百分点，自我评价"强"和"一般"的男生比女生分别低了 4 和 4.5 个百分点，而其自我评价"比较差"的占比比女生还高了 0.6 个百分点。考虑到受访非法学专业本科生中男女性别占比过于悬殊（男女各占 38.8%、61.2%），而且受访男生绝对数也不高（只有 69 人），所以从法律意识状况自我评价四种类型中的男女性别占比考察意义不大。总体上，受访法学专业本科生中，法律意识状况自我评价的男女性别总体差异不明显，只是自我评价"非常强"群体中男生有效百分比要稍高于女生。

另外，对比非法学本科生和法学本科生两个群体关于法律意识状况的自我评价，法学专业本科生男生和女生在总体上均要好于非法学专业本科生，只是其间差距不是太大，主要原因可能仍然在于受访法学专业本科生总数偏少而且大一新生居多，这一“差距”有一定参考价值。

您的性别？ * 您如何看待国家治理和社会治理体系中法律的地位和作用？ 交叉表

<table>
<tr><td colspan="3" rowspan="2"></td><td colspan="4">您如何看待国家治理和社会治理体系中法律的地位和作用？</td><td rowspan="2">总计</td></tr>
<tr><td>非常有用，不可替代，而且应该成为首选</td><td>非常有用，不可替代，但党和国家政策更加重要</td><td>作用一般，需要政策、道德等配套、支持</td><td>用处不大，完全可以通过政策、道德替代</td></tr>
<tr><td rowspan="8">您的性别？</td><td rowspan="4">男</td><td>计数</td><td>37</td><td>17</td><td>7</td><td>8</td><td>69</td></tr>
<tr><td>占 您的性别？ 的百分比</td><td>53.6%</td><td>24.6%</td><td>10.1%</td><td>11.6%</td><td>100.0%</td></tr>
<tr><td>占 您如何看待国家治理和社会治理体系中法律的地位和作用？ 的百分比</td><td>42.0%</td><td>26.6%</td><td>41.2%</td><td>88.9%</td><td>38.8%</td></tr>
<tr><td>占总计的百分比</td><td>20.8%</td><td>9.6%</td><td>3.9%</td><td>4.5%</td><td>38.8%</td></tr>
<tr><td rowspan="4">女</td><td>计数</td><td>51</td><td>47</td><td>10</td><td>1</td><td>109</td></tr>
<tr><td>占 您的性别？ 的百分比</td><td>46.8%</td><td>43.1%</td><td>9.2%</td><td>0.9%</td><td>100.0%</td></tr>
<tr><td>占 您如何看待国家治理和社会治理体系中法律的地位和作用？ 的百分比</td><td>58.0%</td><td>73.4%</td><td>58.8%</td><td>11.1%</td><td>61.2%</td></tr>
<tr><td>占总计的百分比</td><td>28.7%</td><td>26.4%</td><td>5.6%</td><td>0.6%</td><td>61.2%</td></tr>
<tr><td colspan="2" rowspan="3">总计</td><td>计数</td><td>88</td><td>64</td><td>17</td><td>9</td><td>178</td></tr>
<tr><td>占 人数总计 的百分比</td><td>49.4%</td><td>36.0%</td><td>9.6%</td><td>5.1%</td><td>100.0%</td></tr>
<tr><td>占 您如何看待国家治理和社会治理体系中法律的地位和作用？ 的百分比</td><td>100.0%</td><td>100.0%</td><td>100.0%</td><td>100.0%</td><td>100.0%</td></tr>
</table>

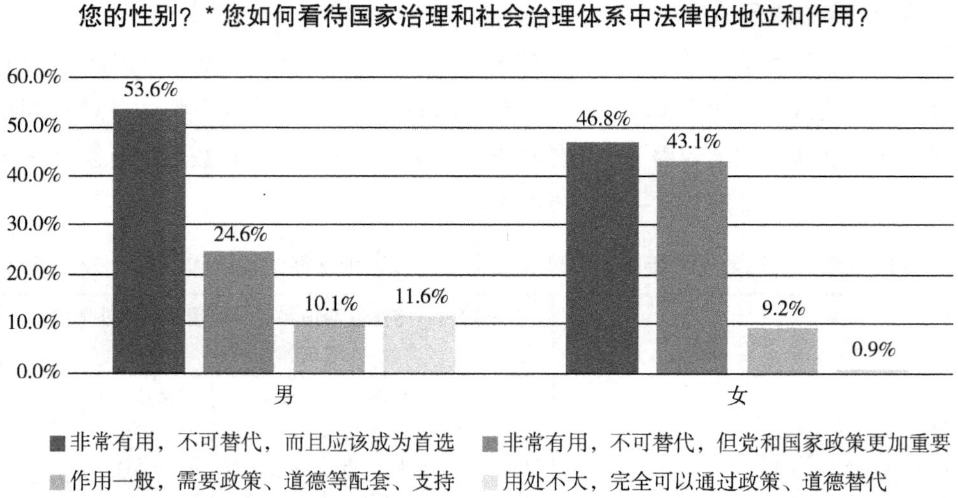

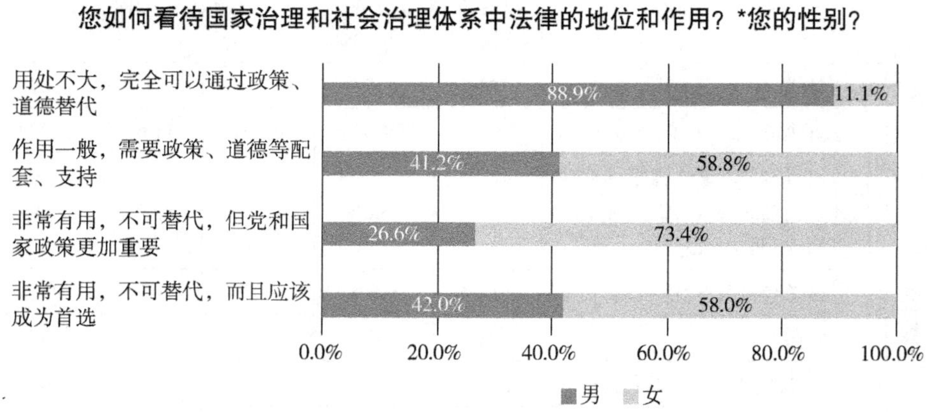

与受访非法学专业本科生在关于法律地位和作用整体认知上男女性别差异非常有限情况不同的是，受访法学专业本科生中关于法律地位和作用整体认知的男女性别差异比较明显。相对而言，男生更多肯定法律在国家和社会治理体系结构中的不可替代及首选地位与作用，男生有效百分比比女生高了 6.8 个百分点；而更多女生在充分肯定法律的不可替代作用同时，认为党和国家政策的地位和作用更加重要，女生在“非常有用，不可替代，但党和国家政策更加重要”选项上的有效百分比比男生高了 18.5 个百分点，而且几乎翻了一倍。然而，一定意义上的另一个极端现象是，“用处不大，完全可以通过政策、道德替代”选项男女生有效百分比分别为 11.6%、0.9%，也就是说，受访法学专业本科学生中，极少女生漠视法律在国家和社会治理体系中的地位和作用，而超过十分之一的男生认为法律可有可无、可以被替代。

您的性别？ * 您认为法律的作用主要是哪些？ _ 惩罚制裁违法犯罪行为 交叉表

			您认为法律的作用主要是哪些？ _ 惩罚制裁违法犯罪行为		
				惩罚制裁违法犯罪行为	总计
您的性别？	男	计数	8	61	69
		占 您的性别？ 的百分比	11.6%	88.4%	100.0%
		占 您认为法律的作用主要是哪些？ _ 惩罚制裁违法犯罪行为 的百分比	57.1%	37.2%	38.8%
		占总计的百分比	4.5%	34.3%	38.8%
	女	计数	6	103	109
		占 您的性别？ 的百分比	5.5%	94.5%	100.0%
		占 您认为法律的作用主要是哪些？ _ 惩罚制裁违法犯罪行为 的百分比	42.9%	62.8%	61.2%
		占总计的百分比	3.4%	57.9%	61.2%
总计		计数	14	164	178
		占 人数总计 的百分比	7.9%	92.1%	100.0%
		占 您认为法律的作用主要是哪些？ _ 惩罚制裁违法犯罪行为 的百分比	100.0%	100.0%	100.0%

您的性别？ * 您认为法律的作用主要是哪些？ _ 保护公民合法权益 交叉表

			您认为法律的作用主要是哪些？ _ 保护公民合法权益		
				保护公民合法权益	总计
您的性别？	男	计数	4	65	69
		占 您的性别？ 的百分比	5.8%	94.2%	100.0%
		占 您认为法律的作用主要是哪些？ _ 保护公民合法权益 的百分比	50.0%	38.2%	38.8%
		占总计的百分比	2.2%	36.5%	38.8%
	女	计数	4	105	109
		占 您的性别？ 的百分比	3.7%	96.3%	100.0%
		占 您认为法律的作用主要是哪些？ _ 保护公民合法权益 的百分比	50.0%	61.8%	61.2%
		占总计的百分比	2.2%	59.0%	61.2%

续表

		您认为法律的作用主要是哪些？ _保护公民合法权益		
			保护公民合法权益	总计
总计	计数	8	170	178
	占 人数总计 的百分比	4.5%	95.5%	100.0%
	占 您认为法律的作用主要是哪些？ _保护公民合法权益 的百分比	100.0%	100.0%	100.0%

您的性别？ * 您认为法律的作用主要是哪些？ _规定公民义务 交叉表

			您认为法律的作用主要是哪些？ _规定公民义务		
				规定公民义务	总计
您的性别？	男	计数	15	54	69
		占 您的性别？ 的百分比	21.7%	78.3%	100.0%
		占 您认为法律的作用主要是哪些？ _规定公民义务 的百分比	50.0%	36.5%	38.8%
		占总计的百分比	8.4%	30.3%	38.8%
	女	计数	15	94	109
		占 您的性别？ 的百分比	13.8%	86.2%	100.0%
		占 您认为法律的作用主要是哪些？ _规定公民义务 的百分比	50.0%	63.5%	61.2%
		占总计的百分比	8.4%	52.8%	61.2%
总计		计数	30	148	178
		占 人数总计 的百分比	16.9%	83.1%	100.0%
		占 您认为法律的作用主要是哪些？ _规定公民义务 的百分比	100.0%	100.0%	100.0%

您的性别？ * 您认为法律的作用主要是哪些？ _解决处理法律纠纷 交叉表

			您认为法律的作用主要是哪些？ _解决处理法律纠纷		
				解决处理法律纠纷	总计
您的性别？	男	计数	11	58	69
		占 您的性别？ 的百分比	15.9%	84.1%	100.0%
		占 您认为法律的作用主要是哪些？ _解决处理法律纠纷 的百分比	57.9%	36.5%	38.8%
		占总计的百分比	6.2%	32.6%	38.8%

续表

			您认为法律的作用主要是哪些？_解决处理法律纠纷		
				解决处理法律纠纷	总计
	女	计数	8	101	109
		占 您的性别？ 的百分比	7.3%	92.7%	100.0%
		占 您认为法律的作用主要是哪些？_解决处理法律纠纷 的百分比	42.1%	63.5%	61.2%
		占总计的百分比	4.5%	56.7%	61.2%
总计		计数	19	159	178
		占 人数总计 的百分比	10.7%	89.3%	100.0%
		占 您认为法律的作用主要是哪些？_解决处理法律纠纷 的百分比	100.0%	100.0%	100.0%

您的性别？ * 您认为法律的作用主要是哪些？ _保障社会稳定 交叉表

			您认为法律的作用主要是哪些？_保障社会稳定		
				保障社会稳定	总计
您的性别？	男	计数	9	60	69
		占 您的性别？ 的百分比	13.0%	87.0%	100.0%
		占 您认为法律的作用主要是哪些？_保障社会稳定 的百分比	69.2%	36.4%	38.8%
		占总计的百分比	5.1%	33.7%	38.8%
	女	计数	4	105	109
		占 您的性别？ 的百分比	3.7%	96.3%	100.0%
		占 您认为法律的作用主要是哪些？_保障社会稳定 的百分比	30.8%	63.6%	61.2%
		占总计的百分比	2.2%	59.0%	61.2%
总计		计数	13	165	178
		占 人数总计 的百分比	7.3%	92.7%	100.0%
		占 您认为法律的作用主要是哪些？_保障社会稳定 的百分比	100.0%	100.0%	100.0%

您的性别？ * 您认为法律的作用主要是哪些？ _ 巩固阶级统治 交叉表

			您认为法律的作用主要是哪些？_ 巩固阶级统治		
				巩固阶级统治	总计
您的性别？	男	计数	19	50	69
		占 您的性别？ 的百分比	27.5%	72.5%	100.0%
		占 您认为法律的作用主要是哪些？_ 巩固阶级统治 的百分比	33.3%	41.3%	38.8%
		占总计的百分比	10.7%	28.1%	38.8%
	女	计数	38	71	109
		占 您的性别？ 的百分比	34.9%	65.1%	100.0%
		占 您认为法律的作用主要是哪些？_ 巩固阶级统治 的百分比	66.7%	58.7%	61.2%
		占总计的百分比	21.3%	39.9%	61.2%
总计		计数	57	121	178
		占 人数总计 的百分比	32.0%	68.0%	100.0%
		占 您认为法律的作用主要是哪些？_ 巩固阶级统治 的百分比	100.0%	100.0%	100.0%

您的性别？ * 您认为法律的作用主要是哪些？
_ 扩大对外开放与交流、维护国家利益 交叉表

			您认为法律的作用主要是哪些？_ 扩大对外开放与交流、维护国家利益		
				扩大对外开放与交流、维护国家利益	总计
您的性别？	男	计数	17	52	69
		占 您的性别？ 的百分比	24.6%	75.4%	100.0%
		占 您认为法律的作用主要是哪些？_ 扩大对外开放与交流、维护国家利益 的百分比	38.6%	38.8%	38.8%
		占总计的百分比	9.6%	29.2%	38.8%
	女	计数	27	82	109
		占 您的性别？ 的百分比	24.8%	75.2%	100.0%
		占 您认为法律的作用主要是哪些？_ 扩大对外开放与交流、维护国家利益 的百分比	61.4%	61.2%	61.2%
		占总计的百分比	15.2%	46.1%	61.2%

续表

		您认为法律的作用主要是哪些？_扩大对外开放与交流、维护国家利益		
			扩大对外开放与交流、维护国家利益	总计
总计	计数	44	134	178
	占 人数总计 的百分比	24.7%	75.3%	100.0%
	占 您认为法律的作用主要是哪些？_扩大对外开放与交流、维护国家利益 的百分比	100.0%	100.0%	100.0%

将上述数据进行汇总，形成以下图表：

您的性别？ * 您认为法律的作用主要是哪些？ _交叉表

		您认为法律的作用主要是哪些？							
		惩罚制裁违法犯罪行为	保护公民合法权益	规定公民义务	解决处理法律纠纷	保障社会稳定	巩固阶级统治	扩大对外开放与交流、维护国家利益	平均值
您的性别？_有效百分比	男	88.4	94.2	78.3	84.1	87.0	72.5	75.4	82.84
	女	94.5	96.3	86.2	92.7	96.3	65.1	75.2	86.61

您的性别？ * 您认为法律的作用主要是哪些？

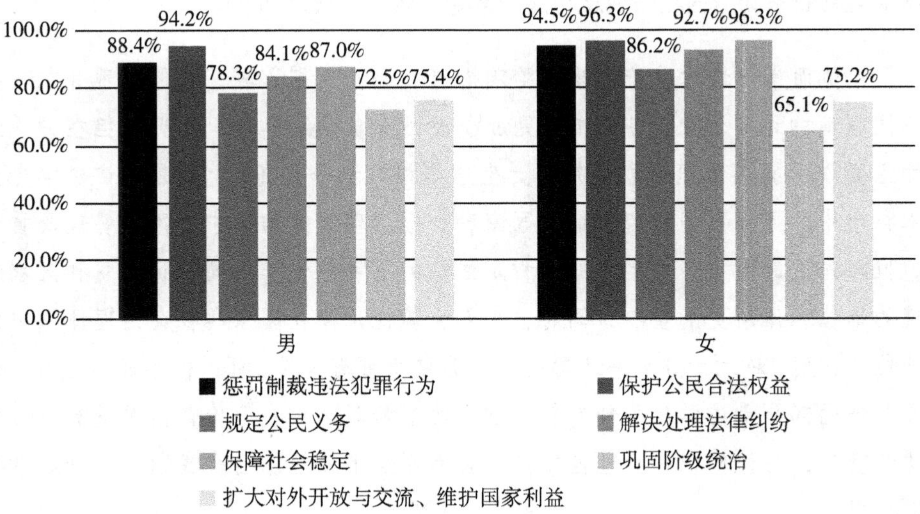

分别按男女不同性别对七个方面法律主要作用的具体确认选择角度进行数据统计表明，男性同学在平均有效百分比上低于女生 3.77 个百分点，同时有四个具体选项的有效百分比均低于女生，仅仅在“巩固阶级统治”选项上高于女生 7.4 个百分点。类似于非法学专业本科生相关数据统计所呈现的状态：总体上，关于法律主要作用的具体选择上女性同学相关认可度相对要高。但相对而言，受访法学专业本科生中男女性别在法律主要作用具体认可度上差异要偏小些。

然而，如前所述，在受访法学专业本科生中，就关于法律地位和作用整体认知的性别比较而言，相对更多男生肯定法律在国家和社会治理体系结构中的不可替代及首选地位与作用，而更多女生在充分肯定法律的不可替代作用同时认为党和国家政策的地位和作用更加重要，同时极少女生漠视法律在国家和社会治理体系中的地位和作用，超过十分之一的男生则认为法律可有可无、可以被替代。

可见，受访法学专业本科生在关于国家和社会治理体系中法律地位和作用的一般认知，与其对法律七项主要作用的认可与选择，从男女性别比较角度看，似乎有一定的矛盾现象：对法律具体作用的选择与认可性别差异相对较小，对于法律地位与作用一般认知的性别差异相对较大；相对更多男生充分肯定法律的不可替代及首选地位与作用，而相对更高比例女生对法律具体作用给予选择和认可。所以，受访学生对于国家和社会治理体系结构中法律的地位和作用以及一般意义上法律的具体作用等的理解和认识，缺乏系统的科学理论支持，因而建立在相关认知与判断基础上的法治观念与法治素养必然存在偏差和缺陷。

总体而言，通过受访学生法治观念自我评价性别比较，我们发现存在一些不同程度的矛盾现象：男性相对更加积极评价自我法律意识状况，但在关于法律主要作用的具体理解和认知上女生总体相对水平更高；尤其是受访法学专业本科生中，男生更多肯定法律在国家和社会治理体系结构中的不可替代及首选地位与作用，而更多女生在充分肯定法律的不可替代作用同时认为党和国家政策的地位和作用更加重要，同时极少女生漠视法律在国家和社会治理体系中的地位和作用，超过十分之一的男生则认为法律可有可无、可以被替代。这些“矛盾”证明部分受访学生即使有较高水平的法治观念自我评价，但并没有足够的法学理论、法律知识作为理性支持，因而不是十分可靠的自我积极评价或者积极选择。

四、大学本科生法治观念自我评价年级比较

（一）不同年级非法学专业本科生法治观念自我评价

您的年级？ * 您对自身法律意识状况如何总体评价？ 交叉表

			您对自身法律意识状况如何总体评价？				
			非常强	强	一般	比较差	总计
您的年级？	大一	计数	117	519	1042	93	1771
		占 您的年级？ 的百分比	6.6%	29.3%	58.8%	5.3%	100.0%
		占 您对自身法律意识状况如何总体评价？ 的百分比	62.2%	67.3%	58.9%	48.7%	60.7%
		占总计的百分比	4.0%	17.8%	35.7%	3.2%	60.7%
	大二	计数	29	125	371	50	575
		占 您的年级？ 的百分比	5.0%	21.7%	64.5%	8.7%	100.0%
		占 您对自身法律意识状况如何总体评价？ 的百分比	15.4%	16.2%	21.0%	26.2%	19.7%
		占总计的百分比	1.0%	4.3%	12.7%	1.7%	19.7%
	大三	计数	30	95	274	38	437
		占 您的年级？ 的百分比	6.9%	21.7%	62.7%	8.7%	100.0%
		占 您对自身法律意识状况如何总体评价？ 的百分比	16.0%	12.3%	15.5%	19.9%	15.0%
		占总计的百分比	1.0%	3.3%	9.4%	1.3%	15.0%
	大四	计数	12	32	81	10	135
		占 您的年级？ 的百分比	8.9%	23.7%	60.0%	7.4%	100.0%
		占 您对自身法律意识状况如何总体评价？ 的百分比	6.4%	4.2%	4.6%	5.2%	4.6%
		占总计的百分比	0.4%	1.1%	2.8%	0.3%	4.6%
总计		计数	188	771	1768	191	2918
		占 人数总计 的百分比	6.4%	26.4%	60.6%	6.5%	100.0%
		占 您对自身法律意识状况如何总体评价？ 的百分比	100.0%	100.0%	100.0%	100.0%	100.0%

尽管四个年级受访非法学专业本科学生的绝对数差距较大，尤其是大四学生参与度不高，但是从年级比较角度看受访学生对于法律意识状况自我评价，四个年级之间四种不同自我评价选项的有效百分比非常接近，除了总体上自我评价“非常强”“强”的有效百分比，大一学生最高（共计 35.9%），大四次之（共计

您的年级？* 您对自身法律意识状况如何总体评价？

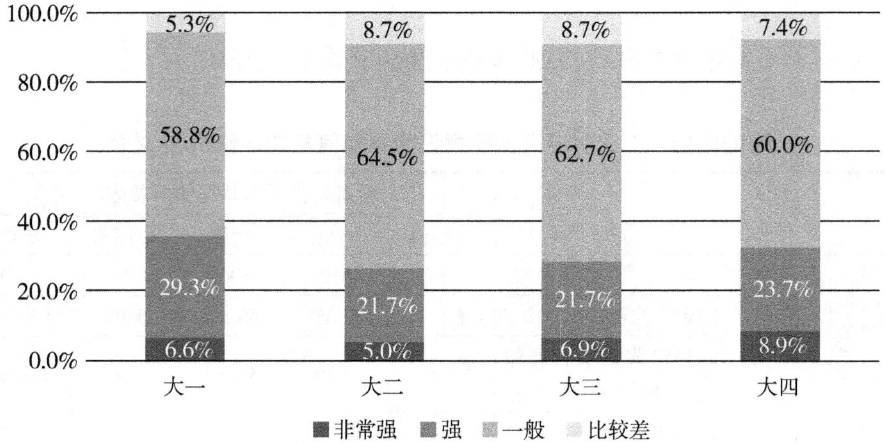

32.6%），这两个年级中法律意识状况自我评价较高的占比达到三分之一，而大二和大三的有效百分比分别只有 26.7%、28.6%，也即占比只有四分之一多一点。对于大一和大四学生自我评价相对较高，能否解释为大一学生刚从中学跨进大学校门，之前家庭和学校相对更加具体和严格的管束尚有“惯性”影响，而大四学生经历四年的成长和历练，相对较大二、大三学生更加成熟、稳重？但无论如何，这一数据状态无法证明学校的相关教育对大学生法律意识的增强和提高具有重要支持和重大贡献！从受访学生法律意识状况自我评价角度看，大二、大三学生相对大一学生有明显“退步”！

您的年级？ * 您如何看待国家治理和社会治理体系中法律的地位和作用？ 交叉表

			您如何看待国家治理和社会治理体系中法律的地位和作用？				
			非常有用，不可替代，而且应该成为首选	非常有用，不可替代，但党和国家政策更加重要	作用一般，需要政策、道德等配套、支持	用处不大，完全可以通过政策、道德替代	总计
您的年级？	大一	计数	736	849	140	46	1771
		占 您的年级？ 的百分比	41.6%	47.9%	7.9%	2.6%	100.0%
		占 您如何看待国家治理和社会治理体系中法律的地位和作用？ 的百分比	59.9%	64.3%	47.9%	60.5%	60.7%
		占总计的百分比	25.2%	29.1%	4.8%	1.6%	60.7%

续表

		您如何看待国家治理和社会治理体系中法律的地位和作用？				
		非常有用，不可替代，而且应该成为首选	非常有用，不可替代，但党和国家政策更加重要	作用一般，需要政策、道德等配套、支持	用处不大，完全可以通过政策、道德替代	总计
大二	计数	242	234	78	21	575
	占 您的年级？ 的百分比	42.1%	40.7%	13.6%	3.7%	100.0%
	占 您如何看待国家治理和社会治理体系中法律的地位和作用？ 的百分比	19.7%	17.7%	26.7%	27.6%	19.7%
	占总计的百分比	8.3%	8.0%	2.7%	0.7%	19.7%
大三	计数	183	188	60	6	437
	占 您的年级？ 的百分比	41.9%	43.0%	13.7%	1.4%	100.0%
	占 您如何看待国家治理和社会治理体系中法律的地位和作用？ 的百分比	14.9%	14.2%	20.5%	7.9%	15.0%
	占总计的百分比	6.3%	6.4%	2.1%	0.2%	15.0%
大四	计数	68	50	14	3	135
	占 您的年级？ 的百分比	50.4%	37.0%	10.4%	2.2%	100.0%
	占 您如何看待国家治理和社会治理体系中法律的地位和作用？ 的百分比	5.5%	3.8%	4.8%	3.9%	4.6%
	占总计的百分比	2.3%	1.7%	0.5%	0.1%	4.6%
总计	计数	1229	1321	292	76	2918
	占 人数总计 的百分比	42.1%	45.3%	10.0%	2.6%	100.0%
	占 您如何看待国家治理和社会治理体系中法律的地位和作用？ 的百分比	100.0%	100.0%	100.0%	100.0%	100.0%

从关于国家和社会治理体系结构中法律地位和作用的理解与认知不同年级学生统计数据看，受访非法学专业本科生中大四学生“非常有用，不可替代，而且应该成为首选”选项有效百分比，较前三个年级学生大约提高了 10 个百分点，但大一、大二、大三三个年级的学生在该选项有效百分比上几无变化）；大四学生“非常有用，不可替代，但党和国家政策更加重要”选项有效百分比较大一学生下降了近 11 个百分点，而且从大一到大四该选项有效百分比整体显著下降，但大三较大二有一定幅度反弹；“作用一般，需要政策、道德等配套、支持”选项的

您的年级？ * 您如何看待国家治理和社会治理体系中法律的地位和作用？

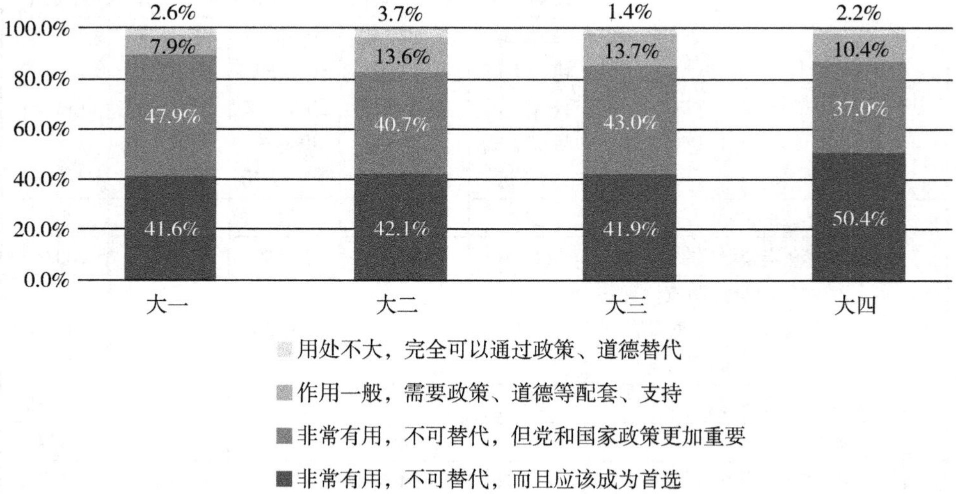

有效百分比，大二学生有接近一倍的反弹，大三较大二总体维持，大四学生较大二、大三学生有所回落，但较大一学生仍是反弹了 2.5 个百分点；“用处不大，完全可以通过政策、道德替代”选项有效百分比，在大二、大三学生中有反复，但大四与大一学生的有效百分比一致。总体上看，就国家和社会治理体系结构中法律地位和作用的理解和认知，大一、大二和大三学生之间差异不明显，大四学生有一定提升但提升幅度显然不理想。由此也可说明，学校相关教育以及学生在校期间的学习和生活对其关于法律地位和作用认知的积极促进比较有限。

您的年级？ * 您认为法律的作用主要是哪些？ _ 惩罚制裁违法犯罪行为 交叉表

			您认为法律的作用主要是哪些？_ 惩罚制裁违法犯罪行为		
				惩罚制裁违法犯罪行为	总计
您的年级？	大一	计数	128	1643	1771
		占 您的年级？ 的百分比	7.2%	92.8%	100.0%
		占 您认为法律的作用主要是哪些？_ 惩罚制裁违法犯罪行为 的百分比	54.9%	61.2%	60.7%
		占总计的百分比	4.4%	56.3%	60.7%
	大二	计数	52	523	575
		占 您的年级？ 的百分比	9.0%	91.0%	100.0%
		占 您认为法律的作用主要是哪些？_ 惩罚制裁违法犯罪行为 的百分比	22.3%	19.5%	19.7%
		占总计的百分比	1.8%	17.9%	19.7%

续表

			您认为法律的作用主要是哪些？_惩罚制裁违法犯罪行为		
				惩罚制裁违法犯罪行为	总计
	大三	计数	43	394	437
		占 您的年级？ 的百分比	9.8%	90.2%	100.0%
		占 您认为法律的作用主要是哪些？_惩罚制裁违法犯罪行为 的百分比	18.5%	14.7%	15.0%
		占总计的百分比	1.5%	13.5%	15.0%
	大四	计数	10	125	135
		占 您的年级？ 的百分比	7.4%	92.6%	100.0%
		占 您认为法律的作用主要是哪些？_惩罚制裁违法犯罪行为 的百分比	4.3%	4.7%	4.6%
		占总计的百分比	0.3%	4.3%	4.6%
总计		计数	233	2685	2918
		占 人数总计 的百分比	8.0%	92.0%	100.0%
		占 您认为法律的作用主要是哪些？_惩罚制裁违法犯罪行为 的百分比	100.0%	100.0%	100.0%

您的年级？ * 您认为法律的作用主要是哪些？ _保护公民合法权益 交叉表

			您认为法律的作用主要是哪些？_保护公民合法权益		
				保护公民合法权益	总计
您的年级？	大一	计数	75	1696	1771
		占 您的年级？ 的百分比	4.2%	95.8%	100.0%
		占 您认为法律的作用主要是哪些？_保护公民合法权益 的百分比	49.0%	61.3%	60.7%
		占总计的百分比	2.6%	58.1%	60.7%
	大二	计数	41	534	575
		占 您的年级？ 的百分比	7.1%	92.9%	100.0%
		占 您认为法律的作用主要是哪些？_保护公民合法权益 的百分比	26.8%	19.3%	19.7%
		占总计的百分比	1.4%	18.3%	19.7%

续表

			您认为法律的作用主要是哪些？_保护公民合法权益		
				保护公民合法权益	总计
	大三	计数	29	408	437
		占 您的年级？ 的百分比	6.6%	93.4%	100.0%
		占 您认为法律的作用主要是哪些？_保护公民合法权益 的百分比	19.0%	14.8%	15.0%
		占总计的百分比	1.0%	14.0%	15.0%
	大四	计数	8	127	135
		占 您的年级？ 的百分比	5.9%	94.1%	100.0%
		占 您认为法律的作用主要是哪些？_保护公民合法权益 的百分比	5.2%	4.6%	4.6%
		占总计的百分比	0.3%	4.4%	4.6%
总计		计数	153	2765	2918
		占 人数总计 的百分比	5.2%	94.8%	100.0%
		占 您认为法律的作用主要是哪些？_保护公民合法权益 的百分比	100.0%	100.0%	100.0%

您的年级？ * 您认为法律的作用主要是哪些？ _规定公民义务 交叉表

			您认为法律的作用主要是哪些？_规定公民义务		
				规定公民义务	总计
您的年级？	大一	计数	274	1497	1771
		占 您的年级？ 的百分比	15.5%	84.5%	100.0%
		占 您认为法律的作用主要是哪些？_规定公民义务 的百分比	57.2%	61.4%	60.7%
		占总计的百分比	9.4%	51.3%	60.7%
	大二	计数	109	466	575
		占 您的年级？ 的百分比	19.0%	81.0%	100.0%
		占 您认为法律的作用主要是哪些？_规定公民义务 的百分比	22.8%	19.1%	19.7%
		占总计的百分比	3.7%	16.0%	19.7%

续表

			您认为法律的作用主要是哪些？_规定公民义务		
				规定公民义务	总计
	大三	计数	71	366	437
		占 您的年级？ 的百分比	16.2%	83.8%	100.0%
		占 您认为法律的作用主要是哪些？_规定公民义务 的百分比	14.8%	15.0%	15.0%
		占总计的百分比	2.4%	12.5%	15.0%
	大四	计数	25	110	135
		占 您的年级？ 的百分比	18.5%	81.5%	100.0%
		占 您认为法律的作用主要是哪些？_规定公民义务 的百分比	5.2%	4.5%	4.6%
		占总计的百分比	0.9%	3.8%	4.6%
总计		计数	479	2439	2918
		占 人数总计 的百分比	16.4%	83.6%	100.0%
		占 您认为法律的作用主要是哪些？_规定公民义务 的百分比	100.0%	100.0%	100.0%

您的年级？ * 您认为法律的作用主要是哪些？ _解决处理法律纠纷 交叉表

			您认为法律的作用主要是哪些？_解决处理法律纠纷		
				解决处理法律纠纷	总计
您的年级？	大一	计数	198	1573	1771
		占 您的年级？ 的百分比	11.2%	88.8%	100.0%
		占 您认为法律的作用主要是哪些？_解决处理法律纠纷 的百分比	53.1%	61.8%	60.7%
		占总计的百分比	6.8%	53.9%	60.7%
	大二	计数	93	482	575
		占 您的年级？ 的百分比	16.2%	83.8%	100.0%
		占 您认为法律的作用主要是哪些？_解决处理法律纠纷 的百分比	24.9%	18.9%	19.7%
		占总计的百分比	3.2%	16.5%	19.7%

续表

			您认为法律的作用主要是哪些？ _解决处理法律纠纷		
				解决处理法律纠纷	总计
	大三	计数	65	372	437
		占 您的年级？ 的百分比	14.9%	85.1%	100.0%
		占 您认为法律的作用主要是哪些？ _解决处理法律纠纷 的百分比	17.4%	14.6%	15.0%
		占总计的百分比	2.2%	12.7%	15.0%
	大四	计数	17	118	135
		占 您的年级？ 的百分比	12.6%	87.4%	100.0%
		占 您认为法律的作用主要是哪些？ _解决处理法律纠纷 的百分比	4.6%	4.6%	4.6%
		占总计的百分比	0.6%	4.0%	4.6%
总计		计数	373	2545	2918
		占 人数总计 的百分比	12.8%	87.2%	100.0%
		占 您认为法律的作用主要是哪些？ _解决处理法律纠纷 的百分比	100.0%	100.0%	100.0%

您的年级？ * 您认为法律的作用主要是哪些？ _保障社会稳定 交叉表

			您认为法律的作用主要是哪些？ _保障社会稳定		
				保障社会稳定	总计
您的年级？	大一	计数	121	1650	1771
		占 您的年级？ 的百分比	6.8%	93.2%	100.0%
		占 您认为法律的作用主要是哪些？ _保障社会稳定 的百分比	48.6%	61.8%	60.7%
		占总计的百分比	4.1%	56.5%	60.7%
	大二	计数	65	510	575
		占 您的年级？ 的百分比	11.3%	88.7%	100.0%
		占 您认为法律的作用主要是哪些？ _保障社会稳定 的百分比	26.1%	19.1%	19.7%
		占总计的百分比	2.2%	17.5%	19.7%

续表

			您认为法律的作用主要是哪些？_保障社会稳定		
				保障社会稳定	总计
	大三	计数	48	389	437
		占 您的年级？ 的百分比	11.0%	89.0%	100.0%
		占 您认为法律的作用主要是哪些？_保障社会稳定 的百分比	19.3%	14.6%	15.0%
		占总计的百分比	1.6%	13.3%	15.0%
	大四	计数	15	120	135
		占 您的年级？ 的百分比	11.1%	88.9%	100.0%
		占 您认为法律的作用主要是哪些？_保障社会稳定 的百分比	6.0%	4.5%	4.6%
		占总计的百分比	0.5%	4.1%	4.6%
总计		计数	249	2669	2918
		占 人数总计 的百分比	8.5%	91.5%	100.0%
		占 您认为法律的作用主要是哪些？_保障社会稳定 的百分比	100.0%	100.0%	100.0%

您的年级？ * 您认为法律的作用主要是哪些？_巩固阶级统治 交叉表

			您认为法律的作用主要是哪些？_巩固阶级统治		
				巩固阶级统治	总计
您的年级？	大一	计数	701	1070	1771
		占 您的年级？ 的百分比	39.6%	60.4%	100.0%
		占 您认为法律的作用主要是哪些？_巩固阶级统治 的百分比	56.8%	63.6%	60.7%
		占总计的百分比	24.0%	36.7%	60.7%
	大二	计数	271	304	575
		占 您的年级？ 的百分比	47.1%	52.9%	100.0%
		占 您认为法律的作用主要是哪些？_巩固阶级统治 的百分比	21.9%	18.1%	19.7%
		占总计的百分比	9.3%	10.4%	19.7%

续表

			您认为法律的作用主要是哪些？_巩固阶级统治		
				巩固阶级统治	总计
	大三	计数	203	234	437
		占 您的年级？ 的百分比	46.5%	53.5%	100.0%
		占 您认为法律的作用主要是哪些？_巩固阶级统治 的百分比	16.4%	13.9%	15.0%
		占总计的百分比	7.0%	8.0%	15.0%
	大四	计数	60	75	135
		占 您的年级？ 的百分比	44.4%	55.6%	100.0%
		占 您认为法律的作用主要是哪些？_巩固阶级统治 的百分比	4.9%	4.5%	4.6%
		占总计的百分比	2.1%	2.6%	4.6%
总计		计数	1235	1683	2918
		占 人数总计 的百分比	42.3%	57.7%	100.0%
		占 您认为法律的作用主要是哪些？_巩固阶级统治 的百分比	100.0%	100.0%	100.0%

您的年级？ * 您认为法律的作用主要是哪些？ _扩大对外开放与交流、维护国家利益 交叉表

			您认为法律的作用主要是哪些？_扩大对外开放与交流、维护国家利益		
				扩大对外开放与交流、维护国家利益	总计
您的年级？	大一	计数	395	1376	1771
		占 您的年级？ 的百分比	22.3%	77.7%	100.0%
		占 您认为法律的作用主要是哪些？_扩大对外开放与交流、维护国家利益 的百分比	53.9%	63.0%	60.7%
		占总计的百分比	13.5%	47.2%	60.7%
	大二	计数	175	400	575
		占 您的年级？ 的百分比	30.4%	69.6%	100.0%
		占 您认为法律的作用主要是哪些？_扩大对外开放与交流、维护国家利益 的百分比	23.9%	18.3%	19.7%
		占总计的百分比	6.0%	13.7%	19.7%

续表

			您认为法律的作用主要是哪些？_扩大对外开放与交流、维护国家利益		
				扩大对外开放与交流、维护国家利益	总计
	大三	计数	129	308	437
		占 您的年级？ 的百分比	29.5%	70.5%	100.0%
		占 您认为法律的作用主要是哪些？_扩大对外开放与交流、维护国家利益 的百分比	17.6%	14.1%	15.0%
		占总计的百分比	4.4%	10.6%	15.0%
	大四	计数	34	101	135
		占 您的年级？ 的百分比	25.2%	74.8%	100.0%
		占 您认为法律的作用主要是哪些？_扩大对外开放与交流、维护国家利益 的百分比	4.6%	4.6%	4.6%
		占总计的百分比	1.2%	3.5%	4.6%
总计		计数	733	2185	2918
		占 人数总计 的百分比	25.1%	74.9%	100.0%
		占 您认为法律的作用主要是哪些？_扩大对外开放与交流、维护国家利益 的百分比	100.0%	100.0%	100.0%

将上述数据进行汇总，形成以下图表：

您的年级？ * 您认为法律的作用主要是哪些？ 交叉表

		您认为法律的作用主要是哪些？							
		惩罚制裁违法犯罪行为	保护公民合法权益	规定公民义务	解决处理法律纠纷	保障社会稳定	巩固阶级统治	扩大对外开放与交流、维护国家利益	平均值
您的年级？_有效百分比	大一	92.8	95.8	84.5	88.8	93.2	60.4	77.7	84.74
	大二	91.0	92.9	81.0	83.8	88.7	52.9	69.6	79.99
	大三	90.2	93.4	83.8	85.1	89.0	53.5	70.5	80.79
	大四	92.6	94.1	81.5	87.4	88.9	55.6	74.8	82.13
	平均值	91.65	94.05	82.70	86.28	89.95	55.60	73.15	

您的年级？*您认为法律的作用主要是哪些？

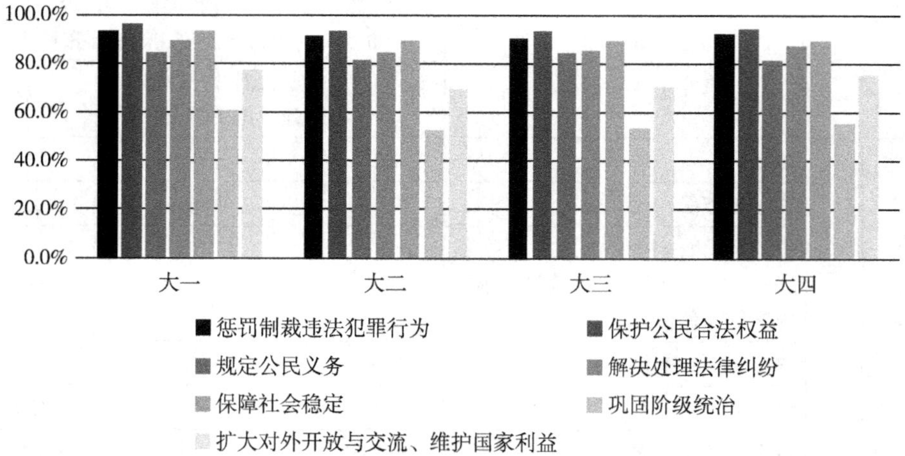

从对一般意义上法律七项主要作用理解与认知的不同年级有效百分比看，不同年级受访非法学专业本科生对每一项具体法律作用选择的有效百分比非常接近，与此相应，四个年级对七项法律主要作用选择有效百分比的数据结构也非常相似。单纯从受访学生数据统计看，高年级学生对七项法律主要作用的认可度甚至有一定幅度的降低。可见，从大一到大四学生对一般意义上法律主要作用的理解和认知没有明显积极性变化。

（二）不同年级法学专业本科生法治观念自我评价

您的年级？ * 您对自身法律意识状况如何总体评价？ 交叉表

			您对自身法律意识状况如何总体评价？				
			非常强	强	一般	比较差	总计
您的年级？	大一	计数	14	40	67	6	127
		占 您的年级？ 的百分比	11.0%	31.5%	52.8%	4.7%	100.0%
		占 您对自身法律意识状况如何总体评价？ 的百分比	56.0%	71.4%	74.4%	85.7%	71.3%
		占总计的百分比	7.9%	22.5%	37.6%	3.4%	71.3%
	大二	计数	4	9	13	1	27
		占 您的年级？ 的百分比	14.8%	33.3%	48.1%	3.7%	100.0%
		占 您对自身法律意识状况如何总体评价？ 的百分比	16.0%	16.1%	14.4%	14.3%	15.2%
		占总计的百分比	2.2%	5.1%	7.3%	0.6%	15.2%

续表

			您对自身法律意识状况如何总体评价?				
			非常强	强	一般	比较差	总计
	大三	计数	3	4	8	0	15
		占 您的年级? 的百分比	20.0%	26.7%	53.3%	0.0%	100.0%
		占 您对自身法律意识状况如何总体评价? 的百分比	12.0%	7.1%	8.9%	0.0%	8.4%
		占总计的百分比	1.7%	2.2%	4.5%	0.0%	8.4%
	大四	计数	4	3	2	0	9
		占 您的年级? 的百分比	44.4%	33.3%	22.2%	0.0%	100.0%
		占 您对自身法律意识状况如何总体评价? 的百分比	16.0%	5.4%	2.2%	0.0%	5.1%
		占总计的百分比	2.2%	1.7%	1.1%	0.0%	5.1%
总计		计数	25	56	90	7	178
		占 人数总计 的百分比	14.0%	31.5%	50.6%	3.9%	100.0%
		占 您对自身法律意识状况如何总体评价? 的百分比	100.0%	100.0%	100.0%	100.0%	100.0%

您的年级? * 您对自身法律意识状况如何总体评价?

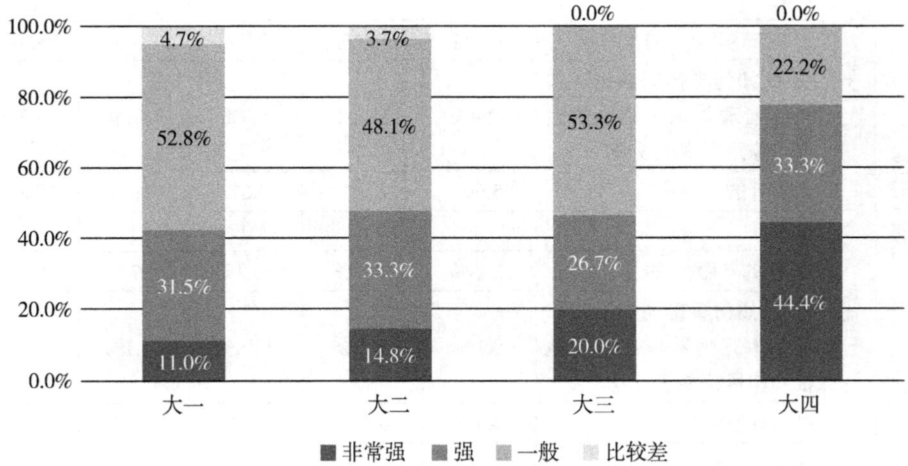

单纯从受访法学专业本科生不同年级学生法律意识状况自我评价数据统计来看（由于大四学生过少，在此不做评价），对自身法律意识状况做自我肯定评价的学生占比从大一到大三总体上变化不大，但其中自我评价“非常强”的有效百分比逐年级提升，自我评价“强”和“一般”的有效百分比在三个年级之间变化

不明显，自我评价“比较差”的有效百分比逐年级下降（大三、大四学生此项有效百分比甚至降为零）。所以，从受访法学专业本科生的法律意识状况自我评价数据看，总体上随着年级的提高，自我肯定评价的占比有所提高。但是从法学专业人才培养目标要求看，这一状况相较于合格乃至优秀的法律职业者应有的法律意识水平而言，还有较大距离。

您的年级？ * 您如何看待国家治理和社会治理体系中法律的地位和作用？ 交叉表

			您如何看待国家治理和社会治理体系中法律的地位和作用？				
			非常有用，不可替代，而且应该成为首选	非常有用，不可替代，但党和国家政策更加重要	作用一般，需要政策、道德等配套、支持	用处不大，完全可以通过政策、道德替代	总计
您的年级？	大一	计数	65	43	14	5	127
		占 您的年级？ 的百分比	51.2%	33.9%	11.0%	3.9%	100.0%
		占 您如何看待国家治理和社会治理体系中法律的地位和作用？ 的百分比	73.9%	67.2%	82.4%	55.6%	71.3%
		占总计的百分比	36.5%	24.2%	7.9%	2.8%	71.3%
	大二	计数	10	15	1	1	27
		占 您的年级？ 的百分比	37.0%	55.6%	3.7%	3.7%	100.0%
		占 您如何看待国家治理和社会治理体系中法律的地位和作用？ 的百分比	11.4%	23.4%	5.9%	11.1%	15.2%
		占总计的百分比	5.6%	8.4%	0.6%	0.6%	15.2%
	大三	计数	8	4	2	1	15
		占 您的年级？ 的百分比	53.3%	26.7%	13.3%	6.7%	100.0%
		占 您如何看待国家治理和社会治理体系中法律的地位和作用？ 的百分比	9.1%	6.3%	11.8%	11.1%	8.4%
		占总计的百分比	4.5%	2.2%	1.1%	0.6%	8.4%
	大四	计数	5	2	0	2	9
		占 您的年级？ 的百分比	55.6%	22.2%	0.0%	22.2%	100.0%
		占 您如何看待国家治理和社会治理体系中法律的地位和作用？ 的百分比	5.7%	3.1%	0.0%	22.2%	5.1%
		占总计的百分比	2.8%	1.1%	0.0%	1.1%	5.1%

续表

		您如何看待国家治理和社会治理体系中法律的地位和作用？				
		非常有用，不可替代，而且应该成为首选	非常有用，不可替代，但党和国家政策更加重要	作用一般，需要政策、道德等配套、支持	用处不大，完全可以通过政策、道德替代	总计
总计	计数	88	64	17	9	178
	占 人数总计 的百分比	49.4%	36.0%	9.6%	5.1%	100.0%
	占 您如何看待国家治理和社会治理体系中法律的地位和作用？ 的百分比	100.0%	100.0%	100.0%	100.0%	100.0%

您的年级？ * 您如何看待国家治理和社会治理体系中法律的地位和作用？

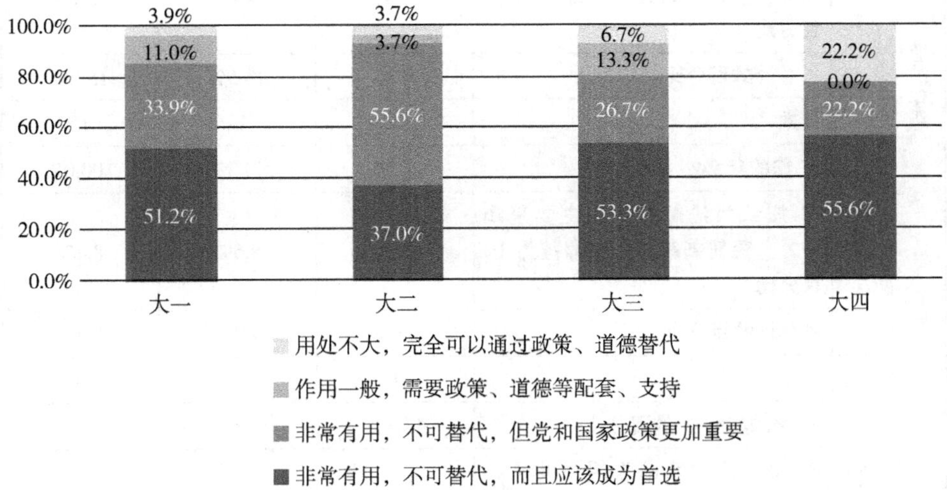

单纯从本表数据看，一方面，只有一半学生对法律“非常有用，不可替代，而且应该成为首选”选项做了肯定选择，也就意味着有一半学生没能基于法治思维和法治理念对国家和社会治理体系中法律地位和作用做出正确选择，甚至也有一定数量学生漠视法律的地位与作用；另一方面，对于国家和社会治理体系中法律地位和作用理解与认知，四个年级学生尽管有一定幅度的结构性不同，但总体上没有明显的进步和提高。这一状况凸显出法学专业学生在系统接受法学理论、法律知识教育过程中，还必须有效培养和训练法治思维、增强和提高法治理念。

您的年级？ * 您认为法律的作用主要是哪些？ _惩罚制裁违法犯罪行为 交叉表

			您认为法律的作用主要是哪些？_惩罚制裁违法犯罪行为		
				惩罚制裁违法犯罪行为	总计
您的年级？	大一	计数	9	118	127
		占 您的年级？ 的百分比	7.1%	92.9%	100.0%
		占 您认为法律的作用主要是哪些？_惩罚制裁违法犯罪行为 的百分比	64.3%	72.0%	71.3%
		占总计的百分比	5.1%	66.3%	71.3%
	大二	计数	3	24	27
		占 您的年级？ 的百分比	11.1%	88.9%	100.0%
		占 您认为法律的作用主要是哪些？_惩罚制裁违法犯罪行为 的百分比	21.4%	14.6%	15.2%
		占总计的百分比	1.7%	13.5%	15.2%
	大三	计数	1	14	15
		占 您的年级？ 的百分比	6.7%	93.3%	100.0%
		占 您认为法律的作用主要是哪些？_惩罚制裁违法犯罪行为 的百分比	7.1%	8.5%	8.4%
		占总计的百分比	0.6%	7.9%	8.4%
	大四	计数	1	8	9
		占 您的年级？ 的百分比	11.1%	88.9%	100.0%
		占 您认为法律的作用主要是哪些？_惩罚制裁违法犯罪行为 的百分比	7.1%	4.9%	5.1%
		占总计的百分比	0.6%	4.5%	5.1%
总计		计数	14	164	178
		占 人数总计 的百分比	7.9%	92.1%	100.0%
		占 您认为法律的作用主要是哪些？_惩罚制裁违法犯罪行为 的百分比	100.0%	100.0%	100.0%

您的年级？ * 您认为法律的作用主要是哪些？ _保护公民合法权益 交叉表

			您认为法律的作用主要是哪些？_保护公民合法权益		
				保护公民合法权益	总计
您的年级？	大一	计数	5	122	127
		占 您的年级？ 的百分比	3.9%	96.1%	100.0%
		占 您认为法律的作用主要是哪些？_保护公民合法权益 的百分比	62.5%	71.8%	71.3%
		占总计的百分比	2.8%	68.5%	71.3%
	大二	计数	1	26	27
		占 您的年级？ 的百分比	3.7%	96.3%	100.0%
		占 您认为法律的作用主要是哪些？_保护公民合法权益 的百分比	12.5%	15.3%	15.2%
		占总计的百分比	0.6%	14.6%	15.2%
	大三	计数	0	15	15
		占 您的年级？ 的百分比	0.0%	100.0%	100.0%
		占 您认为法律的作用主要是哪些？_保护公民合法权益 的百分比	0.0%	8.8%	8.4%
		占总计的百分比	0.0%	8.4%	8.4%
	大四	计数	2	7	9
		占 您的年级？ 的百分比	22.2%	77.8%	100.0%
		占 您认为法律的作用主要是哪些？_保护公民合法权益 的百分比	25.0%	4.1%	5.1%
		占总计的百分比	1.1%	3.9%	5.1%
总计		计数	8	170	178
		占 人数总计 的百分比	4.5%	95.5%	100.0%
		占 您认为法律的作用主要是哪些？_保护公民合法权益 的百分比	100.0%	100.0%	100.0%

您的年级？ * 您认为法律的作用主要是哪些？ _ 规定公民义务 交叉表

			您认为法律的作用主要是哪些？_ 规定公民义务		
				规定公民义务	总计
您的年级？	大一	计数	19	108	127
		占 您的年级？ 的百分比	15.0%	85.0%	100.0%
		占 您认为法律的作用主要是哪些？_ 规定公民义务 的百分比	63.3%	73.0%	71.3%
		占总计的百分比	10.7%	60.7%	71.3%
	大二	计数	6	21	27
		占 您的年级？ 的百分比	22.2%	77.8%	100.0%
		占 您认为法律的作用主要是哪些？_ 规定公民义务 的百分比	20.0%	14.2%	15.2%
		占总计的百分比	3.4%	11.8%	15.2%
	大三	计数	3	12	15
		占 您的年级？ 的百分比	20.0%	80.0%	100.0%
		占 您认为法律的作用主要是哪些？_ 规定公民义务 的百分比	10.0%	8.1%	8.4%
		占总计的百分比	1.7%	6.7%	8.4%
	大四	计数	2	7	9
		占 您的年级？ 的百分比	22.2%	77.8%	100.0%
		占 您认为法律的作用主要是哪些？_ 规定公民义务 的百分比	6.7%	4.7%	5.1%
		占总计的百分比	1.1%	3.9%	5.1%
总计		计数	30	148	178
		占 人数总计 的百分比	16.9%	83.1%	100.0%
		占 您认为法律的作用主要是哪些？_ 规定公民义务 的百分比	100.0%	100.0%	100.0%

您的年级？ * 您认为法律的作用主要是哪些？ _解决处理法律纠纷 交叉表

			您认为法律的作用主要是哪些？_解决处理法律纠纷		
				解决处理法律纠纷	总计
您的年级？	大一	计数	12	115	127
		占 您的年级？ 的百分比	9.4%	90.6%	100.0%
		占 您认为法律的作用主要是哪些？_解决处理法律纠纷 的百分比	63.2%	72.3%	71.3%
		占总计的百分比	6.7%	64.6%	71.3%
	大二	计数	4	23	27
		占 您的年级？ 的百分比	14.8%	85.2%	100.0%
		占 您认为法律的作用主要是哪些？_解决处理法律纠纷 的百分比	21.1%	14.5%	15.2%
		占总计的百分比	2.2%	12.9%	15.2%
	大三	计数	0	15	15
		占 您的年级？ 的百分比	0.0%	100.0%	100.0%
		占 您认为法律的作用主要是哪些？_解决处理法律纠纷 的百分比	0.0%	9.4%	8.4%
		占总计的百分比	0.0%	8.4%	8.4%
	大四	计数	3	6	9
		占 您的年级？ 的百分比	33.3%	66.7%	100.0%
		占 您认为法律的作用主要是哪些？_解决处理法律纠纷 的百分比	15.8%	3.8%	5.1%
		占总计的百分比	1.7%	3.4%	5.1%
总计		计数	19	159	178
		占 人数总计 的百分比	10.7%	89.3%	100.0%
		占 您认为法律的作用主要是哪些？_解决处理法律纠纷 的百分比	100.0%	100.0%	100.0%

您的年级？ * 您认为法律的作用主要是哪些？ _保障社会稳定 交叉表

			您认为法律的作用主要是哪些？ _保障社会稳定		
				保障社会稳定	总计
您的年级？	大一	计数	8	119	127
		占 您的年级？ 的百分比	6.3%	93.7%	100.0%
		占 您认为法律的作用主要是哪些？ _保障社会稳定 的百分比	61.5%	72.1%	71.3%
		占总计的百分比	4.5%	66.9%	71.3%
	大二	计数	3	24	27
		占 您的年级？ 的百分比	11.1%	88.9%	100.0%
		占 您认为法律的作用主要是哪些？ _保障社会稳定 的百分比	23.1%	14.5%	15.2%
		占总计的百分比	1.7%	13.5%	15.2%
	大三	计数	0	15	15
		占 您的年级？ 的百分比	0.0%	100.0%	100.0%
		占 您认为法律的作用主要是哪些？ _保障社会稳定 的百分比	0.0%	9.1%	8.4%
		占总计的百分比	0.0%	8.4%	8.4%
	大四	计数	2	7	9
		占 您的年级？ 的百分比	22.2%	77.8%	100.0%
		占 您认为法律的作用主要是哪些？ _保障社会稳定 的百分比	15.4%	4.2%	5.1%
		占总计的百分比	1.1%	3.9%	5.1%
总计		计数	13	165	178
		占 人数总计 的 百分比	7.3%	92.7%	100.0%
		占 您认为法律的作用主要是哪些？ _保障社会稳定 的百分比	100.0%	100.0%	100.0%

您的年级？ * 您认为法律的作用主要是哪些？ _ 巩固阶级统治 交叉表

			您认为法律的作用主要是哪些？ _ 巩固阶级统治		
				巩固阶级统治	总计
您的年级？	大一	计数	40	87	127
		占 您的年级？ 的百分比	31.5%	68.5%	100.0%
		占 您认为法律的作用主要是哪些？ _ 巩固阶级统治 的百分比	70.2%	71.9%	71.3%
		占总计的百分比	22.5%	48.9%	71.3%
	大二	计数	9	18	27
		占 您的年级？ 的百分比	33.3%	66.7%	100.0%
		占 您认为法律的作用主要是哪些？ _ 巩固阶级统治 的百分比	15.8%	14.9%	15.2%
		占总计的百分比	5.1%	10.1%	15.2%
	大三	计数	4	11	15
		占 您的年级？ 的百分比	26.7%	73.3%	100.0%
		占 您认为法律的作用主要是哪些？ _ 巩固阶级统治 的百分比	7.0%	9.1%	8.4%
		占总计的百分比	2.2%	6.2%	8.4%
	大四	计数	4	5	9
		占 您的年级？ 的百分比	44.4%	55.6%	100.0%
		占 您认为法律的作用主要是哪些？ _ 巩固阶级统治 的百分比	7.0%	4.1%	5.1%
		占总计的百分比	2.2%	2.8%	5.1%
总计		计数	57	121	178
		占 人数总计 的百分比	32.0%	68.0%	100.0%
		占 您认为法律的作用主要是哪些？ _ 巩固阶级统治 的百分比	100.0%	100.0%	100.0%

您的年级？ * 您认为法律的作用主要是哪些？_扩大对外开放与交流、维护国家利益 交叉表

			您认为法律的作用主要是哪些？_扩大对外开放与交流、维护国家利益		
				扩大对外开放与交流、维护国家利益	总计
您的年级？	大一	计数	26	101	127
		占 您的年级？ 的百分比	20.5%	79.5%	100.0%
		占 您认为法律的作用主要是哪些？_扩大对外开放与交流、维护国家利益 的百分比	59.1%	75.4%	71.3%
		占总计的百分比	14.6%	56.7%	71.3%
	大二	计数	9	18	27
		占 您的年级？ 的百分比	33.3%	66.7%	100.0%
		占 您认为法律的作用主要是哪些？_扩大对外开放与交流、维护国家利益 的百分比	20.5%	13.4%	15.2%
		占总计的百分比	5.1%	10.1%	15.2%
	大三	计数	5	10	15
		占 您的年级？ 的百分比	33.3%	66.7%	100.0%
		占 您认为法律的作用主要是哪些？_扩大对外开放与交流、维护国家利益 的百分比	11.4%	7.5%	8.4%
		占总计的百分比	2.8%	5.6%	8.4%
	大四	计数	4	5	9
		占 您的年级？ 的百分比	44.4%	55.6%	100.0%
		占 您认为法律的作用主要是哪些？_扩大对外开放与交流、维护国家利益 的百分比	9.1%	3.7%	5.1%
		占总计的百分比	2.2%	2.8%	5.1%
总计		计数	44	134	178
		占 人数总计 的百分比	24.7%	75.3%	100.0%
		占 您认为法律的作用主要是哪些？_扩大对外开放与交流、维护国家利益 的百分比	100.0%	100.0%	100.0%

将上述数据进行汇总，形成以下图表：

您的年级？ * 您认为法律的作用主要是哪些？　交叉表

		您认为法律的作用主要是哪些？							
		惩罚制裁违法犯罪行为	保护公民合法权益	规定公民义务	解决处理法律纠纷	保障社会稳定	巩固阶级统治	扩大对外开放与交流、维护国家利益	平均值
您的年级？_有效百分比	大一	92.9	96.1	85.0	90.6	93.7	68.5	79.5	86.61
	大二	88.9	96.3	77.8	85.2	88.9	66.7	66.7	81.50
	大三	93.3	100.0	80.0	100.0	100.0	73.3	66.7	87.61
	大四	88.9	77.8	77.8	66.7	77.8	55.6	55.6	71.48
	平均值	91.00	92.55	80.15	85.63	90.10	66.03	67.13	

您的年级？ * 您认为法律的作用主要是哪些？

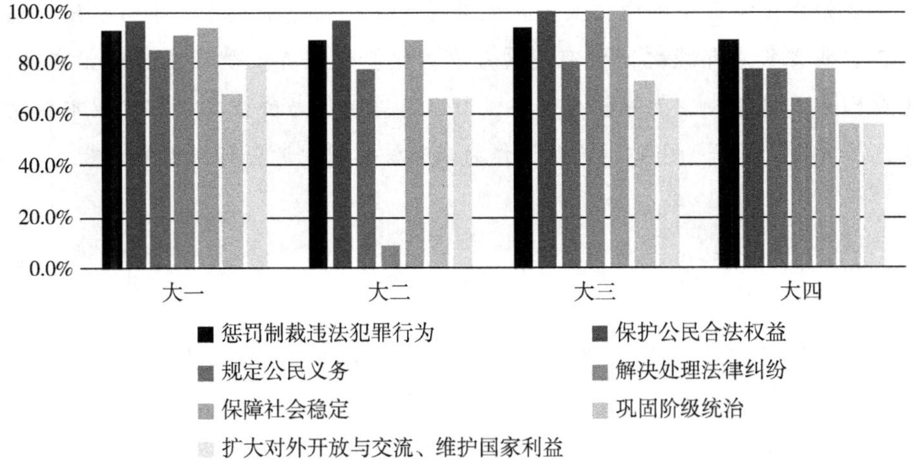

考虑到受访法学专业本科生中大三、大四学生过少，其统计数据参考意义有限，从本表数据所反映出的受访学生对一般意义上法律七项主要作用理解与认知，不同年级对每一项具体法律作用选择的有效百分比差异不大，总体上，大二学生对七项法律主要作用选择有效百分比相对于大一学生而言有所下降，但在大三学生中再次回归到与大一学生相当水平。受访大四学生基本不具有考察意义，但是至少从中看不出有相对显著提升的可能。所以单纯从受访学生数据统计看，能否同样由此得出结论：从大一到大四，受访法学专业学生对一般意义上法律主要作用的理解和认知在总体上没有明显积极性变化？

另外，将本表数据与前述非法学专业本科生关于法律主要作用理解与认知的年级统计数据进行比较，两组学生对具体法律作用选择的有效百分比在平均值上居然几乎相同（非法学学生总体平均值为81.91%，法学专业学生总体平均值为81.80%）。两组数据中分别按每一年级在七项具体法律作用选择上的有效百分比，以及每一项具体法律作用的不同年级学生选择的有效百分比进行平均值计算，尽管两组数值存在结构性差别，但每项平均值之间差距幅度也很有限。尽管可能由于受访法学专业学生中大一新生居多的缘故，但是统计数据表明两组学生在这一问题的理解与认知上并没有反映出法学专业学生应有的优势水平。

总体上，从受访本科生法治观念自我评价年级比较看，非法学专业本科生法律意识状况自我评价并没有因为年级增高而有应有的提升，其间甚至有不同程度的小幅下降，而关于国家和社会治理体系中法律地位和作用的整体认知，前三个年级差别不大，大四学生有非常有限的幅度提升，对于七项法律主要作用的认知水平，四个年级之间也几无差异，这说明非法学专业本科生法治观念及其自我评价在年级之间没有出现应有的进步性差异。受访法学专业本科生，主要因为总量偏少、大一学生居多，所以总体状况与受访非法学专业本科生相似，尽管情况稍好，但也远未达到作为未来法律职业者应有的相关要求。

第二章　大学本科生权利意识状况评测

为考察学生权利认知层面的权利意识及其法治素养状况，我们具体从其对权利范围与边界、个人权利与他人权利之间关系、权利和义务之间关系、法律（权利）与道德（情感）之间关系等角度进行测试和评判。

一、非法学专业本科生权利意识状况评测

（一）自我权利认知

您很明确知道自己有哪些权利吗?

		频率	百分比	有效百分比	累计百分比
有效	严格根据“法无禁止即自由”推定自己的权利范围	221	7.6	7.6	7.6
	认真学习过宪法，很清楚自己的基本权利	879	30.1	30.1	37.7
	不清楚权利内容，但凭良心做人做事，不侵害他人就没事	916	31.4	31.4	69.1
	跟着感觉走，大概知道一些自己的权利	850	29.1	29.1	98.2
	不知道，但无所谓，想咋干就咋干	52	1.8	1.8	100.0
	总计	2918	100.0	100.0	

受访非法学专业本科生中，只有 30.1% 的同学表示“很清楚自己的基本权利”，7.6% 的同学懂得“法无禁止即自由”这一权利推定规则，总体上有 37.7% 的同学有正确的个人权利认知。而 60.5% 的同学只是“跟着感觉走”或者跟随道德指引。或者说更多同学是出于习惯来认识和享用权利，甚至还有 1.8% 的同学极端任性，缺乏具体的权利认知。由此可以判断，尽管绝大多数同学总体上有较强的权利主张，但是其中大部分同学没能形成具体、有效的权利认知。

您很明确知道自己有哪些权利吗?

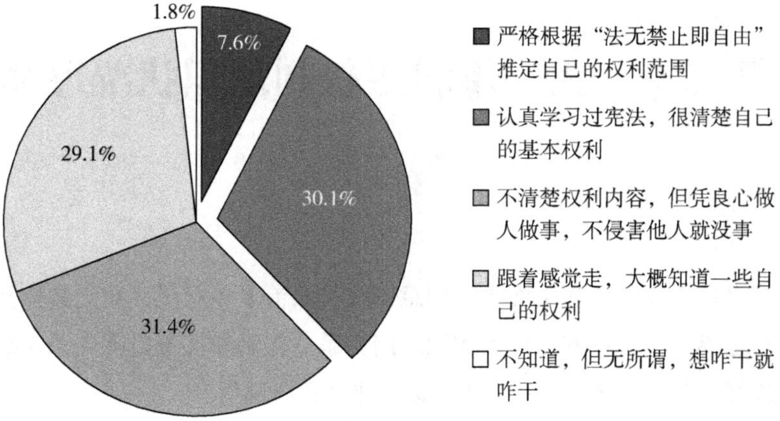

您对自身法律意识状况如何总体评价？ * 您很明确知道自己有哪些权利吗？ 交叉表

			您很明确知道自己有哪些权利吗?					
			严格根据“法无禁止即自由”推定自己的权利范围	认真学习过宪法，很清楚自己的基本权利	跟着感觉走，大概知道一些自己的权利	不清楚权利内容，但凭良心做人做事，不侵害他人就没事	不知道，但无所谓，想咋干就咋干	总计
您对自身法律意识状况如何总体评价?	非常强	计数	30	99	14	24	21	188
		占 您对自身法律意识状况如何总体评价? 的百分比	16.0%	52.7%	7.4%	12.8%	11.2%	100.0%
		占 您很明确知道自己有哪些权利吗? 的百分比	13.6%	11.3%	1.6%	2.6%	40.4%	6.4%
		占总计的百分比	1.0%	3.4%	0.5%	0.8%	0.7%	6.4%
	强	计数	72	338	182	170	9	771
		占 您对自身法律意识状况如何总体评价? 的百分比	9.3%	43.8%	23.6%	22.0%	1.2%	100.0%
		占 您很明确知道自己有哪些权利吗? 的百分比	32.6%	38.5%	21.4%	18.6%	17.3%	26.4%
		占总计的百分比	2.5%	11.6%	6.2%	5.8%	0.3%	26.4%

续表

			您很明确知道自己有哪些权利吗？					
			严格根据“法无禁止即自由”推定自己的权利范围	认真学习过宪法，很清楚自己的基本权利	跟着感觉走，大概知道一些自己的权利	不清楚权利内容，但凭良心做人做事，不侵害他人就没事	不知道，但无所谓，想咋干就咋干	总计
	一般	计数	111	422	585	632	18	1768
		占 您对自身法律意识状况如何总体评价？ 的百分比	6.3%	23.9%	33.1%	35.7%	1.0%	100.0%
		占 您很明确知道自己有哪些权利吗？ 的百分比	50.2%	48.0%	68.8%	69.0%	34.6%	60.6%
		占总计的百分比	3.8%	14.5%	20.0%	21.7%	0.6%	60.6%
	比较差	计数	8	20	69	90	4	191
		占 您对自身法律意识状况如何总体评价？ 的百分比	4.2%	10.5%	36.1%	47.1%	2.1%	100.0%
		占 您很明确知道自己有哪些权利吗？ 的百分比	3.6%	2.3%	8.1%	9.8%	7.7%	6.5%
		占总计的百分比	0.3%	0.7%	2.4%	3.1%	0.1%	6.5%
总计		计数	221	879	850	916	52	2918
		占 人数总计 的百分比	7.6%	30.1%	29.1%	31.4%	1.8%	100.0%
		占 您很明确知道自己有哪些权利吗？ 的百分比	100.0%	100.0%	100.0%	100.0%	100.0%	100.0%

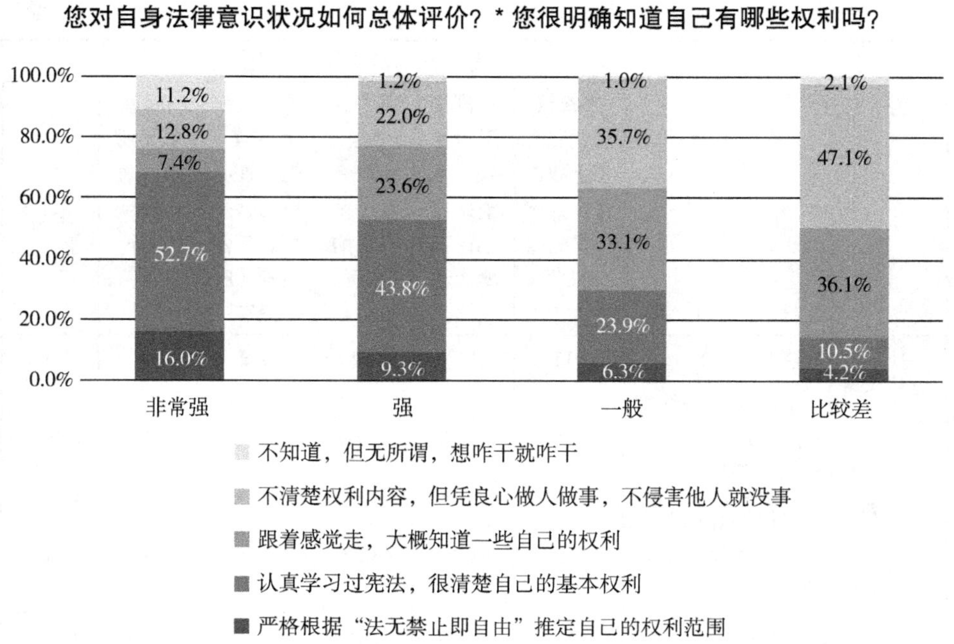

从“您对自身法律意识状况如何总体评价”与“您很明确知道自己有哪些权利吗”两者交叉统计数据看，受访非法学专业本科生中法律意识状况自我评价的四个不同学生群体，就各自“严格根据‘法无禁止即自由’推定自己的权利范围”与“认真学习过宪法，很清楚自己的基本权利”两个选项的有效百分比而言，印证了法律意识状态与受访主体对于权利正确认知之间的内在关联：法律意识状况自我评价从“非常强”“强”“一般”到“比较差”四个等级层次的四个群体，关于权利正确认知两个选项各自有效百分比及其总和均依次降低，这充分说明受访主体越是能够正确认知权利内容与范围，其法律意识状况自我评价也越高。

相对而言，法律意识状况自我评价“一般”和“比较差”的两个群体，更多选择了“不清楚权利内容，但凭良心做人做事，不侵害他人就没事”和“跟着感觉走，大概知道一些自己的权利”两个选项，这意味着更多凭借对伦理道德或者相关认知而感性把握权利及其内容的主体，其法律意识状况自我评价更多是“一般”或者“比较差”。

需要特别注意的是，法律意识状况自我评价“强”的受访非法学专业学生中有 45.6% 的同学分别选择了“不清楚权利内容，但凭良心做人做事，不侵害他人就没事”和“跟着感觉走，大概知道一些自己的权利”两个选项，也就意味着尽管自我认为法律意识强，但其中近一半学生并不能正确认知权利及其内容。甚至还有 11.2% 的法律意识状况自我评价“非常强”的同学选择了“不知道，但无所谓，想咋干就咋干”选项，这一有效百分比也远远超过其他三个不同自我评价群体的该项有效百分比。

这一交叉统计数据充分表明，对学生进行权利来源、权利推定规则、权利内容与范围等理论与知识的宣传与教育非常重要。某种意义上说，这也是有效增强和直接提高学生法律意识水平的重要条件与有效路径。

您如何理解法律权利与法律义务的关系？

		频率	百分比	有效百分比	累计百分比
有效	权利和义务相一致，享受权利就要承担义务，承担义务是为了享受权利	2799	95.9	95.9	95.9
	权利和义务不相干，两者之间没有必然联系	77	2.6	2.6	98.5
	权利越多越好，义务越少越好	42	1.4	1.4	100.0
	总计	2918	100.0	100.0	

您如何理解法律权利与法律义务的关系？

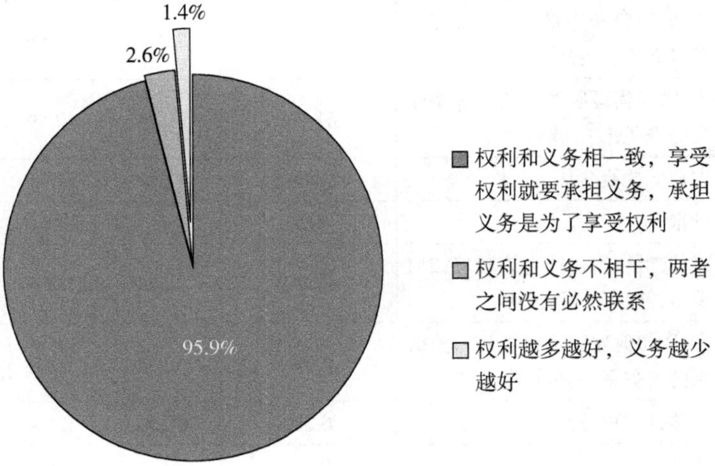

您对自身法律意识状况如何总体评价?
*** 您如何理解法律权利与法律义务的关系? 交叉表**

			您如何理解法律权利与法律义务的关系?			
			权利和义务相一致，享受权利就要承担义务，承担义务是为了享受权利	权利和义务不相干，两者之间没有必然联系	权利越多越好，义务越少越好	总计
您对自身法律意识状况如何总体评价?	非常强	计数	164	11	13	188
		占 您对自身法律意识状况如何总体评价? 的百分比	87.2%	5.9%	6.9%	100.0%
		占 您如何理解法律权利与法律义务的关系? 的百分比	5.9%	14.3%	31.0%	6.4%
		占总计的百分比	5.6%	0.4%	0.4%	6.4%
	强	计数	743	20	8	771
		占 您对自身法律意识状况如何总体评价? 的百分比	96.4%	2.6%	1.0%	100.0%
		占 您如何理解法律权利与法律义务的关系? 的百分比	26.5%	26.0%	19.0%	26.4%
		占总计的百分比	25.5%	0.7%	0.3%	26.4%
	一般	计数	1710	41	17	1768
		占 您对自身法律意识状况如何总体评价? 的百分比	96.7%	2.3%	1.0%	100.0%
		占 您如何理解法律权利与法律义务的关系? 的百分比	61.1%	53.2%	40.5%	60.6%
		占总计的百分比	58.6%	1.4%	0.6%	60.6%
	比较差	计数	182	5	4	191
		占 您对自身法律意识状况如何总体评价? 的百分比	95.3%	2.6%	2.1%	100.0%
		占 您如何理解法律权利与法律义务的关系? 的百分比	6.5%	6.5%	9.5%	6.5%
		占总计的百分比	6.2%	0.2%	0.1%	6.5%
总计		计数	2799	77	42	2918
		占 人数总计 的百分比	95.9%	2.6%	1.4%	100.0%
		占 您如何理解法律权利与法律义务的关系? 的百分比	100.0%	100.0%	100.0%	100.0%

您对自身法律意识状况如何总体评价？ * 您如何理解法律权利与法律义务的关系？

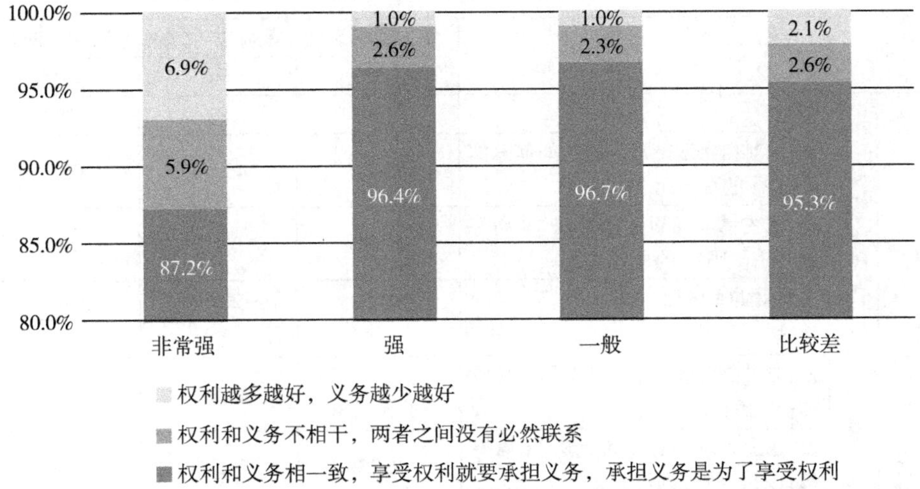

值得高度肯定的是，高达 95.9% 的受访非法学专业本科生能够正确理解权利与义务之间一般关系。总体上，绝大多数同学能够正确理解权利和义务之间相辅相成的关系，但还有 2.6% 的同学完全不了解权利和义务之间联系，再加上 1.4% 的同学有绝对权利倾向，所以有近 4.0% 的同学不能从权利义务相辅相成角度正确认识权利和义务。

“令人费解”的是，“您对自身法律意识状况如何总体评价”与“您如何理解法律权利与法律义务的关系”交叉统计数据表明，受访学生法律意识状况自我评价与其对法律权利与法律义务之间关系的正确理解之间没有显示出正相关关系。法律意识状况自我评价“强”与“一般”和“比较差”的三个群体，在“您如何理解法律权利与法律义务的关系”三个选项的有效百分比结构高度一致，与此同时，法律意识状况自我评价“非常强”的学生，“权利和义务相一致，享受权利就要承担义务，承担义务是为了享受权利”正确选项的有效百分比比其他三个群体的该选项有效百分比均低了 9 个百分点左右，而另外两个错误选项的有效百分比均高于其他三个群体。能够对此进行解释的可能原因，恐怕还是受访非法学专业本科生法律意识水平并非完全基于其对法律权利与法律义务关系以及权利来源、权利推定规则、权利内容与边界等理论与知识的理性认知。

您主动学习过《教育法》《高等教育法》吗？

		频率	百分比	有效百分比	累计百分比
有效	是	483	16.6	16.6	16.6
	否	2435	83.4	83.4	100.0
	总计	2918	100.0	100.0	

您对自身法律意识状况如何总体评价?
*** 您主动学习过《教育法》《高等教育法》吗? 交叉表**

			您主动学习过《教育法》《高等教育法》吗?		
			是	否	总计
您对自身法律意识状况如何总体评价?	非常强	计数	106	82	188
		占 您对自身法律意识状况如何总体评价? 的百分比	56.4%	43.6%	100.0%
		占 您主动学习过《教育法》《高等教育法》吗? 的百分比	21.9%	3.4%	6.4%
		占总计的百分比	3.6%	2.8%	6.4%
	强	计数	175	596	771
		占 您对自身法律意识状况如何总体评价? 的百分比	22.7%	77.3%	100.0%
		占 您主动学习过《教育法》《高等教育法》吗? 的百分比	36.2%	24.5%	26.4%
		占总计的百分比	6.0%	20.4%	26.4%
	一般	计数	197	1571	1768
		占 您对自身法律意识状况如何总体评价? 的百分比	11.1%	88.9%	100.0%
		占 您主动学习过《教育法》《高等教育法》吗? 的百分比	40.8%	64.5%	60.6%
		占总计的百分比	6.8%	53.8%	60.6%
	比较差	计数	5	186	191
		占 您对自身法律意识状况如何总体评价? 的百分比	2.6%	97.4%	100.0%
		占 您主动学习过《教育法》《高等教育法》吗? 的百分比	1.0%	7.6%	6.5%
		占总计的百分比	0.2%	6.4%	6.5%
总计		计数	483	2435	2918
		占 人数总计 的百分比	16.6%	83.4%	100.0%
		占 您主动学习过《教育法》《高等教育法》吗? 的百分比	100.0%	100.0%	100.0%

为科学评测学生权利意识状况，特别选择了两个主要调整教育者与受教育者之间权利义务关系的基本法律，从受访非法学专业本科学生有否主动学习了解这两部法律角度判断其权利认知、权利要求等权利意识水平。

数据表明，受访非法学专业本科生中，“主动学习过《教育法》《高等教育法》”的有效百分比仅为16.6%。同时，“您对自身法律意识状况如何总体评价”

您对自身法律意识状况如何总体评价？* 您主动学习过《教育法》《高等教育法》吗？

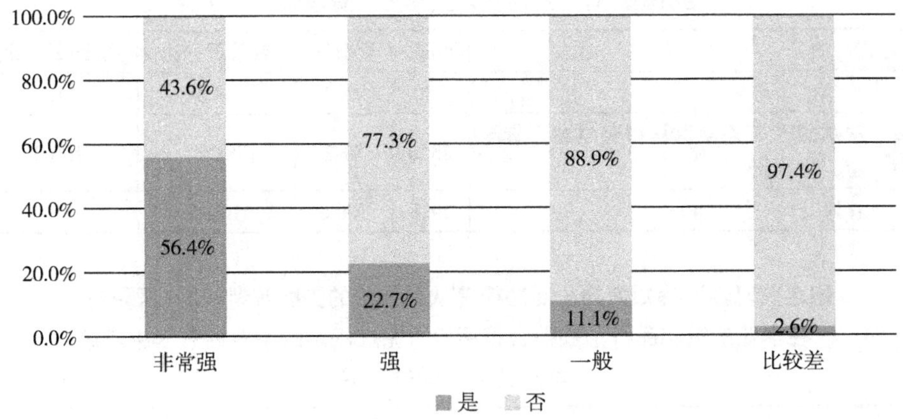

与“您主动学习过《教育法》《高等教育法》吗”交叉统计数据表明，受访学生法律意识状况自我评价水平与其有否主动学习过《教育法》《高等教育法》之间高度正相关。这一数据能从事实上支持如下判断：尽管绝大部分受访同学能够从一般意义上正确理解法律权利与法律义务之间关系，但是这一认知并非基于自身理论与知识的理性认识，因而大部分同学不能正确理解权利来源、权利推定规则、权利内容与边界等，更不会主动学习了解与自身权利密切相关的《教育法》等基本法律，当然也正是因为缺乏相关理论与知识的理性认知，其自身法律意识水平必然受限。而表示主动学习过《教育法》《高等教育法》的同学中，法律意识状况自我评价较高的同学相对占有更高比例，另一方面，也可以说法律意识状况自我评价比较积极的同学中，更多人主动学习过《教育法》《高等教育法》，两者之间的正相关当然符合两者之间的法理逻辑。所以，为有效提高学生权利意识从而进一步增强其法律意识与法治素养，对学生进行具体权利认知的理论与知识教育非常重要。

您之前已经明确知道的，受法律确认和保护的受教育者权利有哪些？
_参加教育教学计划安排的各种活动，使用教育教学设施、设备、图书资料

		频率	百分比	有效百分比	累计百分比
有效		542	18.6	18.6	18.6
	参加教育教学计划安排的各种活动，使用教育教学设施、设备、图书资料	2376	81.4	81.4	100.0
	总计	2918	100.0	100.0	

您之前已经明确知道的，受法律确认和保护的受教育者权利有哪些？_按照国家有关规定获得奖学金、贷学金、助学金

		频率	百分比	有效百分比	累计百分比
有效		550	18.8	18.8	18.8
	按照国家有关规定获得奖学金、贷学金、助学金	2368	81.2	81.2	100.0
	总计	2918	100.0	100.0	

您之前已经明确知道的，受法律确认和保护的受教育者权利有哪些？_在学业成绩和品行上获得公正评价，完成规定的学业后获得相应的学业证书、学位证书

		频率	百分比	有效百分比	累计百分比
有效		554	19.0	19.0	19,0
	在学业成绩和品行上获得公正评价，完成规定的学业后获得相应的学业证书、学位证书	2364	81.0	81.0	100.0
	总计	2918	100.0	100.0	

您之前已经明确知道的，受法律确认和保护的受教育者权利有哪些？_对学校给予的处分不服向有关部门提出申诉，对学校、教师侵犯其人身权、财产权等合法权益，提出申诉或者依法提起诉讼

		频率	百分比	有效百分比	累计百分比
有效		760	26.0	26.0	26.0
	对学校给予的处分不服向有关部门提出申诉，对学校、教师侵犯其人身权、财产权等合法权益，提出申诉或者依法提起诉讼	2158	74.0	74.0	100.0
	总计	2918	100.0	100.0	

您之前已经明确知道的，受法律确认和保护的受教育者权利有哪些？_法律、法规规定的其他权利

		频率	百分比	有效百分比	累计百分比
有效		990	33.9	33.9	33.9
	法律、法规规定的其他权利	1928	66.1	66.1	100.0
	总计	2918	100.0	100.0	

将上述数据进行汇总，形成以下图表：

您之前已经明确知道的，受法律确认和保护的受教育者权利有哪些？

		频率	百分比	有效百分比
有效	参加教育教学计划安排的各种活动，使用教育教学设施、设备、图书资料	2376	81.4	81.4
	按照国家有关规定获得奖学金、贷学金、助学金	2368	81.2	81.2
	在学业成绩和品行上获得公正评价，完成规定的学业后获得相应的学业证书、学位证书	2364	81.0	81.0
	对学校给予的处分不服向有关部门提出申诉，对学校、教师侵犯其人身权、财产权等合法权益，提出申诉或者依法提起诉讼	2158	74.0	74.0
	法律、法规规定的其他权利	1928	66.1	66.1

您之前已经明确知道的，受法律确认和保护的受教育者权利有哪些？

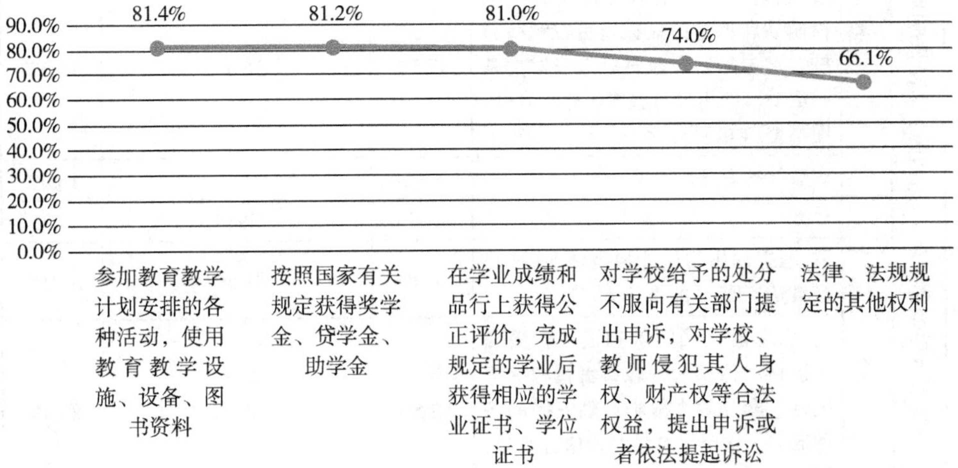

受访非法学专业本科学生，对《教育法》所列举的“参加教育教学计划安排的各种活动，使用教育教学设施、设备、图书资料”“按照国家有关规定获得奖学金、贷学金、助学金”“在学业成绩和品行上获得公正评价，完成规定的学业后获得相应的学业证书、学位证书”等权利表示已经明知的占比总体上较高，有效百分比均在81.0%以上，而“对学校给予的处分不服向有关部门提出申诉，对学校、教师侵犯其人身权、财产权等合法权益，提出申诉或者依法提起诉讼”这一救济性权利的知晓学生比例相对低了近7个百分点，有效百分比仅为74.0%，“法律、法规规定

的其他权利”这一兜底性条款的选择最少，有效百分比为66.1%，也就意味着至少有五分之一甚至三分之一的受访学生对受教育者的一些具体权利并不明知。

您主动学习过《教育法》《高等教育法》吗？
***您之前已经明确知道的，受法律确认和保护的受教育者权利有哪些？**
_参加教育教学计划安排的各种活动，使用教育教学设施、设备、图书资料 交叉表

			您之前已经明确知道的，受法律确认和保护的受教育者权利有哪些？_参加教育教学计划安排的各种活动，使用教育教学设施、设备、图书资料		
				参加教育教学计划安排的各种活动，使用教育教学设施、设备、图书资料	总计
您主动学习过《教育法》《高等教育法》吗？	是	计数	95	388	483
		占 您主动学习过《教育法》《高等教育法》吗？ 的百分比	19.7%	80.3%	100.0%
		占 您之前已经明确知道的，受法律确认和保护的受教育者权利有哪些？_参加教育教学计划安排的各种活动，使用教育教学设施、设备、图书资料 的百分比	17.5%	16.3%	16.6%
		占总计的百分比	3.3%	13.3%	16.6%
	否	计数	447	1988	2435
		占 您主动学习过《教育法》《高等教育法》吗？ 的百分比	18.4%	81.6%	100.0%
		占 您之前已经明确知道的，受法律确认和保护的受教育者权利有哪些？_参加教育教学计划安排的各种活动，使用教育教学设施、设备、图书资料 的百分比	82.5%	83.7%	83.4%
		占总计的百分比	15.3%	68.1%	83.4%
总计		计数	542	2376	2918
		占 人数总计 的百分比	18.6%	81.4%	100.0%
		占 您之前已经明确知道的，受法律确认和保护的受教育者权利有哪些？_参加教育教学计划安排的各种活动，使用教育教学设施、设备、图书资料 的百分比	100.0%	100.0%	100.0%

您主动学习过《教育法》《高等教育法》吗?
*** 您之前已经明确知道的，受法律确认和保护的受教育者权利有哪些?**
_ 按照国家有关规定获得奖学金、贷学金、助学金 交叉表

			您之前已经明确知道的，受法律确认和保护的受教育者权利有哪些? _ 按照国家有关规定获得奖学金、贷学金、助学金		
				按照国家有关规定获得奖学金、贷学金、助学金	总计
您主动学习过《教育法》《高等教育法》吗?	是	计数	127	356	483
		占 您主动学习过《教育法》《高等教育法》吗? 的百分比	26.3%	73.7%	100.0%
		占 您之前已经明确知道的，受法律确认和保护的受教育者权利有哪些? _ 按照国家有关规定获得奖学金、贷学金、助学金 的百分比	23.1%	15.0%	16.6%
		占总计的百分比	4.4%	12.2%	16.6%
	否	计数	423	2012	2435
		占 您主动学习过《教育法》《高等教育法》吗? 的百分比	17.4%	82.6%	100.0%
		占 您之前已经明确知道的，受法律确认和保护的受教育者权利有哪些? _ 按照国家有关规定获得奖学金、贷学金、助学金 的百分比	76.9%	85.0%	83.4%
		占总计的百分比	14.5%	69.0%	83.4%
总计		计数	550	2368	2918
		占 人数总计 的百分比	18.8%	81.2%	100.0%
		占 您之前已经明确知道的，受法律确认和保护的受教育者权利有哪些? _ 按照国家有关规定获得奖学金、贷学金、助学金 的百分比	100.0%	100.0%	100.0%

您主动学习过《教育法》《高等教育法》吗?
*** 您之前已经明确知道的，受法律确认和保护的受教育者权利有哪些?**
_ 在学业成绩和品行上获得公正评价，完成规定的学业后获得相应的学业证书、学位证书 交叉表

			您之前已经明确知道的，受法律确认和保护的受教育者权利有哪些? _ 在学业成绩和品行上获得公正评价，完成规定的学业后获得相应的学业证书、学位证书		
				在学业成绩和品行上获得公正评价，完成规定的学业后获得相应的学业证书、学位证书	总计
您主动学习过《教育法》《高等教育法》吗?	是	计数	110	373	483
		占 您主动学习过《教育法》《高等教育法》吗? 的百分比	22.8%	77.2%	100.0%
		占 您之前已经明确知道的，受法律确认和保护的受教育者权利有哪些? _ 在学业成绩和品行上获得公正评价，完成规定的学业后获得相应的学业证书、学位证书 的百分比	19.9%	15.8%	16.6%
		占总计的百分比	3.8%	12.8%	16.6%
	否	计数	444	1991	2435
		占 您主动学习过《教育法》《高等教育法》吗? 的百分比	18.2%	81.8%	100.0%
		占 您之前已经明确知道的，受法律确认和保护的受教育者权利有哪些? _ 在学业成绩和品行上获得公正评价，完成规定的学业后获得相应的学业证书、学位证书 的百分比	80.1%	84.2%	83.4%
		占总计的百分比	15.2%	68.2%	83.4%
总计		计数	554	2364	2918
		占 人数总计 的百分比	19.0%	81.0%	100.0%
		占 您之前已经明确知道的，受法律确认和保护的受教育者权利有哪些? _ 在学业成绩和品行上获得公正评价，完成规定的学业后获得相应的学业证书、学位证书 的百分比	100.0%	100.0%	100.0%

您主动学习过《教育法》《高等教育法》吗?
*** 您之前已经明确知道的，受法律确认和保护的受教育者权利有哪些?**
_ 对学校给予的处分不服向有关部门提出申诉，对学校、教师侵犯其人身权、财产权等合法权益，提出申诉或者依法提起诉讼 交叉表

			您之前已经明确知道的，受法律确认和保护的受教育者权利有哪些?_ 对学校给予的处分不服向有关部门提出申诉，对学校、教师侵犯其人身权、财产权等合法权益，提出申诉或者依法提起诉讼		
				对学校给予的处分不服向有关部门提出申诉，对学校、教师侵犯其人身权、财产权等合法权益，提出申诉或者依法提起诉讼	总计
您主动学习过《教育法》《高等教育法》吗?	是	计数	135	348	483
		占 您主动学习过《教育法》《高等教育法》吗? 的百分比	28.0%	72.0%	100.0%
		占 您之前已经明确知道的，受法律确认和保护的受教育者权利有哪些? _ 对学校给予的处分不服向有关部门提出申诉，对学校、教师侵犯其人身权、财产权等合法权益，提出申诉或者依法提起诉讼 的百分比	17.8%	16.1%	16.6%
		占总计的百分比	4.6%	11.9%	16.6%
	否	计数	625	1810	2435
		占 您主动学习过《教育法》《高等教育法》吗? 的百分比	25.7%	74.3%	100.0%
		占 您之前已经明确知道的，受法律确认和保护的受教育者权利有哪些? _ 对学校给予的处分不服向有关部门提出申诉，对学校、教师侵犯其人身权、财产权等合法权益，提出申诉或者依法提起诉讼 的百分比	82.2%	83.9%	83.4%
		占总计的百分比	21.4%	62.0%	83.4%
总计		计数	760	2158	2918
		占 人数总计 的百分比	26.0%	74.0%	100.0%
		占 您之前已经明确知道的，受法律确认和保护的受教育者权利有哪些? _ 对学校给予的处分不服向有关部门提出申诉，对学校、教师侵犯其人身权、财产权等合法权益，提出申诉或者依法提起诉讼 的百分比	100.0%	100.0%	100.0%

您主动学习过《教育法》《高等教育法》吗？
***您之前已经明确知道的，受法律确认和保护的受教育者权利有哪些？**
_法律、法规规定的其他权利 交叉表

			您之前已经明确知道的，受法律确认和保护的受教育者权利有哪些？_法律、法规规定的其他权利		
				法律、法规规定的其他权利	总计
您主动学习过《教育法》《高等教育法》吗？	是	计数	188	295	483
		占 您主动学习过《教育法》《高等教育法》吗？ 的百分比	38.9%	61.1%	100.0%
		占 您之前已经明确知道的，受法律确认和保护的受教育者权利有哪些？_法律、法规规定的其他权利 的百分比	19.0%	15.3%	16.6%
		占总计的百分比	6.4%	10.1%	16.6%
	否	计数	802	1633	2435
		占 您主动学习过《教育法》《高等教育法》吗？ 的百分比	32.9%	67.1%	100.0%
		占 您之前已经明确知道的，受法律确认和保护的受教育者权利有哪些？_法律、法规规定的其他权利 的百分比	81.0%	84.7%	83.4%
		占总计的百分比	27.5%	56.0%	83.4%
总计		计数	990	1928	2918
		占 人数总计 的百分比	33.9%	66.1%	100.0%
		占 您之前已经明确知道的，受法律确认和保护的受教育者权利有哪些？_法律、法规规定的其他权利 的百分比	100.0%	100.0%	100.0%

将上述数据进行汇总，形成以下图表：

您主动学习过《教育法》《高等教育法》吗？
*** 您之前已经明确知道的，受法律确认和保护的受教育者权利有哪些？交叉表**

		您之前已经明确知道的，受法律确认和保护的受教育者权利有哪些？				
		参加教育教学计划安排的各种活动，使用教育教学设施、设备、图书资料	按照国家有关规定获得奖学金、贷学金、助学金	在学业成绩和品行上获得公正评价，完成规定的学业后获得相应的学业证书、学位证书	对学校给予的处分不服向有关部门提出申诉，对学校、教师侵犯其人身权、财产权等合法权益，提出申诉或者依法提起诉讼	法律、法规规定的其他权利
您主动学习过《教育法》《高等教育法》吗？—有效百分比	是	80.3	73.7	77.2	72.0	61.1
	否	81.6	82.6	81.8	74.3	67.1

您主动学习过《教育法》《高等教育法》吗？* 您之前已经明确知道的，受法律确认和保护的受教育者权利有哪些？

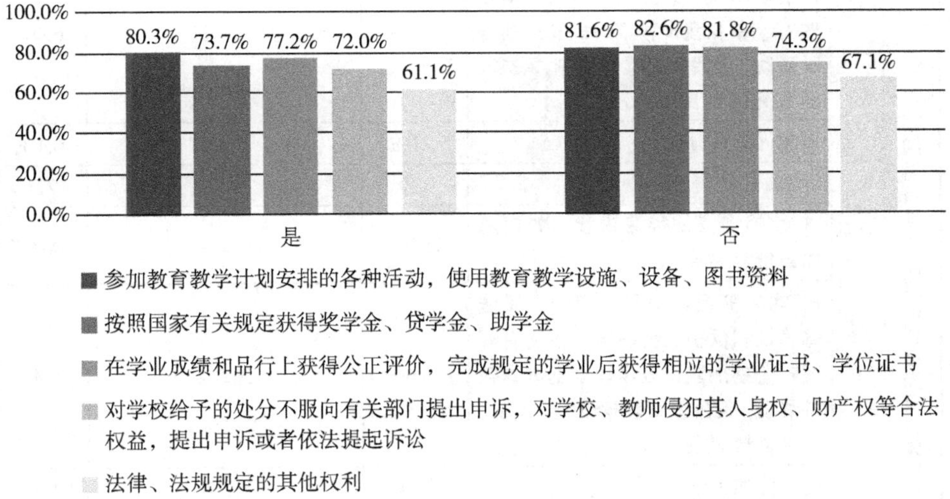

将“您主动学习过《教育法》《高等教育法》吗”与“您之前已经明确知道的，受法律确认和保护的受教育者权利有哪些”进行交叉统计后数据表明，表示已经主动学习过《教育法》《高等教育法》的受访非法学专业本科学生中，对《教育法》所列举受教育者具体权利已经明知的学生占比反而普遍低于承认之前没有主动学习过《教育法》《高等教育法》学生的有效百分比。就此恐怕起码在一定程度上反证出实际上已经主动学习过《教育法》《高等教育法》的学生可能更少。所以，就受访非法学专业本科生对于受教育者主要权利的认知情况看，学生对于具体权利的认知总体上需要进一步提升，尤其是关于相关救济性权利的理解与认识更要加强。

您对自身法律意识状况如何总体评价？
*** 您之前已经明确知道的，受法律确认和保护的受教育者权利有哪些？**
_参加教育教学计划安排的各种活动，使用教育教学设施、设备、图书资料 交叉表

			您之前已经明确知道的，受法律确认和保护的受教育者权利有哪些？_参加教育教学计划安排的各种活动，使用教育教学设施、设备、图书资料		
				参加教育教学计划安排的各种活动，使用教育教学设施、设备、图书资料	总计
您对自身法律意识状况如何总体评价？	非常强	计数	32	156	188
		占 您对自身法律意识状况如何总体评价？ 的百分比	17.0%	83.0%	100.0%
		占 您之前已经明确知道的，受法律确认和保护的受教育者权利有哪些？_参加教育教学计划安排的各种活动，使用教育教学设施、设备、图书资料 的百分比	5.9%	6.6%	6.4%
		占总计的百分比	1.1%	5.3%	6.4%
	强	计数	139	632	771
		占 您对自身法律意识状况如何总体评价？ 的百分比	18.0%	82.0%	100.0%
		占 您之前已经明确知道的，受法律确认和保护的受教育者权利有哪些？_参加教育教学计划安排的各种活动，使用教育教学设施、设备、图书资料 的百分比	25.6%	26.6%	26.4%
		占总计的百分比	4.8%	21.7%	26.4%
	一般	计数	328	1440	1768
		占 您对自身法律意识状况如何总体评价？ 的百分比	18.6%	81.4%	100.0%
		占 您之前已经明确知道的，受法律确认和保护的受教育者权利有哪些？_参加教育教学计划安排的各种活动，使用教育教学设施、设备、图书资料 的百分比	60.5%	60.6%	60.6%
		占总计的百分比	11.2%	49.3%	60.6%

续表

			您之前已经明确知道的，受法律确认和保护的受教育者权利有哪些？_参加教育教学计划安排的各种活动，使用教育教学设施、设备、图书资料		
				参加教育教学计划安排的各种活动，使用教育教学设施、设备、图书资料	总计
	比较差	计数	43	148	191
		占 您对自身法律意识状况如何总体评价？ 的百分比	22.5%	77.5%	100.0%
		占 您之前已经明确知道的，受法律确认和保护的受教育者权利有哪些？_参加教育教学计划安排的各种活动，使用教育教学设施、设备、图书资料 的百分比	7.9%	6.2%	6.5%
		占总计的百分比	1.5%	5.1%	6.5%
总计		计数	542	2376	2918
		占 人数总计 的百分比	18.6%	81.4%	100.0%
		占 您之前已经明确知道的，受法律确认和保护的受教育者权利有哪些？_参加教育教学计划安排的各种活动，使用教育教学设施、设备、图书资料 的百分比	100.0%	100.0%	100.0%

您对自身法律意识状况如何总体评价？
* 您之前已经明确知道的，受法律确认和保护的受教育者权利有哪些？
_按照国家有关规定获得奖学金、贷学金、助学金 交叉表

			您之前已经明确知道的，受法律确认和保护的受教育者权利有哪些？_按照国家有关规定获得奖学金、贷学金、助学金		
				按照国家有关规定获得奖学金、贷学金、助学金	总计
	非常强	计数	56	132	188
		占 您对自身法律意识状况如何总体评价？ 的百分比	29.8%	70.2%	100.0%
		占 您之前已经明确知道的，受法律确认和保护的受教育者权利有哪些？_按照国家有关规定获得奖学金、贷学金、助学金 的百分比	10.2%	5.6%	6.4%
		占总计的百分比	1.9%	4.5%	6.4%

续表

			您之前已经明确知道的，受法律确认和保护的受教育者权利有哪些？_按照国家有关规定获得奖学金、贷学金、助学金		
				按照国家有关规定获得奖学金、贷学金、助学金	总计
您对自身法律意识状况如何总体评价？	强	计数	132	639	771
		占 您对自身法律意识状况如何总体评价？ 的百分比	17.1%	82.9%	100.0%
		占 您之前已经明确知道的，受法律确认和保护的受教育者权利有哪些？_按照国家有关规定获得奖学金、贷学金、助学金 的百分比	24.0%	27.0%	26.4%
		占总计的百分比	4.5%	21.9%	26.4%
	一般	计数	318	1450	1768
		占 您对自身法律意识状况如何总体评价？ 的百分比	18.0%	82.0%	100.0%
		占 您之前已经明确知道的，受法律确认和保护的受教育者权利有哪些？_按照国家有关规定获得奖学金、贷学金、助学金 的百分比	57.8%	61.2%	60.6%
		占总计的百分比	10.9%	49.7%	60.6%
	比较差	计数	44	147	191
		占 您对自身法律意识状况如何总体评价？ 的百分比	23.0%	77.0%	100.0%
		占 您之前已经明确知道的，受法律确认和保护的受教育者权利有哪些？_按照国家有关规定获得奖学金、贷学金、助学金 的百分比	8.0%	6.2%	6.5%
		占总计的百分比	1.5%	5.0%	6.5%
总计		计数	550	2368	2918
		占 人数总计 的百分比	18.8%	81.2%	100.0%
		占 您之前已经明确知道的，受法律确认和保护的受教育者权利有哪些？_按照国家有关规定获得奖学金、贷学金、助学金 的百分比	100.0%	100.0%	100.0%

您对自身法律意识状况如何总体评价？
*** 您之前已经明确知道的，受法律确认和保护的受教育者权利有哪些？**
_ 在学业成绩和品行上获得公正评价，完成规定的学业后获得相应的学业证书、
学位证书 交叉表

<table>
<tr><td colspan="3" rowspan="2"></td><td colspan="3">您之前已经明确知道的，受法律确认和保护的受教育者权利有哪些？_ 在学业成绩和品行上获得公正评价，完成规定的学业后获得相应的学业证书、学位证书</td></tr>
<tr><td></td><td>在学业成绩和品行上获得公正评价，完成规定的学业后获得相应的学业证书、学位证书</td><td>总计</td></tr>
<tr><td rowspan="8">您对自身法律意识状况如何总体评价？</td><td rowspan="4">非常强</td><td>计数</td><td>51</td><td>137</td><td>188</td></tr>
<tr><td>占 您对自身法律意识状况如何总体评价？ 的百分比</td><td>27.1%</td><td>72.9%</td><td>100.0%</td></tr>
<tr><td>占 您之前已经明确知道的，受法律确认和保护的受教育者权利有哪些？_ 在学业成绩和品行上获得公正评价，完成规定的学业后获得相应的学业证书、学位证书 的百分比</td><td>9.2%</td><td>5.8%</td><td>6.4%</td></tr>
<tr><td>占总计的百分比</td><td>1.7%</td><td>4.7%</td><td>6.4%</td></tr>
<tr><td rowspan="4">强</td><td>计数</td><td>141</td><td>630</td><td>771</td></tr>
<tr><td>占 您对自身法律意识状况如何总体评价？ 的百分比</td><td>18.3%</td><td>81.7%</td><td>100.0%</td></tr>
<tr><td>占 您之前已经明确知道的，受法律确认和保护的受教育者权利有哪些？_ 在学业成绩和品行上获得公正评价，完成规定的学业后获得相应的学业证书、学位证书 的百分比</td><td>25.5%</td><td>26.6%</td><td>26.4%</td></tr>
<tr><td>占总计的百分比</td><td>4.8%</td><td>21.6%</td><td>26.4%</td></tr>
</table>

续表

			您之前已经明确知道的，受法律确认和保护的受教育者权利有哪些？_在学业成绩和品行上获得公正评价，完成规定的学业后获得相应的学业证书、学位证书		
				在学业成绩和品行上获得公正评价，完成规定的学业后获得相应的学业证书、学位证书	总计
	一般	计数	315	1453	1768
		占 您对自身法律意识状况如何总体评价？ 的百分比	17.8%	82.2%	100.0%
		占 您之前已经明确知道的，受法律确认和保护的受教育者权利有哪些？_在学业成绩和品行上获得公正评价，完成规定的学业后获得相应的学业证书、学位证书 的百分比	56.9%	61.5%	60.6%
		占总计的百分比	10.8%	49.8%	60.6%
	比较差	计数	47	144	191
		占 您对自身法律意识状况如何总体评价？ 的百分比	24.6%	75.4%	100.0%
		占 您之前已经明确知道的，受法律确认和保护的受教育者权利有哪些？_在学业成绩和品行上获得公正评价，完成规定的学业后获得相应的学业证书、学位证书 的百分比	8.5%	6.1%	6.5%
		占总计的百分比	1.6%	4.9%	6.5%
总计		计数	554	2364	2918
		占 人数总计 的百分比	19.0%	81.0%	100.0%
		占 您之前已经明确知道的，受法律确认和保护的受教育者权利有哪些？_在学业成绩和品行上获得公正评价，完成规定的学业后获得相应的学业证书、学位证书 的百分比	100.0%	100.0%	100.0%

您对自身法律意识状况如何总体评价?
*** 您之前已经明确知道的，受法律确认和保护的受教育者权利有哪些?**
_对学校给予的处分不服向有关部门提出申诉，对学校、教师侵犯其人身权、财产权等合法权益，提出申诉或者依法提起诉讼 交叉表

			您之前已经明确知道的，受法律确认和保护的受教育者权利有哪些? _对学校给予的处分不服向有关部门提出申诉，对学校、教师侵犯其人身权、财产权等合法权益，提出申诉或者依法提起诉讼		
				对学校给予的处分不服向有关部门提出申诉，对学校、教师侵犯其人身权、财产权等合法权益，提出申诉或者依法提起诉讼	总计
您对自身法律意识状况如何总体评价?	非常强	计数	59	129	188
		占 您对自身法律意识状况如何总体评价? 的百分比	31.4%	68.6%	100.0%
		占 您之前已经明确知道的，受法律确认和保护的受教育者权利有哪些?_对学校给予的处分不服向有关部门提出申诉，对学校、教师侵犯其人身权、财产权等合法权益，提出申诉或者依法提起诉讼 的百分比	7.8%	6.0%	6.4%
		占总计的百分比	2.0%	4.4%	6.4%
	强	计数	191	580	771
		占 您对自身法律意识状况如何总体评价? 的百分比	24.8%	75.2%	100.0%
		占 您之前已经明确知道的，受法律确认和保护的受教育者权利有哪些?_对学校给予的处分不服向有关部门提出申诉，对学校、教师侵犯其人身权、财产权等合法权益，提出申诉或者依法提起诉讼 的百分比	25.1%	26.9%	26.4%
		占总计的百分比	6.5%	19.9%	26.4%

续表

			您之前已经明确知道的，受法律确认和保护的受教育者权利有哪些？_对学校给予的处分不服向有关部门提出申诉，对学校、教师侵犯其人身权、财产权等合法权益，提出申诉或者依法提起诉讼		
				对学校给予的处分不服向有关部门提出申诉，对学校、教师侵犯其人身权、财产权等合法权益，提出申诉或者依法提起诉讼	总计
	一般	计数	439	1329	1768
		占 您对自身法律意识状况如何总体评价？ 的百分比	24.8%	75.2%	100.0%
		占 您之前已经明确知道的，受法律确认和保护的受教育者权利有哪些？_对学校给予的处分不服向有关部门提出申诉，对学校、教师侵犯其人身权、财产权等合法权益，提出申诉或者依法提起诉讼 的百分比	57.8%	61.6%	60.6%
		占总计的百分比	15.0%	45.5%	60.6%
	比较差	计数	71	120	191
		占 您对自身法律意识状况如何总体评价？ 的百分比	37.2%	62.8%	100.0%
		占 您之前已经明确知道的，受法律确认和保护的受教育者权利有哪些？_对学校给予的处分不服向有关部门提出申诉，对学校、教师侵犯其人身权、财产权等合法权益，提出申诉或者依法提起诉讼 的百分比	9.3%	5.6%	6.5%
		占总计的百分比	2.4%	4.1%	6.5%
总计		计数	760	2158	2918
		占 人数总计 的百分比	26.0%	74.0%	100.0%
		占 您之前已经明确知道的，受法律确认和保护的受教育者权利有哪些？_对学校给予的处分不服向有关部门提出申诉，对学校、教师侵犯其人身权、财产权等合法权益，提出申诉或者依法提起诉讼 的百分比	100.0%	100.0%	100.0%

您对自身法律意识状况如何总体评价?
*** 您之前已经明确知道的，受法律确认和保护的受教育者权利有哪些?**
_法律、法规规定的其他权利 交叉表

			您之前已经明确知道的，受法律确认和保护的受教育者权利有哪些? _法律、法规规定的其他权利		
				法律、法规规定的其他权利	总计
您对自身法律意识状况如何总体评价?	非常强	计数	77	111	188
		占 您对自身法律意识状况如何总体评价? 的百分比	41.0%	59.0%	100.0%
		占 您之前已经明确知道的，受法律确认和保护的受教育者权利有哪些? _法律、法规规定的其他权利的百分比	7.8%	5.8%	6.4%
		占总计的百分比	2.6%	3.8%	6.4%
	强	计数	263	508	771
		占 您对自身法律意识状况如何总体评价? 的百分比	34.1%	65.9%	100.0%
		占 您之前已经明确知道的，受法律确认和保护的受教育者权利有哪些? _法律、法规规定的其他权利的百分比	26.6%	26.3%	26.4%
		占总计的百分比	9.0%	17.4%	26.4%
	一般	计数	573	1195	1768
		占 您对自身法律意识状况如何总体评价? 的百分比	32.4%	67.6%	100.0%
		占 您之前已经明确知道的，受法律确认和保护的受教育者权利有哪些? _法律、法规规定的其他权利的百分比	57.9%	62.0%	60.6%
		占总计的百分比	19.6%	41.0%	60.6%
	比较差	计数	77	114	191
		占 您对自身法律意识状况如何总体评价? 的百分比	40.3%	59.7%	100.0%
		占 您之前已经明确知道的，受法律确认和保护的受教育者权利有哪些? _法律、法规规定的其他权利的百分比	7.8%	5.9%	6.5%
		占总计的百分比	2.6%	3.9%	6.5%

续表

		您之前已经明确知道的，受法律确认和保护的受教育者权利有哪些？_法律、法规规定的其他权利		
			法律、法规规定的其他权利	总计
总计	计数	990	1928	2918
	占 人数总计 的百分比	33.9%	66.1%	100.0%
	占 您之前已经明确知道的，受法律确认和保护的受教育者权利有哪些？_法律、法规规定的其他权利 的百分比	100.0%	100.0%	100.0%

将上述数据进行汇总，形成以下图表：

您对自身法律意识状况如何总体评价？
*** 您之前已经明确知道的，受法律确认和保护的受教育者权利有哪些？交叉表**

		您之前已经明确知道的，受法律确认和保护的受教育者权利有哪些？					
		参加教育教学计划安排的各种活动，使用教育教学设施、设备、图书资料	按照国家有关规定获得奖学金、贷学金、助学金	在学业成绩和品行上获得公正评价，完成规定的学业后获得相应的学业证书、学位证书	对学校给予的处分不服向有关部门提出申诉，对学校、教师侵犯其人身权、财产权等合法权益，提出申诉或者依法提起诉讼	法律、法规规定的其他权利	平均值
您对自身法律意识状况如何总体评价？—有效百分比	非常强	83.0	70.2	72.9	68.6	59.0	70.74
	强	82.0	82.9	81.7	75.2	65.9	77.54
	一般	81.4	82.0	82.2	75.2	67.6	77.68
	比较差	77.5	77.0	75.4	62.8	59.7	70.48
平均值		80.98	78.03	78.05	70.45	63.05	

您对自身法律意识状况如何总体评价？* 您之前已经明确知道的，受法律确认和保护的受教育者权利有哪些？

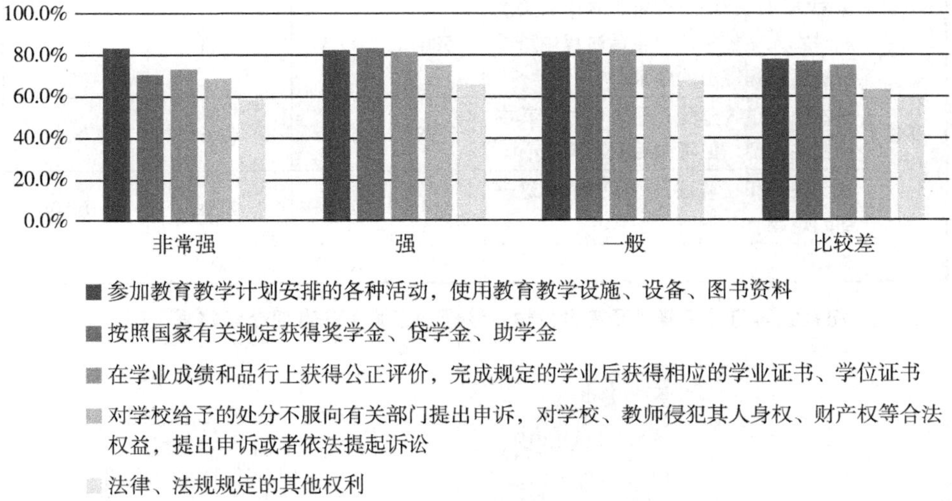

将“您对自身法律意识状况如何总体评价”与“您之前已经明确知道的，受法律确认和保护的受教育者权利有哪些”交叉统计的数据表明，对《教育法》所列举的五个方面受教育者具体权利（包括兜底性条款）表示已经明知的受访非法学专业本科学生中，法律意识状况自我评价“强”和“一般”两个群体学生，每一项具体权利的有效百分比都非常接近，而法律意识状况自我评价“比较差”这一群体学生五项权利的有效百分比也均低于自我评价“强”和“一般”的两个群体。然而，相较于其他三个群体而言，法律意识状况自我评价“非常强”的这一群体学生，五项权利的有效百分比并没有呈现出理论上应有的结构状态：不仅其平均值在四个群体中最低，而且只有第一项权利有效百分比均高于其他三个群体学生，第二、第三、第五项权利的有效百分比则均低于其他三个群体，第四项权利的有效百分比仅仅高于自我评价“比较差”这个群体学生的该项有效百分比。总体而言，就受访学生此项交叉统计数据本身看，法律意识状况自我评价“比较差”的学生对于受教育者五项权利的“已经明知”占比只是在整体上处于最低水平，与法律意识状况自我评价“非常强”学生在受教育者五项权利“已经明知”的有效百分比上“各有胜负”，同时，自我评价“强”和“一般”的两个群体学生则非常接近。所以，这一数据再次说明受访学生法律意识状况自我评价的高低总体缺乏足够理性认知的支持，也说明受访学生对于受教育者五项具体权利的认知也并没有受到自身法律意识状况直接积极影响。

您系统学习过《普通高等学校学生管理规定》(教育部令第 41 号)吗?

		频率	百分比	有效百分比	累计百分比
有效	全面学习过，而且很重视其中有关规定对本人在校学习和生活过程中所提供的保护和提出的要求	506	17.3	17.3	17.3
	学校组织过《学生手册》考试，其中有相关内容，但考试后就不再关心	1798	61.6	61.6	78.9
	从没关心和在意过，也不知道有这一部门规章	614	21.0	21.0	100.0
	总计	2918	100.0	100.0	

您系统学习过《普通高等学校学生管理规定》（教育部令第41号）吗?

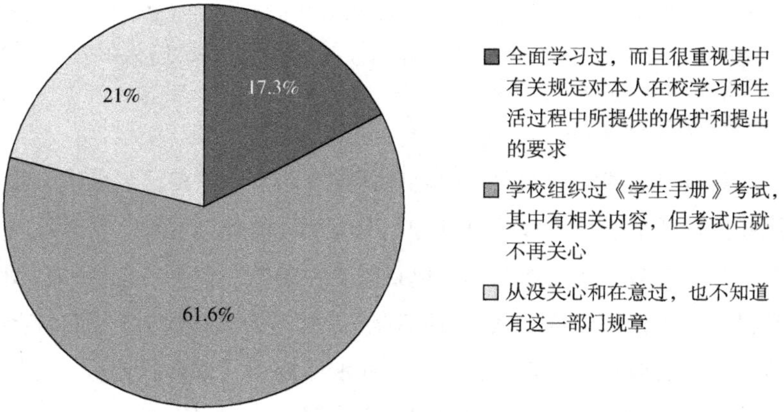

您对自身法律意识状况如何总体评价?
*** 您系统学习过《普通高等学校学生管理规定》(教育部令第 41 号)吗? 交叉表**

		您系统学习过《普通高等学校学生管理规定》(教育部令第 41 号)吗?			
		全面学习过，而且很重视其中有关规定对本人在校学习和生活过程中所提供的保护和提出的要求	学校组织过《学生手册》考试，其中有相关内容，但考试后就不再关心	从没关心和在意过，也不知道有这一部门规章	总计
非常强	计数	83	66	39	188
	占 您对自身法律意识状况如何总体评价? 的百分比	44.1%	35.1%	20.7%	100.0%
	占 您系统学习过《普通高等学校学生管理规定》(教育部令第 41 号)吗? 的百分比	16.4%	3.7%	6.4%	6.4%
	占总计的百分比	2.8%	2.3%	1.3%	6.4%

续表

			您系统学习过《普通高等学校学生管理规定》（教育部令第 41 号）吗？			
			全面学习过，而且很重视其中有关规定对本人在校学习和生活过程中所提供的保护和提出的要求	学校组织过《学生手册》考试，其中有相关内容，但考试后就不再关心	从没关心和在意过，也不知道有这一部门规章	总计
您对自身法律意识状况如何总体评价？	强	计数	183	474	114	771
		占 您对自身法律意识状况如何总体评价？ 的百分比	23.7%	61.5%	14.8%	100.0%
		占 您系统学习过《普通高等学校学生管理规定》（教育部令第 41 号）吗？ 的百分比	36.2%	26.4%	18.6%	26.4%
		占总计的百分比	6.3%	16.2%	3.9%	26.4%
	一般	计数	229	1153	386	1768
		占 您对自身法律意识状况如何总体评价？ 的百分比	13.0%	65.2%	21.8%	100.0%
		占 您系统学习过《普通高等学校学生管理规定》（教育部令第 41 号）吗？ 的百分比	45.3%	64.1%	62.9%	60.6%
		占总计的百分比	7.8%	39.5%	13.2%	60.6%
	比较差	计数	11	105	75	191
		占 您对自身法律意识状况如何总体评价？ 的百分比	5.8%	55.0%	39.3%	100.0%
		占 您系统学习过《普通高等学校学生管理规定》（教育部令第 41 号）吗？ 的百分比	2.2%	5.8%	12.2%	6.5%
		占总计的百分比	0.4%	3.6%	2.6%	6.5%
总计		计数	506	1798	614	2918
		占 人数总计 的百分比	17.3%	61.6%	21.0%	100.0%
		占 您系统学习过《普通高等学校学生管理规定》（教育部令第 41 号）吗？ 的百分比	100.0%	100.0%	100.0%	100.0%

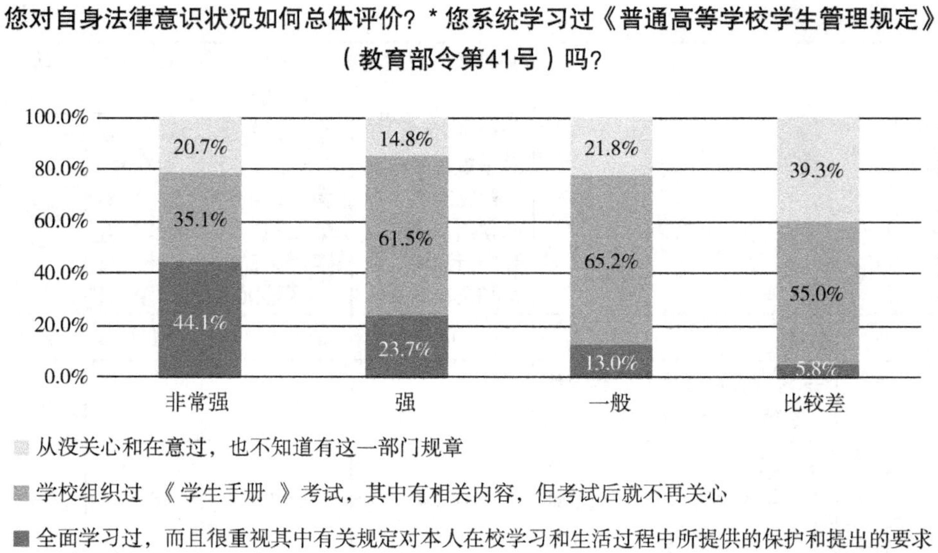

《普通高等学校学生管理规定》（教育部令第 41 号）无疑直接关乎大学生在校期间一系列权益保障与义务要求问题。相关内容不仅在学校有关管理制度中被普遍体现，也会在新生入校后全面组织学习，因而本题设计应该能够更加准确评测受访学生权利认知等权利意识状态。受访非法学专业本科生中，“全面学习过，而且很重视其中有关规定对本人在校学习和生活过程中所提供的保护和提出的要求”选项有效百分比仅为 17.3%，“学校组织过《学生手册》考试，其中有相关内容，但考试后就不再关心”选项有效百分比高达 61.6%，甚至还有 21.0% 受访非法学专业本科生选择了“从没关心和在意过，也不知道有这一部门规章”。由此表明，对与自身权益密切相关的教育部 41 号令仅有不到五分之一学生有良好认知并给予高度重视，六成学生虽然因为学校组织学习和考试对此有所了解但并未予以基本的重视，另外五分之一的学生则对此完全漠视。这也在一定程度上表明大部分受访非法学专业本科生缺乏明确而具体的规则意识和义务观念。

将“您对自身法律意识状况如何总体评价”与“您系统学习过《普通高等学校学生管理规定》（教育部令第 41 号）吗”进行交叉统计，数据也充分表明受访学生法律意识状况自我评价高低与其对教育部 41 号令的认知与重视程度直接相关：法律意识状况自我评价“非常强”“强”“一般”与“比较差”的四个受访群体学生，“全面学习过，而且很重视其中有关规定对本人在校学习和生活过程中所提供的保护和提出的要求”选项有效百分比分别为 44.1%、23.7%、13.0%、5.8%，“学校组织过《学生手册》考试，其中有相关内容，但考试后就不再关心”选项有效百分比分别为：

35.1%、61.5%、65.2%、55.0%，“从没关心和在意过，也不知道有这一部门规章”有效百分比分别为20.7%、14.8%、21.8%、39.3%。然而，即使是法律意识状况自我评价“非常强”群体学生中对教育部41号令有较好认知并给予高度重视的也不到一半。

下列说法正确的有哪些？
_除商业和旅游类校（院）系科（专业）可举办实习商店外，学生个人不得从事经商活动

		频率	百分比	有效百分比	累计百分比
有效		2081	71.3	71.3	71.3
	除商业和旅游类校（院）系科（专业）可举办实习商店外，学生个人不得从事经商活动	837	28.7	28.7	100.0
	总计	2918	100.0	100.0	

下列说法正确的有哪些？_校园内禁止张贴大、小字报

		频率	百分比	有效百分比	累计百分比
有效		1288	44.1	44.1	44.1
	校园内禁止张贴大、小字报	1630	55.9	55.9	100.0
	总计	2918	100.0	100.0	

下列说法正确的有哪些？_任何组织和个人均不得在学校进行宗教活动

		频率	百分比	有效百分比	累计百分比
有效		990	33.9	33.9	35.4
	任何组织和个人均不得在学校进行宗教活动	1928	66.1	66.1	100.0
	总计	2918	100.0	100.0	

下列说法正确的有哪些？
_学生纪律处分处理结论要同学生本人见面，允许本人申辩、申诉和保留不同意见

		频率	百分比	有效百分比	累计百分比
有效		714	24.5	24.5	24.5
	学生纪律处分处理结论要同学生本人见面，允许本人申辩、申诉和保留不同意见	2204	75.5	75.5	100.0
	总计	2918	100.0	100.0	

下列说法正确的有哪些？_学校有权依法劝阻或制止未经批准的游行、示威等活动

		频率	百分比	有效百分比	累计百分比
有效		710	24.3	24.3	24.3
	学校有权依法劝阻或制止未经批准的游行、示威等活动	2208	75.7	75.7	100.0
	总计	2918	100.0	100.0	

下列说法正确的有哪些？

_学生社团邀请校外人员到学校进行社会政治和学术活动，均须经学校同意

		频率	百分比	有效百分比	累计百分比
有效		650	22.3	22.3	22.3
	学生社团邀请校外人员到学校进行社会政治和学术活动，均须经学校同意	2268	77.7	77.7	100.0
	总计	2918	100.0	100.0	

将上述数据进行汇总，形成以下图表：

下列说法正确的有哪些？

		频率	百分比	有效百分比
有效	除商业和旅游类校（院）系科（专业）可举办实习商店外，学生个人不得从事经商活动	837	28.7	28.7
	校园内禁止张贴大、小字报	1630	55.9	55.9
	任何组织和个人均不得在学校进行宗教活动	1928	66.1	66.1
	学生纪律处分处理结论要同学生本人见面，允许本人申辩、申诉和保留不同意见	2204	75.5	75.5
	学校有权依法劝阻或制止未经批准的游行、示威等活动	2208	75.7	75.7
	学生社团邀请校外人员到学校进行社会政治和学术活动，均须经学校同意	2268	77.7	77.7

下列说法正确的有哪些？

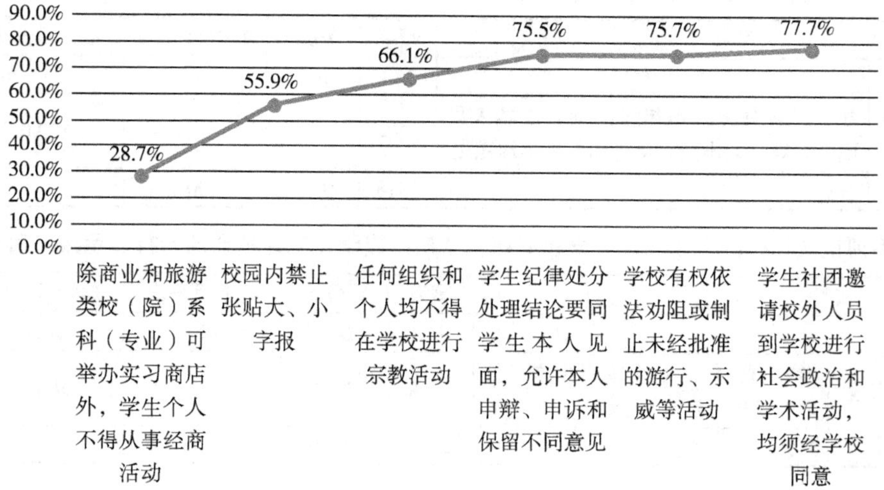

通过选取教育部 41 号令中与大学生直接相关的权利、义务性规定进行认知评测，上述数据表明，受访非法学专业本科生对“除商业和旅游类校（院）系科（专业）可举办实习商店外，学生个人不得从事经商活动”这一义务性要求选择已经认知的有效百分比仅为 28.7%，“校园内禁止张贴大、小字报”“任何组织和个人均不得在学校进行宗教活动”“学校有权依法劝阻或制止未经批准的游行、示威等活动”“学生社团邀请校外人员到学校进行社会政治和学术活动，均须经学校同意”有效百分比分别为 55.9%、66.1%、75.7%、77.7%，而“学生纪律处分处理结论要同学生本人见面，允许本人申辩、申诉和保留不同意见”这一权利性规定的有效百分比也仅为 75.5%。可见，受访学生对教育部 41 号令中相关权利、义务性规定的认知程度均较有限，个别义务性规定的认知比例不到 30.0%。

您系统学习过《普通高等学校学生管理规定》（教育部令第 41 号）吗？
*** 下列说法正确的有哪些？_除商业和旅游类校（院）系科（专业）可举办实习商店外，学生个人不得从事经商活动 交叉表**

<table>
<tr><td colspan="3" rowspan="2"></td><td colspan="3">下列说法正确的有哪些？_除商业和旅游类校（院）系科（专业）可举办实习商店外，学生个人不得从事经商活动</td></tr>
<tr><td></td><td>除商业和旅游类校（院）系科（专业）可举办实习商店外，学生个人不得从事经商活动</td><td>总计</td></tr>
<tr><td rowspan="4"></td><td rowspan="4">全面学习过，而且很重视其中有关规定对本人在校学习和生活过程中所提供的保护和提出的要求</td><td>计数</td><td>318</td><td>188</td><td>506</td></tr>
<tr><td>占 您系统学习过《普通高等学校学生管理规定》（教育部令第 41 号）吗？ 的百分比</td><td>62.8%</td><td>37.2%</td><td>100.0%</td></tr>
<tr><td>占 下列说法正确的有哪些？_除商业和旅游类校（院）系科（专业）可举办实习商店外，学生个人不得从事经商活动 的百分比</td><td>15.3%</td><td>22.5%</td><td>17.3%</td></tr>
<tr><td>占总计的百分比</td><td>10.9%</td><td>6.4%</td><td>17.3%</td></tr>
</table>

续表

			下列说法正确的有哪些?_除商业和旅游类校（院）系科（专业）可举办实习商店外，学生个人不得从事经商活动		
				除商业和旅游类校（院）系科（专业）可举办实习商店外，学生个人不得从事经商活动	总计
您系统学习过《普通高等学校学生管理规定》（教育部令第41号）吗?	学校组织过《学生手册》考试，其中有相关内容，但考试后就不再关心	计数	1312	486	1798
		占 您系统学习过《普通高等学校学生管理规定》（教育部令第41号）吗? 的百分比	73.0%	27.0%	100.0%
		占 下列说法正确的有哪些?_除商业和旅游类校（院）系科（专业）可举办实习商店外，学生个人不得从事经商活动 的百分比	63.0%	58.1%	61.6%
		占总计的百分比	45.0%	16.7%	61.6%
	从没关心和在意过，也不知道有这一部门规章	计数	451	163	614
		占 您系统学习过《普通高等学校学生管理规定》（教育部令第41号）吗? 的百分比	73.5%	26.5%	100.0%
		占 下列说法正确的有哪些?_除商业和旅游类校（院）系科（专业）可举办实习商店外，学生个人不得从事经商活动 的百分比	21.7%	19.5%	21.0%
		占总计的百分比	15.5%	5.6%	21.0%
总计		计数	2081	837	2918
		占 人数总计 的百分比	71.3%	28.7%	100.0%
		占 下列说法正确的有哪些?_除商业和旅游类校（院）系科（专业）可举办实习商店外，学生个人不得从事经商活动 的百分比	100.0%	100.0%	100.0%

您系统学习过《普通高等学校学生管理规定》（教育部令第 41 号）吗?
* 下列说法正确的有哪些?
_ 校园内禁止张贴大、小字报 交叉表

			下列说法正确的有哪些? _ 校园内禁止张贴大、小字报		
				校园内禁止张贴大、小字报	总计
您系统学习过《普通高等学校学生管理规定》（教育部令第 41 号）吗?	全面学习过，而且很重视其中有关规定对本人在校学习和生活过程中所提供的保护和提出的要求	计数	200	306	506
		占 您系统学习过《普通高等学校学生管理规定》（教育部令第 41 号）吗? 的百分比	39.5%	60.5%	100.0%
		占 下列说法正确的有哪些? _ 校园内禁止张贴大、小字报 的百分比	15.5%	18.8%	17.3%
		占总计的百分比	6.9%	10.5%	17.3%
	学校组织过《学生手册》考试，其中有相关内容，但考试后就不再关心	计数	777	1021	1798
		占 您系统学习过《普通高等学校学生管理规定》（教育部令第 41 号）吗? 的百分比	43.2%	56.8%	100.0%
		占 下列说法正确的有哪些? _ 校园内禁止张贴大、小字报 的百分比	60.3%	62.6%	61.6%
		占总计的百分比	26.6%	35.0%	61.6%
	从没关心和在意过，也不知道有这一部门规章	计数	311	303	614
		占 您系统学习过《普通高等学校学生管理规定》（教育部令第 41 号）吗? 的百分比	50.7%	49.3%	100.0%
		占 下列说法正确的有哪些? _ 校园内禁止张贴大、小字报 的百分比	24.1%	18.6%	21.0%
		占总计的百分比	10.7%	10.4%	21.0%
总计		计数	1288	1630	2918
		占 人数总计 的百分比	44.1%	55.9%	100.0%
		占 下列说法正确的有哪些? _ 校园内禁止张贴大、小字报 的百分比	100.0%	100.0%	100.0%

您系统学习过《普通高等学校学生管理规定》（教育部令第 41 号）吗？
* 下列说法正确的有哪些？
_ 任何组织和个人均不得在学校进行宗教活动 交叉表

			下列说法正确的有哪些？_ 任何组织和个人均不得在学校进行宗教活动		
				任何组织和个人均不得在学校进行宗教活动	总计
您系统学习过《普通高等学校学生管理规定》（教育部令第 41 号）吗？	全面学习过，而且很重视其中有关规定对本人在校学习和生活过程中所提供的保护和提出的要求	计数	150	356	506
		占 您系统学习过《普通高等学校学生管理规定》（教育部令第 41 号）吗？ 的百分比	29.6%	70.4%	100.0%
		占 下列说法正确的有哪些？_ 任何组织和个人均不得在学校进行宗教活动 的百分比	15.2%	18.5%	17.3%
		占总计的百分比	5.1%	12.2%	17.3%
	学校组织过《学生手册》考试，其中有相关内容，但考试后就不再关心	计数	587	1211	1798
		占 您系统学习过《普通高等学校学生管理规定》（教育部令第 41 号）吗？ 的百分比	32.6%	67.4%	100.0%
		占 下列说法正确的有哪些？_ 任何组织和个人均不得在学校进行宗教活动 的百分比	59.3%	62.8%	61.6%
		占总计的百分比	20.1%	41.5%	61.6%
	从没关心和在意过，也不知道有这一部门规章	计数	253	361	614
		占 您系统学习过《普通高等学校学生管理规定》（教育部令第 41 号）吗？ 的百分比	41.2%	58.8%	100.0%
		占 下列说法正确的有哪些？_ 任何组织和个人均不得在学校进行宗教活动 的百分比	25.6%	18.7%	21.0%
		占总计的百分比	8.7%	12.4%	21.0%
总计		计数	990	1928	2918
		占 人数总计 的百分比	33.9%	66.1%	100.0%
		占 下列说法正确的有哪些？_ 任何组织和个人均不得在学校进行宗教活动 的百分比	100.0%	100.0%	100.0%

您系统学习过《普通高等学校学生管理规定》(教育部令第 41 号)吗?
*** 下列说法正确的有哪些?**
_ 学生纪律处分处理结论要同学生本人见面，允许本人申辩、申诉和保留不同意见 交叉表

			下列说法正确的有哪些? _ 学生纪律处分处理结论要同学生本人见面，允许本人申辩、申诉和保留不同意见		
				学生纪律处分处理结论要同学生本人见面，允许本人申辩、申诉和保留不同意见	总计
您系统学习过《普通高等学校学生管理规定》(教育部令第 41 号)吗?	全面学习过，而且很重视其中有关规定对本人在校学习和生活过程中所提供的保护和提出的要求	计数	102	404	506
		占 您系统学习过《普通高等学校学生管理规定》(教育部令第 41 号)吗? 的百分比	20.2%	79.8%	100.0%
		占 下列说法正确的有哪些? _ 学生纪律处分处理结论要同学生本人见面，允许本人申辩、申诉和保留不同意见 的百分比	14.3%	18.3%	17.3%
		占总计的百分比	3.5%	13.8%	17.3%
	学校组织过《学生手册》考试，其中有相关内容，但考试后就不再关心	计数	410	1388	1798
		占 您系统学习过《普通高等学校学生管理规定》(教育部令第 41 号)吗? 的百分比	22.8%	77.2%	100.0%
		占 下列说法正确的有哪些? _ 学生纪律处分处理结论要同学生本人见面，允许本人申辩、申诉和保留不同意见 的百分比	57.4%	63.0%	61.6%
		占总计的百分比	14.1%	47.6%	61.6%
	从没关心和在意过，也不知道有这一部门规章	计数	202	412	614
		占 您系统学习过《普通高等学校学生管理规定》(教育部令第 41 号)吗? 的百分比	32.9%	67.1%	100.0%
		占 下列说法正确的有哪些? _ 学生纪律处分处理结论要同学生本人见面，允许本人申辩、申诉和保留不同意见 的百分比	28.3%	18.7%	21.0%
		占总计的百分比	6.9%	14.1%	21.0%
总计		计数	714	2204	2918
		占 人数总计 的百分比	24.5%	75.5%	100.0%
		占 下列说法正确的有哪些? _ 学生纪律处分处理结论要同学生本人见面，允许本人申辩、申诉和保留不同意见 的百分比	100.0%	100.0%	100.0%

您系统学习过《普通高等学校学生管理规定》(教育部令第41号)吗? * 下列说法正确的有哪些? _学校有权依法劝阻或制止未经批准的游行、示威等活动 交叉表

			下列说法正确的有哪些? _学校有权依法劝阻或制止未经批准的游行、示威等活动		
				学校有权依法劝阻或制止未经批准的游行、示威等活动	总计
您系统学习过《普通高等学校学生管理规定》(教育部令第41号)吗?	全面学习过,而且很重视其中有关规定对本人在校学习和生活过程中所提供的保护和提出的要求	计数	123	383	506
		占 您系统学习过《普通高等学校学生管理规定》(教育部令第41号)吗? 的百分比	24.3%	75.7%	100.0%
		占 下列说法正确的有哪些? _学校有权依法劝阻或制止未经批准的游行、示威等活动 的百分比	17.3%	17.3%	17.3%
		占总计的百分比	4.2%	13.1%	17.3%
	学校组织过《学生手册》考试,其中有相关内容,但考试后就不再关心	计数	393	1405	1798
		占 您系统学习过《普通高等学校学生管理规定》(教育部令第41号)吗? 的百分比	21.9%	78.1%	100.0%
		占 下列说法正确的有哪些? _学校有权依法劝阻或制止未经批准的游行、示威等活动 的百分比	55.4%	63.6%	61.6%
		占总计的百分比	13.5%	48.1%	61.6%
	从没关心和在意过,也不知道有这一部门规章	计数	194	420	614
		占 您系统学习过《普通高等学校学生管理规定》(教育部令第41号)吗? 的百分比	31.6%	68.4%	100.0%
		占 下列说法正确的有哪些? _学校有权依法劝阻或制止未经批准的游行、示威等活动 的百分比	27.3%	19.0%	21.0%
		占总计的百分比	6.6%	14.4%	21.0%
总计		计数	710	2208	2918
		占 人数总计 的百分比	24.3%	75.7%	100.0%
		占 下列说法正确的有哪些? _学校有权依法劝阻或制止未经批准的游行、示威等活动 的百分比	100.0%	100.0%	100.0%

您系统学习过《普通高等学校学生管理规定》(教育部令第 41 号)吗?
*** 下列说法正确的有哪些?**
_ 学生社团邀请校外人员到学校进行社会政治和学术活动，均须经学校同意 交叉表

			下列说法正确的有哪些?_ 学生社团邀请校外人员到学校进行社会政治和学术活动，均须经学校同意		
				学生社团邀请校外人员到学校进行社会政治和学术活动，均须经学校同意	总计
您系统学习过《普通高等学校学生管理规定》(教育部令第 41 号)吗?	全面学习过，而且很重视其中有关规定对本人在校学习和生活过程中所提供的保护和提出的要求	计数	107	399	506
		占 您系统学习过《普通高等学校学生管理规定》(教育部令第 41 号)吗? 的百分比	21.1%	78.9%	100.0%
		占 下列说法正确的有哪些?_ 学生社团邀请校外人员到学校进行社会政治和学术活动，均须经学校同意 的百分比	16.5%	17.6%	17.3%
		占总计的百分比	3.7%	13.7%	17.3%
	学校组织过《学生手册》考试，其中有相关内容，但考试后就不再关心	计数	358	1440	1798
		占 您系统学习过《普通高等学校学生管理规定》(教育部令第 41 号)吗? 的百分比	19.9%	80.1%	100.0%
		占 下列说法正确的有哪些?_ 学生社团邀请校外人员到学校进行社会政治和学术活动，均须经学校同意 的百分比	55.1%	63.5%	61.6%
		占总计的百分比	12.3%	49.3%	61.6%
	从没关心和在意过，也不知道有这一部门规章	计数	185	429	614
		占 您系统学习过《普通高等学校学生管理规定》(教育部令第 41 号)吗? 的百分比	30.1%	69.9%	100.0%
		占 下列说法正确的有哪些?_ 学生社团邀请校外人员到学校进行社会政治和学术活动，均须经学校同意 的百分比	28.5%	18.9%	21.0%
		占总计的百分比	6.3%	14.7%	21.0%
总计		计数	650	2268	2918
		占 人数总计 的百分比	22.3%	77.7%	100.0%
		占 下列说法正确的有哪些?_ 学生社团邀请校外人员到学校进行社会政治和学术活动，均须经学校同意 的百分比	100.0%	100.0%	100.0%

将上述数据进行汇总，形成以下图表：

您系统学习过《普通高等学校学生管理规定》（教育部令第 41 号）吗？ * 下列说法正确的有哪些？ 交叉表

		下列说法正确的有哪些？						
		除商业和旅游类校（院）系科（专业）可举办实习商店外，学生个人不得从事经商活动	校园内禁止张贴大、小字报	任何组织和个人均不得在学校进行宗教活动	学生纪律处分处理结论要同学生本人见面，允许本人申辩、申诉和保留不同意见	学校有权依法劝阻或制止未经批准的游行、示威等活动	学生社团邀请校外人员到学校进行社会政治和学术活动，均须经学校同意	平均值
您系统学习过《普通高等学校学生管理规定》（教育部令第 41 号）吗？_有效百分比	全面学习过，而且很重视其中有关规定对本人在校学习和生活过程中所提供的保护和提出的要求	37.2	60.5	70.4	79.8	75.7	78.9	67.08
	学校组织过《学生手册》考试，其中有相关内容，但考试后就不再关心	27.0	56.8	67.4	77.2	78.1	80.1	64.43
	从没关心和在意过，也不知道有这一部门规章	26.5	49.3	58.8	67.1	68.4	69.9	56.67
	平均值	30.23	55.53	65.53	74.70	74.07	76.30	

您系统学习过《普通高等学校学生管理规定》（教育部令第41号）吗？* 下列说法正确的有哪些？

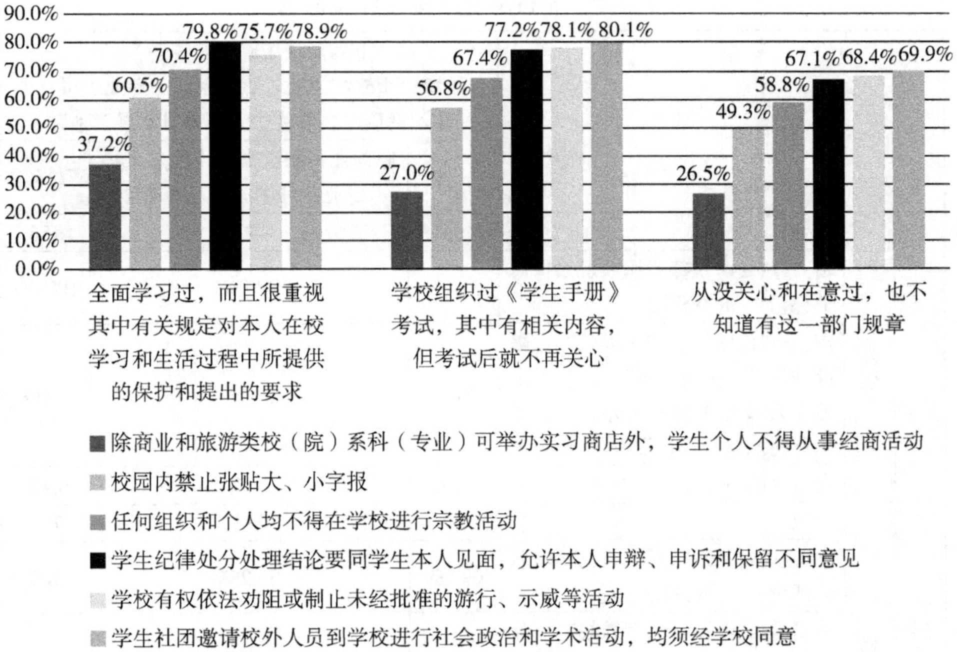

本表数据表明，受访非法学专业本科学生自我认同的对教育部41号令的认知和重视程度，与其对该令中具体相关权利和义务性规定认知程度，总体上呈现出一定的正相关性：六项权利义务规定有效百分比的平均值，按受访学生对教育部41号令的总体认知和重视程度从高到低依次下降。但是，一方面，“全面学习过，而且很重视其中有关规定对本人在校学习和生活过程中所提供的保护和提出的要求”群体学生，有效百分比的平均值（67.08%）本身不算高，只是略高于“学校组织过《学生手册》考试，其中有相关内容，但考试后就不再关心”群体学生有效百分比平均值（64.43%），甚至比“从没关心和在意过，也不知道有这一部门规章”群体学生有效百分比平均值（56.67%）只高了10个百分点；另一方面，“全面学习过，而且很重视其中有关规定对本人在校学习和生活过程中所提供的保护和提出的要求”群体学生有两项义务规定的有效百分比，还低于“学校组织过《学生手册》考试，其中有相关内容，但考试后就不再关心”群体学生的相应选项有效百分比。这进一步说明，受访非法学专业学生对教育部41号令中相关权利和义务性规定认知程度不高，而且相关内容的学习、教育效果非常不理想。

您对自身法律意识状况如何总体评价？ * 下列说法正确的有哪些？_除商业和旅游类校（院）系科（专业）可举办实习商店外，学生个人不得从事经商活动 交叉表

			下列说法正确的有哪些？_除商业和旅游类校（院）系科（专业）可举办实习商店外，学生个人不得从事经商活动		
				除商业和旅游类校（院）系科（专业）可举办实习商店外	总计
您对自身法律意识状况如何总体评价？	非常强	计数	96	92	188
		占 您对自身法律意识状况如何总体评价？ 的百分比	51.1%	48.9%	100.0%
		占 下列说法正确的有哪些？_除商业和旅游类校（院）系科（专业）可举办实习商店外，学生个人不得从事经商活动 的百分比	4.6%	11.0%	6.4%
		占总计的百分比	3.3%	3.2%	6.4%
	强	计数	538	233	771
		占 您对自身法律意识状况如何总体评价？ 的百分比	69.8%	30.2%	100.0%
		占 下列说法正确的有哪些？_除商业和旅游类校（院）系科（专业）可举办实习商店外，学生个人不得从事经商活动 的百分比	25.9%	27.8%	26.4%
		占总计的百分比	18.4%	8.0%	26.4%
	一般	计数	1295	473	1768
		占 您对自身法律意识状况如何总体评价？ 的百分比	73.2%	26.8%	100.0%
		占 下列说法正确的有哪些？_除商业和旅游类校（院）系科（专业）可举办实习商店外，学生个人不得从事经商活动 的百分比	62.2%	56.5%	60.6%
		占总计的百分比	44.4%	16.2%	60.6%
	比较差	计数	152	39	191
		占 您对自身法律意识状况如何总体评价？ 的百分比	79.6%	20.4%	100.0%
		占 下列说法正确的有哪些？_除商业和旅游类校（院）系科（专业）可举办实习商店外，学生个人不得从事经商活动 的百分比	7.3%	4.7%	6.5%
		占总计的百分比	5.2%	1.3%	6.5%

续表

		下列说法正确的有哪些？_除商业和旅游类校（院）系科（专业）可举办实习商店外，学生个人不得从事经商活动		
			除商业和旅游类校（院）系科（专业）可举办实习商店外	总计
总计	计数	2081	837	2918
	占 人数总计 的百分比	71.3%	28.7%	100.0%
	占 下列说法正确的有哪些？_除商业和旅游类校（院）系科（专业）可举办实习商店外，学生个人不得从事经商活动 的百分比	100.0%	100.0%	100.0%

您对自身法律意识状况如何总体评价？
*** 下列说法正确的有哪些？ _ 校园内禁止张贴大、小字报 交叉表**

			下列说法正确的有哪些？_校园内禁止张贴大、小字报		
				校园内禁止张贴大、小字报	总计
您对自身法律意识状况如何总体评价？	非常强	计数	79	109	188
		占 您对自身法律意识状况如何总体评价？ 的百分比	42.0%	58.0%	100.0%
		占 下列说法正确的有哪些？_校园内禁止张贴大、小字报 的百分比	6.1%	6.7%	6.4%
		占总计的百分比	2.7%	3.7%	6.4%
	强	计数	316	455	771
		占 您对自身法律意识状况如何总体评价？ 的百分比	41.0%	59.0%	100.0%
		占 下列说法正确的有哪些？_校园内禁止张贴大、小字报 的百分比	24.5%	27.9%	26.4%
		占总计的百分比	10.8%	15.6%	26.4%
	一般	计数	790	978	1768
		占 您对自身法律意识状况如何总体评价？ 的百分比	44.7%	55.3%	100.0%
		占 下列说法正确的有哪些？_校园内禁止张贴大、小字报 的百分比	61.3%	60.0%	60.6%
		占总计的百分比	27.1%	33.5%	60.6%

续表

			下列说法正确的有哪些？ _校园内禁止张贴大、小字报		
				校园内禁止张贴大、小字报	总计
	比较差	计数	103	88	191
		占 您对自身法律意识状况如何总体评价？ 的百分比	53.9%	46.1%	100.0%
		占 下列说法正确的有哪些？ _校园内禁止张贴大、小字报 的百分比	8.0%	5.4%	6.5%
		占总计的百分比	3.5%	3.0%	6.5%
总计		计数	1288	1630	2918
		占 人数总计 的百分比	44.1%	55.9%	100.0%
		占 下列说法正确的有哪些？ _校园内禁止张贴大、小字报 的百分比	100.0%	100.0%	100.0%

您对自身法律意识状况如何总体评价？ * 下列说法正确的有哪些？ _任何组织和个人均不得在学校进行宗教活动 交叉表

			下列说法正确的有哪些？ _任何组织和个人均不得在学校进行宗教活动		
				任何组织和个人均不得在学校进行宗教活动	总计
您对自身法律意识状况如何总体评价？	非常强	计数	64	124	188
		占 您对自身法律意识状况如何总体评价？ 的百分比	34.0%	66.0%	100.0%
		占 下列说法正确的有哪些？ _任何组织和个人均不得在学校进行宗教活动 的百分比	6.5%	6.4%	6.4%
		占总计的百分比	2.2%	4.2%	6.4%
	强	计数	260	511	771
		占 您对自身法律意识状况如何总体评价？ 的百分比	33.7%	66.3%	100.0%
		占 下列说法正确的有哪些？ _任何组织和个人均不得在学校进行宗教活动 的百分比	26.3%	26.5%	26.4%
		占总计的百分比	8.9%	17.5%	26.4%

续表

			下列说法正确的有哪些？_任何组织和个人均不得在学校进行宗教活动		
				任何组织和个人均不得在学校进行宗教活动	总计
	一般	计数	607	1161	1768
		占 您对自身法律意识状况如何总体评价？ 的百分比	34.3%	65.7%	100.0%
		占 下列说法正确的有哪些？_任何组织和个人均不得在学校进行宗教活动 的百分比	61.3%	60.2%	60.6%
		占总计的百分比	20.8%	39.8%	60.6%
	比较差	计数	59	132	191
		占 您对自身法律意识状况如何总体评价？ 的百分比	30.9%	69.1%	100.0%
		占 下列说法正确的有哪些？_任何组织和个人均不得在学校进行宗教活动 的百分比	6.0%	6.8%	6.5%
		占总计的百分比	2.0%	4.5%	6.5%
总计		计数	990	1928	2918
		占 人数总计 的百分比	33.9%	66.1%	100.0%
		占 下列说法正确的有哪些？_任何组织和个人均不得在学校进行宗教活动 的百分比	100.0%	100.0%	100.0%

您对自身法律意识状况如何总体评价？ * 下列说法正确的有哪些？_学生纪律处分处理结论要同学生本人见面，允许本人申辩、申诉和保留不同意见 交叉表

			下列说法正确的有哪些？_学生纪律处分处理结论要同学生本人见面，允许本人申辩、申诉和保留不同意见		
				学生纪律处分处理结论要同学生本人见面，允许本人申辩、申诉和保留不同意见	总计
	非常强	计数	60	128	188
		占 您对自身法律意识状况如何总体评价？ 的百分比	31.9%	68.1%	100.0%
		占 下列说法正确的有哪些？_学生纪律处分处理结论要同学生本人见面，允许本人申辩、申诉和保留不同意见 的百分比	8.4%	5.8%	6.4%
		占总计的百分比	2.1%	4.4%	6.4%

续表

			下列说法正确的有哪些？_学生纪律处分处理结论要同学生本人见面，允许本人申辩、申诉和保留不同意见		
				学生纪律处分处理结论要同学生本人见面，允许本人申辩、申诉和保留不同意见	总计
您对自身法律意识状况如何总体评价？	强	计数	174	597	771
		占 您对自身法律意识状况如何总体评价？ 的百分比	22.6%	77.4%	100.0%
		占 下列说法正确的有哪些？_学生纪律处分处理结论要同学生本人见面，允许本人申辩、申诉和保留不同意见 的百分比	24.4%	27.1%	26.4%
		占总计的百分比	6.0%	20.5%	26.4%
	一般	计数	431	1337	1768
		占 您对自身法律意识状况如何总体评价？ 的百分比	24.4%	75.6%	100.0%
		占 下列说法正确的有哪些？_学生纪律处分处理结论要同学生本人见面，允许本人申辩、申诉和保留不同意见 的百分比	60.4%	60.7%	60.6%
		占总计的百分比	14.8%	45.8%	60.6%
	比较差	计数	49	142	191
		占 您对自身法律意识状况如何总体评价？ 的百分比	25.7%	74.3%	100.0%
		占 下列说法正确的有哪些？_学生纪律处分处理结论要同学生本人见面，允许本人申辩、申诉和保留不同意见 的百分比	6.9%	6.4%	6.5%
		占总计的百分比	1.7%	4.9%	6.5%
总计		计数	714	2204	2918
		占 人数总计 的百分比	24.5%	75.5%	100.0%
		占 下列说法正确的有哪些？_学生纪律处分处理结论要同学生本人见面，允许本人申辩、申诉和保留不同意见 的百分比	100.0%	100.0%	100.0%

您对自身法律意识状况如何总体评价？ * 下列说法正确的有哪些？_学校有权依法劝阻或制止未经批准的游行、示威等活动 交叉表

			下列说法正确的有哪些？_学校有权依法劝阻或制止未经批准的游行、示威等活动		
				学校有权依法劝阻或制止未经批准的游行、示威等活动	总计
您对自身法律意识状况如何总体评价？	非常强	计数	63	125	188
		占 您对自身法律意识状况如何总体评价？ 的百分比	33.5%	66.5%	100.0%
		占 下列说法正确的有哪些？_学校有权依法劝阻或制止未经批准的游行、示威等活动 的百分比	8.9%	5.7%	6.4%
		占总计的百分比	2.2%	4.3%	6.4%
	强	计数	170	601	771
		占 您对自身法律意识状况如何总体评价？ 的百分比	22.0%	78.0%	100.0%
		占 下列说法正确的有哪些？_学校有权依法劝阻或制止未经批准的游行、示威等活动 的百分比	23.9%	27.2%	26.4%
		占总计的百分比	5.8%	20.6%	26.4%
	一般	计数	418	1350	1768
		占 您对自身法律意识状况如何总体评价？ 的百分比	23.6%	76.4%	100.0%
		占 下列说法正确的有哪些？_学校有权依法劝阻或制止未经批准的游行、示威等活动 的百分比	58.9%	61.1%	60.6%
		占总计的百分比	14.3%	46.3%	60.6%
	比较差	计数	59	132	191
		占 您对自身法律意识状况如何总体评价？ 的百分比	30.9%	69.1%	100.0%
		占 下列说法正确的有哪些？_学校有权依法劝阻或制止未经批准的游行、示威等活动 的百分比	8.3%	6.0%	6.5%
		占总计的百分比	2.0%	4.5%	6.5%
总计		计数	710	2208	2918
		占 人数总计 的百分比	24.3%	75.7%	100.0%
		占 下列说法正确的有哪些？_学校有权依法劝阻或制止未经批准的游行、示威等活动 的百分比	100.0%	100.0%	100.0%

您对自身法律意识状况如何总体评价？ * 下列说法正确的有哪些？_学生社团邀请校外人员到学校进行社会政治和学术活动，均须经学校同意 交叉表

			下列说法正确的有哪些？_学生社团邀请校外人员到学校进行社会政治和学术活动，均须经学校同意		
				学生社团邀请校外人员到学校进行社会政治和学术活动，均须经学校同意	总计
您对自身法律意识状况如何总体评价？	非常强	计数	69	119	188
		占 您对自身法律意识状况如何总体评价？ 的百分比	36.7%	63.3%	100.0%
		占 下列说法正确的有哪些？_学生社团邀请校外人员到学校进行社会政治和学术活动，均须经学校同意 的百分比	10.6%	5.2%	6.4%
		占总计的百分比	2.4%	4.1%	6.4%
	强	计数	156	615	771
		占 您对自身法律意识状况如何总体评价？ 的百分比	20.2%	79.8%	100.0%
		占 下列说法正确的有哪些？_学生社团邀请校外人员到学校进行社会政治和学术活动，均须经学校同意 的百分比	24.0%	27.1%	26.4%
		占总计的百分比	5.3%	21.1%	26.4%
	一般	计数	381	1387	1768
		占 您对自身法律意识状况如何总体评价？ 的百分比	21.5%	78.5%	100.0%
		占 下列说法正确的有哪些？_学生社团邀请校外人员到学校进行社会政治和学术活动，均须经学校同意 的百分比	58.6%	61.2%	60.6%
		占总计的百分比	13.1%	47.5%	60.6%
	比较差	计数	44	147	191
		占 您对自身法律意识状况如何总体评价？ 的百分比	23.0%	77.0%	100.0%
		占 下列说法正确的有哪些？_学生社团邀请校外人员到学校进行社会政治和学术活动，均须经学校同意 的百分比	6.8%	6.5%	6.5%
		占总计的百分比	1.5%	5.0%	6.5%

续表

		下列说法正确的有哪些？ _学生社团邀请校外人员到学校进行社会政治和学术活动，均须经学校同意		
			学生社团邀请校外人员到学校进行社会政治和学术活动，均须经学校同意	总计
总计	计数	650	2268	2918
	占 人数总计 的百分比	22.3%	77.7%	100.0%
	占 下列说法正确的有哪些？ _学生社团邀请校外人员到学校进行社会政治和学术活动，均须经学校同意 的百分比	100.0%	100.0%	100.0%

将上述数据进行汇总，形成以下图表：

您对自身法律意识状况如何总体评价？ * 下列说法正确的有哪些？ 交叉表

		下列说法正确的有哪些？						
		除商业和旅游类校（院）系科（专业）可举办实习商店外，学生个人不得从事经商活动	校园内禁止张贴大、小字报	任何组织和个人均不得在学校进行宗教活动	学生纪律处分处理结论要同学生本人见面，允许本人申辩、申诉和保留不同意见	学校有权依法劝阻或制止未经批准的游行、示威等活动	学生社团邀请校外人员到学校进行社会政治和学术活动，均须经学校同意	平均值
您对自身法律意识状况如何总体评价？ _有效百分比	非常强	48.9	58.0	66.0	68.1	66.5	63.3	61.80
	强	30.2	59.0	66.3	77.4	78.0	79.8	65.12
	一般	26.8	55.3	65.7	75.6	76.4	78.5	63.05
	比较差	20.4	46.1	69.1	74.3	69.1	77.0	59.33
	平均值	31.56	54.60	66.78	73.85	72.50	74.65	

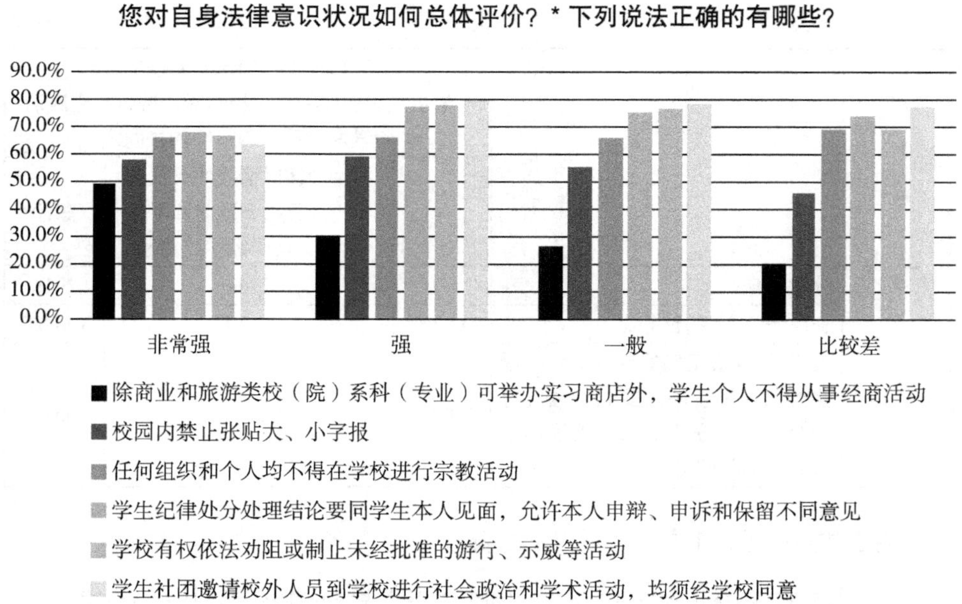

本组交叉统计数据表明，受访非法学专业本科生中法律意识状况自我评价“强”“一般”“比较差”三个群体学生，对于教育部41号令中除“任何组织和个人均不得在学校进行宗教活动”外的其他五项权利、义务性规定理解与认知的有效百分比及其平均值均呈依次下降状态，这无疑合乎两者之间的法理逻辑关系。然而，法律意识状况自我评价“非常强”群体学生六个选项有效百分比平均值最低，只有“除商业和旅游类校（院）系科（专业）可举办实习商店外，学生个人不得从事经商活动”选项百分比高于其他三个群体学生该项有效百分比，“校园内禁止张贴大、小字报”选项百分比略低于自我评价“强”群体学生该项有效百分比，“任何组织和个人均不得在学校进行宗教活动”等四个选项的有效百分比均比较低。“任何组织和个人均不得在学校进行宗教活动”选项中法律意识状况自我评价“比较差”群体学生有效百分比反而最高，其余三个群体学生有效百分比基本相当。这一数据结构状态尽管可以在一定程度上说明，受访学生法律意识状况自我评价高低与其对教育部41号令中有关权利、义务性规定理解与认知水平之间总体上呈正相关关系，但存在法律意识状况自我评价“非常强”学生有效百分比反而最低这种“反常”现象。另外，考虑到所有受访学生对于六个选项的有效百分比总体不高（最高的不到80%），充分说明关于教育部41号令及其中权利、义务性规定等内容的学习和教育需要着力加强，以有效提升大学生相关权利认知等权利意识水平。

您如何看待“山寨产品”？

		频率	百分比	有效百分比	累计百分比
有效	坚决抵制山寨产品，支持正版	1600	54.8	54.8	54.8
	尽量使用正版，偶尔因为贪便宜也购买山寨产品	1258	43.1	43.1	97.9
	价格低廉，我乐意购买	60	2.1	2.1	100.0
	总计	2918	100.0	100.0	

您如何看待“山寨产品”？

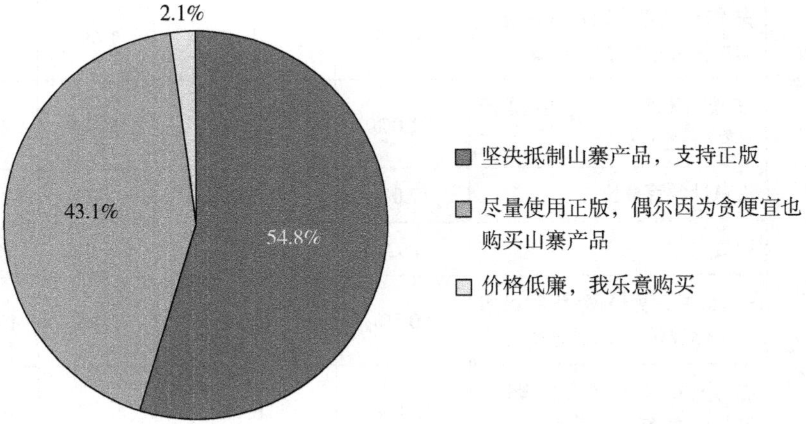

受访非法学专业本科生中54.8%的同学选择“坚决抵制山寨产品，支持正版”，这已经是一个明显的社会进步。但是，仍然有43.1%的同学承认“偶尔因为贪便宜也购买山寨产品”，甚至2.1%的同学表示因为山寨产品“价格低廉”而“乐意购买”，这显然仍然是一个需要高度注意的不良现象，知识产权保护的法律意识亟待进一步加强。45.2%的受访同学并没有充分尊重他人知识产权，这也同样从一个侧面表明不少同学尽管自身有较强的权利主张，但未必同时也充分尊重他人权利，而且这本身也是一个不能真正尊法、有效守法的问题。

您对自身法律意识状况如何总体评价？ * 您如何看待“山寨产品”？ 交叉表

			您如何看待“山寨产品”？			
			坚决抵制山寨产品，支持正版	尽量使用正版，偶尔因为贪便宜也购买山寨产品	价格低廉，我乐意购买	总计
您对自身法律意识状况如何总体评价？	非常强	计数	145	42	1	188
		占 您对自身法律意识状况如何总体评价？ 的百分比	77.1%	22.3%	0.5%	100.0%
		占 您如何看待“山寨产品”？ 的百分比	9.1%	3.3%	1.7%	6.4%
		占总计的百分比	5.0%	1.4%	0.0%	6.4%
	强	计数	496	263	12	771
		占 您对自身法律意识状况如何总体评价？ 的百分比	64.3%	34.1%	1.6%	100.0%
		占 您如何看待“山寨产品”？ 的百分比	31.0%	20.9%	20.0%	26.4%
		占总计的百分比	17.0%	9.0%	0.4%	26.4%
	一般	计数	893	837	38	1768
		占 您对自身法律意识状况如何总体评价？ 的百分比	50.5%	47.3%	2.1%	100.0%
		占 您如何看待“山寨产品”？ 的百分比	55.8%	66.5%	63.3%	60.6%
		占总计的百分比	30.6%	28.7%	1.3%	60.6%
	比较差	计数	66	116	9	191
		占 您对自身法律意识状况如何总体评价？ 的百分比	34.6%	60.7%	4.7%	100.0%
		占 您如何看待“山寨产品”？ 的百分比	4.1%	9.2%	15.0%	6.5%
		占总计的百分比	2.3%	4.0%	0.3%	6.5%

续表

		您如何看待“山寨产品”？			
		坚决抵制山寨产品，支持正版	尽量使用正版，偶尔因为贪便宜也购买山寨产品	价格低廉，我乐意购买	总计
总计	计数	1600	1258	60	2918
	占 人数总计 的百分比	54.8%	43.1%	2.1%	100.0%
	占 您如何看待“山寨产品”？ 的百分比	100.0%	100.0%	100.0%	100.0%

您对自身法律意识状况如何总体评价？ * 您如何看待“山寨产品”？

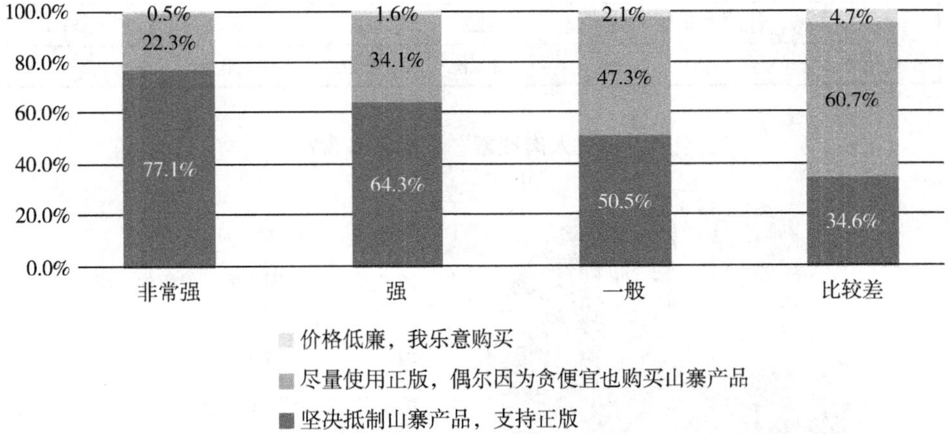

“您对自身法律意识状况如何总体评价”与“您如何看待‘山寨产品’”交叉统计数据表明，受访非法学专业本科生，一方面，法律意识状况自我评价高低与其对知识产权的尊重程度总体上呈现正相关状态：法律意识状况自我评价“非常强”“强”“一般”与“比较差”四个群体“坚决抵制山寨产品，支持正版”选项有效百分比依次下降，这无疑符合两者之间的法理逻辑；另一方面，法律意识状况自我评价“非常强”“强”的两个群体学生，“尽量使用正版，偶尔因为贪便宜也购买山寨产品”选项有效百分比也分别达到22.3%、34.1%，自我评价“一般”和“比较差”的两个群体学生该项有效百分比则更高，分别为47.3%、60.7%。同时，法律意识状况自我评价“非常强”“强”的两个群体学生“坚决抵制山寨产品，支持正版”选项有效百分比分别只有77.1%、64.3%，所以这也进一步说明受访非

法学专业学生对待他人知识产权能够给予充分尊重的占比并不高，因而其尊重他人权利意义上的权利意识状态总体上并不理想。总体而言，既需要通过普遍增强学生法律意识以促使其更好守法并充分尊重他人权利，也需要通过具体法律教育，使其在更好尊重他人权利的同时自身法律意识水平得到提升，最终也使得自身权利意识更加全面、更加健康。

对于“人肉搜索”，您怎么看？

		频率	百分比	有效百分比	累计百分比
有效	坚决反对，因为那是侵犯他人隐私的违法行为	2133	73.1	73.1	73.1
	不了解，无所谓	105	3.6	3.6	76.7
	尽管这样不道德甚至违法，但是对那些咎由自取的人活该	558	19.1	19.1	95.8
	很支持，让违法犯罪无处可逃	122	4.2	4.2	100.0
	总计	2918	100.0	100.0	

对于“人肉搜索”，您怎么看？

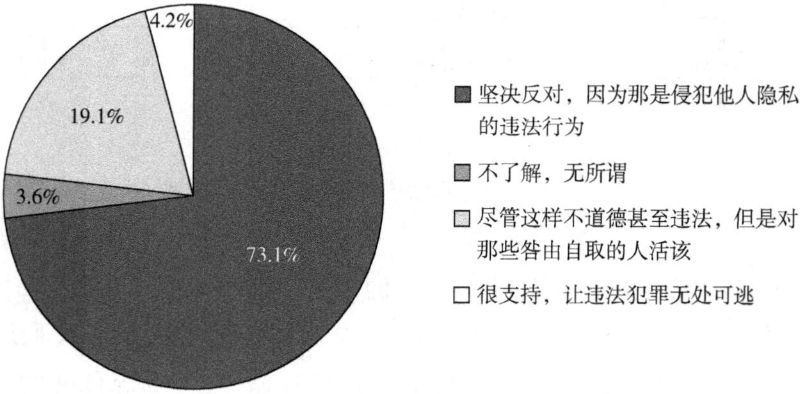

受访非法学专业本科生中，尽管有 73.1% 的受访学生选择了“坚决反对”人肉搜索，但仍然还有 26.9% 的同学选择了支持或者放任，也就意味着有四分之一的同学没能很好理解并充分尊重他人隐私权等权利。而且“尽管这样不道德甚至违法，但是对那些咎由自取的人活该”选项有效百分比高达 19.1%，另外还有 4.2% 学生选择了“很支持，让违法犯罪无处可逃”，也就意味着 23.3% 的受访学生自觉不自觉地选择了“报应型法”理念来认识和对待“人肉搜索”，同样也是一种法治理念落后的具体表现。由此，直接反映了受访学生在权利意识方面存在缺陷。

您对自身法律意识状况如何总体评价？ * 对于“人肉搜索”，您怎么看？ 交叉表

			对于“人肉搜索”，您怎么看？				
			坚决反对，因为那是侵犯他人隐私的违法行为	不了解，无所谓	尽管这样不道德甚至违法，但是对那些咎由自取的人活该	很支持，让违法犯罪无处可逃	总计
您对自身法律意识状况如何总体评价？	非常强	计数	125	3	26	34	188
		占 您对自身法律意识状况如何总体评价？ 的百分比	66.5%	1.6%	13.8%	18.1%	100.0%
		占 对于“人肉搜索”，您怎么看？ 的百分比	5.9%	2.9%	4.7%	27.9%	6.4%
		占总计的百分比	4.3%	0.1%	0.9%	1.2%	6.4%
	强	计数	575	16	146	34	771
		占 您对自身法律意识状况如何总体评价？ 的百分比	74.6%	2.1%	18.9%	4.4%	100.0%
		占 对于“人肉搜索”，您怎么看？ 的百分比	27.0%	15.2%	26.2%	27.9%	26.4%
		占总计的百分比	19.7%	0.5%	5.0%	1.2%	26.4%
	一般	计数	1298	71	350	49	1768
		占 您对自身法律意识状况如何总体评价？ 的百分比	73.4%	4.0%	19.8%	2.8%	100.0%
		占 对于“人肉搜索”，您怎么看？ 的百分比	60.9%	67.6%	62.7%	40.2%	60.6%
		占总计的百分比	44.5%	2.4%	12.0%	1.7%	60.6%
	比较差	计数	135	15	36	5	191
		占 您对自身法律意识状况如何总体评价？ 的百分比	70.7%	7.9%	18.8%	2.6%	100.0%
		占 对于“人肉搜索”，您怎么看？ 的百分比	6.3%	14.3%	6.5%	4.1%	6.5%
		占总计的百分比	4.6%	0.5%	1.2%	0.2%	6.5%
总计		计数	2133	105	558	122	2918
		占 人数总计 的百分比	73.1%	3.6%	19.1%	4.2%	100.0%
		占 对于“人肉搜索”，您怎么看？ 的百分比	100.0%	100.0%	100.0%	100.0%	100.0%

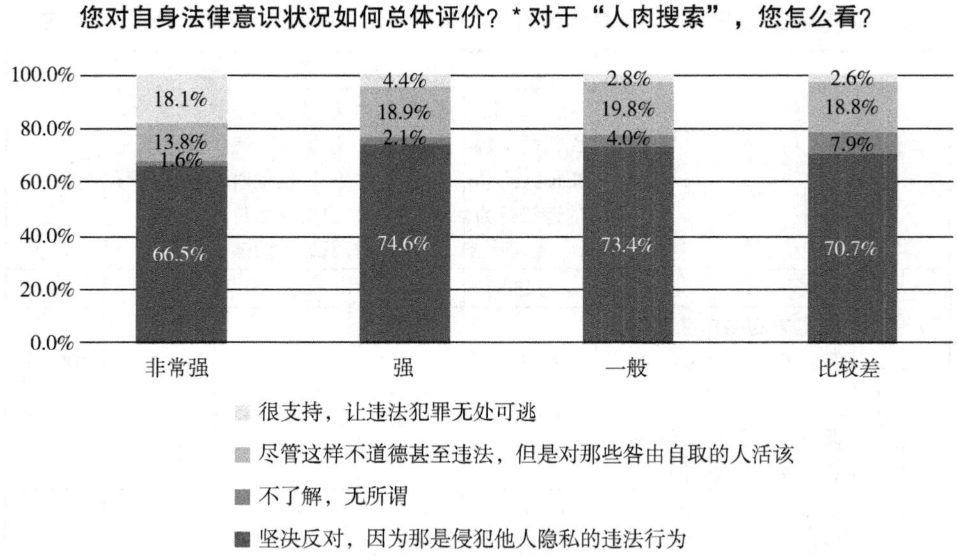

“您对自身法律意识状况如何总体评价”与“对于‘人肉搜索’，您怎么看？”交叉统计数据表明，受访非法学专业本科生中，就法律意识状况自我评价“强”“一般”和“比较差”的三个受访学生群体而言，他们的法律意识状况自我评价水平，与其对“人肉搜索”认识与评价的合法性、合理性程度之间总体上呈现出正相关状态：三个群体“坚决反对，因为那是侵犯他人隐私的违法行为”选项有效百分比尽管差距不大但还是依次下降。再次让人“意外”的是，法律意识状况自我评价“非常强”的受访学生群体，“坚决反对，因为那是侵犯他人隐私的违法行为”选项有效百分比最低，“很支持，让违法犯罪无处可逃”选项有效百分比最高，甚至数倍于其他群体该选项有效百分比及其平均值，同时，“尽管这样不道德甚至违法，但是对那些咎由自取的人活该”选项有效百分比与其他三个群体差距也不算大。恐怕只能对此解释为，那些自认为法律意识“非常强”的同学事实上并不一定拥有科学、正确的法律意识与法治观念，起码本组数据显示其“报应型法”理念相对较为普遍。错误法理念之下，难有健康、正确的权利认知，其权利意识也必将存在缺陷与不足。

（二）自我权利保护与救济

主要从学生关于权利保护和权利救济的意识、认知角度来考察学生权利保护与救济能力。

甲、乙两人是亲密无间的朋友，因买房需要，甲向乙借款二万元，约定五年内归还，您认为甲应当写借条给乙吗？

		频率	百分比	有效百分比	累计百分比
有效	“亲兄弟、明算账”，应当写借条，这样可以避免和有效解决纠纷，更好保护朋友之间友谊	2666	91.4	91.4	91.4
	好朋友之间应该相互帮助、相互信任，不需要写借条	133	4.6	4.6	96.0
	写不写都可以，钱也不算太多，无所谓	59	2.0	2.0	98.0
	作为亲密无间的朋友之间借钱写欠条，很伤感情，不够道德，所以不该写借条	60	2.1	2.1	100.0
	总计	2918	100.0	100.0	

甲、乙两人是亲密无间的朋友，因买房需要，甲向乙借款二万元，约定五年内归还，您认为甲应当写借条给乙吗？

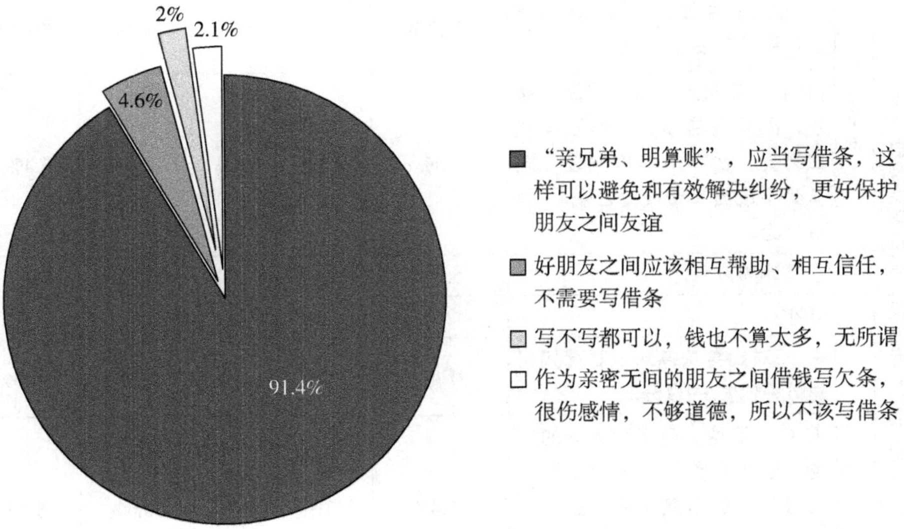

受访非法学专业本科生中，只有8.7%左右的同学因为顾忌朋友情谊等原因，而对朋友间借款也要订立字据持保留态度。应该说，这是让人乐于所见的一项调查数据。同学们在“情”与“法”关系问题认识上，相对于他们的父辈而言普遍摆脱了我们传统文化中关于义利关系及相关问题的保守和偏见。当然，毕竟仍然有近十分之一的同学需要更好理解和认识“情”与“法”之间关系，从而更好认知和保护自身权利。

您对自身法律意识状况如何总体评价？
*** 甲、乙两人是亲密无间的朋友，因买房需要，甲向乙借款二万元，约定五年内归还，您认为甲应当写借条给乙吗？ 交叉表**

			甲、乙两人是亲密无间的朋友，因买房需要，甲向乙借款二万元，约定五年内归还，您认为甲应当写借条给乙吗？				
			“亲兄弟、明算账”，应当写借条，这样可以避免和有效解决纠纷，更好保护朋友之间友谊	好朋友之间应该相互帮助、相互信任，不需要写借条	写不写都可以，钱也不算太多，无所谓	作为亲密无间的朋友之间借钱写欠条，很伤感情，不够道德，所以不该写借条	总计
您对自身法律意识状况如何总体评价？	非常强	计数	146	32	4	6	188
		占 您对自身法律意识状况如何总体评价？ 的百分比	77.7%	17.0%	2.1%	3.2%	100.0%
		占 甲、乙两人是亲密无间的朋友，因买房需要，甲向乙借款二万元，约定五年内归还，您认为甲应当写借条给乙吗？ 的百分比	5.5%	24.1%	6.8%	10.0%	6.4%
		占总计的百分比	5.0%	1.1%	0.1%	0.2%	6.4%
	强	计数	705	30	18	18	771
		占 您对自身法律意识状况如何总体评价？ 的百分比	91.4%	3.9%	2.3%	2.3%	100.0%
		占 甲、乙两人是亲密无间的朋友，因买房需要，甲向乙借款二万元，约定五年内归还，您认为甲应当写借条给乙吗？ 的百分比	26.4%	22.6%	30.5%	30.0%	26.4%
		占总计的百分比	24.2%	1.0%	0.6%	0.6%	26.4%

续表

		甲、乙两人是亲密无间的朋友，因买房需要，甲向乙借款二万元，约定五年内归还，您认为甲应当写借条给乙吗？				
		“亲兄弟、明算账”，应当写借条，这样可以避免和有效解决纠纷，更好保护朋友之间友谊	好朋友之间应该相互帮助、相互信任，不需要写借条	写不写都可以，钱也不算太多，无所谓	作为亲密无间的朋友之间借钱写欠条，很伤感情，不够道德，所以不该写借条	总计
一般	计数	1649	57	32	30	1768
	占 您对自身法律意识状况如何总体评价？ 的百分比	93.3%	3.2%	1.8%	1.7%	100.0%
	占 甲、乙两人是亲密无间的朋友，因买房需要，甲向乙借款二万元，约定五年内归还，您认为甲应当写借条给乙吗？ 的百分比	61.9%	42.9%	54.2%	50.0%	60.6%
	占总计的百分比	56.5%	2.0%	1.1%	1.0%	60.6%
比较差	计数	166	14	5	6	191
	占 您对自身法律意识状况如何总体评价？ 的百分比	86.9%	7.3%	2.6%	3.1%	100.0%
	占 甲、乙两人是亲密无间的朋友，因买房需要，甲向乙借款二万元，约定五年内归还，您认为甲应当写借条给乙吗？ 的百分比	6.2%	10.5%	8.5%	10.0%	6.5%
	占总计的百分比	5.7%	0.5%	0.2%	0.2%	6.5%
总计	计数	2666	133	59	60	2918
	占 人数总计 的百分比	91.4%	4.6%	2.0%	2.1%	100.0%
	占 甲、乙两人是亲密无间的朋友，因买房需要，甲向乙借款二万元，约定五年内归还，您认为甲应当写借条给乙吗？ 的百分比	100.0%	100.0%	100.0%	100.0%	100.0%

您对自身法律意识状况如何总体评价？* 甲、乙两人是亲密无间的朋友，因买房需要，甲向乙借款二万元，约定五年内归还，您认为甲应当写借条给乙吗？

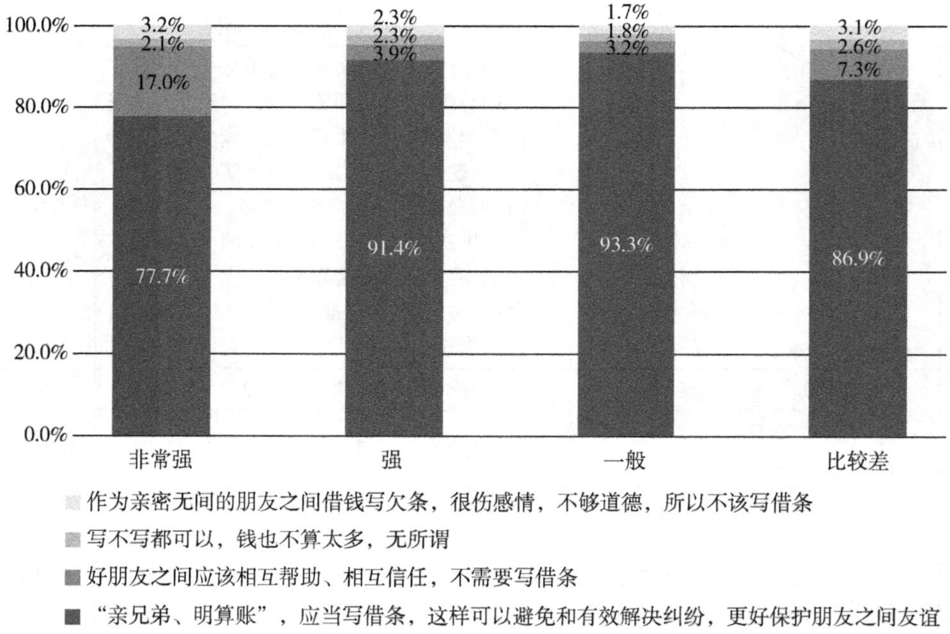

“您对自身法律意识状况如何总体评价”与“甲、乙两人是亲密无间的朋友，因买房需要，甲向乙借款二万元，约定五年内归还，您认为甲应当写借条给乙吗”交叉统计数据表明，尽管91.4%受访非法学专业本科生选择了“‘亲兄弟、明算账’，应当写借条，这样可以避免和有效解决纠纷，更好保护朋友之间友谊”正确选项，然而事实上他们就朋友间借款是否应当“写借条”这一“情、法”冲突所做的正确选择，并非主要基于自身理性的法律意识，也许更多是基于“情（义）、利”关系上偏向“利”的缘故。所以，法律意识状况自我评价“强”“一般”两个群体学生在朋友间借款是否应当写借条四个选项的有效百分比非常接近（“应当写借条”这一选项，自评“一般”学生的有效百分比甚至最高），而法律意识状况自我评价“比较差”群体学生的有效百分比较前两个群体学生差距也不太大。本组数据同样凸显了法律意识状况自我评价“非常强”这一群体学生的“反常”现象：“‘亲兄弟、明算账’，应当写借条，这样可以避免和有效解决纠纷，更好保护朋友之间友谊”有效百分比最低，仅为77.7%；“好朋友之间应该相互帮助、相互信任，不需要写借条”有效百分比最高，数倍于其他三个群体学生，高达17.0%。这说明，这些法律意识状况自我评价“非常强”的同学中，更多学生盲目“讲义气”，在这一考察点上再次表明其所谓法律意识“非常强”缺乏足够理性支撑。总体上，尽管高比例同学就本问题所涉选项上做出了正确选择，但不足以证明其权利认知和权利保护能力强。

在外就餐、购物之后您会索要和保留发票吗？

		频率	百分比	有效百分比	累计百分比
有效	一定会	741	25.4	25.4	25.4
	无所谓，偶尔索要并保留	1858	63.7	63.7	89.1
	如果可以少付钱，宁可不要发票	41	1.4	1.4	90.5
	从来不会	278	9.5	9.5	100
	总计	2918	100.0	100.0	

在外就餐、购物之后您会索要和保留发票吗？

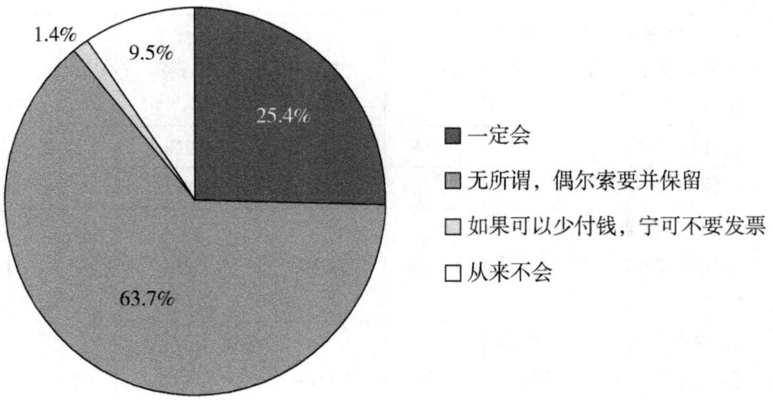

受访非法学专业本科生中，只有25.4%的同学表示“一定会”索要和保留就餐、购物发票，高达74.6%的同学对此“无所谓”甚至“从来不会”。四分之三同学没有购物和消费索取发票的习惯，这可能缘于生活习惯，更重要的缘于对相关具体法律权利内容及其救济保障机制缺乏认知，由此也足以表明大部分同学的权利保护意识不强，尤其缺乏权利的积极性、主动性保护意识。然而，“如果可以少付钱，宁可不要发票”选项有效百分比很低，足以说明受访学生即使没有索取就餐和购物发票，更多也并非贪图让利。

您对自身法律意识状况如何总体评价？
*** 在外就餐、购物之后您会索要和保留发票吗？ 交叉表**

			在外就餐、购物之后您会索要和保留发票吗？				
			一定会	无所谓，偶尔索要并保留	如果可以少付钱，宁可不要发票	从来不会	总计
您对自身法律意识状况如何总体评价？	非常强	计数	136	43	2	7	188
		占 您对自身法律意识状况如何总体评价？ 的百分比	72.3%	22.9%	1.1%	3.7%	100.0%
		占 在外就餐、购物之后您会索要和保留发票吗？的百分比	18.4%	2.3%	4.9%	2.5%	6.4%
		占总计的百分比	4.7%	1.5%	0.1%	0.2%	6.4%
	强	计数	269	467	7	28	771
		占 您对自身法律意识状况如何总体评价？ 的百分比	34.9%	60.6%	0.9%	3.6%	100.0%
		占 在外就餐、购物之后您会索要和保留发票吗？的百分比	36.3%	25.1%	17.1%	10.1%	26.4%
		占总计的百分比	9.2%	16.0%	0.2%	1.0%	26.4%
	一般	计数	320	1227	22	199	1768
		占 您对自身法律意识状况如何总体评价？ 的百分比	18.1%	69.4%	1.2%	11.3%	100.0%
		占 在外就餐、购物之后您会索要和保留发票吗？的百分比	43.2%	66.0%	53.7%	71.6%	60.6%
		占总计的百分比	11.0%	42.0%	0.8%	6.8%	60.6%
	比较差	计数	16	121	10	44	191
		占 您对自身法律意识状况如何总体评价？ 的百分比	8.4%	63.4%	5.2%	23.0%	100.0%
		占 在外就餐、购物之后您会索要和保留发票吗？的百分比	2.2%	6.5%	24.4%	15.8%	6.5%
		占总计的百分比	0.5%	4.1%	0.3%	1.5%	6.5%

续表

		在外就餐、购物之后您会索要和保留发票吗?				
		一定会	无所谓，偶尔索要并保留	如果可以少付钱，宁可不要发票	从来不会	总计
总计	计数	741	1858	41	278	2918
	占 人数总计 的百分比	25.4%	63.7%	1.4%	9.5%	100.0%
	占在外就餐、购物之后您会索要和保留发票吗? 的百分比	100.0%	100.0%	100.0%	100.0%	100.0%

您对自身法律意识状况如何总体评价？ * 在外就餐、购物之后您会索要和保留发票吗?

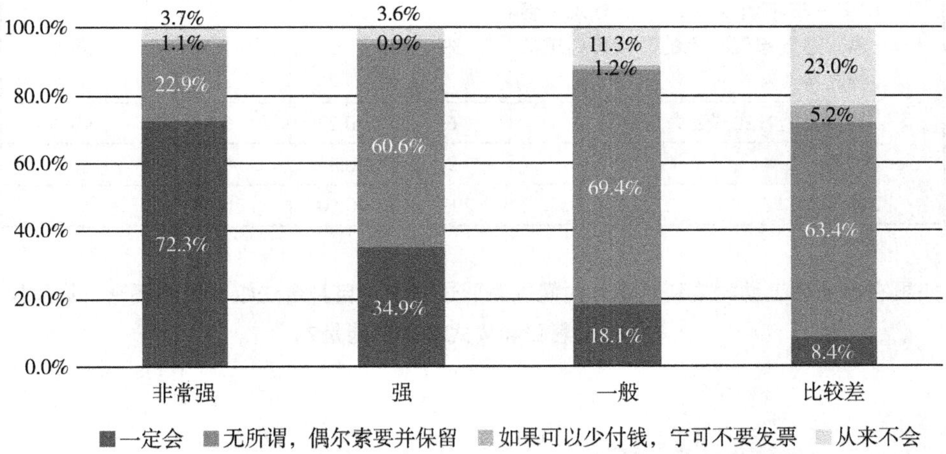

“您对自身法律意识状况如何总体评价”与“在外就餐、购物之后您会索要和保留发票吗”交叉统计数据表明，受访非法学专业学生法律意识状况自我评价高低，与其在就餐、购物后是否会索要发票所表现出的权利认知和权利保护能力之间呈现正相关状态：法律意识状况自我评价“非常强”“强”“一般”与“比较差”四个群体学生，“一定会”（索要发票）选项有效百分比依次降低，而且差距比较明显。法律意识状况自我评价“强”“一般”与“比较差”三个群体学生，“无所谓，偶尔索要并保留”选项百分比基本相当，差距相对较小，而且这三个群体学生的绝对数很高，所以这一数据还是能够反映现实生活中这一问题处理及其态度的普遍现象。法律意识状况自我评价“比较差”学生，“一定会”和“从来不会”选项有效百分比分别为 8.4%、23.0%，可谓双方之间得到了“相互印证”。所以，这一问题考察数据能够有效证明提高学生法律意识与增强学生权利认知与保护能力之间的积极互动关系。

如果在参加勤工助学或利用课外时间做兼职过程中，自身合法权利受到侵害，您解决问题的思路和模式最有可能是？

		频率	百分比	有效百分比	累计百分比
有效	尽量沟通协商解决，沟通协商无效情况下毫不犹豫地选择法律途径	1191	40.8	40.8	40.8
	首先沟通协商解决，同时积极寻求关系和资源支持，法律途径作为最后选项	1608	55.1	55.1	95.9
	随时准备诉诸法律途径	65	2.3	2.3	98.2
	“多一事不如少一事”，尽量忍气吞声，忍到忍无可忍的时候再寻求法律支持	39	1.3	1.3	99.5
	按自己的方式“武力解决”	6	0.2	0.2	99.7
	其他	9	0.3	0.3	100
	总计	2918	100.0	100.0	

如果在参加勤工助学或利用课外时间做兼职过程中，自身合法权利受到侵害，您解决问题的思路和模式最有可能是？

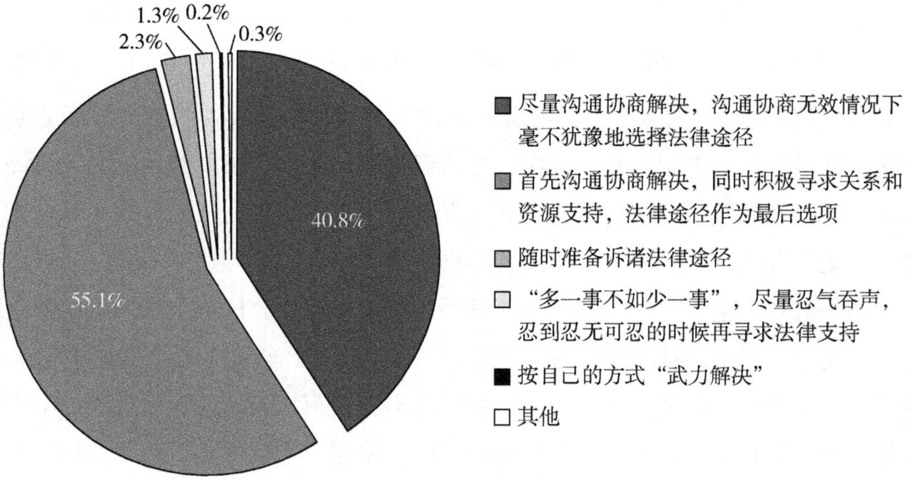

在意识到自身合法权益遭受不法侵害情况下，受访非法学专业本科生中只有1.3%的同学优先选择了“忍受”，0.5%的同学选择了按自己的方式“武力解决”

或者通过其他方式解决。98.2% 的同学很理性地选择了优先沟通和协商并且不排除甚至随时选择法律途径解决。虽然本题测试更能说明受访对象的权利主张层面问题，但也能从权利的消极性、被动性保护角度反映其权利意识状态。统计数据表明受访学生消极性、被动性权利保护意识要远远高于其积极性、主动性权利保护意识，应该主要是因为学生相关法律知识的缺乏导致其权利认知和权利保护能力受限。另外，“首先沟通协商解决，同时积极寻求关系和资源支持，法律途径作为最后选项”选项有效百分比高达 55.1%，也就意味着一半以上受访非法学专业学生仍然将“积极寻求关系和资源支持”作为权利保护重要路径，这也在一定程度上反映出传统文化和现实国情背景下，纠纷解决过程中“关系和资源”的重要影响与作用及其对包括青年大学生在内的广大社会成员的诱导和影响。

您对自身法律意识状况如何总体评价？ * 如果在参加勤工助学或利用课外时间做兼职过程中，自身合法权利受到侵害，您解决问题的思路和模式最有可能是？ 交叉表

			如果在参加勤工助学或利用课外时间做兼职过程中，自身合法权利受到侵害，您解决问题的思路和模式最有可能是？						
			尽量沟通协商解决，沟通协商无效情况下毫不犹豫地选择法律途径	首先沟通协商解决，同时积极寻求关系和资源支持，法律途径作为最后选项	随时准备诉诸法律途径	“多一事不如少一事”，尽量忍气吞声，忍到忍无可忍的时候再寻求法律支持	按自己的方式“武力解决”	其他	总计
您对自身法律意识状况如何总体评价？	非常强	计数	105	79	3	1	0	0	188
		占 您对自身法律意识状况如何总体评价？ 的百分比	55.9%	42.0%	1.6%	0.5%	0.0%	0.0%	100.0%
		占 如果在参加勤工助学或利用课外时间做兼职过程中，自身合法权利受到侵害，您解决问题的思路和模式最有可能是？ 的百分比	8.8%	4.9%	4.6%	2.6%	0.0%	0.0%	6.4%
		占总计的百分比	3.6%	2.7%	0.1%	0.0%	0.0%	0.0%	6.4%

续表

			如果在参加勤工助学或利用课外时间做兼职过程中，自身合法权利受到侵害，您解决问题的思路和模式最有可能是？						
			尽量沟通协商解决，沟通协商无效情况下毫不犹豫地选择法律途径	首先沟通协商解决，同时积极寻求关系和资源支持，法律途径作为最后选项	随时准备诉诸法律途径	“多一事不如少一事”，尽量忍气吞声，忍到忍无可忍的时候再寻求法律支持	按自己的方式“武力解决”	其他	总计
	强	计数	359	383	21	7	1	0	771
		占 您对自身法律意识状况如何总体评价？的百分比	46.6%	49.7%	2.7%	0.9%	0.1%	0.0%	100.0%
		占 如果在参加勤工助学或利用课外时间做兼职过程中，自身合法权利受到侵害，您解决问题的思路和模式最有可能是？ 的百分比	30.1%	23.8%	32.3%	17.9%	16.7%	0.0%	26.4%
		占总计的百分比	12.3%	13.1%	0.7%	0.2%	0.0%	0.0%	26.4%
	一般	计数	666	1032	38	24	4	4	1768
		占 您对自身法律意识状况如何总体评价？的百分比	37.7%	58.4%	2.1%	1.4%	0.2%	0.2%	100.0%
		占 如果在参加勤工助学或利用课外时间做兼职过程中，自身合法权利受到侵害，您解决问题的思路和模式最有可能是？ 的百分比	55.9%	64.2%	58.5%	61.5%	66.7%	44.4%	60.6%
		占总计的百分比	22.8%	35.4%	1.3%	0.8%	0.1%	0.1%	60.6%

续表

			如果在参加勤工助学或利用课外时间做兼职过程中，自身合法权利受到侵害，您解决问题的思路和模式最有可能是？						
			尽量沟通协商解决，沟通协商无效情况下毫不犹豫地选择法律途径	首先沟通协商解决，同时积极寻求关系和资源支持，法律途径作为最后选项	随时准备诉诸法律途径	“多一事不如少一事”，尽量忍气吞声，忍到忍无可忍的时候再寻求法律支持	按自己的方式“武力解决”	其他	总计
	比较差	计数	61	114	3	7	1	5	191
		占 您对自身法律意识状况如何总体评价？的百分比	31.9%	59.7%	1.6%	3.7%	0.5%	2.6%	100.0%
		占 如果在参加勤工助学或利用课外时间做兼职过程中，自身合法权利受到侵害，您解决问题的思路和模式最有可能是？ 的百分比	5.1%	7.1%	4.6%	17.9%	16.7%	55.6%	6.5%
		占总计的百分比	2.1%	3.9%	0.1%	0.2%	0.0%	0.2%	6.5%
总计		计数	1191	1608	65	39	6	9	2918
		占 人数总计 的百分比	40.8%	55.1%	2.2%	1.3%	0.2%	0.3%	100.0%
		占 如果在参加勤工助学或利用课外时间做兼职过程中，自身合法权利受到侵害，您解决问题的思路和模式最有可能是？ 的百分比	100.0%	100.0%	100.0%	100.0%	100.0%	100.0%	100.0%

您对自身法律意识状况如何总体评价？＊如果在参加勤工助学或利用课外时间做兼职过程中，自身合法权利受到侵害，您解决问题的思路和模式最有可能是？

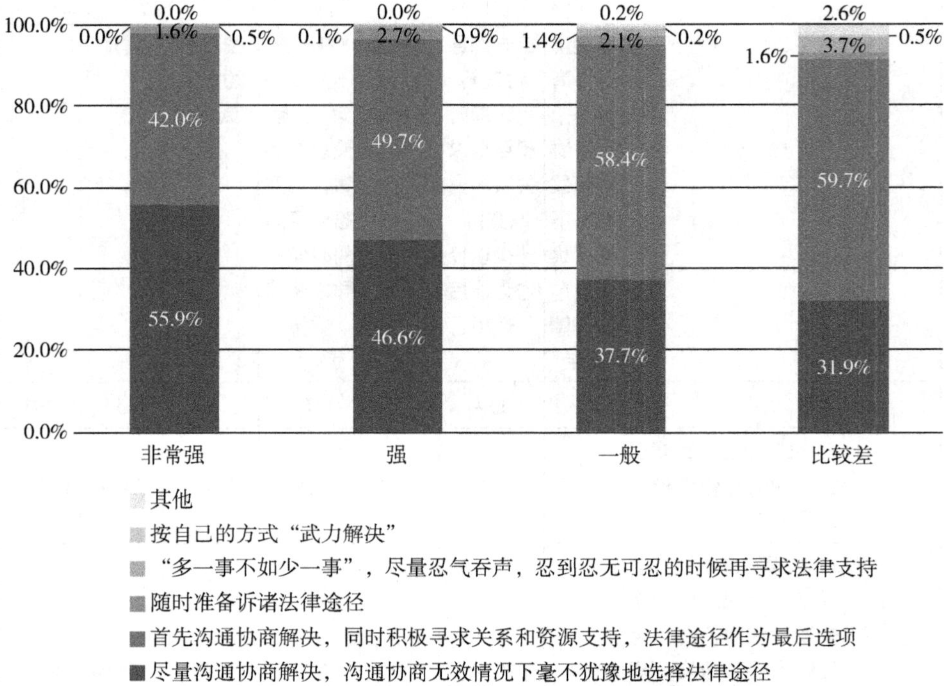

“您对自身法律意识状况如何总体评价”与“如果在参加勤工助学或利用课外时间做兼职过程中，自身合法权利受到侵害，您解决问题的思路和模式最有可能是”交叉统计数据表明，受访非法学专业本科生法律意识状况自我评价高低，与其权益救济方式选择所表明的权利保护与权利救济能力之间也呈现出正相关状态：法律意识状况自我评价“非常强”以及“强”“一般”以及“比较差”四个群体学生，权利救济方式前三个选项的有效百分比（小计）依次下降，而且差距比较分明。

在超市买到过期食品或者其他假冒伪劣商品，您会如何处理？

		频率	百分比	有效百分比	累计百分比
有效	坚决找商家理论，要求退换并索赔	1413	48.4	48.4	48.4
	向有关部门举报	832	28.5	28.5	76.9
	如果金额不大，就自认倒霉	635	21.8	21.8	98.7
	不管金额大小，不想惹麻烦，自认倒霉	38	1.3	1.3	100.0
	总计	2918	100.0	100.0	

在超市买到过期食品或者其他假冒伪劣商品，您会如何处理?

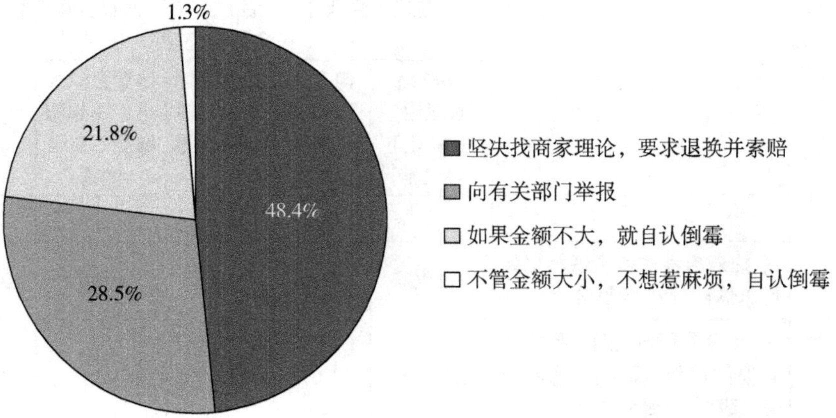

这组数据应该说也基本能够反映当前相关社会现实。购物时买到过期食品或者其他假冒伪劣商品，1.3%的受访非法学专业学生选择了完全放弃权利主张，21.8%的同学选择了有条件（“如果金额不大”）放弃权利；28.5%的同学选择向有关部门举报、48.4%的同学选择直接主张权利（退换并索赔）。应该说是总体理性，但毕竟还有五分之一的同学在“金额不大”情况下选择放弃权利主张。目前司法执法机制下客观上确实存在维权成本较高等问题而且由此影响到社会主体的积极维权，但至少说明近三分之一的同学在明知自身权利遭受侵害情况下，考虑到维权成本等却不积极进行权利救济，这不仅说明这部分学生并不具有非常积极有效的权利保护和权利救济意识，显然不符合法治社会建设目标下应有的期待。

您对自身法律意识状况如何总体评价?
*** 在超市买到过期食品或者其他假冒伪劣商品，您会如何处理? 交叉表**

			在超市买到过期食品或者其他假冒伪劣商品，您会如何处理?				
			坚决找商家理论，要求退还并索赔	向有关部门举报	如果金额不大，就自认倒霉	不管金额大小，不想惹麻烦，自认倒霉	总计
	非常强	计数	109	69	9	1	188
		占 您对自身法律意识状况如何总体评价? 的百分比	58.0%	36.7%	4.8%	0.5%	100.0%
		占 在超市买到过期食品或者其他假冒伪劣商品，您会如何处理? 的百分比	7.7%	8.3%	1.4%	2.6%	6.4%
		占总计的百分比	3.7%	2.4%	0.3%	0.0%	6.4%

续表

			在超市买到过期食品或者其他假冒伪劣商品，您会如何处理？				
			坚决找商家理论，要求退还并索赔	向有关部门举报	如果金额不大，就自认倒霉	不管金额大小，不想惹麻烦，自认倒霉	总计
您对自身法律意识状况如何总体评价？	强	计数	401	263	103	4	771
		占 您对自身法律意识状况如何总体评价？ 的百分比	52.0%	34.1%	13.4%	0.5%	100.0%
		占 在超市买到过期食品或者其他假冒伪劣商品，您会如何处理？ 的百分比	28.4%	31.6%	16.2%	10.5%	26.4%
		占总计的百分比	13.7%	9.0%	3.5%	0.1%	26.4%
	一般	计数	824	469	449	26	1768
		占 您对自身法律意识状况如何总体评价？ 的百分比	46.6%	26.5%	25.4%	1.5%	100.0%
		占 在超市买到过期食品或者其他假冒伪劣商品，您会如何处理？ 的百分比	58.3%	56.4%	70.7%	68.4%	60.6%
		占总计的百分比	28.2%	16.1%	15.4%	0.9%	60.6%
	比较差	计数	79	31	74	7	191
		占 您对自身法律意识状况如何总体评价？ 的百分比	41.4%	16.2%	38.7%	3.7%	100.0%
		占 在超市买到过期食品或者其他假冒伪劣商品，您会如何处理？ 的百分比	5.6%	3.7%	11.7%	18.4%	6.5%
		占总计的百分比	2.7%	1.1%	2.5%	0.2%	6.5%
总计		计数	1413	832	635	38	2918
		占 人数总计 的百分比	48.4%	28.5%	21.8%	1.3%	100.0%
		占 在超市买到过期食品或者其他假冒伪劣商品，您会如何处理？ 的百分比	100.0%	100.0%	100.0%	100.0%	100.0%

您对自身法律意识状况如何总体评价？＊在超市买到过期食品或者其他假冒伪劣商品，您会如何处理？

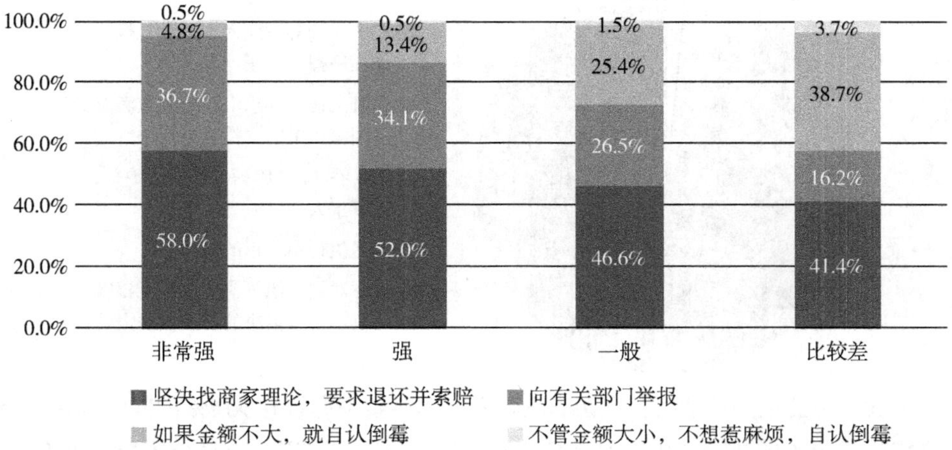

“您对自身法律意识状况如何总体评价”与“在超市买到过期食品或者其他假冒伪劣商品，您会如何处理”交叉统计数据表明，受访非法学专业本科生法律意识状况自我评价高低，与其在超市买到过期食品或者其他假冒伪劣商品时所表现出的维权意识之间也呈现出正相关状态：法律意识状况自我评价“非常强”“强”“一般”和“比较差”的四个群体学生，“坚决找商家理论，要求退还并索赔”“向有关部门举报”两个选项有效百分比均依次下降，而选择放弃权利主张的占比依次升高。这同样说明，学生法律意识状况与其维权意识之间密切相关，两方面的学习和教育可以相互促进。

如果受到司法机关或者行政执法机关的不公正裁决，您会怎么办？

		频率	百分比	有效百分比	累计百分比
有效	寻求律师等专业人士帮助，按法律程序捍卫公正	1903	65.2	65.2	65.2
	通过上访，寻求上级党委或者有关国家机关的支持	741	25.4	25.4	90.6
	忍气吞声，“胳膊拧不过大腿”，息事宁人	104	3.6	3.6	94.2
	拒绝执行不公正的裁决	119	4.1	4.1	98.3
	设法对抗，绝不执行，甚至报复做出不公正裁决的司法执法人员	51	1.7	1.7	100
	总计	2918	100.0	100.0	

如果受到司法机关或者行政执法机关的不公正裁决，您会怎么办？

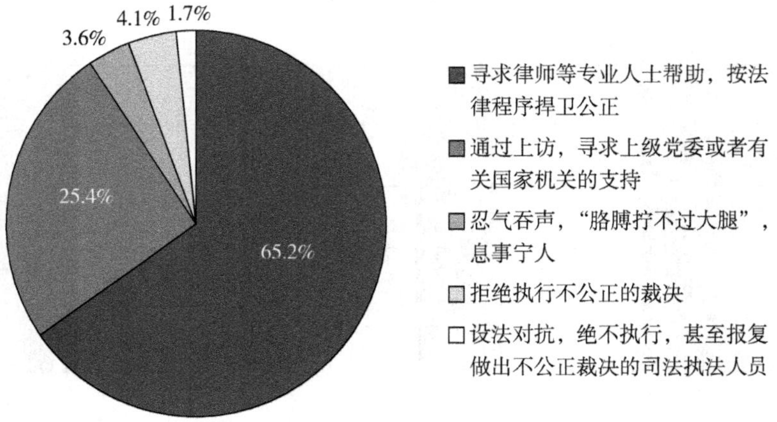

面对不公正法律裁决，受访非法学专业本科生中尽管有 90.6% 的同学选择了拒绝接受不公正的法律裁决，但是只有 65.2% 的同学采取理性而且合法的解决途径，另外 25.4% 的同学仍然选择“上访”途径处理。5.8% 的同学选择了非常的不理性——拒绝执行法律判决，甚至有 1.7% 的同学还表示可能因此“报复做出不公正裁决的司法执法人员”，当然还有 3.6% 的同学选择了“忍气吞声”。总体上看，尽管 90.6% 的同学有较强的权利意识，但是有近一半的同学缺乏理性、合法的权利救济渠道认知。

您对自身法律意识状况如何总体评价？
*** 如果受到司法机关或者行政执法机关的不公正裁决，您会怎么办？ 交叉表**

			如果受到司法机关或者行政执法机关的不公正裁决，您会怎么办？					
			寻求律师等专业人士帮助，按法律程序捍卫公正	通过上访，寻求上级党委或者有关国家机关的支持	忍气吞声，“胳膊拧不过大腿”，息事宁人	拒绝执行不公正的裁决	设法对抗，绝不执行，甚至报复做出不公正裁决的司法执法人员	总计
	非常强	计数	110	47	18	7	6	188
		占 您对自身法律意识状况如何总体评价？ 的百分比	58.5%	25.0%	9.6%	3.7%	3.2%	100.0%
		占 如果受到司法机关或者行政执法机关的不公正裁决，您会怎么办？ 的百分比	5.8%	6.3%	17.3%	5.9%	11.8%	6.4%
		占总计的百分比	3.8%	1.6%	0.6%	0.2%	0.2%	6.4%

续表

<table>
<tr><td colspan="3" rowspan="2"></td><td colspan="6">如果受到司法机关或者行政执法机关的不公正裁决，您会怎么办?</td></tr>
<tr><td>寻求律师等专业人士帮助，按法律程序捍卫公正</td><td>通过上访，寻求上级党委或者有关国家机关的支持</td><td>忍气吞声，“胳膊拧不过大腿”，息事宁人</td><td>拒绝执行不公正的裁决</td><td>设法对抗，绝不执行，甚至报复做出不公正裁决的司法执法人员</td><td>总计</td></tr>
<tr><td rowspan="12">您对自身法律意识状况如何总体评价?</td><td rowspan="4">强</td><td>计数</td><td>517</td><td>196</td><td>20</td><td>28</td><td>10</td><td>771</td></tr>
<tr><td>占 您对自身法律意识状况如何总体评价? 的百分比</td><td>67.1%</td><td>25.4%</td><td>2.6%</td><td>3.6%</td><td>1.3%</td><td>100.0%</td></tr>
<tr><td>占 如果受到司法机关或者行政执法机关的不公正裁决，您会怎么办? 的百分比</td><td>27.2%</td><td>26.5%</td><td>19.2%</td><td>23.5%</td><td>19.6%</td><td>26.4%</td></tr>
<tr><td>占总计的百分比</td><td>17.7%</td><td>6.7%</td><td>0.7%</td><td>1.0%</td><td>0.3%</td><td>26.4%</td></tr>
<tr><td rowspan="4">一般</td><td>计数</td><td>1165</td><td>452</td><td>52</td><td>72</td><td>27</td><td>1768</td></tr>
<tr><td>占 您对自身法律意识状况如何总体评价? 的百分比</td><td>65.9%</td><td>25.6%</td><td>2.9%</td><td>4.1%</td><td>1.5%</td><td>100.0%</td></tr>
<tr><td>占 如果受到司法机关或者行政执法机关的不公正裁决，您会怎么办? 的百分比</td><td>61.2%</td><td>61.0%</td><td>50.0%</td><td>60.5%</td><td>52.9%</td><td>60.6%</td></tr>
<tr><td>占总计的百分比</td><td>39.9%</td><td>15.5%</td><td>1.8%</td><td>2.5%</td><td>0.9%</td><td>60.6%</td></tr>
<tr><td rowspan="4">比较差</td><td>计数</td><td>111</td><td>46</td><td>14</td><td>12</td><td>8</td><td>191</td></tr>
<tr><td>占 您对自身法律意识状况如何总体评价? 的百分比</td><td>58.1%</td><td>24.1%</td><td>7.3%</td><td>6.3%</td><td>4.2%</td><td>100.0%</td></tr>
<tr><td>占 如果受到司法机关或者行政执法机关的不公正裁决，您会怎么办? 的百分比</td><td>5.8%</td><td>6.2%</td><td>13.5%</td><td>10.1%</td><td>15.7%</td><td>6.5%</td></tr>
<tr><td>占总计的百分比</td><td>3.8%</td><td>1.6%</td><td>0.5%</td><td>0.4%</td><td>0.3%</td><td>6.5%</td></tr>
<tr><td colspan="2" rowspan="3">总计</td><td>计数</td><td>1903</td><td>741</td><td>104</td><td>119</td><td>51</td><td>2918</td></tr>
<tr><td>占 人数总计 的百分比</td><td>65.2%</td><td>25.4%</td><td>3.6%</td><td>4.1%</td><td>1.7%</td><td>100.0%</td></tr>
<tr><td>占 如果受到司法机关或者行政执法机关的不公正裁决，您会怎么办? 的百分比</td><td>100.0%</td><td>100.0%</td><td>100.0%</td><td>100.0%</td><td>100.0%</td><td>100.0%</td></tr>
</table>

您对自身法律意识状况如何总体评价？*如果受到司法机关或者行政执法机关的不公正裁决，您会怎么办？

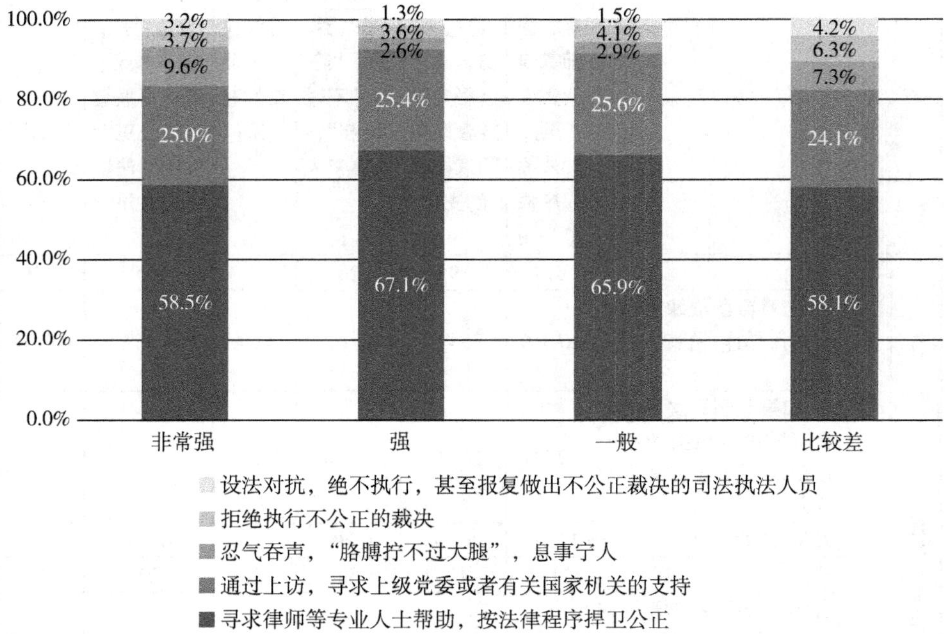

“您对自身法律意识状况如何总体评价”与“如果受到司法机关或者行政执法机关的不公正裁决，您会怎么办”交叉统计数据表明，受访非法学专业学生法律意识状况自我评价水平高低，与其面对不公正法律裁决时采取处理方式所体现的自我权利保护与救济能力之间，在总体上呈现正相关状态：法律意识状况自我评价“强”“一般”和“比较差”三个群体学生，“寻求律师等专业人士帮助，按法律程序捍卫公正”选项有效百分比依次下降。然而，法律意识状况自我评价“非常强”学生，该选项有效百分比竟然与自我评价“比较差”群体学生几乎一致，同时其“忍气吞声，‘胳膊拧不过大腿’，息事宁人”选项有效百分比在四个群体中反倒最高。另外，四个群体学生“通过上访，寻求上级党委或者有关国家机关的支持”选项有效百分比也非常接近。这说明，尽管一部分学生在法律意识状况自我评价上选择最高位，但并非真正建立在普遍理性法律认知基础上；通过“上访”寻求权利救济在十八大以后先后出台多项遏制“信访潮”措施的背景下，甚至在青年大学生群体中仍然是一种比较普遍的理念和方式。

您了解“法律援助”吗？

		频率	百分比	有效百分比	累计百分比
有效	知道且了解，懂得获取法律援助的条件和渠道	444	15.2	15.2	15.2
	只是听说过，不懂得具体怎样获取法律援助	2340	80.2	80.2	95.4
	完全不清楚	134	4.6	4.6	100.0
	总计	2918	100.0	100.0	

您了解“法律援助”吗？

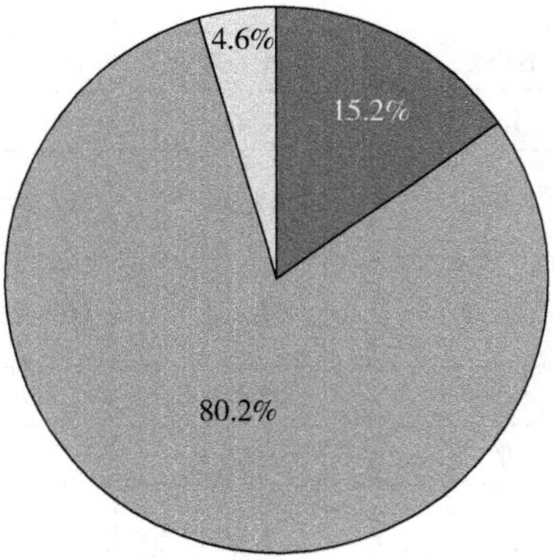

就“法律援助”这一重要权利保护与救济制度而言，受访非法学专业本科生中80.2%的同学表示只是在概念上知道“法律援助”，并不具体知晓这一权利救济制度与机制，4.6%的同学甚至还“完全不清楚”法律援助制度，这与作为政府多年来积极推行“法律援助”这一法律保障制度的社会实际很不相称。而15.2%的同学尽管选择了“知道且了解，懂得获取法律援助的条件和渠道”，但未必都真正“懂得获取法律援助的条件和渠道”。

您对自身法律意识状况如何总体评价？ * 您了解“法律援助”吗？ 交叉表

			您了解“法律援助”吗？			
			知道且了解，懂得获取法律援助的条件和渠道	只是听说过，不懂得具体怎样获取法律援助	完全不清楚	总计
	非常强	计数	120	65	3	188
		占 您对自身法律意识状况如何总体评价？ 的百分比	63.8%	34.6%	1.6%	100.0%
		占 您了解“法律援助”吗？ 的百分比	27.0%	2.8%	2.2%	6.4%
		占总计的百分比	4.1%	2.2%	0.1%	6.4%

续表

			您了解“法律援助”吗？			
			知道且了解，懂得获取法律援助的条件和渠道	只是听说过，不懂得具体怎样获取法律援助	完全不清楚	总计
您对自身法律意识状况如何总体评价？	强	计数	176	583	12	771
		占 您对自身法律意识状况如何总体评价？ 的百分比	22.8%	75.6%	1.6%	100.0%
		占 您了解“法律援助”吗？的百分比	39.6%	24.9%	9.0%	26.4%
		占总计的百分比	6.0%	20.0%	0.4%	26.4%
	一般	计数	141	1546	81	1768
		占 您对自身法律意识状况如何总体评价？ 的百分比	8.0%	87.4%	4.6%	100.0%
		占 您了解“法律援助”吗？的百分比	31.8%	66.1%	60.4%	60.6%
		占总计的百分比	4.8%	53.0%	2.8%	60.6%
	比较差	计数	7	146	38	191
		占 您对自身法律意识状况如何总体评价？ 的百分比	3.7%	76.4%	19.9%	100.0%
		占 您了解“法律援助”吗？的百分比	1.6%	6.2%	28.4%	6.5%
		占总计的百分比	0.2%	5.0%	1.3%	6.5%
总计		计数	444	2340	134	2918
		占 人数总计 的百分比	15.2%	80.2%	4.6%	100.0%
		占 您了解“法律援助”吗？的百分比	100.0%	100.0%	100.0%	100.0%

“您对自身法律意识状况如何总体评价”与“您了解‘法律援助’吗”交叉统计数据表明，受访非法学专业学生法律意识状况自我评价，与其对法律援助这一权利救济机制的认知水平之间完全呈现正相关状态：法律意识状况自我评价“非常强”“强”“一般”和“比较差”四个群体学生，“知道且了解，懂得获取法律援助的条件和渠道”选项有效百分比依次下降，“完全不清楚”选项有效百分比则逐渐提高，“只是听说过，不懂得具体怎样获取法律援助”在后三个群体学生中有效百分比比较接近（75%—80%）。与此同时，法律意识状况自我评价“非常强”的学生“知道且了解，懂得获取法律援助的条件和渠道”选项有效百分比最

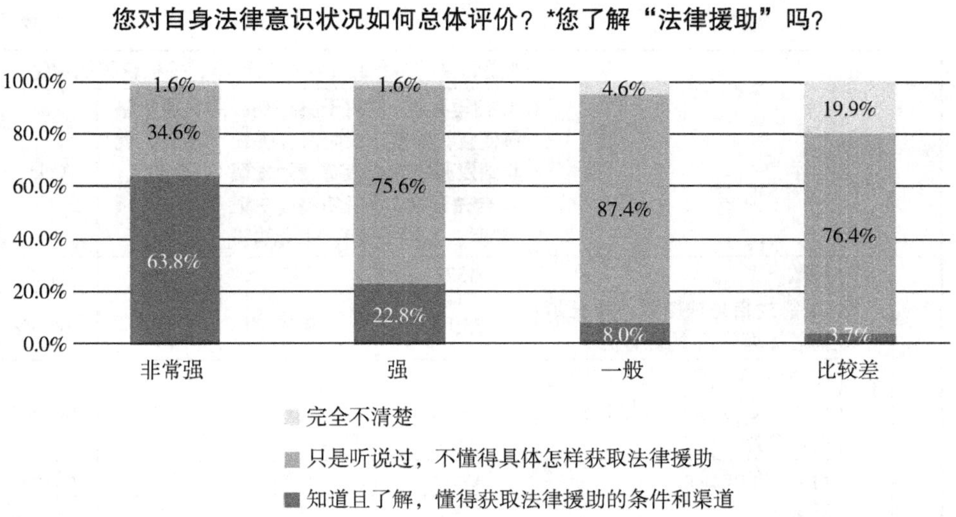

高，但也只有63.8%，其余三个群体学生该项有效百分比则更低。所以，这又进一步说明受访学生对于“法律援助”这一重要权利救济机制普遍缺乏必要认知。

您对自身法律意识状况如何总体评价？
*** 您是否会购买来路不明的自行车、手机或其他物件？ 交叉表**

			您是否会购买来路不明的自行车、手机或其他物件？			
			哪怕再喜欢、再便宜，没有原始发票或相关合法证明，就坚决不买	对于实在是心仪物品，哪怕没有原始发票或相关合法证明，也会购买	只要价格便宜，就会购买	总计
您对自身法律意识状况如何总体评价？	非常强	计数	129	51	8	188
		占 您对自身法律意识状况如何总体评价？ 的百分比	68.6%	27.1%	4.3%	100.0%
		占 您是否会购买来路不明的自行车、手机或其他物件？ 的百分比	5.9%	8.8%	5.3%	6.4%
		占总计的百分比	4.4%	1.7%	0.3%	6.4%
	强	计数	615	132	24	771
		占 您对自身法律意识状况如何总体评价？ 的百分比	79.8%	17.1%	3.1%	100.0%
		占 您是否会购买来路不明的自行车、手机或其他物件？ 的百分比	28.1%	22.9%	15.8%	26.4%
		占总计的百分比	21.1%	4.5%	0.8%	26.4%

续表

			您是否会购买来路不明的自行车、手机或其他物件？			
			哪怕再喜欢、再便宜，没有原始发票或相关合法证明，就坚决不买	对于实在是心仪物品，哪怕没有原始发票或相关合法证明，也会购买	只要价格便宜，就会购买	总计
	一般	计数	1327	342	99	1768
		占 您对自身法律意识状况如何总体评价？ 的百分比	75.1%	19.3%	5.6%	100.0%
		占 您是否会购买来路不明的自行车、手机或其他物件？ 的百分比	60.6%	59.3%	65.1%	60.6%
		占总计的百分比	45.5%	11.7%	3.4%	60.6%
	比较差	计数	118	52	21	191
		占 您对自身法律意识状况如何总体评价？ 的百分比	61.8%	27.2%	11.0%	100.0%
		占 您是否会购买来路不明的自行车、手机或其他物件？ 的百分比	5.4%	9.0%	13.8%	6.5%
		占总计的百分比	4.0%	1.8%	0.7%	6.5%
总计		计数	2189	577	152	2918
		占 人数总计 的百分比	75.0%	19.8%	5.2%	100.0%
		占 您是否会购买来路不明的自行车、手机或其他物件？ 的百分比	100.0%	100.0%	100.0%	100.0%

您对自身法律意识状况如何总体评价？*您是否会购买来路不明的自行车、手机或其他物件？

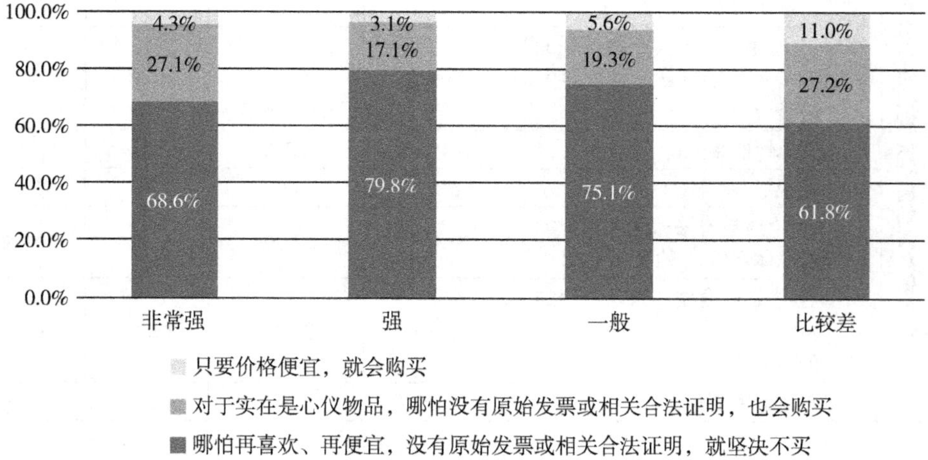

“您对自身法律意识状况如何总体评价”与“您是否会购买来路不明的自行车、手机或其他物件”交叉统计数据表明，总体而言，受访非法学专业学生法律意识状况自我评价高低，与其对来路不明物件的购买意愿所表现出的权利保护能力水平之间呈现正相关状态：法律意识状况自我评价“强”“一般”和“比较差”三个群体学生，“哪怕再喜欢、再便宜，没有原始发票或相关合法证明，就坚决不买”选项有效百分比依次下降，而且总体较高（分别为79.8%、75.1%、61.8%），这充分说明受访学生面对“来路不明”物件所表现出的权利保护能力总体较强。而法律意识状况自我评价“非常强”学生该选项有效百分比（68.6%）则只是高于“比较差”部分学生，“对于实在是心仪物品，哪怕没有原始发票或相关合法证明，也会购买”选项有效百分比却与“比较差”部分学生几乎一致，再一次证明部分学生尽管法律意识状况自我评价“非常强”，但实际上并非建立在法律知识足够理性认知基础上。另外，法律意识状况自我评价“非常强”以及“强”“一般”和“比较差”四个群体学生，“对于实在是心仪物品，哪怕没有原始发票或相关合法证明，也会购买”选项有效百分比比较接近而且总体较高，有效百分比平均值为22.68%，四个群体学生“只要价格便宜，就会购买”选项有效百分比总体较低，平均有效百分比仅为6.0%，这有效说明在缺乏权利保护法律知识足够认知的情况下，面对“来路不明”物件是否购买，“价格便宜”已经不是主要诱惑，是否“心仪”则更有直接影响力。

总体而言，受访非法学专业本科生在权利的认知方面存在明显的矛盾现象：一方面学生的主体意识相对较强，渴望被尊重，乐于主张权利；另一方面，学生对于（法律）权利的范围和边界缺乏足够而具体认知，对他人权利及其与自身权利之间关系、权利和义务之间相辅相成关系等也缺乏足够而必要的理解和认识，另外具体处理个人法律权利与相关道德事务之间关系等认识和能力也有不足，甚至还不同程度存在错误法理念，从而使其权利认知等权利意识受到限制，最终当然也要严重影响到个人权利的充分实现。虽然越来越多青年学生表现出更加强烈的权利要求与权利主张，但与此很不相称的是，他们普遍缺乏基本的权利维护与救济能力。相对而言，学生的消极、被动权利保护意识虽然要远远强于积极、主动的权利保护意识，但是仍然受到权利救济成本等因素直接影响，而且尤其缺乏具体的权利救济渠道认知。

二、法学专业本科生权利意识状况评测

（一）自我权利认知

您很明确知道自己有哪些权利吗？

		频率	百分比	有效百分比	累计百分比
有效	严格根据“法无禁止即自由”推定自己的权利范围	28	15.7	15.7	15.7
	认真学习过宪法，很清楚自己的基本权利	86	48.3	48.3	64.0
	跟着感觉走，大概知道一些自己的权利	27	15.2	15.2	79.2
	不清楚权利内容，但凭良心做人做事，不侵害他人就没事	31	17.4	17.4	96.6
	不知道，但无所谓，想咋干就咋干	6	3.4	3.4	100.0
	总计	178	100.0	100.0	

您很明确知道自己有哪些权利吗？

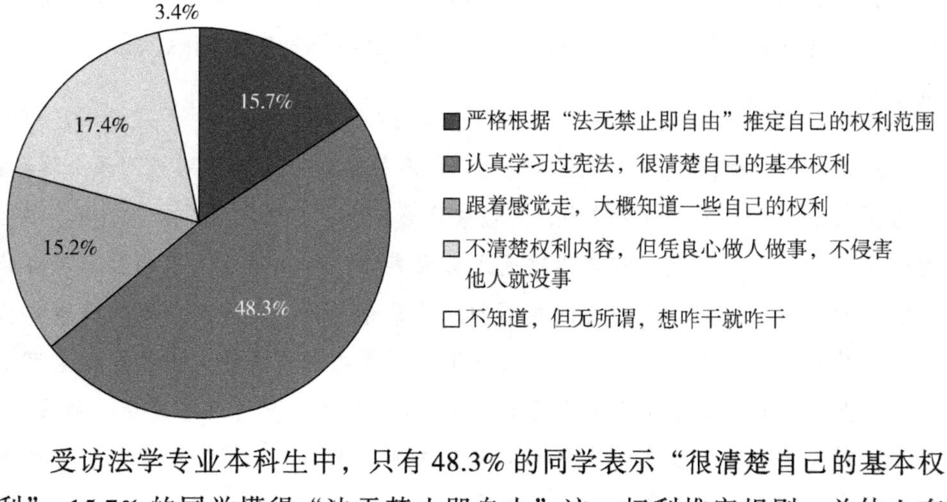

受访法学专业本科生中，只有48.3%的同学表示“很清楚自己的基本权利”，15.7%的同学懂得“法无禁止即自由”这一权利推定规则，总体上有64.0%的同学有正确的个人权利认知。而32.6%的同学只是“跟着感觉走”或者跟随道德指引，更多同学可能出于习惯来认识和享用权利，甚至还有3.4%的同学极端任性，缺乏具体的权利认知。尽管这一数据可以证明受访法学专业

学生对于权利的明确认知水平要明显高于受访非法学专业学生，但是作为未来法律职业者的法学专业学生，仍有较高比例受访学生对权利缺乏正确而具体的认知，甚至“不知道，但无所谓，想咋干就咋干”选项有效百分比高达 3.4%，几乎是受访非法学专业学生该选项有效百分比的一倍，即使考虑到受访非法学专业学生总量偏少、低年级居多这一重要因素，但这一数据结构也是令人不愿看到的。

您对自身法律意识状况如何总体评价？ * 您很明确知道自己有哪些权利吗？ 交叉表

			您很明确知道自己有哪些权利吗？					
			严格根据“法无禁止即自由”推定自己的权利范围	认真学习过宪法，很清楚自己的基本权利	跟着感觉走，大概知道一些自己的权利	不清楚权利内容，但凭良心做人做事，不侵害他人就没事	不知道，但无所谓，想咋干就咋干	总计
您对自身法律意识状况如何总体评价？	非常强	计数	5	13	1	3	3	25
		占 您对自身法律意识状况如何总体评价？ 的百分比	20.0%	52.0%	4.0%	12.0%	12.0%	100.0%
		占 您很明确知道自己有哪些权利吗？ 的百分比	17.9%	15.1%	3.7%	9.7%	50.0%	14.0%
		占总计的百分比	2.8%	7.3%	0.6%	1.7%	1.7%	14.0%
	强	计数	7	38	3	7	1	56
		占 您对自身法律意识状况如何总体评价？ 的百分比	12.5%	67.9%	5.4%	12.5%	1.8%	100.0%
		占 您很明确知道自己有哪些权利吗？ 的百分比	25.0%	44.2%	11.1%	22.6%	16.7%	31.5%
		占总计的百分比	3.9%	21.3%	1.7%	3.9%	0.6%	31.5%

续表

		您很明确知道自己有哪些权利吗?					
		严格根据“法无禁止即自由”推定自己的权利范围	认真学习过宪法,很清楚自己的基本权利	跟着感觉走,大概知道一些自己的权利	不清楚权利内容,但凭良心做人做事,不侵害他人就没事	不知道,但无所谓,想咋干就咋干	总计
一般	计数	16	35	19	19	1	90
	占 您对自身法律意识状况如何总体评价? 的百分比	17.8%	38.9%	21.1%	21.1%	1.1%	100.0%
	占 您很明确知道自己有哪些权利吗? 的百分比	57.1%	40.7%	70.4%	61.3%	16.7%	50.6%
	占总计的百分比	9.0%	19.7%	10.7%	10.7%	0.6%	50.6%
比较差	计数	0	0	4	2	1	7
	占 您对自身法律意识状况如何总体评价? 的百分比	0.0%	0.0%	57.1%	28.6%	14.3%	100.0%
	占 您很明确知道自己有哪些权利吗? 的百分比	0.0%	0.0%	14.8%	6.5%	16.7%	3.9%
	占总计的百分比	0.0%	0.0%	2.2%	1.1%	0.6%	3.9%
总计	计数	28	178	28	31	6	178
	占人数总计 的百分比	15.7%	100.0%	15.7%	17.4%	3.4%	100.0%
	占 您很明确知道自己有哪些权利吗? 的百分比	100.0%	100.0%	100.0%	100.0%	100.0%	100.0%

从“您对自身法律意识状况如何总体评价”与“您很明确知道自己有哪些权利吗”两者交叉统计数据看,受访法学专业本科生中法律意识状况自我评价的四个不同群体学生,“严格根据‘法无禁止即自由’推定自己的权利范围”与“认真学习过宪法,很清楚自己的基本权利”两个选项的有效百分比,也基本反映出

您对自身法律意识状况如何总体评价？* 您很明确知道自己有哪些权利吗？

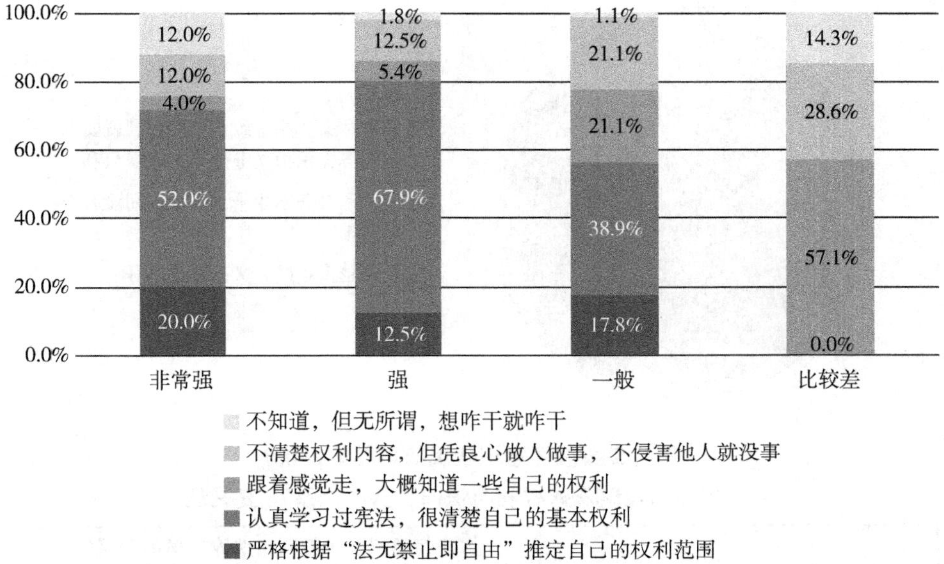

受访主体法律意识状态与其对于权利正确认知之间的内在关联：受访主体越是能够正确认知权利内容与范围，其法律意识状况自我评价也相对较高。但是，将本数据表与受访非法学专业学生该数据表相对照可以看出，受访法学专业学生在权利整体认知上相对而言有更加明显的“分化”现象：一方面，受访法学专业学生总体上较受访非法学专业学生对权利有更好认知，另一方面，法律意识状况自我评价“非常强”学生的权利认知水平反而低于自我评价“强”学生，而自我评价“比较差”群体学生对于权利的认知水平，受访法学专业学生反而比受访非法学专业学生要明显低了一些。

您如何理解法律权利与法律义务的关系？

		频率	百分比	有效百分比	累计百分比
有效	权利和义务相一致，享受权利就要承担义务，承担义务是为了享受权利	163	91.6	91.6	91.6
	权利和义务不相干，两者之间没有必然联系	9	5.1	5.1	96.7
	权利越多越好，义务越少越好	6	3.4	3.4	100.0
	总计	178	100.0	100.0	

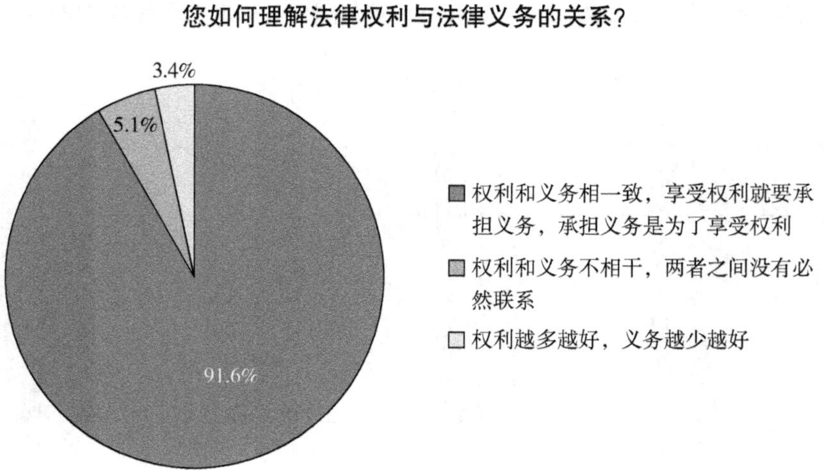

您对自身法律意识状况如何总体评价?
*** 您如何理解法律权利与法律义务的关系? 交叉表**

			您如何理解法律权利与法律义务的关系?			
			权利和义务相一致，享受权利就要承担义务，承担义务是为了享受权利	权利和义务不相干，两者之间没有必然联系	权利越多越好，义务越少越好	总计
您对自身法律意识状况如何总体评价?	非常强	计数	20	2	3	25
		占 您对自身法律意识状况如何总体评价? 的百分比	80.0%	8.0%	12.0%	100.0%
		占 您如何理解法律权利与法律义务的关系? 的百分比	12.3%	22.2%	50.0%	14.0%
		占总计的百分比	11.2%	1.1%	1.7%	14.0%
	强	计数	53	2	1	56
		占 您对自身法律意识状况如何总体评价? 的百分比	94.6%	3.6%	1.8%	100.0%
		占 您如何理解法律权利与法律义务的关系? 的百分比	32.5%	22.2%	16.7%	31.5%
		占总计的百分比	29.8%	1.1%	0.6%	31.5%

续表

			您如何理解法律权利与法律义务的关系？			
			权利和义务相一致，享受权利就要承担义务，承担义务是为了享受权利	权利和义务不相干，两者之间没有必然联系	权利越多越好，义务越少越好	总计
	一般	计数	84	5	1	90
		占 您对自身法律意识状况如何总体评价？ 的百分比	93.3%	5.6%	1.1%	100.0%
		占 您如何理解法律权利与法律义务的关系？ 的百分比	51.5%	55.6%	16.7%	50.6%
		占总计的百分比	47.2%	2.8%	0.6%	50.6%
	比较差	计数	6	0	1	7
		占 您对自身法律意识状况如何总体评价？ 的百分比	85.7%	0.0%	14.3%	100.0%
		占 您如何理解法律权利与法律义务的关系？ 的百分比	3.7%	0.0%	16.7%	3.9%
		占总计的百分比	3.4%	0.0%	0.6%	3.9%
总计		计数	163	9	6	178
		占 人数总计 的百分比	91.6%	5.1%	3.4%	100.0%
		占 您如何理解法律权利与法律义务的关系？ 的百分比	100.0%	100.0%	100.0%	100.0%

尽管 91.6% 的受访法学专业本科生能够正确理解权利与义务之间一般关系，或者说，绝大多数受访非法学专业同学能够正确理解权利和义务之间相辅相成的关系，但还有 5.1% 的同学完全不了解权利和义务之间联系，再加上 3.4% 的同学有绝对权利倾向，所以有近 8.5% 的同学不能从权利义务相辅相成角度正确认识权利和义务之间的一般关系。

同样“令人费解”的是，“您对自身法律意识状况如何总体评价”与“您如何理解法律权利与法律义务的关系”交叉统计数据表明，受访法学专业学生不仅在总体上，而且法律意识状况自我评价“非常强”以及“强”“一般”和“比

您对自身法律意识状况如何总体评价？* 您如何理解法律权利与法律义务的关系？

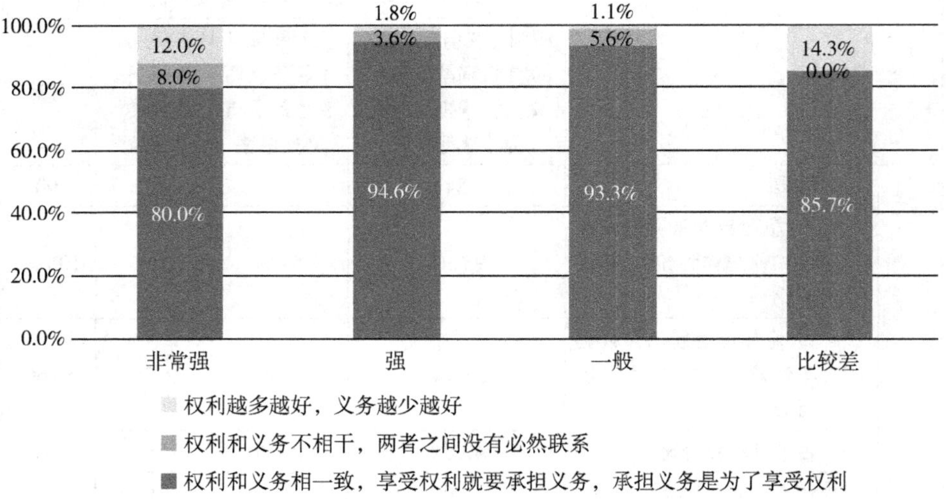

较差”四个群体学生，各自“权利和义务相一致，享受权利就要承担义务，承担义务是为了享受权利”选项有效百分比均低于受访非法学专业学生。同时，受访法学专业学生中法律意识状况自我评价“非常强”学生该选项有效百分比最低。另外，受访法学专业学生“权利越多越好，义务越少越好”选项的有效百分比，法律意识状况自我评价“比较差”和“非常强”两个群体学生均明显高于另外两个群体，这不仅类似于受访非法学专业学生，而且该选项有效百分比远远高于后者。

尽管相关统计数据只有参考意义，但这一交叉统计数据及其与受访非法学专业学生的对照，还是能够提醒我们要特别注意，作为未来法律职业者的法学专业学生中有一定比例学生存在明显极端权利倾向。

您主动学习过《教育法》《高等教育法》吗？

		频率	百分比	有效百分比	累计百分比
有效	是	56	31.5	31.5	31.5
	否	122	68.5	68.5	100.0
	总计	178	100.0	100.0	

您对自身法律意识状况如何总体评价？
*** 您主动学习过《教育法》《高等教育法》吗？ 交叉表**

			您主动学习过《教育法》《高等教育法》吗？		
			是	否	总计
您对自身法律意识状况如何总体评价？	非常强	计数	16	9	25
		占 您对自身法律意识状况如何总体评价？ 的百分比	64.0%	36.0%	100.0%
		占 您主动学习过《教育法》《高等教育法》吗？ 的百分比	28.6%	7.4%	14.0%
		占总计的百分比	9.0%	5.1%	14.0%
	强	计数	19	37	56
		占 您对自身法律意识状况如何总体评价？ 的百分比	33.9%	66.1%	100.0%
		占 您主动学习过《教育法》《高等教育法》吗？ 的百分比	33.9%	30.3%	31.5%
		占总计的百分比	10.7%	20.8%	31.5%
	一般	计数	19	71	90
		占 您对自身法律意识状况如何总体评价？ 的百分比	21.1%	78.9%	100.0%
		占 您主动学习过《教育法》《高等教育法》吗？ 的百分比	33.9%	58.2%	50.6%
		占总计的百分比	10.7%	39.9%	50.6%
	比较差	计数	2	5	7
		占 您对自身法律意识状况如何总体评价？ 的百分比	28.6%	71.4%	100.0%
		占 您主动学习过《教育法》《高等教育法》吗？ 的百分比	3.6%	4.1%	3.9%
		占总计的百分比	1.1%	2.8%	3.9%
总计		计数	56	122	178
		占 人数总计 的百分比	31.5%	68.5%	100.0%
		占 您主动学习过《教育法》《高等教育法》吗？ 的百分比	100.0%	100.0%	100.0%

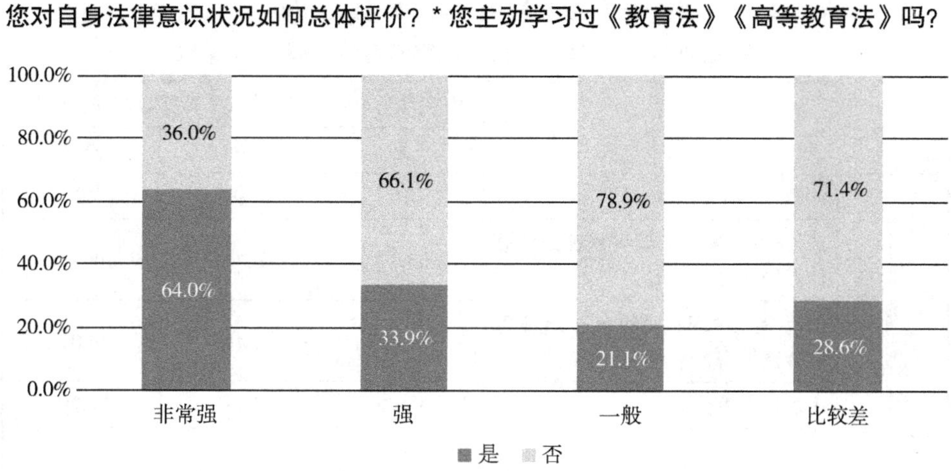

统计数据表明，受访法学专业学生“主动学习过《教育法》《高等教育法》”选项有效百分比虽然高于受访非法学专业学生，但也只有 31.5%。同时，“您对自身法律意识状况如何总体评价”“您主动学习过《教育法》《高等教育法》吗”交叉统计数据表明，受访法学专业学生法律意识状况自我评价水平与其有否主动学习过《教育法》《高等教育法》之间同样显示高度正相关。总体上，三分之二以上受访非法学专业学生表示并没有主动学习了解与自身权利密切相关的《教育法》《高等教育法》等基本法律。

您之前已经明确知道的，受法律确认和保护的受教育者权利有哪些？_参加教育教学计划安排的各种活动，使用教育教学设施、设备、图书资料

		频率	百分比	有效百分比	累计百分比
有效		24	13.5	13.5	13.5
	参加教育教学计划安排的各种活动，使用教育教学设施、设备、图书资料	154	86.5	86.5	100.0
	总计	178	100.0	100.0	

您之前已经明确知道的，受法律确认和保护的受教育者权利有哪些？_按照国家有关规定获得奖学金、贷学金、助学金

		频率	百分比	有效百分比	累计百分比
有效		28	15.7	15.7	15.7
	按照国家有关规定获得奖学金、贷学金、助学金	150	84.3	84.3	100.0
	总计	178	100.0	100.0	

您之前已经明确知道的，受法律确认和保护的受教育者权利有哪些？_在学业成绩和品行上获得公正评价，完成规定的学业后获得相应的学业证书、学位证书

		频率	百分比	有效百分比	累计百分比
有效		29	16.3	16.3	16.3
	在学业成绩和品行上获得公正评价，完成规定的学业后获得相应的学业证书、学位证书	149	83.7	83.7	100.0
	总计	178	100.0	100.0	

您之前已经明确知道的，受法律确认和保护的受教育者权利有哪些？_对学校给予的处分不服向有关部门提出申诉，对学校、教师侵犯其人身权、财产权等合法权益，提出申诉或者依法提起诉讼

		频率	百分比	有效百分比	累计百分比
有效		39	21.9	21.9	21.9
	对学校给予的处分不服向有关部门提出申诉，对学校、教师侵犯其人身权、财产权等合法权益，提出申诉或者依法提起诉讼	139	78.1	78.1	100.0
	总计	178	100.0	100.0	

您之前已经明确知道的，受法律确认和保护的受教育者权利有哪些？_法律、法规规定的其他权利

		频率	百分比	有效百分比	累计百分比
有效		52	29.2	29.2	29.2
	法律、法规规定的其他权利	126	70.8	70.8	100.0
	总计	178	100.0	100.0	

将上述数据进行汇总，形成以下图表：

您之前已经明确知道的，受法律确认和保护的受教育者权利有哪些？

		频率	百分比	有效百分比
有效	参加教育教学计划安排的各种活动，使用教育教学设施、设备、图书资料	154	86.5	86.5
	按照国家有关规定获得奖学金、贷学金、助学金	150	84.3	84.3
	在学业成绩和品行上获得公正评价，完成规定的学业后获得相应的学业证书、学位证书	149	83.7	83.7
	对学校给予的处分不服向有关部门提出申诉，对学校、教师侵犯其人身权、财产权等合法权益，提出申诉或者依法提起诉讼	139	78.1	78.1
	法律、法规规定的其他权利	126	70.8	70.8

您之前已经明确知道的，受法律确认和保护的受教育者权利有哪些？

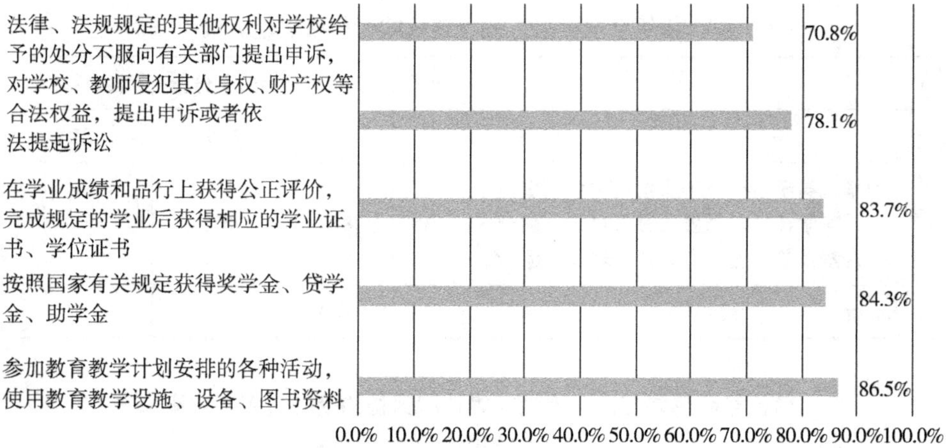

受访法学专业本科学生，对《教育法》所列举的“参加教育教学计划安排的各种活动，使用教育教学设施、设备、图书资料”“按照国家有关规定获得奖学金、贷学金、助学金”“在学业成绩和品行上获得公正评价，完成规定的学业后获得相应的学业证书、学位证书”等权利表示已经明知的占比总体上较高，有效百分比均在83.0%以上，而“对学校给予的处分不服向有关部门提出申诉，对学校、教师侵犯其人身权、财产权等合法权益，提出申诉或者依法提起诉讼”这一救济性权利的知晓学生比例相对低了近5个百分点甚至更多，有效百分比仅为78.1%，“法律、法规规定的其他权利”这一兜底性条款的选择最少，有效百分比为70.8%，也就意味着至少有五分之一甚至三分之一的受访学生对受教育者一些具体权利并不明知。总体上好于受访非法学专业本科生，但作为法学专业学生来说，这显然更不理想。

您主动学习过《教育法》《高等教育法》吗？
* 您之前已经明确知道的，受法律确认和保护的受教育者权利有哪些？
_ 参加教育教学计划安排的各种活动，使用教育教学设施、设备、图书资料 交叉表

			您之前已经明确知道的，受法律确认和保护的受教育者权利有哪些？_ 参加教育教学计划安排的各种活动，使用教育教学设施、设备、图书资料		
				参加教育教学计划安排的各种活动，使用教育教学设施、设备、图书资料	总计
您主动学习过《教育法》《高等教育法》吗？	是	计数	7	49	56
		占 您主动学习过《教育法》《高等教育法》吗？ 的百分比	12.5%	87.5%	100.0%
		占 您之前已经明确知道的，受法律确认和保护的受教育者权利有哪些？ _ 参加教育教学计划安排的各种活动，使用教育教学设施、设备、图书资料 的百分比	29.2%	31.8%	31.5%
		占总计的百分比	3.9%	27.5%	31.5%
	否	计数	17	105	122
		占 您主动学习过《教育法》《高等教育法》吗？ 的百分比	13.9%	86.1%	100.0%
		占 您之前已经明确知道的，受法律确认和保护的受教育者权利有哪些？ _ 参加教育教学计划安排的各种活动，使用教育教学设施、设备、图书资料 的百分比	70.8%	68.2%	68.5%
		占总计的百分比	9.6%	59.0%	68.5%
总计		计数	24	154	178
		占 人数总计 的百分比	13.5%	86.5%	100.0%
		占 您之前已经明确知道的，受法律确认和保护的受教育者权利有哪些？ _ 参加教育教学计划安排的各种活动，使用教育教学设施、设备、图书资料 的百分比	100.0%	100.0%	100.0%

您主动学习过《教育法》《高等教育法》吗？
*** 您之前已经明确知道的，受法律确认和保护的受教育者权利有哪些？**
_ 按照国家有关规定获得奖学金、贷学金、助学金 交叉表

			您之前已经明确知道的，受法律确认和保护的受教育者权利有哪些？_ 按照国家有关规定获得奖学金、贷学金、助学金		
				按照国家有关规定获得奖学金、贷学金、助学金	总计
您主动学习过《教育法》《高等教育法》吗？	是	计数	14	42	56
		占 您主动学习过《教育法》《高等教育法》吗？ 的百分比	25.0%	75.0%	100.0%
		占 您之前已经明确知道的，受法律确认和保护的受教育者权利有哪些？_ 按照国家有关规定获得奖学金、贷学金、助学金 的百分比	50.0%	28.0%	31.5%
		占总计的百分比	7.9%	23.6%	31.5%
	否	计数	14	108	122
		占 您主动学习过《教育法》《高等教育法》吗？ 的百分比	11.5%	88.5%	100.0%
		占 您之前已经明确知道的，受法律确认和保护的受教育者权利有哪些？_ 按照国家有关规定获得奖学金、贷学金、助学金 的百分比	50.0%	72.0%	68.5%
		占总计的百分比	7.9%	60.7%	68.5%
总计		计数	28	150	178
		占 人数总计 的百分比	15.7%	84.3%	100.0%
		占 您之前已经明确知道的，受法律确认和保护的受教育者权利有哪些？_ 按照国家有关规定获得奖学金、贷学金、助学金 的百分比	100.0%	100.0%	100.0%

您主动学习过《教育法》《高等教育法》吗？
* 您之前已经明确知道的，受法律确认和保护的受教育者权利有哪些？
_ 在学业成绩和品行上获得公正评价，完成规定的学业后获得相应的学业证书、学位证书 交叉表

			您之前已经明确知道的，受法律确认和保护的受教育者权利有哪些？_ 在学业成绩和品行上获得公正评价，完成规定的学业后获得相应的学业证书、学位证书		
				在学业成绩和品行上获得公正评价，完成规定的学业后获得相应的学业证书、学位证书	总计
您主动学习过《教育法》《高等教育法》吗？	是	计数	11	45	56
		占 您主动学习过《教育法》《高等教育法》吗？ 的百分比	19.6%	80.4%	100.0%
		占 您之前已经明确知道的，受法律确认和保护的受教育者权利有哪些？_ 在学业成绩和品行上获得公正评价，完成规定的学业后获得相应的学业证书、学位证书 的百分比	37.9%	30.2%	31.5%
		占总计的百分比	6.2%	25.3%	31.5%
	否	计数	18	104	122
		占 您主动学习过《教育法》《高等教育法》吗？ 的百分比	14.8%	85.2%	100.0%
		占 您之前已经明确知道的，受法律确认和保护的受教育者权利有哪些？_ 在学业成绩和品行上获得公正评价，完成规定的学业后获得相应的学业证书、学位证书 的百分比	62.1%	69.8%	68.5%
		占总计的百分比	10.1%	58.4%	68.5%
总计		计数	29	149	178
		占 人数总计 的百分比	16.3%	83.7%	100.0%
		占 您之前已经明确知道的，受法律确认和保护的受教育者权利有哪些？_ 在学业成绩和品行上获得公正评价，完成规定的学业后获得相应的学业证书、学位证书 的百分比	100.0%	100.0%	100.0%

您主动学习过《教育法》《高等教育法》吗？ * 您之前已经明确知道的，受法律确认和保护的受教育者权利有哪些？ _ 对学校给予的处分不服向有关部门提出申诉，对学校、教师侵犯其人身权、财产权等合法权益，提出申诉或者依法提起诉讼 交叉表

			您之前已经明确知道的，受法律确认和保护的受教育者权利有哪些？ _ 对学校给予的处分不服向有关部门提出申诉，对学校、教师侵犯其人身权、财产权等合法权益，提出申诉或者依法提起诉讼		
				对学校给予的处分不服向有关部门提出申诉，对学校、教师侵犯其人身权、财产权等合法权益，提出申诉或者依法提起诉讼	总计
您主动学习过《教育法》《高等教育法》吗？	是	计数	13	43	56
		占 您主动学习过《教育法》《高等教育法》吗？ 的百分比	23.2%	76.8%	100.0%
		占 您之前已经明确知道的，受法律确认和保护的受教育者权利有哪些？ _ 对学校给予的处分不服向有关部门提出申诉，对学校、教师侵犯其人身权、财产权等合法权益，提出申诉或者依法提起诉讼 的百分比	33.3%	30.9%	31.5%
		占总计的百分比	7.3%	24.2%	31.5%
	否	计数	26	96	122
		占 您主动学习过《教育法》《高等教育法》吗？ 的百分比	21.3%	78.7%	100.0%
		占 您之前已经明确知道的，受法律确认和保护的受教育者权利有哪些？ _ 对学校给予的处分不服向有关部门提出申诉，对学校、教师侵犯其人身权、财产权等合法权益，提出申诉或者依法提起诉讼 的百分比	66.7%	69.1%	68.5%
		占总计的百分比	14.6%	53.9%	68.5%
总计		计数	39	139	178
		占 人数总计 的百分比	21.9%	78.1%	100.0%
		占 您之前已经明确知道的，受法律确认和保护的受教育者权利有哪些？ _ 对学校给予的处分不服向有关部门提出申诉，对学校、教师侵犯其人身权、财产权等合法权益，提出申诉或者依法提起诉讼 的百分比	100.0%	100.0%	100.0%

您主动学习过《教育法》《高等教育法》吗?
*** 您之前已经明确知道的，受法律确认和保护的受教育者权利有哪些?**
_ 法律、法规规定的其他权利 交叉表

			您之前已经明确知道的，受法律确认和保护的受教育者权利有哪些? _ 法律、法规规定的其他权利		
				法律、法规规定的其他权利	总计
您主动学习过《教育法》《高等教育法》吗?	是	计数	18	38	56
		占 您主动学习过《教育法》《高等教育法》吗? 的百分比	32.1%	67.9%	100.0%
		占 您之前已经明确知道的，受法律确认和保护的受教育者权利有哪些? _ 法律、法规规定的其他权利 的百分比	34.6%	30.2%	31.5%
		占总计的百分比	10.1%	21.3%	31.5%
	否	计数	34	88	122
		占 您主动学习过《教育法》《高等教育法》吗? 的百分比	27.9%	72.1%	100.0%
		占 您之前已经明确知道的，受法律确认和保护的受教育者权利有哪些? _ 法律、法规规定的其他权利 的百分比	65.4%	69.8%	68.5%
		占总计的百分比	19.1%	49.4%	68.5%
总计		计数	52	126	178
		占 人数总计 的百分比	29.2%	70.8%	100.0%
		占 您之前已经明确知道的，受法律确认和保护的受教育者权利有哪些? _ 法律、法规规定的其他权利 的百分比	100.0%	100.0%	100.0%

将上述数据进行汇总，形成以下图表：

您主动学习过《教育法》《高等教育法》吗？
*** 您之前已经明确知道的，受法律确认和保护的受教育者权利有哪些？ _ 交叉表**

		您之前已经明确知道的，受法律确认和保护的受教育者权利有哪些？				
		参加教育教学计划安排的各种活动，使用教育教学设施、设备、图书资料	按照国家有关规定获得奖学金、贷学金、助学金	在学业成绩和品行上获得公正评价，完成规定的学业后获得相应的学业证书、学位证书	对学校给予的处分不服向有关部门提出申诉，对学校、教师侵犯其人身权、财产权等合法权益，提出申诉或者依法提起诉讼	法律、法规规定的其他权利
主动学习过《教育法》《高等教育法》吗？_有效百分比	是	87.5	75.0	80.4	76.8	67.9
	否	86.1	88.5	85.2	78.7	72.1

您主动学习过《教育法》《高等教育法》吗？* 您之前已经明确知道的，受法律确认和保护的受教育者权利有哪些？

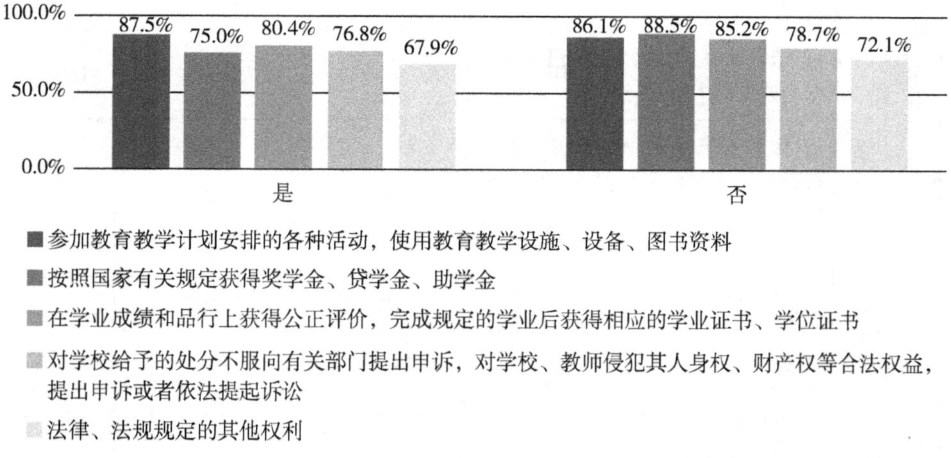

“您主动学习过《教育法》《高等教育法》吗”与“您之前已经明确知道的，受法律确认和保护的受教育者权利有哪些”交叉统计数据也表明，表示已经主动学习过《教育法》《高等教育法》学生中，除个别权利条款外，对《教育法》所列举受教育者具体权利已经明知的学生占比也同样反而普遍低于承认之前没有主动学习过《教育法》《高等教育法》的学生的有效百分比。所以，就受访法学专业本科生来说，实际上已经主动学习过《教育法》《高等教育法》的学生可能更少，

就其对于受教育者主要权利的认知情况看，学生对于具体权利的认知总体上同样需要进一步提升。

您对自身法律意识状况如何总体评价？
*** 您之前已经明确知道的，受法律确认和保护的受教育者权利有哪些？**
_ 参加教育教学计划安排的各种活动，使用教育教学设施、设备、图书资料 交叉表

			您之前已经明确知道的，受法律确认和保护的受教育者权利有哪些？_ 参加教育教学计划安排的各种活动，使用教育教学设施、设备、图书资料		
				参加教育教学计划安排的各种活动，使用教育教学设施、设备、图书资料	总计
您对自身法律意识状况如何总体评价？	非常强	计数	3	22	25
		占 您对自身法律意识状况如何总体评价？ 的百分比	12.0%	88.0%	100.0%
		占 您之前已经明确知道的，受法律确认和保护的受教育者权利有哪些？_ 参加教育教学计划安排的各种活动，使用教育教学设施、设备、图书资料 的百分比	12.5%	14.3%	14.0%
		占总计的百分比	1.7%	12.4%	14.0%
	强	计数	5	51	56
		占 您对自身法律意识状况如何总体评价？ 的百分比	8.9%	91.1%	100.0%
		占 您之前已经明确知道的，受法律确认和保护的受教育者权利有哪些？_ 参加教育教学计划安排的各种活动，使用教育教学设施、设备、图书资料 的百分比	20.8%	33.1%	31.5%
		占总计的百分比	2.8%	28.7%	31.5%
	一般	计数	13	77	90
		占 您对自身法律意识状况如何总体评价？ 的百分比	14.4%	85.6%	100.0%
		占 您之前已经明确知道的，受法律确认和保护的受教育者权利有哪些？_ 参加教育教学计划安排的各种活动，使用教育教学设施、设备、图书资料 的百分比	54.2%	50.0%	50.6%
		占总计的百分比	7.3%	43.3%	50.6%

续表

			您之前已经明确知道的，受法律确认和保护的受教育者权利有哪些？_参加教育教学计划安排的各种活动，使用教育教学设施、设备、图书资料		
				参加教育教学计划安排的各种活动，使用教育教学设施、设备、图书资料	总计
	比较差	计数	3	4	7
		占 您对自身法律意识状况如何总体评价？ 的百分比	42.9%	57.1%	100.0%
		占 您之前已经明确知道的，受法律确认和保护的受教育者权利有哪些？_参加教育教学计划安排的各种活动，使用教育教学设施、设备、图书资料 的百分比	12.5%	2.6%	3.9%
		占总计的百分比	1.7%	2.2%	3.9%
总计		计数	24	154	178
		占 人数总计 的百分比	13.5%	86.5%	100.0%
		占 您之前已经明确知道的，受法律确认和保护的受教育者权利有哪些？_参加教育教学计划安排的各种活动，使用教育教学设施、设备、图书资料 的百分比	100.0%	100.0%	100.0%

您对自身法律意识状况如何总体评价？* 您之前已经明确知道的，受法律确认和保护的受教育者权利有哪些？_按照国家有关规定获得奖学金、贷学金、助学金 交叉表

			您之前已经明确知道的，受法律确认和保护的受教育者权利有哪些？_按照国家有关规定获得奖学金、贷学金、助学金		
				按照国家有关规定获得奖学金、贷学金、助学金	总计
	非常强	计数	7	18	25
		占 您对自身法律意识状况如何总体评价？ 的百分比	28.0%	72.0%	100.0%
		占 您之前已经明确知道的，受法律确认和保护的受教育者权利有哪些？_按照国家有关规定获得奖学金、贷学金、助学金 的百分比	25.0%	12.0%	14.0%
		占总计的百分比	3.9%	10.1%	14.0%

续表

			您之前已经明确知道的，受法律确认和保护的受教育者权利有哪些？ _按照国家有关规定获得奖学金、贷学金、助学金		
				按照国家有关规定获得奖学金、贷学金、助学金	总计
您对自身法律意识状况如何总体评价？	强	计数	7	49	56
		占 您对自身法律意识状况如何总体评价？ 的百分比	12.5%	87.5%	100.0%
		占 您之前已经明确知道的，受法律确认和保护的受教育者权利有哪些？ _按照国家有关规定获得奖学金、贷学金、助学金 的百分比	25.0%	32.7%	31.5%
		占总计的百分比	3.9%	27.5%	31.5%
	一般	计数	12	78	90
		占 您对自身法律意识状况如何总体评价？ 的百分比	13.3%	86.7%	100.0%
		占 您之前已经明确知道的，受法律确认和保护的受教育者权利有哪些？ _按照国家有关规定获得奖学金、贷学金、助学金 的百分比	42.9%	52.0%	50.6%
		占总计的百分比	6.7%	43.8%	50.6%
	比较差	计数	2	5	7
		占 您对自身法律意识状况如何总体评价？ 的百分比	28.6%	71.4%	100.0%
		占 您之前已经明确知道的，受法律确认和保护的受教育者权利有哪些？ _按照国家有关规定获得奖学金、贷学金、助学金 的百分比	7.1%	3.3%	3.9%
		占总计的百分比	1.1%	2.8%	3.9%
总计		计数	28	150	178
		占 人数总计 的百分比	15.7%	84.3%	100.0%
		占 您之前已经明确知道的，受法律确认和保护的受教育者权利有哪些？ _按照国家有关规定获得奖学金、贷学金、助学金 的百分比	100.0%	100.0%	100.0%

您对自身法律意识状况如何总体评价？
*** 您之前已经明确知道的，受法律确认和保护的受教育者权利有哪些？**
_ 在学业成绩和品行上获得公正评价，完成规定的学业后获得相应的学业证书、
学位证书 交叉表

			您之前已经明确知道的，受法律确认和保护的受教育者权利有哪些？ _ 在学业成绩和品行上获得公正评价，完成规定的学业后获得相应的学业证书、学位证书		
				在学业成绩和品行上获得公正评价，完成规定的学业后获得相应的学业证书、学位证书	总计
您对自身法律意识状况如何总体评价？	非常强	计数	6	19	25
		占 您对自身法律意识状况如何总体评价？ 的百分比	24.0%	76.0%	100.0%
		占 您之前已经明确知道的，受法律确认和保护的受教育者权利有哪些？ _ 在学业成绩和品行上获得公正评价，完成规定的学业后获得相应的学业证书、学位证书 的百分比	20.7%	12.8%	14.0%
		占总计的百分比	3.4%	10.7%	14.0%
	强	计数	9	47	56
		占 您对自身法律意识状况如何总体评价？ 的百分比	16.1%	83.9%	100.0%
		占 您之前已经明确知道的，受法律确认和保护的受教育者权利有哪些？ _ 在学业成绩和品行上获得公正评价，完成规定的学业后获得相应的学业证书、学位证书 的百分比	31.0%	31.5%	31.5%
		占总计的百分比	5.1%	26.4%	31.5%

续表

			您之前已经明确知道的，受法律确认和保护的受教育者权利有哪些？_在学业成绩和品行上获得公正评价，完成规定的学业后获得相应的学业证书、学位证书		
				在学业成绩和品行上获得公正评价，完成规定的学业后获得相应的学业证书、学位证书	总计
	一般	计数	12	78	90
		占 您对自身法律意识状况如何总体评价？ 的百分比	13.3%	86.7%	100.0%
		占 您之前已经明确知道的，受法律确认和保护的受教育者权利有哪些？_在学业成绩和品行上获得公正评价，完成规定的学业后获得相应的学业证书、学位证书 的百分比	41.4%	52.3%	50.6%
		占总计的百分比	6.7%	43.8%	50.6%
	比较差	计数	2	5	7
		占 您对自身法律意识状况如何总体评价？ 的百分比	28.6%	71.4%	100.0%
		占 您之前已经明确知道的，受法律确认和保护的受教育者权利有哪些？_在学业成绩和品行上获得公正评价，完成规定的学业后获得相应的学业证书、学位证书 的百分比	6.9%	3.4%	3.9%
		占总计的百分比	1.1%	2.8%	3.9%
总计		计数	29	149	178
		占 人数总计 的百分比	16.3%	83.7%	100.0%
		占 您之前已经明确知道的，受法律确认和保护的受教育者权利有哪些？_在学业成绩和品行上获得公正评价，完成规定的学业后获得相应的学业证书、学位证书 的百分比	100.0%	100.0%	100.0%

您对自身法律意识状况如何总体评价？
* 您之前已经明确知道的，受法律确认和保护的受教育者权利有哪些？
_ 对学校给予的处分不服向有关部门提出申诉，对学校、教师侵犯其人身权、财产权等合法权益，提出申诉或者依法提起诉讼 交叉表

			您之前已经明确知道的，受法律确认和保护的受教育者权利有哪些？_ 对学校给予的处分不服向有关部门提出申诉，对学校、教师侵犯其人身权、财产权等合法权益，提出申诉或者依法提起诉讼		
				对学校给予的处分不服向有关部门提出申诉，对学校、教师侵犯其人身权、财产权等合法权益，提出申诉或者依法提起诉讼	总计
您对自身法律意识状况如何总体评价？	非常强	计数	7	18	25
		占 您对自身法律意识状况如何总体评价？ 的百分比	28.0%	72.0%	100.0%
		占 您之前已经明确知道的，受法律确认和保护的受教育者权利有哪些？_ 对学校给予的处分不服向有关部门提出申诉，对学校、教师侵犯其人身权、财产权等合法权益，提出申诉或者依法提起诉讼 的百分比	17.9%	12.9%	14.0%
		占总计的百分比	3.9%	10.1%	14.0%
	强	计数	11	45	56
		占 您对自身法律意识状况如何总体评价？ 的百分比	19.6%	80.4%	100.0%
		占 您之前已经明确知道的，受法律确认和保护的受教育者权利有哪些？_ 对学校给予的处分不服向有关部门提出申诉，对学校、教师侵犯其人身权、财产权等合法权益，提出申诉或者依法提起诉讼 的百分比	28.2%	32.4%	31.5%
		占总计的百分比	6.2%	25.3%	31.5%

续表

			您之前已经明确知道的，受法律确认和保护的受教育者权利有哪些？ _对学校给予的处分不服向有关部门提出申诉，对学校、教师侵犯其人身权、财产权等合法权益，提出申诉或者依法提起诉讼		
				对学校给予的处分不服向有关部门提出申诉，对学校、教师侵犯其人身权、财产权等合法权益，提出申诉或者依法提起诉讼	总计
	一般	计数	20	70	90
		占 您对自身法律意识状况如何总体评价？ 的百分比	22.2%	77.8%	100.0%
		占 您之前已经明确知道的，受法律确认和保护的受教育者权利有哪些？_对学校给予的处分不服向有关部门提出申诉，对学校、教师侵犯其人身权、财产权等合法权益，提出申诉或者依法提起诉讼 的百分比	51.3%	50.4%	50.6%
		占总计的百分比	11.2%	39.3%	50.6%
	比较差	计数	1	6	7
		占 您对自身法律意识状况如何总体评价？ 的百分比	14.3%	85.7%	100.0%
		占 您之前已经明确知道的，受法律确认和保护的受教育者权利有哪些？_对学校给予的处分不服向有关部门提出申诉，对学校、教师侵犯其人身权、财产权等合法权益，提出申诉或者依法提起诉讼 的百分比	2.6%	4.3%	3.9%
		占总计的百分比	0.6%	3.4%	3.9%
总计		计数	39	139	178
		占 人数总计 的百分比	21.9%	78.1%	100.0%
		占 您之前已经明确知道的，受法律确认和保护的受教育者权利有哪些？_对学校给予的处分不服向有关部门提出申诉，对学校、教师侵犯其人身权、财产权等合法权益，提出申诉或者依法提起诉讼 的百分比	100.0%	100.0%	100.0%

您对自身法律意识状况如何总体评价？
*** 您之前已经明确知道的，受法律确认和保护的受教育者权利有哪些？**
_ 法律、法规规定的其他权利 交叉表

			您之前已经明确知道的，受法律确认和保护的受教育者权利有哪些？_ 法律、法规规定的其他权利		
				法律、法规规定的其他权利	总计
您对自身法律意识状况如何总体评价？	非常强	计数	8	17	25
		占 您对自身法律意识状况如何总体评价？ 的百分比	32.0%	68.0%	100.0%
		占 您之前已经明确知道的，受法律确认和保护的受教育者权利有哪些？ _ 法律、法规规定的其他权利的百分比	15.4%	13.5%	14.0%
		占总计的百分比	4.5%	9.6%	14.0%
	强	计数	13	43	56
		占 您对自身法律意识状况如何总体评价？ 的百分比	23.2%	76.8%	100.0%
		占 您之前已经明确知道的，受法律确认和保护的受教育者权利有哪些？ _ 法律、法规规定的其他权利的百分比	25.0%	34.1%	31.5%
		占总计的百分比	7.3%	24.2%	31.5%
	一般	计数	27	63	90
		占 您对自身法律意识状况如何总体评价？ 的百分比	30.0%	70.0%	100.0%
		占 您之前已经明确知道的，受法律确认和保护的受教育者权利有哪些？ _ 法律、法规规定的其他权利的百分比	51.9%	50.0%	50.6%
		占总计的百分比	15.2%	35.4%	50.6%
	比较差	计数	4	3	7
		占 您对自身法律意识状况如何总体评价？ 的百分比	57.1%	42.9%	100.0%
		占 您之前已经明确知道的，受法律确认和保护的受教育者权利有哪些？ _ 法律、法规规定的其他权利的百分比	7.7%	2.4%	3.9%
		占总计的百分比	2.2%	1.7%	3.9%

续表

		您之前已经明确知道的，受法律确认和保护的受教育者权利有哪些？_法律、法规规定的其他权利		
			法律、法规规定的其他权利	总计
总计	计数	52	126	178
	占 人数总计 的百分比	29.2%	70.8%	100.0%
	占 您之前已经明确知道的，受法律确认和保护的受教育者权利有哪些？_法律、法规规定的其他权利的百分比	100.0%	100.0%	100.0%

将上述数据汇总，形成以下图表：

您对自身法律意识状况如何总体评价？
*** 您之前已经明确知道的，受法律确认和保护的受教育者权利有哪些？**

		您之前已经明确知道的，受法律确认和保护的受教育者权利有哪些？					
		参加教育教学计划安排的各种活动，使用教育教学设施、设备、图书资料	按照国家有关规定获得奖学金、贷学金、助学金	在学业成绩和品行上获得公正评价，完成规定的学业后获得相应的学业证书、学位证书	对学校给予的处分不服向有关部门提出申诉，对学校、教师侵犯其人身权、财产权等合法权益，提出申诉或者依法提起诉讼	法律、法规规定的其他权利	平均值
您对自身法律意识状况如何总体评价？_有效百分比	非常强	88.0	72.0	76.0	82.0	68.0	77.2
	强	91.1	87.5	83.9	80.4	76.8	83.94
	一般	85.6	86.7	86.7	77.8	70.0	81.36
	比较差	57.1	71.4	71.4	85.7	42.9	65.7
	平均值	80.45	79.4	79.5	81.48	64.43	

您对自身法律意识状况如何总体评价？ * 您之前已经明确知道的，受法律确认和保护的受教育者权利有哪些？

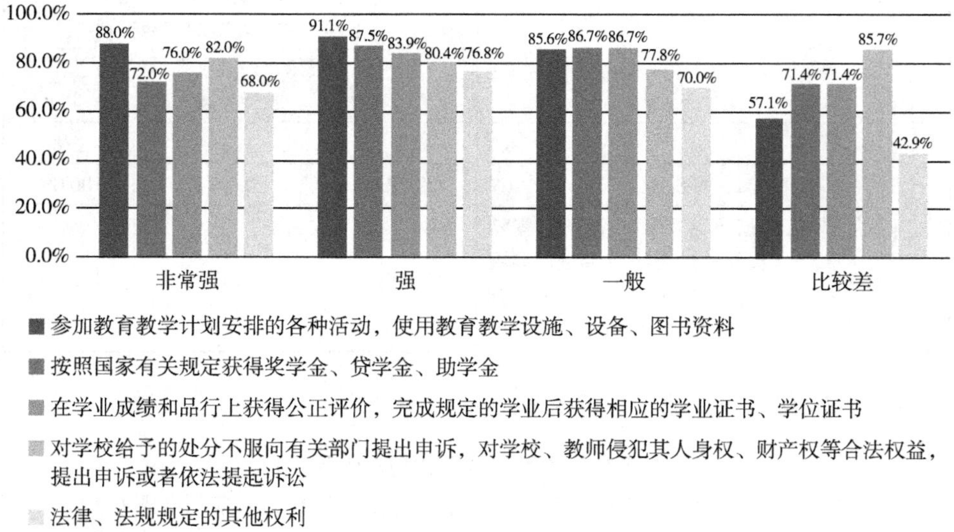

将“您对自身法律意识状况如何总体评价”与“您之前已经明确知道的，受法律确认和保护的受教育者权利有哪些”交叉统计数据表明，一方面，受访法学专业学生中法律意识状况自我评价“非常强”“强”以及“一般”三个群体学生，分别对五项具体受教育者权利的认可度及其平均值均高于受访非法学专业学生；另一方面，对《教育法》所列举的五个方面受教育者具体权利（包括兜底性条款）表示已经明知的受访学生中，受访法学专业学生法律意识状况自我评价“强”和“一般”两个群体，每一项具体权利的有效百分比也比较接近，而法律意识状况自我评价“比较差”这一群体学生，除个别权利选项有效百分比最高外，其他四项权利有效百分比也均低于自我评价“强”和“一般”的两个群体。然而，相较于其他三个群体而言，法律意识状况自我评价“非常强”的这一受访法学专业学生群体，五项权利的有效百分比同样没有呈现出理论上应有的结构状态（在四个群体中，两项位列第二，三项位列第三，平均值位列第三），而且总体上与受访非法学专业学生比较相似。这一数据也再次说明，受访法学专业学生法律意识状况的自我评价，同样总体缺乏足够理性认知的支持，也可说明受访学生对于受教育者五项具体权利的认知也并没有受到自身法律意识状况直接积极影响。

您系统学习过《普通高等学校学生管理规定》(教育部令第 41 号)吗?

		频率	百分比	有效百分比	累计百分比
有效	全面学习过，而且很重视其中有关规定对本人在校学习和生活过程中所提供的保护和提出的要求	54	30.3	30.3	30.3
	学校组织过《学生手册》考试，其中有相关内容，但考试后就不再关心	101	56.7	56.7	87.0
	从没关心和在意过，也不知道有这一部门规章	23	12.9	12.9	100.0
	总计	178	100.0	100.0	

您系统学习过《普通高等学校学生管理规定》(教育部令第41号)吗?

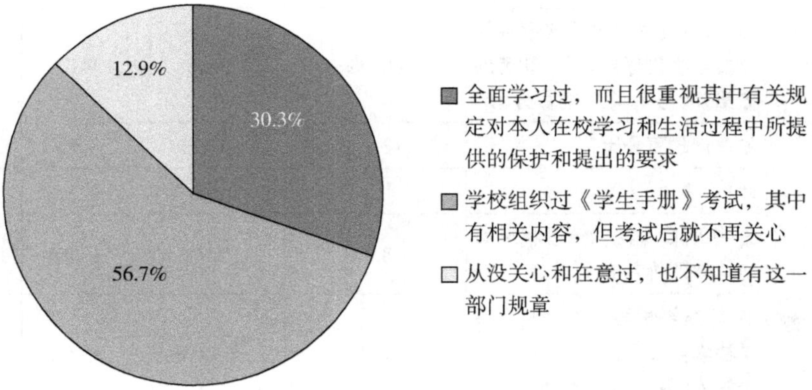

您对自身法律意识状况如何总体评价?
*** 您系统学习过《普通高等学校学生管理规定》(教育部令第 41 号)吗? 交叉表**

			您系统学习过《普通高等学校学生管理规定》(教育部令第 41 号)吗?			
			全面学习过，而且很重视其中有关规定对本人在校学习和生活过程中所提供的保护和提出的要求	学校组织过《学生手册》考试，其中有相关内容，但考试后就不再关心	从没关心和在意过，也不知道有这一部门规章	总计
	非常强	计数	14	6	5	25
		占 您对自身法律意识状况如何总体评价? 的百分比	56.0%	24.0%	20.0%	100.0%
		占 您系统学习过《普通高等学校学生管理规定》(教育部令第 41 号)吗? 的百分比	25.9%	5.9%	21.7%	14.0%
		占总计的百分比	7.9%	3.4%	2.8%	14.0%

续表

			您系统学习过《普通高等学校学生管理规定》（教育部令第 41 号）吗？			
			全面学习过，而且很重视其中有关规定对本人在校学习和生活过程中所提供的保护和提出的要求	学校组织过《学生手册》考试，其中有相关内容，但考试后就不再关心	从没关心和在意过，也不知道有这一部门规章	总计
您对自身法律意识状况如何总体评价？	强	计数	22	26	8	56
		占 您对自身法律意识状况如何总体评价？ 的百分比	39.3%	46.4%	14.3%	100.0%
		占 您系统学习过《普通高等学校学生管理规定》（教育部令第 41 号）吗？ 的百分比	40.7%	25.7%	34.8%	31.5%
		占总计的百分比	12.4%	14.6%	4.5%	31.5%
	一般	计数	17	64	9	90
		占 您对自身法律意识状况如何总体评价？ 的百分比	18.9%	71.1%	10.0%	100.0%
		占 您系统学习过《普通高等学校学生管理规定》（教育部令第 41 号）吗？ 的百分比	31.5%	63.4%	39.1%	50.6%
		占总计的百分比	9.6%	36.0%	5.1%	50.6%
	比较差	计数	1	5	1	7
		占 您对自身法律意识状况如何总体评价？ 的百分比	14.3%	71.4%	14.3%	100.0%
		占 您系统学习过《普通高等学校学生管理规定》（教育部令第 41 号）吗？ 的百分比	1.9%	5.0%	4.3%	3.9%
		占总计的百分比	0.6%	2.8%	0.6%	3.9%
总计		计数	54	101	23	178
		占 人数总计 的百分比	30.3%	56.7%	12.9%	100.0%
		占 您系统学习过《普通高等学校学生管理规定》（教育部令第 41 号）吗？ 的百分比	100.0%	100.0%	100.0%	100.0%

您对自身法律意识状况如何总体评价？ * 您系统学习过《普通高等学校学生管理规定》（教育部令第41号）吗？

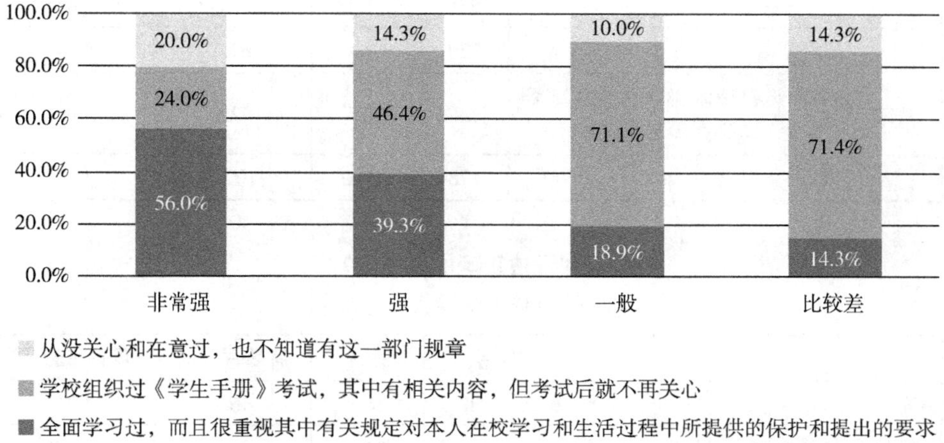

受访法学专业学生中，“全面学习过，而且很重视其中有关规定对本人在校学习和生活过程中所提供的保护和提出的要求”选项有效百分比虽高于受访非法学专业学生，但只有 30.3%，“学校组织过《学生手册》考试，其中有相关内容，但考试后就不再关心”选项有效百分比也比较高，为 56.7%，甚至还有 12.9% 受访法学专业本科生选择了“从没关心和在意过，也不知道有这一部门规章”。对与自身权益密切相关的教育部 41 号令，仅有不到三分之一学生有良好认知并给予高度重视，接近六成学生虽然因为学校组织学习和考试对此有所了解但并未予以必要重视，另外 12.9% 的学生则对此完全漠视。这在一定程度上同样表明，大部分受访法学专业本科生缺乏明确而具体的相关规则意识和义务观念。

将“您对自身法律意识状况如何总体评价”与“您系统学习过《普通高等学校学生管理规定》（教育部令第 41 号）吗”进行交叉统计，数据也充分表明受访法学专业学生中，法律意识状况自我评价高低与其对教育部 41 号令的认知与重视程度同样直接相关：法律意识状况自我评价“非常强”“强”“一般”与“比较差”的四个受访群体学生，“全面学习过，而且很重视其中有关规定对本人在校学习和生活过程中所提供的保护和提出的要求”选项有效百分比依次降低（然而，即使是法律意识状况自我评价“非常强”群体学生该项有效百分比也只有 56.0%）；“学校组织过《学生手册》考试，其中有相关内容，但考试后就不再关心”选项有效百分比则依次升高；“从没关心和在意过，也不知道有这一部门规章”选项有效百分比，后三个群体之间非常接近，而自我评价“非常强”部分学生该项有效百分比反倒最高。

下列说法正确的有哪些?
_除商业和旅游类校（院）系科（专业）可举办实习商店外，学生个人不得从事经商活动

		频率	百分比	有效百分比	累计百分比
有效		120	67.4	67.4	67.4
	除商业和旅游类校（院）系科（专业）可举办实习商店外	58	32.6	32.6	100.0
	总计	178	100.0	100.0	

下列说法正确的有哪些?
_校园内禁止张贴大、小字报

		频率	百分比	有效百分比	累计百分比
有效		82	46.1	46.1	46.1
	校园内禁止张贴大、小字报	96	53.9	53.9	100.0
	总计	178	100.0	100.0	

下列说法正确的有哪些?
_任何组织和个人均不得在学校进行宗教活动

		频率	百分比	有效百分比	累计百分比
有效		77	43.3	43.3	43.3
	任何组织和个人均不得在学校进行宗教活动	101	56.7	56.7	100.0
	总计	178	100.0	100.0	

下列说法正确的有哪些?
_学生纪律处分处理结论要同学生本人见面，允许本人申辩、申诉和保留不同意见

		频率	百分比	有效百分比	累计百分比
有效		37	20.8	20.8	20.8
	学生纪律处分处理结论要同学生本人见面，允许本人申辩、申诉和保留不同意见	141	79.2	79.2	100.0
	总计	178	100.0	100.0	

下列说法正确的有哪些？ _ 学校有权依法劝阻或制止未经批准的游行、示威等活动

		频率	百分比	有效百分比	累计百分比
有效		51	28.7	28.7	28.7
	学校有权依法劝阻或制止未经批准的游行、示威等活动	127	71.3	71.3	100.0
	总计	178	100.0	100.0	

下列说法正确的有哪些？
_ 学生社团邀请校外人员到学校进行社会政治和学术活动，均须经学校同意

		频率	百分比	有效百分比	累计百分比
有效		35	19.7	19.7	19.7
	学生社团邀请校外人员到学校进行社会政治和学术活动，均须经学校同意	143	80.3	80.3	100.0
	总计	178	100.0	100.0	

将上述数据进行汇总，形成以下图表：

下列说法正确的有哪些？

		频率	百分比	有效百分比
有效	除商业和旅游类校（院）系科（专业）可举办实习商店外，学生个人不得从事经商活动	58	32.6	32.6
	校园内禁止张贴大、小字报	96	53.9	53.9
	任何组织和个人均不得在学校进行宗教活动	101	56.7	56.7
	学生纪律处分处理结论要同学生本人见面，允许本人申辩、申诉和保留不同意见	141	79.2	79.2
	学校有权依法劝阻或制止未经批准的游行、示威等活动	127	71.3	71.3
	学生社团邀请校外人员到学校进行社会政治和学术活动，均须经学校同意	143	80.3	80.3

就教育部 41 号令中与大学生直接相关的权利、义务性规定的认知评测数据表明，受访法学专业本科生对“除商业和旅游类校（院）系科（专业）可举办实习商店外，学生个人不得从事经商活动”“校园内禁止张贴大、小字报”“任何组织和个人均不得在学校进行宗教活动”等义务性要求，选择已经认知的有效百分比均未超过 60.0%，分别为 32.6%、53.9%、56.7%；“学校有权依法劝阻或制止未经批准的游行、示威等活动”“学生社团邀请校外人员到学校进行社会政治和学

下列说法正确的有哪些？

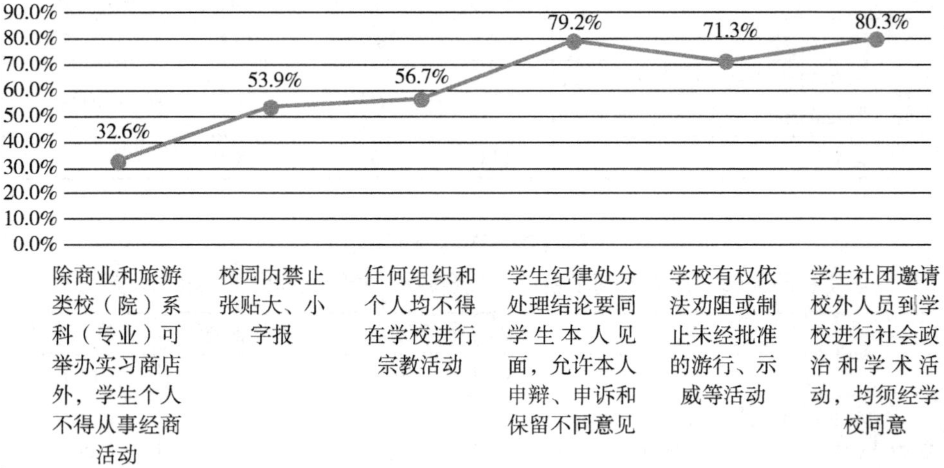

术活动，均须经学校同意”等选项有效百分比稍高，分别为71.3%、80.3%，而“学生纪律处分处理结论要同学生本人见面，允许本人申辩、申诉和保留不同意见”这一权利性规定的有效百分比也仅为79.2%。可见，受访法学专业学生对教育部41号令中相关权利、义务性规定的认知程度，虽然总体上稍好于受访非法学专业学生，但总体上均较有限，难以达到我们对于法学专业学生的基本预期。

您系统学习过《普通高等学校学生管理规定》（教育部令第41号）吗？
*** 下列说法正确的有哪些？_除商业和旅游类校（院）系科（专业）可举办实习商店外，学生个人不得从事经商活动 交叉表**

			下列说法正确的有哪些？_除商业和旅游类校（院）系科（专业）可举办实习商店外，学生个人不得从事经商活动		
				除商业和旅游类校（院）系科（专业）可举办实习商店外	总计
	全面学习过，而且很重视其中有关规定对本人在校学习和生活过程中所提供的保护和提出的要求	计数	34	20	54
		占 您系统学习过《普通高等学校学生管理规定》（教育部令第41号）吗？ 的百分比	63.0%	37.0%	100.0%
		占 下列说法正确的有哪些？_除商业和旅游类校（院）系科（专业）可举办实习商店外，学生个人不得从事经商活动 的百分比	28.3%	34.5%	30.3%
		占总计的百分比	19.1%	11.2%	30.3%

续表

			下列说法正确的有哪些？_除商业和旅游类校（院）系科（专业）可举办实习商店外，学生个人不得从事经商活动		
				除商业和旅游类校（院）系科（专业）可举办实习商店外	总计
系统学习过《普通高等学校学生管理规定》（教育部令第41号）吗？	学校组织过《学生手册》考试，其中有相关内容，但考试后就不再关心	计数	72	29	101
		占 您系统学习过《普通高等学校学生管理规定》（教育部令第41号）吗？ 的百分比	71.3%	28.7%	100.0%
		占 下列说法正确的有哪些？_除商业和旅游类校（院）系科（专业）可举办实习商店外，学生个人不得从事经商活动 的百分比	60.0%	50.0%	56.7%
		占总计的百分比	40.4%	16.3%	56.7%
	从没关心和在意过，也不知道有这一部门规章	计数	14	9	23
		占 您系统学习过《普通高等学校学生管理规定》（教育部令第41号）吗？ 的百分比	60.9%	39.1%	100.0%
		占 下列说法正确的有哪些？_除商业和旅游类校（院）系科（专业）可举办实习商店外，学生个人不得从事经商活动 的百分比	11.7%	15.5%	12.9%
		占总计的百分比	7.9%	5.1%	12.9%
总计		计数	120	58	178
		占 人数总计 的百分比	67.4%	32.6%	100.0%
		占 下列说法正确的有哪些？_除商业和旅游类校（院）系科（专业）可举办实习商店外，学生个人不得从事经商活动 的百分比	100.0%	100.0%	100.0%

您系统学习过《普通高等学校学生管理规定》（教育部令第 41 号）吗?
*** 下列说法正确的有哪些? _ 校园内禁止张贴大、小字报 交叉表**

			下列说法正确的有哪些? _ 校园内禁止张贴大、小字报		
				校园内禁止张贴大、小字报	总计
您系统学习过《普通高等学校学生管理规定》（教育部令第 41 号）吗？	全面学习过，而且很重视其中有关规定对本人在校学习和生活过程中所提供的保护和提出的要求	计数	23	31	54
		占 您系统学习过《普通高等学校学生管理规定》（教育部令第 41 号）吗? 的百分比	42.6%	57.4%	100.0%
		占 下列说法正确的有哪些? _ 校园内禁止张贴大、小字报 的百分比	28.0%	32.3%	30.3%
		占总计的百分比	12.9%	17.4%	30.3%
	学校组织过《学生手册》考试，其中有相关内容，但考试后就不再关心	计数	47	54	101
		占 您系统学习过《普通高等学校学生管理规定》（教育部令第 41 号）吗? 的百分比	46.5%	53.5%	100.0%
		占 下列说法正确的有哪些? _ 校园内禁止张贴大、小字报 的百分比	57.3%	56.3%	56.7%
		占总计的百分比	26.4%	30.3%	56.7%
	从没关心和在意过，也不知道有这一部门规章	计数	12	11	23
		占 您系统学习过《普通高等学校学生管理规定》（教育部令第 41 号）吗? 的百分比	52.2%	47.8%	100.0%
		占 下列说法正确的有哪些? _ 校园内禁止张贴大、小字报 的百分比	14.6%	11.5%	12.9%
		占总计的百分比	6.7%	6.2%	12.9%
总计		计数	82	96	178
		占 人数总计 的百分比	46.1%	53.9%	100.0%
		占 下列说法正确的有哪些? _ 校园内禁止张贴大、小字报 的百分比	100.0%	100.0%	100.0%

您系统学习过《普通高等学校学生管理规定》（教育部令第 41 号）吗？
*** 下列说法正确的有哪些？ _ 任何组织和个人均不得在学校进行宗教活动 交叉表**

			下列说法正确的有哪些？ _ 任何组织和个人均不得在学校进行宗教活动		
				任何组织和个人均不得在学校进行宗教活动	总计
您系统学习过《普通高等学校学生管理规定》（教育部令第 41 号）吗？	全面学习过，而且很重视其中有关规定对本人在校学习和生活过程中所提供的保护和提出的要求	计数	21	33	54
		占 您系统学习过《普通高等学校学生管理规定》（教育部令第 41 号）吗？ 的百分比	38.9%	61.1%	100.0%
		占 下列说法正确的有哪些？ _ 任何组织和个人均不得在学校进行宗教活动 的百分比	27.3%	32.7%	30.3%
		占总计的百分比	11.8%	18.5%	30.3%
	学校组织过《学生手册》考试，其中有相关内容，但考试后就不再关心	计数	46	55	101
		占 您系统学习过《普通高等学校学生管理规定》（教育部令第 41 号）吗？ 的百分比	45.5%	54.5%	100.0%
		占 下列说法正确的有哪些？ _ 任何组织和个人均不得在学校进行宗教活动 的百分比	59.7%	54.5%	56.7%
		占总计的百分比	25.8%	30.9%	56.7%
	从没关心和在意过，也不知道有这一部门规章	计数	10	13	23
		占 您系统学习过《普通高等学校学生管理规定》（教育部令第 41 号）吗？ 的百分比	43.5%	56.5%	100.0%
		占 下列说法正确的有哪些？ _ 任何组织和个人均不得在学校进行宗教活动 的百分比	13.0%	12.9%	12.9%
		占总计的百分比	5.6%	7.3%	12.9%
总计		计数	77	101	178
		占 人数总计 的百分比	43.3%	56.7%	100.0%
		占 下列说法正确的有哪些？ _ 任何组织和个人均不得在学校进行宗教活动 的百分比	100.0%	100.0%	100.0%

您系统学习过《普通高等学校学生管理规定》(教育部令第 41 号)吗? * 下列说法正确的有哪些? _学生纪律处分处理结论要同学生本人见面,允许本人申辩、申诉和保留不同意见 交叉表

			下列说法正确的有哪些? _学生纪律处分处理结论要同学生本人见面,允许本人申辩、申诉和保留不同意见		
				学生纪律处分处理结论要同学生本人见面,允许本人申辩、申诉和保留不同意见	总计
您系统学习过《普通高等学校学生管理规定》(教育部令第 41 号)吗?	全面学习过,而且很重视其中有关规定对本人在校学习和生活过程中所提供的保护和提出的要求	计数	14	40	54
		占 您系统学习过《普通高等学校学生管理规定》(教育部令第 41 号)吗? 的百分比	25.9%	74.1%	100.0%
		占 下列说法正确的有哪些? _学生纪律处分处理结论要同学生本人见面,允许本人申辩、申诉和保留不同意见 的百分比	37.8%	28.4%	30.3%
		占总计的百分比	7.9%	22.5%	30.3%
	学校组织过《学生手册》考试,其中有相关内容,但考试后就不再关心	计数	15	86	101
		占 您系统学习过《普通高等学校学生管理规定》(教育部令第 41 号)吗? 的百分比	14.9%	85.1%	100.0%
		占 下列说法正确的有哪些? _学生纪律处分处理结论要同学生本人见面,允许本人申辩、申诉和保留不同意见 的百分比	40.5%	61.0%	56.7%
		占总计的百分比	8.4%	48.3%	56.7%
	从没关心和在意过,也不知道有这一部门规章	计数	8	15	23
		占 您系统学习过《普通高等学校学生管理规定》(教育部令第 41 号)吗? 的百分比	34.8%	65.2%	100.0%
		占 下列说法正确的有哪些? _学生纪律处分处理结论要同学生本人见面,允许本人申辩、申诉和保留不同意见 的百分比	21.6%	10.6%	12.9%
		占总计的百分比	4.5%	8.4%	12.9%
总计		计数	37	141	178
		占 人数总计 的百分比	20.8%	79.2%	100.0%
		占 下列说法正确的有哪些? _学生纪律处分处理结论要同学生本人见面,允许本人申辩、申诉和保留不同意见 的百分比	100.0%	100.0%	100.0%

您系统学习过《普通高等学校学生管理规定》(教育部令第 41 号)吗?
*** 下列说法正确的有哪些?**
_ 学校有权依法劝阻或制止未经批准的游行、示威等活动 交叉表

			下列说法正确的有哪些?_学校有权依法劝阻或制止未经批准的游行、示威等活动		
				学校有权依法劝阻或制止未经批准的游行、示威等活动	总计
您系统学习过《普通高等学校学生管理规定》(教育部令第 41 号)吗?	全面学习过,而且很重视其中有关规定对本人在校学习和生活过程中所提供的保护和提出的要求	计数	19	35	54
		占 您系统学习过《普通高等学校学生管理规定》(教育部令第 41 号)吗? 的百分比	35.2%	64.8%	100.0%
		占 下列说法正确的有哪些? _学校有权依法劝阻或制止未经批准的游行、示威等活动 的百分比	37.3%	27.6%	30.3%
		占总计的百分比	10.7%	19.7%	30.3%
	学校组织过《学生手册》考试,其中有相关内容,但考试后就不再关心	计数	23	78	101
		占 您系统学习过《普通高等学校学生管理规定》(教育部令第 41 号)吗? 的百分比	22.8%	77.2%	100.0%
		占 下列说法正确的有哪些? _学校有权依法劝阻或制止未经批准的游行、示威等活动 的百分比	45.1%	61.4%	56.7%
		占总计的百分比	12.9%	43.8%	56.7%
	从没关心和在意过,也不知道有这一部门规章	计数	9	14	23
		占 您系统学习过《普通高等学校学生管理规定》(教育部令第 41 号)吗? 的百分比	39.1%	60.9%	100.0%
		占 下列说法正确的有哪些? _学校有权依法劝阻或制止未经批准的游行、示威等活动 的百分比	17.6%	11.0%	12.9%
		占总计的百分比	5.1%	7.9%	12.9%
总计		计数	51	127	178
		占 人数总计 的百分比	28.7%	71.3%	100.0%
		占 下列说法正确的有哪些? _学校有权依法劝阻或制止未经批准的游行、示威等活动 的百分比	100.0%	100.0%	100.0%

您系统学习过《普通高等学校学生管理规定》（教育部令第 41 号）吗？
*** 下列说法正确的有哪些？**
_ 学生社团邀请校外人员到学校进行社会政治和学术活动，均须经学校同意 交叉表

			下列说法正确的有哪些？ _ 学生社团邀请校外人员到学校进行社会政治和学术活动，均须经学校同意		
				学生社团邀请校外人员到学校进行社会政治和学术活动，均须经学校同意	总计
您系统学习过《普通高等学校学生管理规定》（教育部令第 41 号）吗？	全面学习过，而且很重视其中有关规定对本人在校学习和生活过程中所提供的保护和提出的要求	计数	11	43	54
		占 您系统学习过《普通高等学校学生管理规定》（教育部令第 41 号）吗？ 的百分比	20.4%	79.6%	100.0%
		占 下列说法正确的有哪些？ _ 学生社团邀请校外人员到学校进行社会政治和学术活动，均须经学校同意 的百分比	31.4%	30.1%	30.3%
		占总计的百分比	6.2%	24.2%	30.3%
	学校组织过《学生手册》考试，其中有相关内容，但考试后就不再关心	计数	14	87	101
		占 您系统学习过《普通高等学校学生管理规定》（教育部令第 41 号）吗？ 的百分比	13.9%	86.1%	100.0%
		占 下列说法正确的有哪些？ _ 学生社团邀请校外人员到学校进行社会政治和学术活动，均须经学校同意 的百分比	40.0%	60.8%	56.7%
		占总计的百分比	7.9%	48.9%	56.7%
	从没关心和在意过，也不知道有这一部门规章	计数	10	13	23
		占 您系统学习过《普通高等学校学生管理规定》（教育部令第 41 号）吗？ 的百分比	43.5%	56.5%	100.0%
		占 下列说法正确的有哪些？ _ 学生社团邀请校外人员到学校进行社会政治和学术活动，均须经学校同意 的百分比	28.6%	9.1%	12.9%
		占总计的百分比	5.6%	7.3%	12.9%
总计		计数	35	143	178
		占 人数总计 的百分比	19.7%	80.3%	100.0%
		占 下列说法正确的有哪些？ _ 学生社团邀请校外人员到学校进行社会政治和学术活动，均须经学校同意 的百分比	100.0%	100.0%	100.0%

将上述数据进行汇总，形成以下图表：

您系统学习过《普通高等学校学生管理规定》（教育部令第 41 号）吗？
*** 下列说法正确的有哪些？ 交叉表**

		下列说法正确的有哪些？						
		除商业和旅游类校（院）系科（专业）可举办实习商店外，学生个人不得从事经商活动	校园内禁止张贴大、小字报	任何组织和个人均不得在学校进行宗教活动	学生纪律处分处理结论要同学生本人见面，允许本人申辩、申诉和保留不同意见	学校有权依法劝阻或制止未经批准的游行、示威等活动	学生社团邀请校外人员到学校进行社会政治和学术活动，均须经学校同意	平均值
您系统学习过《普通高等学校学生管理规定》（教育部令第 41 号）吗？_有效百分比	全面学习过，而且很重视其中有关规定对本人在校学习和生活过程中所提供的保护和提出的要求	37.0	57.4	61.1	74.1	64.8	79.6	62.33
	学校组织过《学生手册》考试，其中有相关内容，但考试后就不再关心	28.7	53.5	54.5	85.1	77.2	86.1	64.18
	从没关心和在意过，也不知道有这一部门规章	39.1	47.8	56.5	65.2	60.9	56.5	54.33
	平均值	34.93	52.90	57.37	74.80	67.63	74.07	

本表数据表明，受访法学专业学生自我表明的对教育部 41 号令的认知和重视程度，与其对该令中具体相关权利和义务性规定认知程度，总体上呈现出一定的正相关性，但不如受访非法学专业相关数据那么明显。而且，总体上看，“全面学习过，而且很重视其中有关规定对本人在校学习和生活过程中所提供的保护和提出的要求”群体学生，六项权利义务规定有效百分比的平均值（62.33%）本身不算高，甚至还低于“学校组织过《学生手册》考试，其中有相关内容，但考试后就不再关心”群体学生有效百分比平均值（64.18%），比“从没关心和在意过，也不知道有这一部门规章”群体学生有效百分比平均值（54.33%）只高了 8 个百分点；就六项具体权利义务性规定各自有效百分比看，“全面学习过，而且很重视其中有关规定对本人在校学习和生活过程中所提供的保护和提出的要求”群体学生，有三项义务规定的有效百分比低于“学校组织过《学生手册》考试，其中有

您系统学习过《普通高等学校学生管理规定》（教育部令第41号）吗？＊下列说法正确的有哪些？

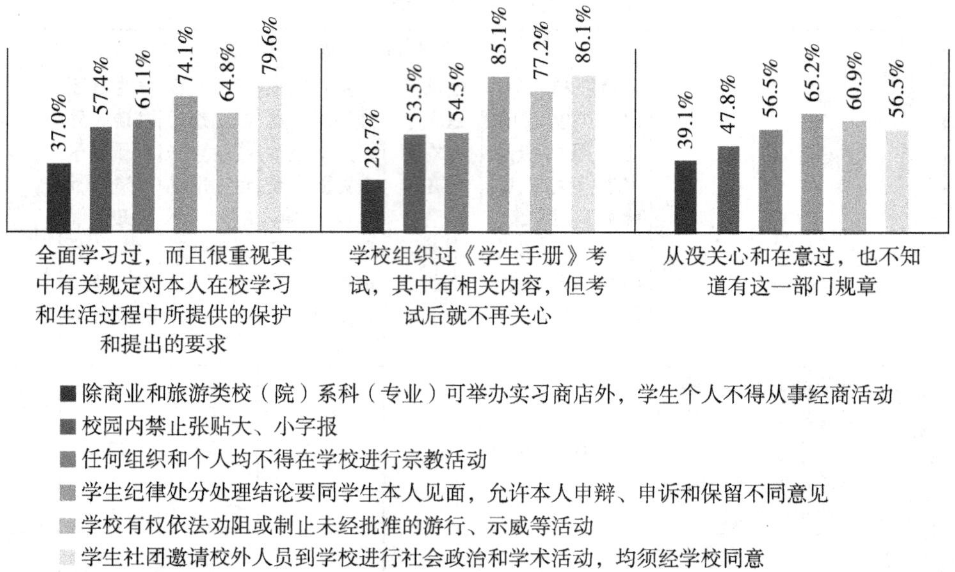

相关内容，但考试后就不再关心”群体学生；“从没关心和在意过，也不知道有这一部门规章”群体学生，有两项义务性规定有效百分比还高于“学校组织过《学生手册》考试，其中有相关内容，但考试后就不再关心”群体学生。这也进一步说明，受访法学专业学生对教育部41号令中相关权利和义务性规定认知程度并不高，而且相关内容的学习、教育效果同样非常不理想。

您对自身法律意识状况如何总体评价？＊下列说法正确的有哪些？_除商业和旅游类校（院）系科（专业）可举办实习商店外，学生个人不得从事经商活动 交叉表

			下列说法正确的有哪些？_除商业和旅游类校（院）系科（专业）可举办实习商店外，学生个人不得从事经商活动		
				除商业和旅游类校（院）系科（专业）可举办实习商店外，学生个人不得从事经商活动	总计
	非常强	计数	7	18	25
		占 您对自身法律意识状况如何总体评价？ 的百分比	28.0%	72.0%	100.0%
		占 下列说法正确的有哪些？_除商业和旅游类校（院）系科（专业）可举办实习商店外，学生个人不得从事经商活动 的百分比	5.8%	31.0%	14.0%
		占总计的百分比	3.9%	10.1%	14.0%

续表

			下列说法正确的有哪些？ _除商业和旅游类校（院）系科（专业）可举办实习商店外，学生个人不得从事经商活动		
				除商业和旅游类校（院）系科（专业）可举办实习商店外，学生个人不得从事经商活动	总计
您对自身法律意识状况如何总体评价？	强	计数	38	18	56
		占 您对自身法律意识状况如何总体评价？ 的百分比	67.9%	32.1%	100.0%
		占 下列说法正确的有哪些？ _除商业和旅游类校（院）系科（专业）可举办实习商店外，学生个人不得从事经商活动 的百分比	31.7%	31.0%	31.5%
		占总计的百分比	21.3%	10.1%	31.5%
	一般	计数	69	21	90
		占 您对自身法律意识状况如何总体评价？ 的百分比	76.7%	23.3%	100.0%
		占 下列说法正确的有哪些？ _除商业和旅游类校（院）系科（专业）可举办实习商店外，学生个人不得从事经商活动 的百分比	57.5%	36.2%	50.6%
		占总计的百分比	38.8%	11.8%	50.6%
	比较差	计数	6	1	7
		占 您对自身法律意识状况如何总体评价？ 的百分比	85.7%	14.3%	100.0%
		占 下列说法正确的有哪些？ _除商业和旅游类校（院）系科（专业）可举办实习商店外，学生个人不得从事经商活动 的百分比	5.0%	1.7%	3.9%
		占总计的百分比	3.4%	0.6%	3.9%
总计		计数	120	58	178
		占 人数总计 的百分比	67.4%	32.6%	100.0%
		占 下列说法正确的有哪些？ _除商业和旅游类校（院）系科（专业）可举办实习商店外，学生个人不得从事经商活动 的百分比	100.0%	100.0%	100.0%

您对自身法律意识状况如何总体评价？ * 下列说法正确的有哪些？_校园内禁止张贴大、小字报 交叉表

			下列说法正确的有哪些？_校园内禁止张贴大、小字报		
				校园内禁止张贴大、小字报	总计
您对自身法律意识状况如何总体评价？	非常强	计数	10	15	25
		占 您对自身法律意识状况如何总体评价？ 的百分比	40.0%	60.0%	100.0%
		占 下列说法正确的有哪些？_校园内禁止张贴大、小字报 的百分比	12.2%	15.6%	14.0%
		占总计的百分比	5.6%	8.4%	14.0%
	强	计数	18	38	56
		占 您对自身法律意识状况如何总体评价？ 的百分比	32.1%	67.9%	100.0%
		占 下列说法正确的有哪些？_校园内禁止张贴大、小字报 的百分比	22.0%	39.6%	31.5%
		占总计的百分比	10.1%	21.3%	31.5%
	一般	计数	50	40	90
		占 您对自身法律意识状况如何总体评价？ 的百分比	55.6%	44.4%	100.0%
		占 下列说法正确的有哪些？_校园内禁止张贴大、小字报 的百分比	61.0%	41.7%	50.6%
		占总计的百分比	28.1%	22.5%	50.6%
	比较差	计数	4	3	7
		占 您对自身法律意识状况如何总体评价？ 的百分比	57.1%	42.9%	100.0%
		占 下列说法正确的有哪些？_校园内禁止张贴大、小字报 的百分比	4.9%	3.1%	3.9%
		占总计的百分比	2.2%	1.7%	3.9%
总计		计数	82	96	178
		占 人数总计 的百分比	46.1%	53.9%	100.0%
		占 下列说法正确的有哪些？_校园内禁止张贴大、小字报 的百分比	100.0%	100.0%	100.0%

您对自身法律意识状况如何总体评价？ * 下列说法正确的有哪些？_任何组织和个人均不得在学校进行宗教活动 交叉表

			下列说法正确的有哪些？_任何组织和个人均不得在学校进行宗教活动		
				任何组织和个人均不得在学校进行宗教活动	总计
您对自身法律意识状况如何总体评价？	非常强	计数	9	16	25
		占 您对自身法律意识状况如何总体评价？ 的百分比	36.0%	64.0%	100.0%
		占 下列说法正确的有哪些？_任何组织和个人均不得在学校进行宗教活动 的百分比	11.7%	15.8%	14.0%
		占总计的百分比	5.1%	9.0%	14.0%
	强	计数	21	35	56
		占 您对自身法律意识状况如何总体评价？ 的百分比	37.5%	62.5%	100.0%
		占 下列说法正确的有哪些？_任何组织和个人均不得在学校进行宗教活动 的百分比	27.3%	34.7%	31.5%
		占总计的百分比	11.8%	19.7%	31.5%
	一般	计数	44	46	90
		占 您对自身法律意识状况如何总体评价？ 的百分比	48.9%	51.1%	100.0%
		占 下列说法正确的有哪些？_任何组织和个人均不得在学校进行宗教活动 的百分比	57.1%	45.5%	50.6%
		占总计的百分比	24.7%	25.8%	50.6%
	比较差	计数	3	4	7
		占 您对自身法律意识状况如何总体评价？ 的百分比	42.9%	57.1%	100.0%
		占 下列说法正确的有哪些？_任何组织和个人均不得在学校进行宗教活动 的百分比	3.9%	4.0%	3.9%
		占总计的百分比	1.7%	2.2%	3.9%
总计		计数	77	101	178
		占 人数总计 的百分比	43.3%	56.7%	100.0%
		占 下列说法正确的有哪些？_任何组织和个人均不得在学校进行宗教活动 的百分比	100.0%	100.0%	100.0%

您对自身法律意识状况如何总体评价？ * 下列说法正确的有哪些？_学生纪律处分处理结论要同学生本人见面，允许本人申辩、申诉和保留不同意见 交叉表

			下列说法正确的有哪些？_学生纪律处分处理结论要同学生本人见面，允许本人申辩、申诉和保留不同意见		
				学生纪律处分处理结论要同学生本人见面，允许本人申辩、申诉和保留不同意见	总计
您对自身法律意识状况如何总体评价？	非常强	计数	8	17	25
		占 您对自身法律意识状况如何总体评价？ 的百分比	32.0%	68.0%	100.0%
		占 下列说法正确的有哪些？_学生纪律处分处理结论要同学生本人见面，允许本人申辩、申诉和保留不同意见 的百分比	21.6%	12.1%	14.0%
		占总计的百分比	4.5%	9.6%	14.0%
	强	计数	9	47	56
		占 您对自身法律意识状况如何总体评价？ 的百分比	16.1%	83.9%	100.0%
		占 下列说法正确的有哪些？_学生纪律处分处理结论要同学生本人见面，允许本人申辩、申诉和保留不同意见 的百分比	24.3%	33.3%	31.5%
		占总计的百分比	5.1%	26.4%	31.5%
	一般	计数	18	72	90
		占 您对自身法律意识状况如何总体评价？ 的百分比	20.0%	80.0%	100.0%
		占 下列说法正确的有哪些？_学生纪律处分处理结论要同学生本人见面，允许本人申辩、申诉和保留不同意见 的百分比	48.6%	51.1%	50.6%
		占总计的百分比	10.1%	40.4%	50.6%

续表

			下列说法正确的有哪些？_学生纪律处分处理结论要同学生本人见面，允许本人申辩、申诉和保留不同意见		
				学生纪律处分处理结论要同学生本人见面，允许本人申辩、申诉和保留不同意见	总计
	比较差	计数	2	5	7
		占 您对自身法律意识状况如何总体评价？ 的百分比	28.6%	71.4%	100.0%
		占 下列说法正确的有哪些？_学生纪律处分处理结论要同学生本人见面，允许本人申辩、申诉和保留不同意见 的百分比	5.4%	3.5%	3.9%
		占总计的百分比	1.1%	2.8%	3.9%
总计		计数	37	141	178
		占 人数总计 的百分比	20.8%	79.2%	100.0%
		占 下列说法正确的有哪些？_学生纪律处分处理结论要同学生本人见面，允许本人申辩、申诉和保留不同意见 的百分比	100.0%	100.0%	100.0%

您对自身法律意识状况如何总体评价？ * 下列说法正确的有哪些？_学校有权依法劝阻或制止未经批准的游行、示威等活动 交叉表

			下列说法正确的有哪些？_学校有权依法劝阻或制止未经批准的游行、示威等活动		
				学校有权依法劝阻或制止未经批准的游行、示威等活动	总计
	非常强	计数	10	15	25
		占 您对自身法律意识状况如何总体评价？ 的百分比	40.0%	60.0%	100.0%
		占 下列说法正确的有哪些？_学校有权依法劝阻或制止未经批准的游行、示威等活动 的百分比	19.6%	11.8%	14.0%
		占总计的百分比	5.6%	8.4%	14.0%

续表

			下列说法正确的有哪些？_学校有权依法劝阻或制止未经批准的游行、示威等活动		
				学校有权依法劝阻或制止未经批准的游行、示威等活动	总计
您对自身法律意识状况如何总体评价？	强	计数	15	41	56
		占 您对自身法律意识状况如何总体评价？ 的百分比	26.8%	73.2%	100.0%
		占 下列说法正确的有哪些？_学校有权依法劝阻或制止未经批准的游行、示威等活动 的百分比	29.4%	32.3%	31.5%
		占总计的百分比	8.4%	23.0%	31.5%
	一般	计数	23	67	90
		占 您对自身法律意识状况如何总体评价？ 的百分比	25.6%	74.4%	100.0%
		占 下列说法正确的有哪些？_学校有权依法劝阻或制止未经批准的游行、示威等活动 的百分比	45.1%	52.8%	50.6%
		占总计的百分比	12.9%	37.6%	50.6%
	比较差	计数	3	4	7
		占 您对自身法律意识状况如何总体评价？ 的百分比	42.9%	57.1%	100.0%
		占 下列说法正确的有哪些？_学校有权依法劝阻或制止未经批准的游行、示威等活动 的百分比	5.9%	3.1%	3.9%
		占总计的百分比	1.7%	2.2%	3.9%
总计		计数	51	127	178
		占 人数总计 的百分比	28.7%	71.3%	100.0%
		占 下列说法正确的有哪些？_学校有权依法劝阻或制止未经批准的游行、示威等活动 的百分比	100.0%	100.0%	100.0%

您对自身法律意识状况如何总体评价？ * 下列说法正确的有哪些？ _ 学生社团邀请校外人员到学校进行社会政治和学术活动，均须经学校同意 交叉表

			下列说法正确的有哪些？_ 学生社团邀请校外人员到学校进行社会政治和学术活动，均须经学校同意		
				学生社团邀请校外人员到学校进行社会政治和学术活动，均须经学校同意	总计
您对自身法律意识状况如何总体评价？	非常强	计数	8	17	25
		占 您对自身法律意识状况如何总体评价？ 的百分比	32.0%	68.0%	100.0%
		占 下列说法正确的有哪些？_ 学生社团邀请校外人员到学校进行社会政治和学术活动，均须经学校同意 的百分比	22.9%	11.9%	14.0%
		占总计的百分比	4.5%	9.6%	14.0%
	强	计数	7	49	56
		占 您对自身法律意识状况如何总体评价？ 的百分比	12.5%	87.5%	100.0%
		占 下列说法正确的有哪些？_ 学生社团邀请校外人员到学校进行社会政治和学术活动，均须经学校同意 的百分比	20.0%	34.3%	31.5%
		占总计的百分比	3.9%	27.5%	31.5%
	一般	计数	17	73	90
		占 您对自身法律意识状况如何总体评价？ 的百分比	18.9%	81.1%	100.0%
		占 下列说法正确的有哪些？_ 学生社团邀请校外人员到学校进行社会政治和学术活动，均须经学校同意 的百分比	48.6%	51.0%	50.6%
		占总计的百分比	9.6%	41.0%	50.6%
	比较差	计数	3	4	7
		占 您对自身法律意识状况如何总体评价？ 的百分比	42.9%	57.1%	100.0%
		占 下列说法正确的有哪些？_ 学生社团邀请校外人员到学校进行社会政治和学术活动，均须经学校同意 的百分比	8.6%	2.8%	3.9%
		占总计的百分比	1.7%	2.2%	3.9%

续表

		下列说法正确的有哪些？_学生社团邀请校外人员到学校进行社会政治和学术活动，均须经学校同意		
			学生社团邀请校外人员到学校进行社会政治和学术活动，均须经学校同意	总计
总计	计数	35	143	178
	占 人数总计 的百分比	19.7%	80.3%	100.0%
	占 下列说法正确的有哪些？_学生社团邀请校外人员到学校进行社会政治和学术活动，均须经学校同意 的百分比	100.0%	100.0%	100.0%

将上述数据进行汇总，形成以下图表：

您对自身法律意识状况如何总体评价？ * 下列说法正确的有哪些？　交叉表

		下列说法正确的有哪些？						
		除商业和旅游类校（院）系科（专业）可举办实习商店外，学生个人不得从事经商活动	校园内禁止张贴大、小字报	任何组织和个人均不得在学校进行宗教活动	学生纪律处分处理结论要同学生本人见面，允许本人申辩、申诉和保留不同意见	学校有权依法劝阻或制止未经批准的游行、示威等活动	学生社团邀请校外人员到学校进行社会政治和学术活动，均须经学校同意	平均值
对自身法律意识状况如何总体评价？_有效百分比	非常强	72.0	60.0	64.0	68.0	60.0	68.0	65.33
	强	32.1	67.9	62.5	83.9	73.2	87.5	67.85
	一般	23.3	44.4	51.1	80.0	74.4	81.1	59.05
	比较差	14.3	42.9	57.1	71.4	57.1	57.1	49.98
	平均值	35.43	53.80	58.68	75.83	66.18	73.43	

您对自身法律意识状况如何总体评价？* 下列说法正确的有哪些？

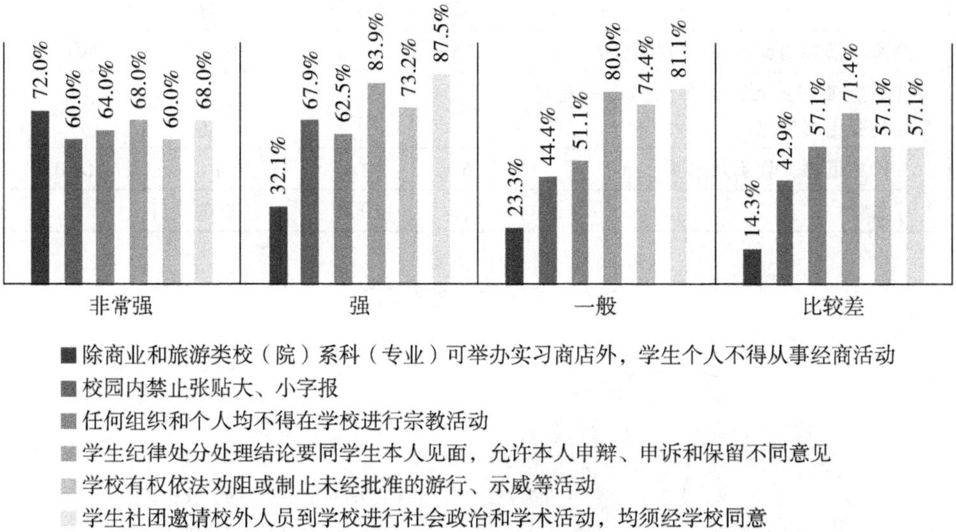

本组交叉统计数据表明，受访法学专业学生中，除法律意识状况自我评价“非常强”群体外的其他三个群体学生，对于教育部第41号令中六项权利义务性规定的认知只是呈现出总体上的相关性：自我评价“强”“一般”和“比较差”三个群体分别对于六个选项有效百分比的平均值依次下降。而就六项具体权利义务性规定的各个有效百分比来看，只有“除商业和旅游类校（院）系科（专业）可举办实习商店外，学生个人不得从事经商活动”选项的四个有效百分比是依次下降的，其余五个选项中，自我评价“非常强”群体学生有四个项的有效百分比并非最高，甚至其中还有个别最低；而自我评价“强”和“一般”两个群体学生在六个选项的有效百分比中各有高低。另外，无论是六个选项的四个群体学生有效百分比平均值，还是四个群体的六个选项有效百分比平均值都不高，前者最高值和最低值分别为75.83、35.43，后者最高值和最低值分别为65.33、49.98。这充分说明受访学生实际上对于教育部第41号令缺乏足够认知，普遍缺乏对其中权利义务性规定等内容的学习和理解，进而有效说明受访法学专业学生相关权利认知等权利意识水平有待提高。

您如何看待“山寨产品”？

		频率	百分比	有效百分比	累计百分比
有效	坚决抵制山寨产品，支持正版	105	59.0	59.0	59.0
	尽量使用正版，偶尔因为贪便宜也购买山寨产品	67	37.6	37.6	96.6
	价格低廉，我乐意购买	6	3.4	3.4	100.0
	总计	178	100.0	100.0	

您如何看待“山寨产品”？

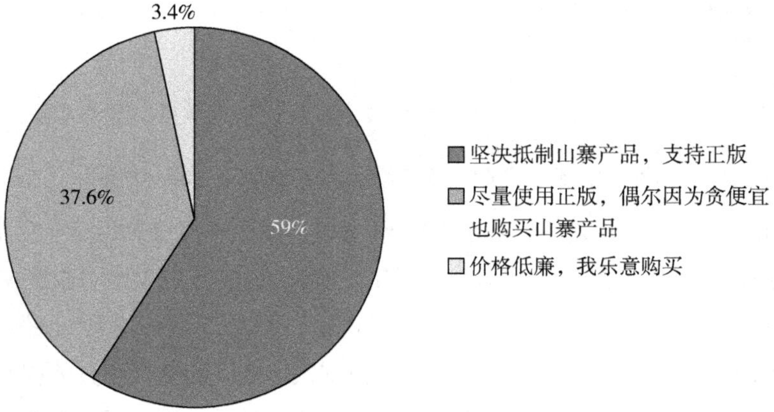

您对自身法律意识状况如何总体评价？ * 您如何看待“山寨产品”？ 交叉表

			您如何看待“山寨产品”？			
			坚决抵制山寨产品，支持正版	尽量使用正版，偶尔因为贪便宜也购买山寨产品	价格低廉，我乐意购买	总计
您对自身法律意识状况如何总体评价？	非常强	计数	18	7	0	25
		占 您对自身法律意识状况如何总体评价？ 的百分比	72.0%	28.0%	0.0%	100.0%
		占 您如何看待“山寨产品”？ 的百分比	17.1%	10.4%	0.0%	14.0%
		占总计的百分比	10.1%	3.9%	0.0%	14.0%
	强	计数	37	16	3	56
		占 您对自身法律意识状况如何总体评价？ 的百分比	66.1%	28.6%	5.4%	100.0%
		占 您如何看待“山寨产品”？ 的百分比	35.2%	23.9%	50.0%	31.5%
		占总计的百分比	20.8%	9.0%	1.7%	31.5%

续表

			您如何看待“山寨产品”？			
			坚决抵制山寨产品，支持正版	尽量使用正版，偶尔因为贪便宜也购买山寨产品	价格低廉，我乐意购买	总计
	一般	计数	48	40	2	90
		占 您对自身法律意识状况如何总体评价？ 的百分比	53.3%	44.4%	2.2%	100.0%
		占 您如何看待“山寨产品”？ 的百分比	45.7%	59.7%	33.3%	50.6%
		占总计的百分比	27.0%	22.5%	1.1%	50.6%
	比较差	计数	2	4	1	7
		占 您对自身法律意识状况如何总体评价？ 的百分比	28.6%	57.1%	14.3%	100.0%
		占 您如何看待“山寨产品”？ 的百分比	1.9%	6.0%	16.7%	3.9%
		占 总计的百分比	1.1%	2.2%	0.6%	3.9%
总计		计数	105	67	6	178
		占 人数总计 的百分比	59.0%	37.6%	3.4%	100.0%
		占 您如何看待“山寨产品”？ 的百分比	100.0%	100.0%	100.0%	100.0%

您对自身法律意识状况如何总体评价？* 您如何看待“山寨产品”？

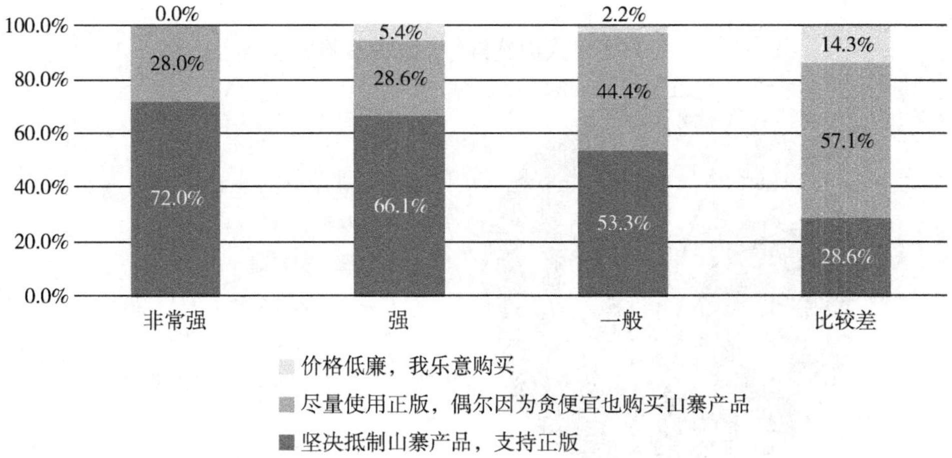

59.0% 的受访法学专业同学选择“坚决抵制山寨产品，支持正版”，只是稍高于受访非法学专业学生该项有效百分比，而且仍然有 37.6% 的同学承认“偶尔因

为贪便宜也购买山寨产品”，甚至3.4%的同学表示因为山寨产品“价格低廉”而“乐意购买”（这也高于受访非法学专业学生）。41.0%的受访法学专业同学并没有选择充分尊重他人知识产权，这也同样从一个侧面表明他们在权利认知方面同样存在不可忽视的问题。

“您对自身法律意识状况如何总体评价”与“您如何看待‘山寨产品’”交叉统计数据表明，受访学生法律意识状况自我评价的高低，与其是否购买“山寨产品”所表现出的对待他人知识产权尊重程度之间呈现出完全的正相关状态：法律意识状况自我评价的“非常强”“强”“一般”和“比较差”的四个群体，“坚决抵制山寨产品，支持正版”选项有效百分比依次下降；“尽量使用正版，偶尔因为贪便宜也购买山寨产品”选项有效百分比则依次上升；自我评价“比较差”群体学生“价格低廉，我乐意购买”选项有效百分比则最高。

对于“人肉搜索”，您怎么看？

		频率	百分比	有效百分比	累计百分比
有效	坚决反对，因为那是侵犯他人隐私的违法行为	138	77.5	77.5	77.5
	不了解，无所谓	9	5.1	5.1	82.6
	尽管这样不道德甚至违法，但是对那些咎由自取的人活该	21	11.8	11.8	94.4
	很支持，让违法犯罪无处可逃	10	5.6	5.6	100.0
	总计	178	100.0	100.0	

对于“人肉搜索”，您怎么看？

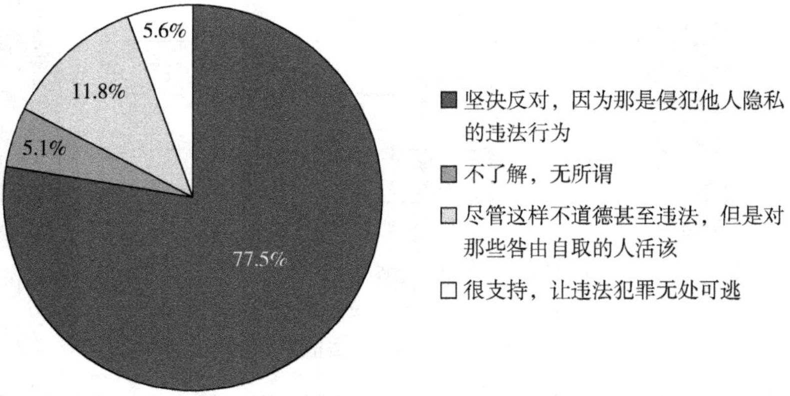

77.5%的受访法学专业学生选择了“坚决反对”人肉搜索，但同时还有16.9%的同学选择了放任，甚至也有5.6%的同学选择了“很支持”，也就意味着

受访法学专业学生中也有将近四分之一的同学没能很好理解并充分尊重他人隐私权等权利，而支持和放任的理由主要还是缘于对待违法犯罪行为的“报复”理念，由此反映出受访学生在权利意识方面存在错误观念。

您对自身法律意识状况如何总体评价？ * 对于“人肉搜索”，您怎么看？ 交叉表

			对于“人肉搜索”，您怎么看？				
			坚决反对，因为那是侵犯他人隐私的违法行为	不了解，无所谓	尽管这样不道德甚至违法，但是对那些咎由自取的人活该	很支持，让违法犯罪无处可逃	总计
您对自身法律意识状况如何总体评价？	非常强	计数	16	0	1	8	25
		占 您对自身法律意识状况如何总体评价？ 的百分比	64.0%	0.0%	4.0%	32.0%	100.0%
		占 对于“人肉搜索”，您怎么看？ 的百分比	11.6%	0.0%	4.8%	80.0%	14.0%
		占总计的百分比	9.0%	0.0%	0.6%	4.5%	14.0%
	强	计数	47	1	8	0	56
		占 您对自身法律意识状况如何总体评价？ 的百分比	83.9%	1.8%	14.3%	0.0%	100.0%
		占 对于“人肉搜索”，您怎么看？ 的百分比	34.1%	11.1%	38.1%	0.0%	31.5%
		占总计的百分比	26.4%	0.6%	4.5%	0.0%	31.5%
	一般	计数	70	7	11	2	90
		占 您对自身法律意识状况如何总体评价？ 的百分比	77.8%	7.8%	12.2%	2.2%	100.0%
		占 对于“人肉搜索”，您怎么看？ 的百分比	50.7%	77.8%	52.4%	20.0%	50.6%
		占总计的百分比	39.3%	3.9%	6.2%	1.1%	50.6%
	比较差	计数	5	1	1	0	7
		占 您对自身法律意识状况如何总体评价？ 的百分比	71.4%	14.3%	14.3%	0.0%	100.0%
		占 对于“人肉搜索”，您怎么看？ 的百分比	3.6%	11.1%	4.8%	0.0%	3.9%
		占总计的百分比	2.8%	0.6%	0.6%	0.0%	3.9%

续表

		对于"人肉搜索"，您怎么看？				
		坚决反对，因为那是侵犯他人隐私的违法行为	不了解，无所谓	尽管这样不道德甚至违法，但是对那些咎由自取的人活该	很支持，让违法犯罪无处可逃	总计
总计	计数	138	9	21	10	178
	占 人数总计 的百分比	77.5%	5.1%	11.8%	5.6%	100.0%
	占 对于"人肉搜索"，您怎么看？ 的百分比	100.0%	100.0%	100.0%	100.0%	100.0%

您对自身法律意识状况如何总体评价？* 对于"人肉搜索"，您怎么看？

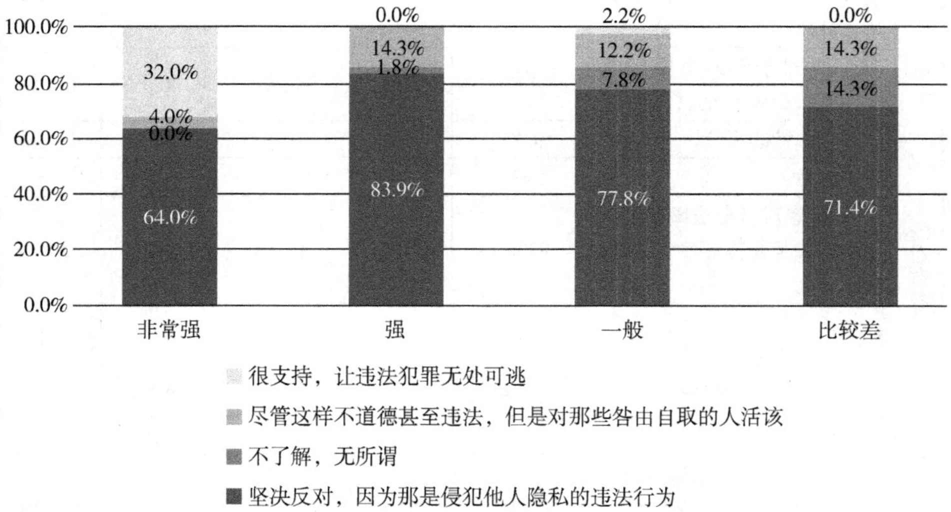

与受访非法学专业学生相关交叉统计数据非常相似，受访法学专业学生"您对自身法律意识状况如何总体评价"与" 对于'人肉搜索'，您怎么看"交叉统计数据表明，法律意识状况自我评价"强""一般"和"比较差"的三个受访学生群体法律意识状况自我评价水平，与其对"人肉搜索"认识与评价的合法性、合理性程度之间，总体上呈现出正相关状态：三个群体"坚决反对，因为那是侵犯他人隐私的违法行为"选项有效百分比依次下降。法律意识状况自我评价"非常强"的受访学生群体，"坚决反对，因为那是侵犯他人隐私的违法行为"选项有效百分比最低，"很支持，让违法犯罪无处可逃"选项有效百分比高达 32.0%，占受访法学专业学生中选择该选项学生的 80.0%。尽管受访法学专业学生总量偏少、低年级居多，统计数据只是具有参考意义，但也能在一定程度上说明，那些自认为法律意识“非常强”的同学事实上并不一定拥有科学、正确的法律意识与法治观念，本组数据充分显示其“报应型法”理念比较普遍。要将持如此错误法理念的法学专业学生培养成为优秀的法律职业者，无疑需要在权利认知等方面有效加强教育和引导。

（二）自我权利保护与救济

同样也从学生关于权利保护和权利救济的意识、认知角度来考察学生权利保护与救济能力。

甲、乙两人是亲密无间的朋友，因买房需要，甲向乙借款二万元，约定五年内归还，您认为甲应当写借条给乙吗？

		频率	百分比	有效百分比	累计百分比
有效	“亲兄弟、明算账”，应当写借条，这样可以避免和有效解决纠纷，更好保护朋友之间友谊	159	89.3	89.3	89.3
	好朋友之间应该相互帮助、相互信任，不需要写借条	9	5.1	5.1	94.4
	写不写都可以，钱也不算太多，无所谓	2	1.1	1.1	95.5
	作为亲密无间的朋友之间借钱写欠条，很伤感情，不够道德，所以不该写借条	8	4.5	4.5	100.0
	总计	178	100.0	100.0	

甲、乙两人是亲密无间的朋友，因买房需要，甲向乙借款二万元，约定五年内归还，您认为甲应当写借条给乙吗？

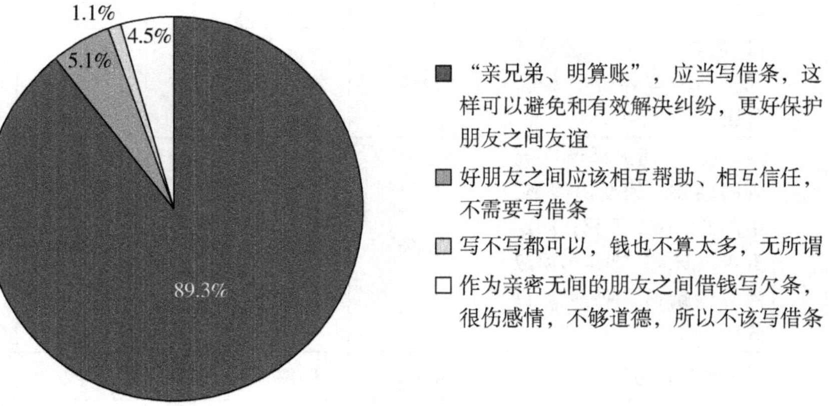

89.3%受访法学专业学生选择了“‘亲兄弟、明算账’，应当写借条，这样可以避免和有效解决纠纷，更好保护朋友之间友谊”，10.7%左右的受访学生因为顾忌朋友情谊等原因而对朋友间借款也要订立字据持保留态度。这一数据结构相对于受访非法学专业学生相关数据而言，正确选项有效百分比低了近2个百分点。

您对自身法律意识状况如何总体评价？
*** 甲、乙两人是亲密无间的朋友，因买房需要，甲向乙借款二万元，约定五年内归还，您认为甲应当写借条给乙吗？ 交叉表**

			甲、乙两人是亲密无间的朋友，因买房需要，甲向乙借款二万元，约定五年内归还，您认为甲应当写借条给乙吗？				
			“亲兄弟、明算账”，应当写借条，这样可以避免和有效解决纠纷，更好保护朋友之间友谊	好朋友之间应该相互帮助、相互信任，不需要写借条	写不写都可以，钱也不算太多，无所谓	作为亲密无间的朋友之间借钱写欠条，很伤感情，不够道德，所以不该写借条	总计
您对自身法律意识状况如何总体评价？	非常强	计数	18	5	0	2	25
		占 您对自身法律意识状况如何总体评价？ 的百分比	72.0%	20.0%	0.0%	8.0%	100.0%
		占 甲、乙两人是亲密无间的朋友，因买房需要，甲向乙借款二万元，约定五年内归还，您认为甲应当写借条给乙吗？ 的百分比	11.3%	55.6%	0.0%	25.0%	14.0%
		占总计的百分比	10.1%	2.8%	0.0%	1.1%	14.0%
	强	计数	53	0	1	2	56
		占 您对自身法律意识状况如何总体评价？ 的百分比	94.6%	0.0%	1.8%	3.6%	100.0%
		占 甲、乙两人是亲密无间的朋友，因买房需要，甲向乙借款二万元，约定五年内归还，您认为甲应当写借条给乙吗？ 的百分比	33.3%	0.0%	50.0%	25.0%	31.5%
		占总计的百分比	29.8%	0.0%	0.6%	1.1%	31.5%

续表

			甲、乙两人是亲密无间的朋友，因买房需要，甲向乙借款二万元，约定五年内归还，您认为甲应当写借条给乙吗？				
			“亲兄弟、明算账”，应当写借条，这样可以避免和有效解决纠纷，更好保护朋友之间友谊	好朋友之间应该相互帮助、相互信任，不需要写借条	写不写都可以，钱也不算太多，无所谓	作为亲密无间的朋友之间借钱写欠条，很伤感情，不够道德，所以不该写借条	总计
	一般	计数	83	3	1	3	90
		占 您对自身法律意识状况如何总体评价？ 的百分比	92.2%	3.3%	1.1%	3.3%	100.0%
		占 甲、乙两人是亲密无间的朋友，因买房需要，甲向乙借款二万元，约定五年内归还，您认为甲应当写借条给乙吗？ 的百分比	52.2%	33.3%	50.0%	37.5%	50.6%
		占总计的百分比	46.6%	1.7%	0.6%	1.7%	50.6%
	比较差	计数	5	1	0	1	7
		占 您对自身法律意识状况如何总体评价？ 的百分比	71.4%	14.3%	0.0%	14.3%	100.0%
		占 甲、乙两人是亲密无间的朋友，因买房需要，甲向乙借款二万元，约定五年内归还，您认为甲应当写借条给乙吗？ 的百分比	3.1%	11.1%	0.0%	12.5%	3.9%
		占总计的百分比	2.8%	0.6%	0.0%	0.6%	3.9%
总计		计数	159	9	2	8	178
		占 人数总计 的百分比	89.3%	5.1%	1.1%	4.5%	100.0%
		占 甲、乙两人是亲密无间的朋友，因买房需要，甲向乙借款二万元，约定五年内归还，您认为甲应当写借条给乙吗？ 的百分比	100.0%	100.0%	100.0%	100.0%	100.0%

您对自身法律意识状况如何总体评价？* 甲、乙两人是亲密无间的朋友，因买房需要，甲向乙借款二万元，约定五年内归还，您认为甲应当写借条给乙吗？

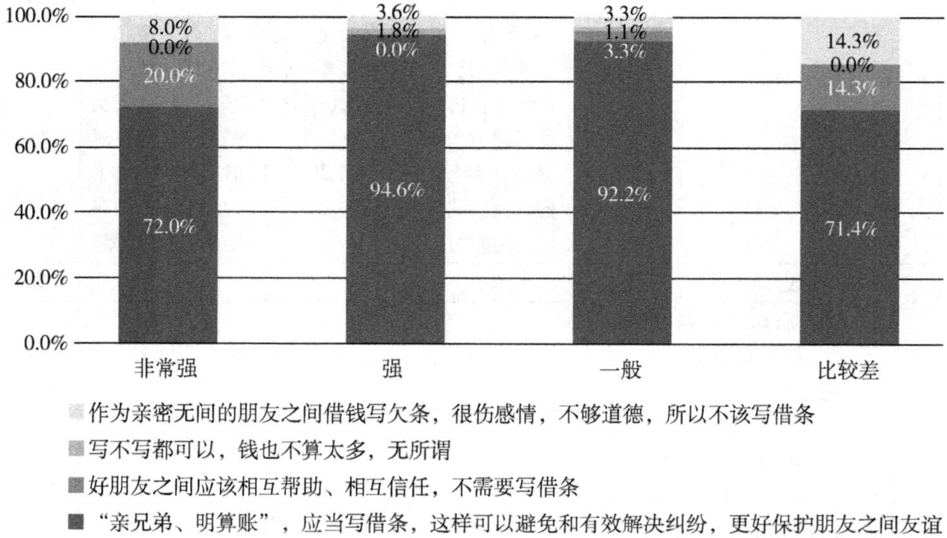

“您对自身法律意识状况如何总体评价”与“甲、乙两人是亲密无间的朋友，因买房需要，甲向乙借款二万元，约定五年内归还，您认为甲应当写借条给乙吗”交叉统计数据表明，受访法学专业学生法律意识状况自我评价高低，与其朋友家借款是否需要打借条所表现出的权利认知和保护能力水平之间，没能呈现出法理逻辑上应有的正相关状态：法律意识状况自我评价“非常强”和“比较差”两个群体学生“应当写借条”选项有效百分比几乎一致而且最低，自我评价“强”和“一般”两个群体学生该选项有效百分比非常接近而且均高于自我评价“非常强”学生。可见，法律意识状况自我评价“非常强”的受访学校专业学生中，相对自我评价“强”和“一般”学生而言，更多学生如同自我评价“比较差”同学那样盲目“讲义气”，缺乏足够理性的权利认知和保护意识与能力。

在外就餐、购物之后您会索要和保留发票吗？

		频率	百分比	有效百分比	累计百分比
有效	一定会	65	36.5	36.5	36.5
	无所谓，偶尔索要并保留	101	56.7	56.7	93.2
	如果可以少付钱，宁可不要发票	1	0.6	0.6	93.8
	从来不会	11	6.2	6.2	100.0
	总计	178	100.0	100.0	

在外就餐、购物之后您会索要和保留发票吗？

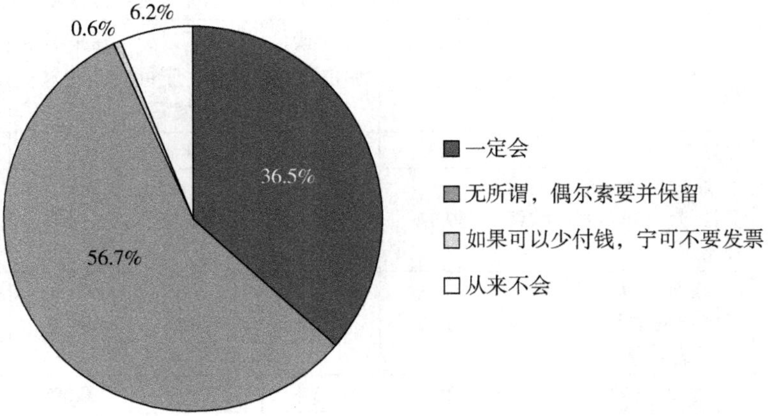

36.5% 的受访法学专业学生表示，“一定会”索要和保留就餐、购物发票，高达 63.5% 的同学对此“无所谓”甚至“从来不会”。情况总体上稍好于受访非法学专业学生（“一定会”有效百分比，受访法学专业学生比非法学专业学生高了 11.2 个百分点），同样也足以表明大部分受访法学专业学生的权利保护意识不强，尤其缺乏权利的积极性、主动性保护意识。另外，“如果可以少付钱，宁可不要发票”选项有效百分比极低，这也足以说明，贪图让利并非受访学生没有索取就餐和购物发票的直接缘由。

您对自身法律意识状况如何总体评价？
*** 在外就餐、购物之后您会索要和保留发票吗？ 交叉表**

			在外就餐、购物之后您会索要和保留发票吗？				
			一定会	无所谓，偶尔索要并保留	如果可以少付钱，宁可不要发票	从来不会	总计
	非常强	计数	19	4	0	2	25
		占 您对自身法律意识状况如何总体评价？ 的百分比	76.0%	16.0%	0.0%	8.0%	100.0%
		占 在外就餐、购物之后您会索要和保留发票吗？ 的百分比	29.2%	4.0%	0.0%	18.2%	14.0%
		占总计的百分比	10.7%	2.2%	0.0%	1.1%	14.0%

续表

			在外就餐、购物之后您会索要和保留发票吗？				
			一定会	无所谓，偶尔索要并保留	如果可以少付钱，宁可不要发票	从来不会	总计
您对自身法律意识状况如何总体评价？	强	计数	22	33	0	1	56
		占 您对自身法律意识状况如何总体评价？ 的百分比	39.3%	58.9%	0.0%	1.8%	100.0%
		占 在外就餐、购物之后您会索要和保留发票吗？ 的百分比	33.8%	32.7%	0.0%	9.1%	31.5%
		占总计的百分比	12.4%	18.5%	0.0%	0.6%	31.5%
	一般	计数	24	59	1	6	90
		占 您对自身法律意识状况如何总体评价？ 的百分比	26.7%	65.6%	1.1%	6.7%	100.0%
		占 在外就餐、购物之后您会索要和保留发票吗？ 的百分比	36.9%	58.4%	100.0%	54.5%	50.6%
		占总计的百分比	13.5%	33.1%	0.6%	3.4%	50.6%
	比较差	计数	0	5	0	2	7
		占 您对自身法律意识状况如何总体评价？ 的百分比	0.0%	71.4%	0.0%	28.6%	100.0%
		占 在外就餐、购物之后您会索要和保留发票吗？ 的百分比	0.0%	5.0%	0.0%	18.2%	3.9%
		占总计的百分比	0.0%	2.8%	0.0%	1.1%	3.9%
总计		计数	65	101	1	11	178
		占 人数总计 的百分比	36.5%	56.7%	0.6%	6.2%	100.0%
		占 在外就餐、购物之后您会索要和保留发票吗？ 的百分比	100.0%	100.0%	100.0%	100.0%	100.0%

“您对自身法律意识状况如何总体评价”与“在外就餐、购物之后您会索要和保留发票吗”交叉统计数据表明，与受访非法学专业学生一样，受访法学专业学生法律意识状况自我评价高低，与其在就餐、购物后是否会索要发票所表现出的权利认知和权利保护能力之间呈现完全正相关状态：法律意识状况自我评价“非常强”“强”“一般”与“比较差”四个群体学生，“一定会”（索要发票）选项有效百分比依次降低，

您对自身法律意识状况如何总体评价？* 在外就餐、购物之后您会索要和保留发票吗？

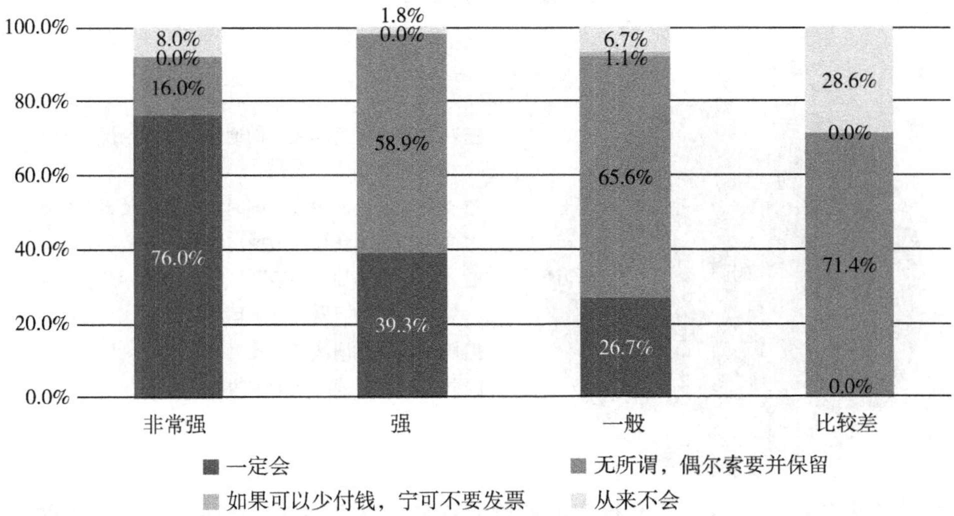

而且差距比较明显；“无所谓，偶尔索要并保留”选项百分比则依次提升，差距相对明显。法律意识状况自我评价“比较差”学生，“一定会”选项有效百分比甚至为0，“无所谓，偶尔索要并保留”和“从来不会”选项有效百分比分别为71.4、28.6%。

如果在参加勤工助学或利用课外时间做兼职过程中，自身合法权利受到侵害，您解决问题的思路和模式最有可能是？

		频率	百分比	有效百分比	累计百分比
有效	尽量沟通协商解决，沟通协商无效情况下毫不犹豫地选择法律途径	67	37.6	37.6	37.6
	首先沟通协商解决，同时积极寻求关系和资源支持，法律途径作为最后选项	102	57.3	57.3	94.9
	“多一事不如少一事”，尽量忍气吞声，忍到忍无可忍的时候再寻求法律支持	0	0	0	94.9
	随时准备诉诸法律途径	8	4.5	4.5	99.4
	按自己的方式“武力解决”	1	0.6	0.6	100.0
	其他	0	0	0	100.0
	总计	178	100.0	100.0	

99.4%的同学很理性地选择了优先沟通和协商并且不排除甚至随时选择法律途径解决，充分表明受访非法学专业学生的消极性、被动性权利保护意识非常强烈。“首先沟通协商解决，同时积极寻求关系和资源支持，法律途径作为最后选项”选项有效百分比高达57.3%，也就意味着近六成受访法学专业学生仍然将“积极

如果在参加勤工助学或利用课外时间做兼职过程中，自身合法权利受到侵害，您解决问题的思路和模式最有可能是？

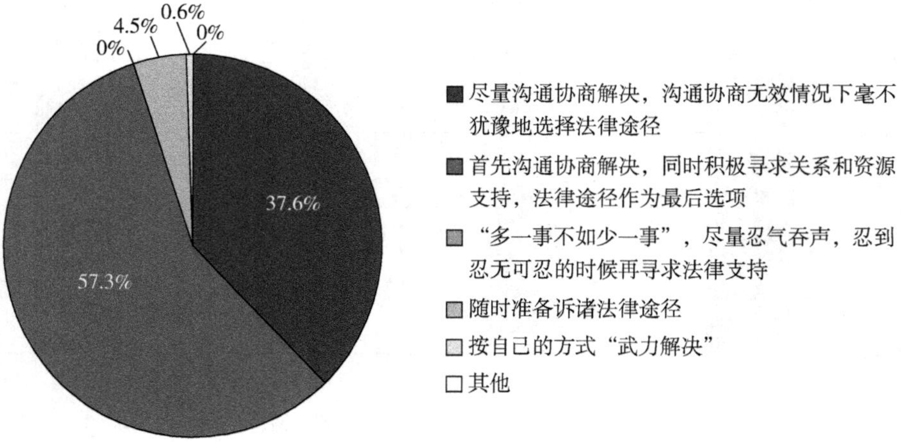

寻求关系和资源支持”作为权利保护重要路径，这也在一定程度上反映出传统文化和现实国情背景下，纠纷解决过程中“关系和资源”的重要影响与作用及其对广大社会成员的诱导和影响，受访法学专业学生也不例外。

您对自身法律意识状况如何总体评价？ * 如果在参加勤工助学或利用课外时间做兼职过程中，自身合法权利受到侵害，您解决问题的思路和模式最有可能是？ 交叉表

			如果在参加勤工助学或利用课外时间做兼职过程中，自身合法权利受到侵害，您解决问题的思路和模式最有可能是？				
			尽量沟通协商解决，沟通协商无效情况下毫不犹豫地选择法律途径	首先沟通协商解决，同时积极寻求关系和资源支持，法律途径作为最后选项	随时准备诉诸法律途径	按自己的方式“武力解决”	总计
	非常强	计数	16	9	0	0	25
		占 您对自身法律意识状况如何总体评价？ 的百分比	64.0%	36.0%	0.0%	0.0%	100.0%
		占 如果在参加勤工助学或利用课外时间做兼职过程中，自身合法权利受到侵害，您解决问题的思路和模式最有可能是？ 的百分比	23.9%	8.8%	0.0%	0.0%	14.0%
		占总计的百分比	9.0%	5.1%	0.0%	0.0%	14.0%

续表

			如果在参加勤工助学或利用课外时间做兼职过程中，自身合法权利受到侵害，您解决问题的思路和模式最有可能是？				
			尽量沟通协商解决，沟通协商无效情况下毫不犹豫地选择法律途径	首先沟通协商解决，同时积极寻求关系和资源支持，法律途径作为最后选项	随时准备诉诸法律途径	按自己的方式“武力解决”	总计
您对自身法律意识状况如何总体评价？	强	计数	20	34	2	0	56
		占 您对自身法律意识状况如何总体评价？ 的百分比	35.7%	60.7%	3.6%	0.0%	100.0%
		占 如果在参加勤工助学或利用课外时间做兼职过程中，自身合法权利受到侵害，您解决问题的思路和模式最有可能是？的百分比	29.9%	33.3%	25.0%	0.0%	31.5%
		占总计的百分比	11.2%	19.1%	1.1%	0.0%	31.5%
	一般	计数	29	55	5	1	90
		占 您对自身法律意识状况如何总体评价？ 的百分比	32.2%	61.1%	5.6%	1.1%	100.0%
		占 如果在参加勤工助学或利用课外时间做兼职过程中，自身合法权利受到侵害，您解决问题的思路和模式最有可能是？的百分比	43.3%	53.9%	62.5%	100.0%	50.6%
		占总计的百分比	16.3%	30.9%	2.8%	0.6%	50.6%
	比较差	计数	2	4	1	0	7
		占 您对自身法律意识状况如何总体评价？ 的百分比	28.6%	57.1%	14.3%	0.0%	100.0%
		占 如果在参加勤工助学或利用课外时间做兼职过程中，自身合法权利受到侵害，您解决问题的思路和模式最有可能是？的百分比	3.0%	3.9%	12.5%	0.0%	3.9%
		占总计的百分比	1.1%	2.2%	0.6%	0.0%	3.9%

续表

		如果在参加勤工助学或利用课外时间做兼职过程中，自身合法权利受到侵害，您解决问题的思路和模式最有可能是？				
		尽量沟通协商解决，沟通协商无效情况下毫不犹豫地选择法律途径	首先沟通协商解决，同时积极寻求关系和资源支持，法律途径作为最后选项	随时准备诉诸法律途径	按自己的方式“武力解决”	总计
总计	计数	67	102	8	1	178
	占 人数总计 的百分比	37.6%	57.3%	4.5%	0.6%	100.0%
	占 如果在参加勤工助学或利用课外时间做兼职过程中，自身合法权利受到侵害，您解决问题的思路和模式最有可能是？的百分比	100.0%	100.0%	100.0%	100.0%	100.0%

您对自身法律意识状况如何总体评价？* 如果在参加勤工助学或利用课外时间做兼职过程中，自身合法权利受到侵害，您解决问题的思路和模式最有可能是？

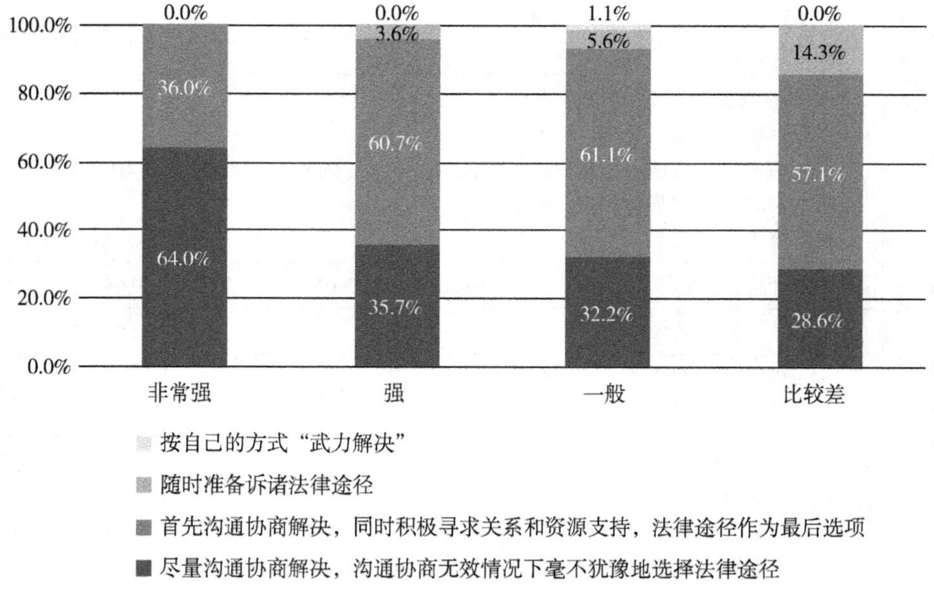

“您对自身法律意识状况如何总体评价”与“如果在参加勤工助学或利用课外时间做兼职过程中，自身合法权利受到侵害，您解决问题的思路和模式最有可

能是”交叉统计数据表明，与受访非法学专业学生一样，受访法学专业本科生法律意识状况自我评价高低，与其权益救济方式选择所表明的权利保护与权利救济能力之间也呈现出正相关状态：法律意识状况自我评价“非常强”“强”“一般”以及“比较差”四个群体学生，“尽量沟通协商解决，沟通协商无效情况下毫不犹豫地选择法律途径”选项有效百分比依次下降；“首先沟通协商解决，同时积极寻求关系和资源支持，法律途径作为最后选项”有效百分比，自我评价“强”“一般”以及“比较差”三个群体学生则非常接近，自我评价“非常强”群体学生最低。

在超市买到过期食品或者其他假冒伪劣商品，您会如何处理？

		频率	百分比	有效百分比	累计百分比
有效	坚决找商家理论，要求退还并索赔	102	57.3	57.3	57.3
	向有关部门举报	42	23.6	23.6	80.9
	如果金额不大，就自认倒霉	32	18.0	18.0	98.9
	不管金额大小，不想惹麻烦，自认倒霉	2	1.1	1.1	100.0
	总计	178	100.0	100.0	

在超市买到过期食品或者其他假冒伪劣商品，您会如何处理？

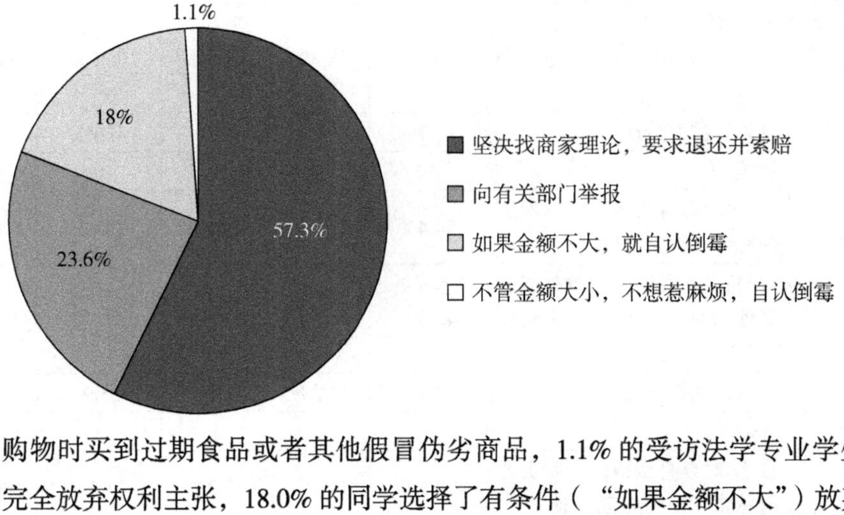

购物时买到过期食品或者其他假冒伪劣商品，1.1% 的受访法学专业学生选择了完全放弃权利主张，18.0% 的同学选择了有条件（“如果金额不大”）放弃权利；23.6% 的同学选择向有关部门举报、57.3% 的同学选择直接主张权利（退换并索赔）。“坚决找商家理论，要求退换并索赔”和“向有关部门举报”两选项有效百分比总计，受访法学专业学生比受访非法学专业学生稍高（高了 4 个百分点）。但是也有五分之一受访法学专业学生选择放弃权利主张，这不仅不符合法治社会建设目标下对一般社会成员应有权利意识水平的期待，更不符合我们对于这些未来法律职业者应有自我权利保护与救济能力的合理期待。

您对自身法律意识状况如何总体评价？
*** 在超市买到过期食品或者其他假冒伪劣商品，您会如何处理？ 交叉表**

			在超市买到过期食品或者其他假冒伪劣商品，您会如何处理？				
			坚决找商家理论，要求退还并索赔	向有关部门举报	如果金额不大，就自认倒霉	不管金额大小，不想惹麻烦，自认倒霉	总计
您对自身法律意识状况如何总体评价？	非常强	计数	16	7	2	0	25
		占 您对自身法律意识状况如何总体评价？ 的百分比	64.0%	28.0%	8.0%	0.0%	100.0%
		占 在超市买到过期食品或者其他假冒伪劣商品，您会如何处理？ 的百分比	15.7%	16.7%	6.3%	0.0%	14.0%
		占总计的百分比	9.0%	3.9%	1.1%	0.0%	14.0%
	强	计数	35	14	6	1	56
		占 您对自身法律意识状况如何总体评价？ 的百分比	62.5%	25.0%	10.7%	1.8%	100.0%
		占 在超市买到过期食品或者其他假冒伪劣商品，您会如何处理？ 的百分比	34.3%	33.3%	18.8%	50.0%	31.5%
		占总计的百分比	19.7%	7.9%	3.4%	0.6%	31.5%
	一般	计数	49	20	21	0	90
		占 您对自身法律意识状况如何总体评价？ 的百分比	54.4%	22.2%	23.3%	0.0%	100.0%
		占 在超市买到过期食品或者其他假冒伪劣商品，您会如何处理？ 的百分比	48.0%	47.6%	65.6%	0.0%	50.6%
		占总计的百分比	27.5%	11.2%	11.8%	0.0%	50.6%
	比较差	计数	2	1	3	1	7
		占 您对自身法律意识状况如何总体评价？ 的百分比	28.6%	14.3%	42.9%	14.3%	100.0%
		占 在超市买到过期食品或者其他假冒伪劣商品，您会如何处理？ 的百分比	2.0%	2.4%	9.4%	50.0%	3.9%
		占总计的百分比	1.1%	0.6%	1.7%	0.6%	3.9%

续表

		在超市买到过期食品或者其他假冒伪劣商品，您会如何处理？				
		坚决找商家理论，要求退还并索赔	向有关部门举报	如果金额不大，就自认倒霉	不管金额大小，不想惹麻烦，自认倒霉	总计
总计	计数	102	42	32	2	178
	占 人数总计 的百分比	57.3%	23.6%	18.0%	1.1%	100.0%
	占 在超市买到过期食品或者其他假冒伪劣商品，您会如何处理？ 的百分比	100.0%	100.0%	100.0%	100.0%	100.0%

您对自身法律意识状况如何总体评价？* 在超市买到过期食品或者其他假冒伪劣商品，您会如何处理？

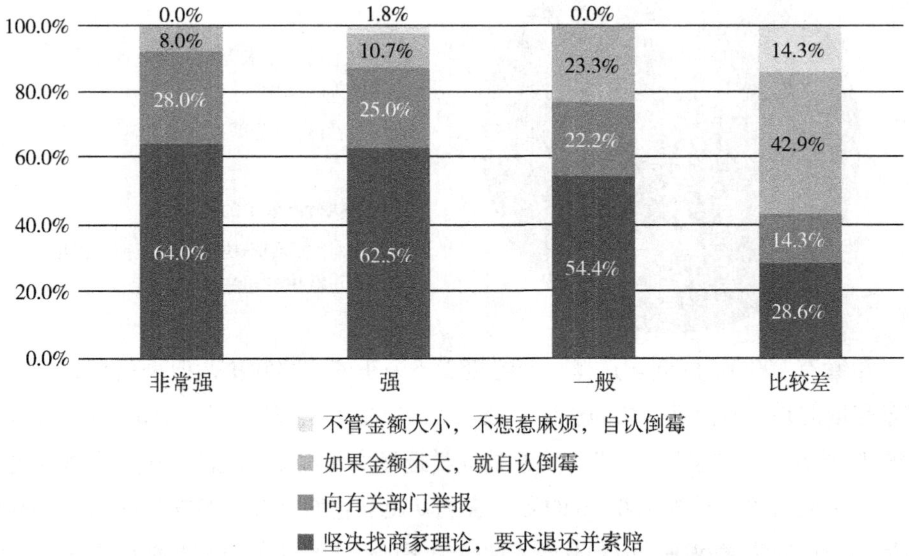

“您对自身法律意识状况如何总体评价”与“在超市买到过期食品或者其他假冒伪劣商品，您会如何处理”交叉统计数据表明，与受访非法学专业学生一样，受访法学专业本科生法律意识状况自我评价高低，与其在超市买到过期食品或者其他假冒伪劣商品时所表现出的维权意识之间也呈现出正相关状态：法律意识状况自我评价“非常强”“强”“一般”和“比较差”的四个群体学生，“坚决找商家理论，要求退还并索赔”“向有关部门举报”两个选项有效百分比均依次下降，而选择放弃权利主张的占比依次升高。

如果受到司法机关或者行政执法机关的不公正裁决，您会怎么办？

		频率	百分比	有效百分比	累计百分比
有效	寻求律师等专业人士帮助，按法律程序捍卫公正	109	61.2	61.2	61.2
	通过上访，寻求上级党委或者有关国家机关的支持	56	31.5	31.5	92.7
	忍气吞声，“胳膊拧不过大腿”，息事宁人	6	3.4	3.4	96.1
	拒绝执行不公正的裁决	7	3.9	3.9	100.0
	设法对抗，绝不执行，甚至报复做出不公正裁决的司法执法人员	0	0	0	100.0
	总计	178	100.0	100.0	

如果受到司法机关或者行政执法机关的不公正裁决，您会怎么办？

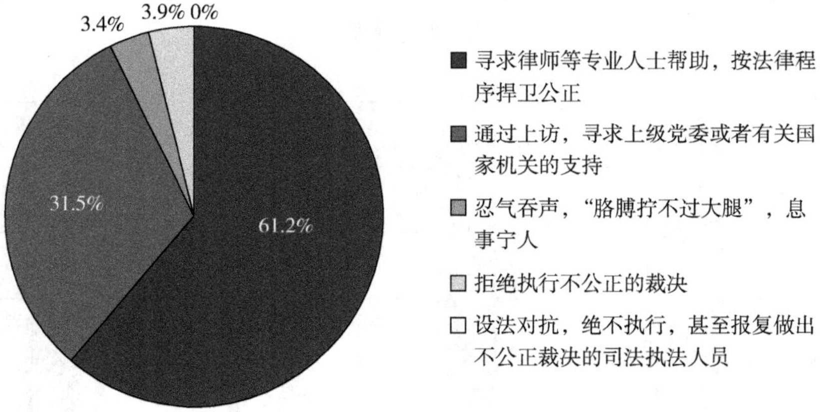

尽管有 100.0% 的同学选择了拒绝接受不公正的法律裁决，但是只有 61.2% 的同学采取的是理性而且合法的法律途径，31.5% 的同学仍然选择“上访”途径处理，3.4% 同学选择了“忍气吞声”，7.3% 的同学选择了非常的不理性——拒绝执行法律判决。由此可见，尽管 100.0% 的受访法学专业学生均有较强的权利意识——拒绝接受不公正的法律裁决，但是有四成学生缺乏理性、合法的权利救济渠道认知。另外，将该项交叉统计数据与受访非法学专业学生相应数据进行比较，受访法学专业学生尽管没人选择“设法对抗，绝不执行，甚至报复做出不公正裁决的司法执法人员”，但是“寻求律师等专业人士帮助，按法律程序捍卫公正”这一合理合法的正确选项有效百分比反而更低（少了 4 个百分点），选择“上访”途径处理的有效百分比更高（高了 6 个百分点）。结合受访法学专业学生总量偏少、低年级居多这一重要因素，总体上看，起码看不出作为未来法律职业者的法学专业学生，面对不公正法律裁决时所应有的更高水平权利保护与权利救济认知与能力。

您对自身法律意识状况如何总体评价？

＊如果受到司法机关或者行政执法机关的不公正裁决，您会怎么办？ 交叉表

			如果受到司法机关或者行政执法机关的不公正裁决，您会怎么办？				
			寻求律师等专业人士帮助，按法律程序捍卫公正	通过上访，寻求上级党委或者有关国家机关的支持	忍气吞声，“胳膊拧不过大腿”，息事宁人	拒绝执行不公正的裁决	总计
您对自身法律意识状况如何总体评价？	非常强	计数	16	7	2	0	25
		占 您对自身法律意识状况如何总体评价？ 的百分比	64.0%	28.0%	8.0%	0.0%	100.0%
		占 如果受到司法机关或者行政执法机关的不公正裁决，您会怎么办？ 的百分比	14.7%	12.5%	33.3%	0.0%	14.0%
		占总计的百分比	9.0%	3.9%	1.1%	0.0%	14.0%
	强	计数	33	20	1	2	56
		占 您对自身法律意识状况如何总体评价？ 的百分比	58.9%	35.7%	1.8%	3.6%	100.0%
		占 如果受到司法机关或者行政执法机关的不公正裁决，您会怎么办？ 的百分比	30.3%	35.7%	16.7%	28.6%	31.5%
		占总计的百分比	18.5%	11.2%	0.6%	1.1%	31.5%
	一般	计数	55	27	3	5	90
		占 您对自身法律意识状况如何总体评价？ 的百分比	61.1%	30.0%	3.3%	5.6%	100.0%
		占 如果受到司法机关或者行政执法机关的不公正裁决，您会怎么办？ 的百分比	50.5%	48.2%	50.0%	71.4%	50.6%
		占总计的百分比	30.9%	15.2%	1.7%	2.8%	50.6%
	比较差	计数	5	2	0	0	7
		占 您对自身法律意识状况如何总体评价？ 的百分比	71.4%	28.6%	0.0%	0.0%	100.0%
		占 如果受到司法机关或者行政执法机关的不公正裁决，您会怎么办？ 的百分比	4.6%	3.6%	0.0%	0.0%	3.9%
		占总计的百分比	2.8%	1.1%	0.0%	0.0%	3.9%
总计		计数	109	56	6	7	178
		占 人数总计 的百分比	61.2%	31.5%	3.4%	3.9%	100.0%
		占 如果受到司法机关或者行政执法机关的不公正裁决，您会怎么办？ 的百分比	100.0%	100.0%	100.0%	100.0%	100.0%

您对自身法律意识状况如何总体评价？* 如果受到司法机关或者行政执法机关的不公正裁决，您会怎么办？

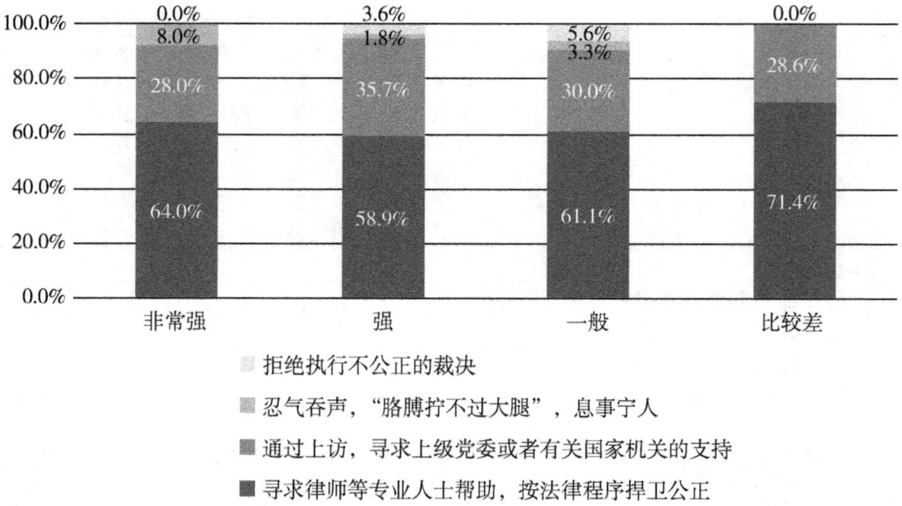

“您对自身法律意识状况如何总体评价”与“如果受到司法机关或者行政执法机关的不公正裁决，您会怎么办”交叉统计数据表明，与受访非法学专业学生该项数据所呈现的结构状态不同的是，受访非法学专业学生法律意识状况自我评价水平高低，与其面对不公正法律裁决时采取处理方式所体现的自我权利保护与救济能力之间，在总体上没有呈现出合理相关性。“寻求律师等专业人士帮助，按法律程序捍卫公正”选项有效百分比，法律意识状况自我评价“强”“一般”和“比较差”的三个群体学生反而依次升高，而自我评价“非常强”群体学生有效百分比比自我评价“比较差”群体学生还低了将近 7 个百分点。四个群体学生中选择“上访”解决模式的有效百分比比较接近。这一状况除了缘于受访非法学专业学生总量偏少、低年级居多以外，还应当与其自身法律意识缺乏足够理性法学理论与法律制度知识支持有关。

您了解“法律援助”吗？

		频率	百分比	有效百分比	累计百分比
有效	知道且了解，懂得获取法律援助的条件和渠道	59	33.1	33.1	33.1
	只是听说过，不懂得具体怎样获取法律援助	114	64.0	64.0	97.1
	完全不清楚	5	2.8	2.8	100.0
	总计	178	100.0	100.0	

您了解“法律援助”吗?

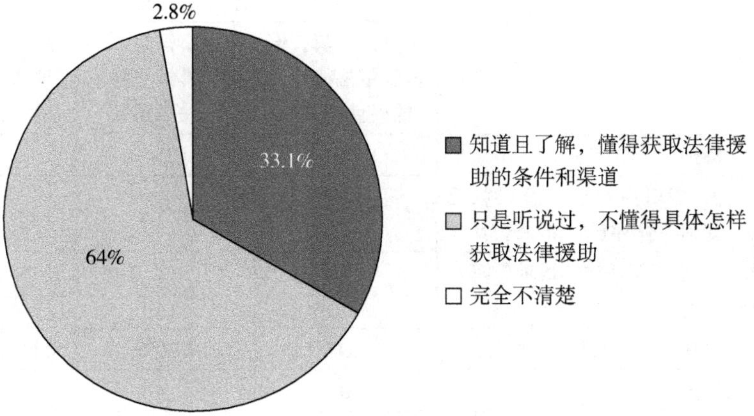

考虑到受访非法学专业学生总量偏少而且低年级居多，“知道且了解，懂得获取法律援助的条件和渠道”选项有效百分比只有33.1%，“只是听说过，不懂得具体怎样获取法律援助”选项有效百分比高达64.0%，“完全不清楚”有效百分比为2.8%，这一数据结构状态总体明显好于受访非法学专业学生，所以是可以理解的。当然，这也说明受访法学专业学生相关基础法律知识的学习和教育亦属非常必要。

您对自身法律意识状况如何总体评价? * 您了解“法律援助”吗? 交叉表

			您了解“法律援助”吗?			
			知道且了解，懂得获取法律援助的条件和渠道	只是听说过，不懂得具体怎样获取法律援助	完全不清楚	总计
您对自身法律意识状况如何总体评价?	非常强	计数	20	4	1	25
		占 您对自身法律意识状况如何总体评价? 的百分比	80.0%	16.0%	4.0%	100.0%
		占 您了解“法律援助”吗? 的百分比	33.9%	3.5%	20.0%	14.0%
		占总计的百分比	11.2%	2.2%	0.6%	14.0%
	强	计数	23	32	1	56
		占 您对自身法律意识状况如何总体评价? 的百分比	41.1%	57.1%	1.8%	100.0%
		占 您了解“法律援助”吗? 的百分比	39.0%	28.1%	20.0%	31.5%
		占总计的百分比	12.9%	18.0%	0.6%	31.5%

续表

			您了解“法律援助”吗?			
			知道且了解，懂得获取法律援助的条件和渠道	只是听说过，不懂得具体怎样获取法律援助	完全不清楚	总计
	一般	计数	16	73	1	90
		占 您对自身法律意识状况如何总体评价? 的百分比	17.8%	81.1%	1.1%	100.0%
		占 您了解“法律援助”吗?的百分比	27.1%	64.0%	20.0%	50.6%
		占总计的百分比	9.0%	41.0%	0.6%	50.6%
	比较差	计数	0	5	2	7
		占 您对自身法律意识状况如何总体评价? 的百分比	0.0%	71.4%	28.6%	100.0%
		占 您了解“法律援助”吗?的百分比	0.0%	4.4%	40.0%	3.9%
		占总计的百分比	0.0%	2.8%	1.1%	3.9%
总计		计数	59	114	5	178
		占 人数总计 的百分比	33.1%	64.0%	2.8%	100.0%
		占 您了解“法律援助”吗?的百分比	100.0%	100.0%	100.0%	100.0%

您对自身法律意识状况如何总体评价? * 您了解“法律援助”吗?

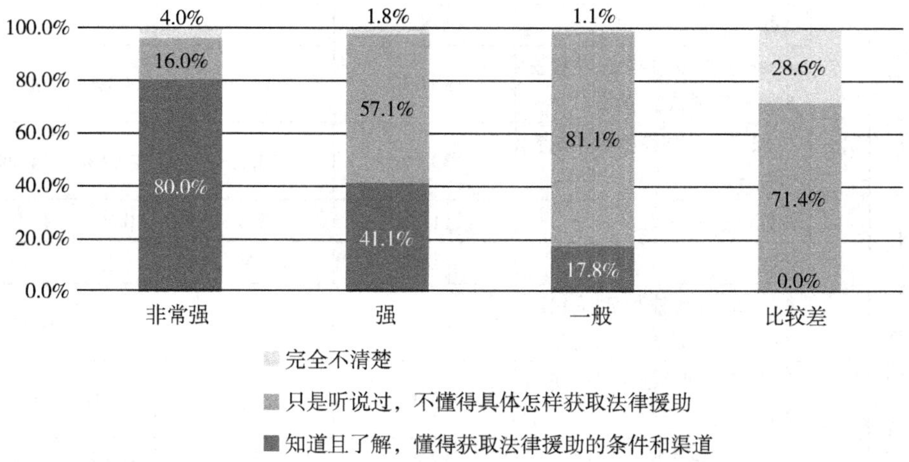

“您对自身法律意识状况如何总体评价”与“您了解‘法律援助’吗”交叉

统计数据表明，受访法学专业学生法律意识自我状况评价高低，与其对法律援助这一权利救济机制的认知水平之间，总体上呈现一定的正相关状态：法律意识状况自我评价“非常强”“强”“一般”和“比较差”四个群体学生，“知道且了解，懂得获取法律援助的条件和渠道”选项有效百分比依次下降。自我评价“强”“一般”和“比较差”三个群体学生，“只是听说过，不懂得具体怎样获取法律援助”选项有效百分比均比较高。这也足以说明，缺乏对相关具体法律制度的了解和认知，是限制和影响受访法学专业学生法律意识水平的重要原因，当然也是其缺乏足够权利认知和保护能力的重要原因。

您对自身法律意识状况如何总体评价？
*** 您是否会购买来路不明的自行车、手机或其他物件？ 交叉表**

			您是否会购买来路不明的自行车、手机或其他物件？			
			哪怕再喜欢、再便宜，没有原始发票或相关合法证明，就坚决不买	对于实在是心仪物品，哪怕没有原始发票或相关合法证明，也会购买	只要价格便宜，就会购买	总计
您对自身法律意识状况如何总体评价？	非常强	计数	12	11	2	25
		占 您对自身法律意识状况如何总体评价？ 的百分比	48.0%	44.0%	8.0%	100.0%
		占 您是否会购买来路不明的自行车、手机或其他物件？ 的百分比	9.7%	25.6%	18.2%	14.0%
		占总计的百分比	6.7%	6.2%	1.1%	14.0%
	强	计数	44	9	3	56
		占 您对自身法律意识状况如何总体评价？ 的百分比	78.6%	16.1%	5.4%	100.0%
		占 您是否会购买来路不明的自行车、手机或其他物件？ 的百分比	35.5%	20.9%	27.3%	31.5%
		占总计的百分比	24.7%	5.1%	1.7%	31.5%
	一般	计数	64	22	4	90
		占 您对自身法律意识状况如何总体评价？ 的百分比	71.1%	24.4%	4.4%	100.0%
		占 您是否会购买来路不明的自行车、手机或其他物件？ 的百分比	51.6%	51.2%	36.4%	50.6%
		占总计的百分比	36.0%	12.4%	2.2%	50.6%

续表

		您是否会购买来路不明的自行车、手机或其他物件？			
		哪怕再喜欢、再便宜，没有原始发票或相关合法证明，就坚决不买	对于实在是心仪物品，哪怕没有原始发票或相关合法证明，也会购买	只要价格便宜，就会购买	总计
比较差	计数	4	1	2	7
	占 您对自身法律意识状况如何总体评价？ 的百分比	57.1%	14.3%	28.6%	100.0%
	占 您是否会购买来路不明的自行车、手机或其他物件？的百分比	3.2%	2.3%	18.2%	3.9%
	占总计的百分比	2.2%	0.6%	1.1%	3.9%
总计	计数	124	43	11	178
	占 人数总计 的百分比	69.7%	24.2%	6.2%	100.0%
	占 您是否会购买来路不明的自行车、手机或其他物件？的百分比	100.0%	100.0%	100.0%	100.0%

您对自身法律意识状况如何总体评价？*您是否会购买来路不明的自行车、手机或其他物件？

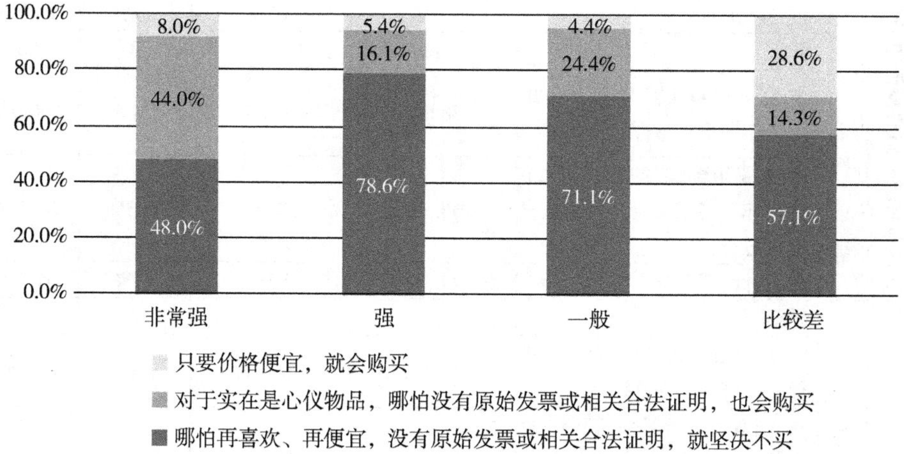

“您对自身法律意识状况如何总体评价”与“您是否会购买来路不明的自行车、手机或其他物件”交叉统计数据表明，总体而言，与受访非法学专

业学生相关数据结构状态比较相似，受访法学专业学生法律意识状况自我评价高低，与其对来路不明物件的购买意愿所表现出的权利保护能力水平之间，呈现出一定的正相关状态：法律意识状况自我评价“强”“一般”和“比较差”三个群体学生，“哪怕再喜欢、再便宜，没有原始发票或相关合法证明，就坚决不买”选项有效百分比依次下降。然而，法律意识状况自我评价“非常强”学生该选项有效百分比（48.0%）在四个群体中最低，而且四个群体学生该选项有效百分比均低于受访非法学专业学生。这同样再一次证明部分学生尽管法律意识状况自我评价“非常强”，但实际上并非建立在法律知识足够理性认知基础上。另外，法律意识状况自我评价“非常强”“强”“一般”和“比较差”四个群体学生，“对于实在是心仪物品，哪怕没有原始发票或相关合法证明，也会购买”选项有效百分比平均值高达 24.70%，四个群体学生“只要价格便宜，就会购买”选项有效百分比总体较低，有效百分比平均值为 11.6%（其中法律意识状况自我评价“比较差”学生该选项有效百分比较高）。同样说明，在缺乏权利保护法律知识足够认知的情况下面对“来路不明”物件是否购买，“价格便宜”已经不是主要诱惑，是否“心仪”则更有直接影响力。

总体上看，受访法学专业本科生在权利的认知方面相对于受访非法学专业学生而言总体要稍好些，但也存在比较明显的矛盾现象：一方面学生的主体意识相对较强，渴望被尊重，乐于主张权利；另一方面，学生对于（法律）权利的范围和边界缺乏足够而具体认知，对他人权利及其与自身权利之间关系、权利和义务之间相辅相成关系等也缺乏足够而必要的理解和认识，另外具体处理个人法律权利与相关道德事务之间关系等认识和能力也有不足，甚至还不同程度存在错误法理念，从而不仅使其权利认知等权利意识受到直接限制，也将严重影响到其作为未来法律职业者的成长和发展。另外，就受访法学专业学生而言，虽然也表现出强烈的权利要求与权利主张，但同样普遍缺乏基本的权利维护与救济能力，尤其是其积极、主动的权利认知和权利保护与救济能力相对更加有限。虽然受访法学专业学生总量偏少、低年级居多，但还是没有充分展示出作为未来法律职业者应有的权利保护与权利救济能力与水平。

三、非法学专业本科生权利意识状况性别比较

（一）自我权利认知水平

您的性别？ * 您很明确知道自己有哪些权利吗？ 交叉表

			您很明确知道自己有哪些权利吗？					
			严格根据“法无禁止即自由”推定自己的权利范围	认真学习过宪法，很清楚自己的基本权利	跟着感觉走，大概知道一些自己的权利	不清楚权利内容，但凭良心做人做事，不侵害他人就没事	不知道，但无所谓，想咋干就咋干	总计
您的性别？	男	计数	88	278	287	313	28	994
		占 您的性别？ 的百分比	8.9%	28.0%	28.9%	31.5%	2.8%	100.0%
		占 您很明确知道自己有哪些权利吗？ 的百分比	39.8%	31.6%	33.8%	34.2%	53.8%	34.1%
		占总计的百分比	3.0%	9.5%	9.8%	10.7%	1.0%	34.1%
	女	计数	133	601	563	603	24	1924
		占 您的性别？ 的百分比	6.9%	31.2%	29.3%	31.3%	1.2%	100.0%
		占 您很明确知道自己有哪些权利吗？ 的百分比	60.2%	68.4%	66.2%	65.8%	46.2%	65.9%
		占总计的百分比	4.6%	20.6%	19.3%	20.7%	0.8%	65.9%
总计		计数	221	879	850	916	52	2918
		占 人数总计 的百分比	7.6%	30.1%	29.1%	31.4%	1.8%	100.0%
		占 您很明确知道自己有哪些权利吗？ 的百分比	100.0%	100.0%	100.0%	100.0%	100.0%	100.0%

交叉统计数据表明，受访非法学专业学生中，对于是否明知自身享有的法律权利五个相关选项的有效百分比，男女学生非常接近（最多相差 2—3 三个百分点），平均值分别为 20.02%、19.92%。这就意味着在自我权利的一般性认知上，受访非法学专业学生中，男女性别差异基本可以忽略。

您的性别？ * 您很明确知道自己有哪些权利吗？

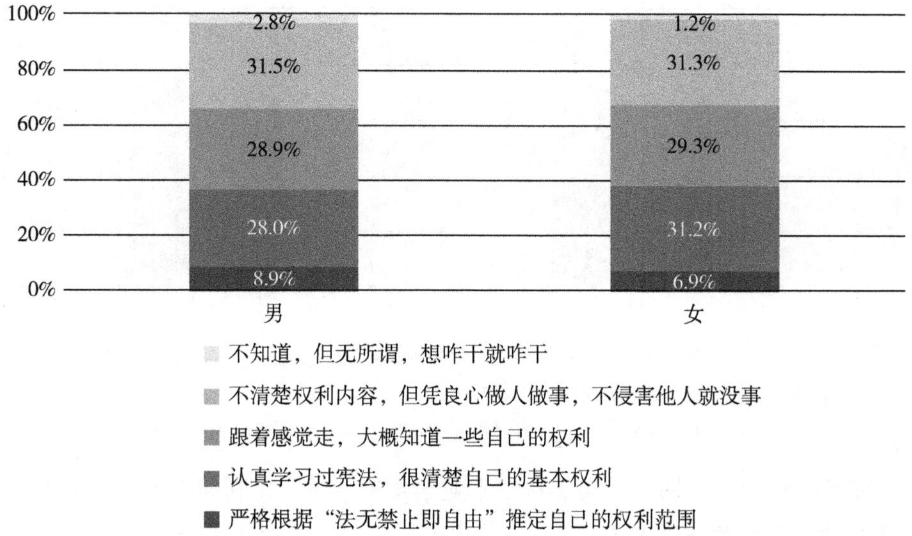

您的性别？ * 您如何理解法律权利与法律义务的关系？ 交叉表

			您如何理解法律权利与法律义务的关系？			
			权利和义务相一致，享受权利就要承担义务，承担义务是为了享受权利	权利越多越好，义务越少越好	权利和义务不相干，两者之间没有必然联系	总计
您的性别？	男	计数	928	22	44	994
		占 您的性别？ 的百分比	93.4%	2.2%	4.4%	100.0%
		占 您如何理解法律权利与法律义务的关系？ 的百分比	33.2%	52.4%	57.1%	34.1%
		占总计的百分比	31.8%	0.8%	1.5%	34.1%
	女	计数	1871	20	33	1924
		占 您的性别？ 的百分比	97.2%	1.0%	1.7%	100.0%
		占 您如何理解法律权利与法律义务的关系？ 的百分比	66.8%	47.6%	42.9%	65.9%
		占总计的百分比	64.1%	0.7%	1.1%	65.9%
总计		计数	2799	42	77	2918
		占 人数总计 的百分比	95.9%	1.4%	2.6%	100.0%
		占 您如何理解法律权利与法律义务的关系？ 的百分比	100.0%	100.0%	100.0%	100.0%

您的性别？* 您如何理解法律权利与法律义务的关系？

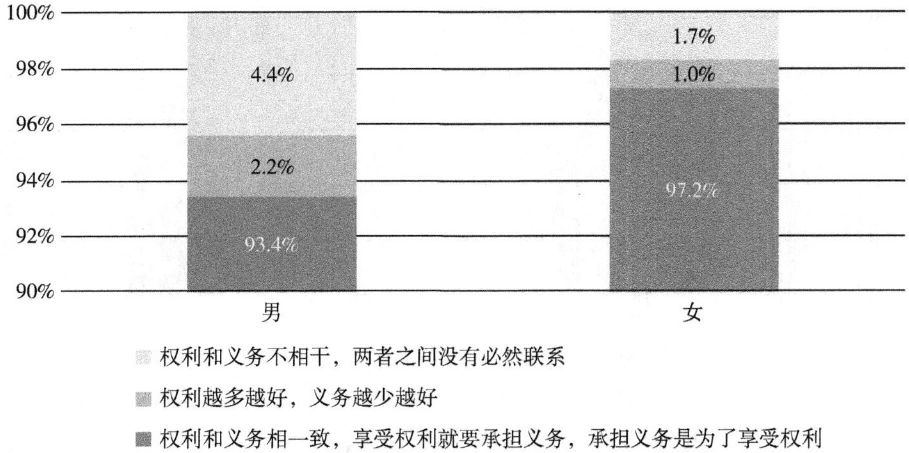

交叉统计数据表明，受访非法学专业学生中，对于权利和义务一般关系理解与认知的三个相关选项的有效百分比，男女学生之间也相当接近，相对而言，女生中能够正确认知把握权利义务关系的占比稍高一点（正确选项有效百分比女生高了 3.8 个百分点），但男女性别差异基本可以忽略。

您的性别？ * 您主动学习过《教育法》《高等教育法》吗？ 交叉表

			您主动学习过《教育法》《高等教育法》吗？		
			是	否	总计
您的性别？	男	计数	182	812	994
		占 您的性别？ 的百分比	18.3%	81.7%	100.0%
		占 您主动学习过《教育法》《高等教育法》吗？ 的百分比	37.7%	33.3%	34.1%
		占总计的百分比	6.2%	27.8%	34.1%
	女	计数	301	1623	1924
		占 您的性别？ 的百分比	15.6%	84.4%	100.0%
		占 您主动学习过《教育法》《高等教育法》吗？ 的百分比	62.3%	66.7%	65.9%
		占总计的百分比	10.3%	55.6%	65.9%
总计		计数	483	2435	2918
		占 人数总计 的百分比	16.6%	83.4%	100.0%
		占 您主动学习过《教育法》《高等教育法》吗？ 的百分比	100.0%	100.0%	100.0%

您的性别？* 您主动学习过《教育法》《高等教育法》吗？

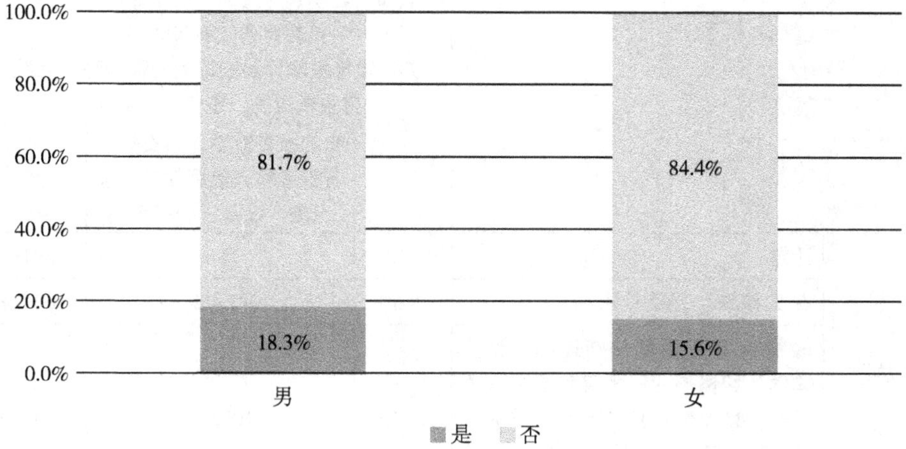

您的性别？ * 您之前已经明确知道的，受法律确认和保护的受教育者权利有哪些？_参加教育教学计划安排的各种活动，使用教育教学设施、设备、图书资料 交叉表

			您之前已经明确知道的，受法律确认和保护的受教育者权利有哪些？_参加教育教学计划安排的各种活动，使用教育教学设施、设备、图书资料		
				参加教育教学计划安排的各种活动，使用教育教学设施、设备、图书资料	总计
您的性别？	男	计数	223	771	994
		占 您的性别？ 的百分比	22.4%	77.6%	100.0%
		占 您之前已经明确知道的，受法律确认和保护的受教育者权利有哪些？_参加教育教学计划安排的各种活动，使用教育教学设施、设备、图书资料 的百分比	41.1%	32.4%	34.1%
		占总计的百分比	7.6%	26.4%	34.1%
	女	计数	319	1605	1924
		占 您的性别？ 的百分比	16.6%	83.4%	100.0%
		占 您之前已经明确知道的，受法律确认和保护的受教育者权利有哪些？_参加教育教学计划安排的各种活动，使用教育教学设施、设备、图书资料 的百分比	58.9%	67.6%	65.9%
		占总计的百分比	10.9%	55.0%	65.9%

续表

		您之前已经明确知道的，受法律确认和保护的受教育者权利有哪些？_参加教育教学计划安排的各种活动，使用教育教学设施、设备、图书资料		
			参加教育教学计划安排的各种活动，使用教育教学设施、设备、图书资料	总计
总计	计数	542	2376	2918
	占 人数总计 的百分比	18.6%	81.4%	100.0%
	占 您之前已经明确知道的，受法律确认和保护的受教育者权利有哪些？_参加教育教学计划安排的各种活动，使用教育教学设施、设备、图书资料 的百分比	100.0%	100.0%	100.0%

您的性别？ * 您之前已经明确知道的，受法律确认和保护的受教育者权利有哪些？_按照国家有关规定获得奖学金、贷学金、助学金 交叉表

			您之前已经明确知道的，受法律确认和保护的受教育者权利有哪些？_按照国家有关规定获得奖学金、贷学金、助学金		
				按照国家有关规定获得奖学金、贷学金、助学金	总计
您的性别？	男	计数	249	745	994
		占 您的性别？ 的百分比	25.1%	74.9%	100.0%
		占 您之前已经明确知道的，受法律确认和保护的受教育者权利有哪些？_按照国家有关规定获得奖学金、贷学金、助学金 的百分比	45.3%	31.5%	34.1%
		占总计的百分比	8.5%	25.5%	34.1%
	女	计数	301	1623	1924
		占 您的性别？ 的百分比	15.6%	84.4%	100.0%
		占 您之前已经明确知道的，受法律确认和保护的受教育者权利有哪些？_按照国家有关规定获得奖学金、贷学金、助学金 的百分比	54.7%	68.5%	65.9%
		占总计的百分比	10.3%	55.6%	65.9%

续表

		您之前已经明确知道的，受法律确认和保护的受教育者权利有哪些？_按照国家有关规定获得奖学金、贷学金、助学金		
			按照国家有关规定获得奖学金、贷学金、助学金	总计
总计	计数	550	2368	2918
	占 人数总计 的百分比	18.8%	81.2%	100.0%
	占 您之前已经明确知道的，受法律确认和保护的受教育者权利有哪些？_按照国家有关规定获得奖学金、贷学金、助学金 的百分比	100.0%	100.0%	100.0%

您的性别？ * 您之前已经明确知道的，受法律确认和保护的受教育者权利有哪些？_在学业成绩和品行上获得公正评价，完成规定的学业后获得相应的学业证书、学位证书 交叉表

			您之前已经明确知道的，受法律确认和保护的受教育者权利有哪些？_在学业成绩和品行上获得公正评价，完成规定的学业后获得相应的学业证书、学位证书		
				在学业成绩和品行上获得公正评价，完成规定的学业后获得相应的学业证书、学位证书	总计
您的性别？	男	计数	251	743	994
		占 您的性别？ 的百分比	25.3%	74.7%	100.0%
		占 您之前已经明确知道的，受法律确认和保护的受教育者权利有哪些？_在学业成绩和品行上获得公正评价，完成规定的学业后获得相应的学业证书、学位证书 的百分比	45.3%	31.4%	34.1%
		占总计的百分比	8.6%	25.5%	34.1%
	女	计数	303	1621	1924
		占 您的性别？ 的百分比	15.7%	84.3%	100.0%
		占 您之前已经明确知道的，受法律确认和保护的受教育者权利有哪些？_在学业成绩和品行上获得公正评价，完成规定的学业后获得相应的学业证书、学位证书 的百分比	54.7%	68.6%	65.9%
		占总计的百分比	10.4%	55.6%	65.9%

续表

			您之前已经明确知道的，受法律确认和保护的受教育者权利有哪些？ _ 在学业成绩和品行上获得公正评价，完成规定的学业后获得相应的学业证书、学位证书		
				在学业成绩和品行上获得公正评价，完成规定的学业后获得相应的学业证书、学位证书	总计
总计		计数	554	2364	2918
		占 人数总计 的百分比	19.0%	81.0%	100.0%
		占 您之前已经明确知道的，受法律确认和保护的受教育者权利有哪些？ _ 在学业成绩和品行上获得公正评价，完成规定的学业后获得相应的学业证书、学位证书 的百分比	100.0%	100.0%	100.0%

您的性别？ * 您之前已经明确知道的，受法律确认和保护的受教育者权利有哪些？ _ 对学校给予的处分不服向有关部门提出申诉，对学校、教师侵犯其人身权、财产权等合法权益，提出申诉或者依法提起诉讼 交叉表

			您之前已经明确知道的，受法律确认和保护的受教育者权利有哪些？ _ 对学校给予的处分不服向有关部门提出申诉，对学校、教师侵犯其人身权、财产权等合法权益，提出申诉或者依法提起诉讼		
				对学校给予的处分不服向有关部门提出申诉，对学校、教师侵犯其人身权、财产权等合法权益，提出申诉或者依法提起诉讼	总计
您的性别？	男	计数	324	670	994
		占 您的性别？ 的百分比	32.6%	67.4%	100.0%
		占 您之前已经明确知道的，受法律确认和保护的受教育者权利有哪些？ _ 对学校给予的处分不服向有关部门提出申诉，对学校、教师侵犯其人身权、财产权等合法权益，提出申诉或者依法提起诉讼 的百分比	42.6%	31.0%	34.1%
		占总计的百分比	11.1%	23.0%	34.1%

续表

			您之前已经明确知道的，受法律确认和保护的受教育者权利有哪些？_对学校给予的处分不服向有关部门提出申诉，对学校、教师侵犯其人身权、财产权等合法权益，提出申诉或者依法提起诉讼		
				对学校给予的处分不服向有关部门提出申诉，对学校、教师侵犯其人身权、财产权等合法权益，提出申诉或者依法提起诉讼	总计
	女	计数	436	1488	1924
		占 您的性别？ 的百分比	22.7%	77.3%	100.0%
		占 您之前已经明确知道的，受法律确认和保护的受教育者权利有哪些？_对学校给予的处分不服向有关部门提出申诉，对学校、教师侵犯其人身权、财产权等合法权益，提出申诉或者依法提起诉讼 的百分比	57.4%	69.0%	65.9%
		占总计的百分比	14.9%	51.0%	65.9%
总计		计数	760	2158	2918
		占 人数总计 的百分比	26.0%	74.0%	100.0%
		占 您之前已经明确知道的，受法律确认和保护的受教育者权利有哪些？_对学校给予的处分不服向有关部门提出申诉，对学校、教师侵犯其人身权、财产权等合法权益，提出申诉或者依法提起诉讼 的百分比	100.0%	100.0%	100.0%

您的性别？ * 您之前已经明确知道的，受法律确认和保护的受教育者权利有哪些？_法律、法规规定的其他权利 交叉表

			您之前已经明确知道的，受法律确认和保护的受教育者权利有哪些？_法律、法规规定的其他权利		
				法律、法规规定的其他权利	总计
您的性别？	男	计数	411	583	994
		占 您的性别？ 的百分比	41.3%	58.7%	100.0%
		占 您之前已经明确知道的，受法律确认和保护的受教育者权利有哪些？_法律、法规规定的其他权利 的百分比	41.5%	30.2%	34.1%
		占总计的百分比	14.1%	20.0%	34.1%

续表

			您之前已经明确知道的，受法律确认和保护的受教育者权利有哪些？_法律、法规规定的其他权利		
				法律、法规规定的其他权利	总计
	女	计数	579	1345	1924
		占 您的性别？ 的百分比	30.1%	69.9%	100.0%
		占 您之前已经明确知道的，受法律确认和保护的受教育者权利有哪些？_法律、法规规定的其他权利 的百分比	58.5%	69.8%	65.9%
		占总计的百分比	19.8%	46.1%	65.9%
总计		计数	990	1928	2918
		占 人数总计 的百分比	33.9%	66.1%	100.0%
		占 您之前已经明确知道的，受法律确认和保护的受教育者权利有哪些？_法律、法规规定的其他权利 的百分比	100.0%	100.0%	100.0%

将上述数据进行汇总，形成以下图表：

您的性别？ * 您之前已经明确知道的，受法律确认和保护的受教育者权利有哪些？交叉表

		您之前已经明确知道的，受法律确认和保护的受教育者权利有哪些？				
		参加教育教学计划安排的各种活动，使用教育教学设施、设备、图书资料	按照国家有关规定获得奖学金、贷学金、助学金	在学业成绩和品行上获得公正评价，完成规定的学业后获得相应的学业证书、学位证书	对学校给予的处分不服向有关部门提出申诉，对学校、教师侵犯其人身权、财产权等合法权益，提出申诉或者依法提起诉讼	法律、法规规定的其他权利
您的性别？_有效百分比	男	77.6	74.9	74.7	67.4	58.7
	女	83.4	84.4	84.3	77.3	69.9

虽然在是否主动学习过《教育法》《高等教育法》两个教育基本法律问题考察中，受访非法学专业学生中男女性别差异不明显，而且男同学“是”的有效百分比比女生高了 2.7 个百分点，相应地，女生“否”的有效百分比比男生高了 2.7 个百分点，但是，在《教育法》中列举的五项受教育者权利条款的认知考察中，“参加教育教学计划安排的各种活动，使用教育教学设施、设备、图书资料”这一项

您的性别？* 您之前已经明确知道的，受法律确认和保护的受教育者权利有哪些？

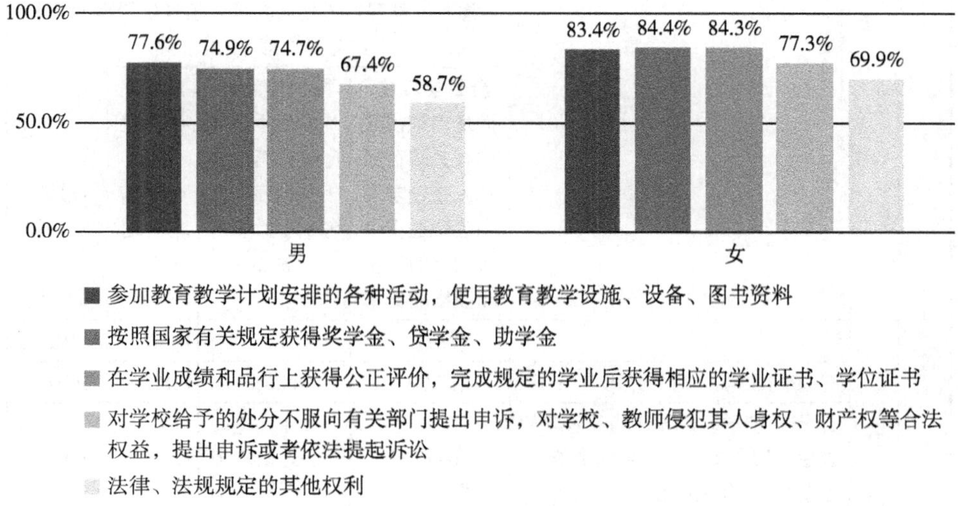

有效百分比女生比男生高了 5.8 个百分点，其余四个选项有效百分比女生比男生均高出 10 个百分点左右。这起码能说明受访非法学专业学生中，女生总体上比男生有更高的权利要求。

您的性别？ * 您系统学习过《普通高等学校学生管理规定》（教育部令第 41 号）吗？交叉表

			您系统学习过《普通高等学校学生管理规定》（教育部令第 41 号）吗？			
			全面学习过，而且很重视其中有关规定对本人在校学习和生活过程中所提供的保护和提出的要求	学校组织过《学生手册》考试，其中有相关内容，但考试后就不再关心	从没关心和在意过，也不知道有这一部门规章	总计
您的性别？	男	计数	179	561	254	994
		占 您的性别？ 的百分比	18.0%	56.4%	25.6%	100.0%
		占 您系统学习过《普通高等学校学生管理规定》（教育部令第 41 号）吗？ 的百分比	35.4%	31.2%	41.4%	34.1%
		占总计的百分比	6.1%	19.2%	8.7%	34.1%

续表

			您系统学习过《普通高等学校学生管理规定》（教育部令第 41 号）吗?			
			全面学习过，而且很重视其中有关规定对本人在校学习和生活过程中所提供的保护和提出的要求	学校组织过《学生手册》考试，其中有相关内容，但考试后就不再关心	从没关心和在意过，也不知道有这一部门规章	总计
	女	计数	327	1237	360	1924
		占 您的性别？ 的百分比	17.0%	64.3%	18.7%	100.0%
		占 您系统学习过《普通高等学校学生管理规定》（教育部令第 41 号）吗？ 的百分比	64.6%	68.8%	58.6%	65.9%
		占总计的百分比	11.2%	42.4%	12.3%	65.9%
总计		计数	506	1798	614	2918
		占 人数总计 的百分比	17.3%	61.6%	21.0%	100.0%
		占 您系统学习过《普通高等学校学生管理规定》（教育部令第 41 号）吗？ 的百分比	100.0%	100.0%	100.0%	100.0%

您的性别？ * 您系统学习过《普通高等学校学生管理规定》（教育部令第41号）吗？

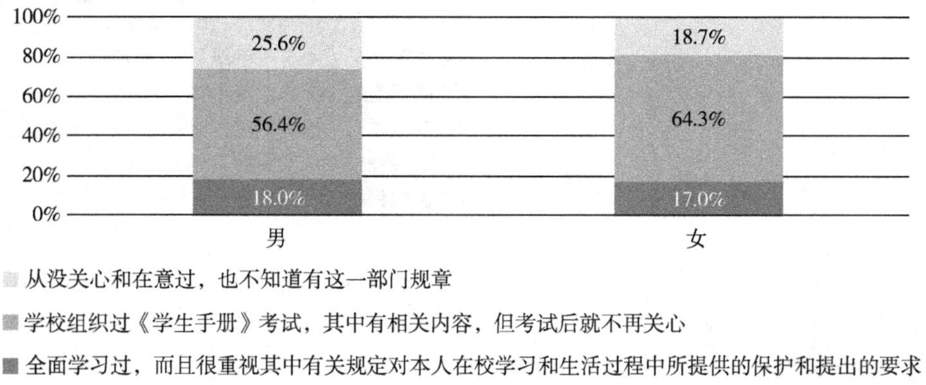

您的性别？ * 下列说法正确的有哪些？ _除商业和旅游类校（院）系科（专业）可举办实习商店外，学生个人不得从事经商活动 交叉表

			下列说法正确的有哪些？ _除商业和旅游类校（院）系科（专业）可举办实习商店外，学生个人不得从事经商活动		
				除商业和旅游类校（院）系科（专业）可举办实习商店外，学生个人不得从事经商活动	总计
您的性别？	男	计数	673	321	994
		占 您的性别？ 的百分比	67.7%	32.3%	100.0%
		占 下列说法正确的有哪些？ _除商业和旅游类校（院）系科（专业）可举办实习商店外，学生个人不得从事经商活动 的百分比	32.3%	38.4%	34.1%
		占总计的百分比	23.1%	11.0%	34.1%
	女	计数	1408	516	1924
		占 您的性别？ 的百分比	73.2%	26.8%	100.0%
		占 下列说法正确的有哪些？ _除商业和旅游类校（院）系科（专业）可举办实习商店外，学生个人不得从事经商活动 的百分比	67.7%	61.6%	65.9%
		占总计的百分比	48.3%	17.7%	65.9%
总计		计数	2081	837	2918
		占 人数总计 的百分比	71.3%	28.7%	100.0%
		占 下列说法正确的有哪些？ _除商业和旅游类校（院）系科（专业）可举办实习商店外，学生个人不得从事经商活动 的百分比	100.0%	100.0%	100.0%

您的性别？ * 下列说法正确的有哪些？ _校园内禁止张贴大、小字报 交叉表

			下列说法正确的有哪些？ _校园内禁止张贴大、小字报		
				校园内禁止张贴大、小字报	总计
您的性别？	男	计数	445	549	994
		占 您的性别？ 的百分比	44.8%	55.2%	100.0%
		占 下列说法正确的有哪些？ _校园内禁止张贴大、小字报 的百分比	34.5%	33.7%	34.1%
		占总计的百分比	15.3%	18.8%	34.1%

续表

			下列说法正确的有哪些？_校园内禁止张贴大、小字报		
				校园内禁止张贴大、小字报	总计
	女	计数	843	1081	1924
		占 您的性别？ 的百分比	43.8%	56.2%	100.0%
		占 下列说法正确的有哪些？_校园内禁止张贴大、小字报 的百分比	65.5%	66.3%	65.9%
		占总计的百分比	28.9%	37.0%	65.9%
总计		计数	1288	1630	2918
		占 人数总计 的百分比	44.1%	55.9%	100.0%
		占 下列说法正确的有哪些？_校园内禁止张贴大、小字报 的百分比	100.0%	100.0%	100.0%

您的性别？ * 下列说法正确的有哪些？_任何组织和个人均不得在学校进行宗教活动 交叉表

			下列说法正确的有哪些？_任何组织和个人均不得在学校进行宗教活动		
				任何组织和个人均不得在学校进行宗教活动	总计
您的性别？	男	计数	377	617	994
		占 您的性别？ 的百分比	37.9%	62.1%	100.0%
		占 下列说法正确的有哪些？_任何组织和个人均不得在学校进行宗教活动 的百分比	38.1%	32.0%	34.1%
		占总计的百分比	12.9%	21.1%	34.1%
	女	计数	613	1311	1924
		占 您的性别？ 的百分比	31.9%	68.1%	100.0%
		占 下列说法正确的有哪些？_任何组织和个人均不得在学校进行宗教活动 的百分比	61.9%	68.0%	65.9%
		占总计的百分比	21.0%	44.9%	65.9%
总计		计数	990	1928	2918
		占 人数总计 的百分比	33.9%	66.1%	100.0%
		占 下列说法正确的有哪些？_任何组织和个人均不得在学校进行宗教活动 的百分比	100.0%	100.0%	100.0%

您的性别？ * 下列说法正确的有哪些？_学生纪律处分处理结论要同学生本人见面，允许本人申辩、申诉和保留不同意见 交叉表

			下列说法正确的有哪些？_学生纪律处分处理结论要同学生本人见面，允许本人申辩、申诉和保留不同意见		
				学生纪律处分处理结论要同学生本人见面，允许本人申辩、申诉和保留不同意见	总计
您的性别？	男	计数	308	686	994
		占 您的性别？ 的百分比	31.0%	69.0%	100.0%
		占 下列说法正确的有哪些？_学生纪律处分处理结论要同学生本人见面，允许本人申辩、申诉和保留不同意见 的百分比	43.1%	31.1%	34.1%
		占总计的百分比	10.6%	23.5%	34.1%
	女	计数	406	1518	1924
		占 您的性别？ 的百分比	21.1%	78.9%	100.0%
		占 下列说法正确的有哪些？_学生纪律处分处理结论要同学生本人见面，允许本人申辩、申诉和保留不同意见 的百分比	56.9%	68.9%	65.9%
		占总计的百分比	13.9%	52.0%	65.9%
总计		计数	714	2204	2918
		占 人数总计 的百分比	24.5%	75.5%	100.0%
		占 下列说法正确的有哪些？_学生纪律处分处理结论要同学生本人见面，允许本人申辩、申诉和保留不同意见 的百分比	100.0%	100.0%	100.0%

您的性别？ * 下列说法正确的有哪些？
_学校有权依法劝阻或制止未经批准的游行、示威等活动 交叉表

			下列说法正确的有哪些？_学校有权依法劝阻或制止未经批准的游行、示威等活动		
				学校有权依法劝阻或制止未经批准的游行、示威等活动	总计
您的性别？	男	计数	279	715	994
		占 您的性别？ 的百分比	28.1%	71.9%	100.0%
		占 下列说法正确的有哪些？_学校有权依法劝阻或制止未经批准的游行、示威等活动 的百分比	39.3%	32.4%	34.1%
		占总计的百分比	9.6%	24.5%	34.1%
	女	计数	431	1493	1924
		占 您的性别？ 的百分比	22.4%	77.6%	100.0%
		占 下列说法正确的有哪些？_学校有权依法劝阻或制止未经批准的游行、示威等活动 的百分比	60.7%	67.6%	65.9%
		占总计的百分比	14.8%	51.2%	65.9%
总计		计数	710	2208	2918
		占 人数总计 的百分比	24.3%	75.7%	100.0%
		占 下列说法正确的有哪些？_学校有权依法劝阻或制止未经批准的游行、示威等活动 的百分比	100.0%	100.0%	100.0%

您的性别？ * 下列说法正确的有哪些？
_学生社团邀请校外人员到学校进行社会政治和学术活动，均须经学校同意 交叉表

			下列说法正确的有哪些？_学生社团邀请校外人员到学校进行社会政治和学术活动，均须经学校同意		
				学生社团邀请校外人员到学校进行社会政治和学术活动，均须经学校同意	总计
您的性别？	男	计数	288	706	994
		占 您的性别？ 的百分比	29.0%	71.0%	100.0%
		占 下列说法正确的有哪些？_学生社团邀请校外人员到学校进行社会政治和学术活动，均须经学校同意 的百分比	44.3%	31.1%	34.1%
		占总计的百分比	9.9%	24.2%	34.1%

续表

			下列说法正确的有哪些？_学生社团邀请校外人员到学校进行社会政治和学术活动，均须经学校同意		
				学生社团邀请校外人员到学校进行社会政治和学术活动，均须经学校同意	总计
	女	计数	362	1562	1924
		占 您的性别？ 的百分比	18.8%	81.2%	100.0%
		占 下列说法正确的有哪些？_学生社团邀请校外人员到学校进行社会政治和学术活动，均须经学校同意 的百分比	55.7%	68.9%	65.9%
		占总计的百分比	12.4%	53.5%	65.9%
总计		计数	650	2268	2918
		占 人数总计 的百分比	22.3%	77.7%	100.0%
		占 下列说法正确的有哪些？_学生社团邀请校外人员到学校进行社会政治和学术活动，均须经学校同意 的百分比	100.0%	100.0%	100.0%

将上述数据进行汇总，形成以下图表：

您的性别？ * 下列说法正确的有哪些？ 交叉表

		下列说法正确的有哪些？					
		除商业和旅游类校（院）系科（专业）可举办实习商店外，学生个人不得从事经商活动	校园内禁止张贴大、小字报	任何组织和个人均不得在学校进行宗教活动	学生纪律处分处理结论要同学生本人见面，允许本人申辩、申诉和保留不同意见	学校有权依法劝阻或制止未经批准的游行、示威等活动	学生社团邀请校外人员到学校进行社会政治和学术活动，均须经学校同意
您的性别？_有效百分比	男	32.3	55.2	62.1	69.0	71.9	1.07
	女	26.8	56.2	68.1	78.9	77.6	81.2

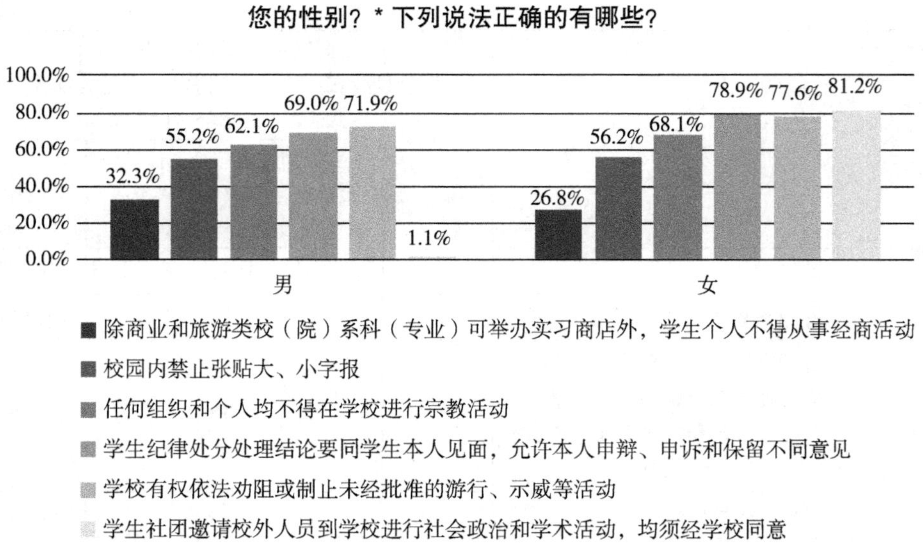

就与青年大学生日常生活与学习最密切的教育规章《普通高等学校学生管理规定》（教育部令第 41 号）进行考察时，受访非法学专业学生中有否主动学习过的男女性别差异总体有限："全面学习过，而且很重视其中有关规定对本人在校学习和生活过程中所提供的保护和提出的要求"选项有效百分比男生只比女生高了 1 个百分点，"学校组织过《学生手册》考试，其中有相关内容，但考试后就不再关心"选项有效百分比则是女生比男生高了 7.9 个百分点，"从没关心和在意过，也不知道有这一部门规章"选项有效百分比男生又比女生高了 6.9 个百分点，所以相对而言更多男生漠视这一重要的部门规章。然而，就教育部第 41 号令中六项相关权利义务性条款进行认知考察的时候，"除商业和旅游类校（院）系科（专业）可举办实习商店外，学生个人不得从事经商活动"选项有效百分比男生比女生高了 5.5 个百分点；"校园内禁止张贴大、小字报"选项有效百分比非常接近，男生只比女生低了 1 个百分点；"任何组织和个人均不得在学校进行宗教活动"等其他四个选项有效百分比，女生则比男生高了 6 到 10 个百分点左右。相对而言，女生总体上还是比男生有更高的具体权利义务认知。

您的性别？ * 您如何看待“山寨产品”？ 交叉表

			您如何看待“山寨产品”？			
			坚决抵制山寨产品，支持正版	尽量使用正版，偶尔因为贪便宜也购买山寨产品	价格低廉，我乐意购买	总计
您的性别？	男	计数	531	425	38	994
		占 您的性别？ 的百分比	53.4%	42.8%	3.8%	100.0%
		占 您如何看待“山寨产品”？ 的百分比	33.2%	33.8%	63.3%	34.1%
		占总计的百分比	18.2%	14.6%	1.3%	34.1%
	女	计数	1069	833	22	1924
		占 您的性别？ 的百分比	55.6%	43.3%	1.1%	100.0%
		占 您如何看待“山寨产品”？ 的百分比	66.8%	66.2%	36.7%	65.9%
		占总计的百分比	36.6%	28.5%	0.8%	65.9%
总计		计数	1600	1258	60	2918
		占 人数总计 的百分比	54.8%	43.1%	2.1%	100.0%
		占 您如何看待“山寨产品”？ 的百分比	100.0%	100.0%	100.0%	100.0%

您的性别？* 您如何看待“山寨产品”？

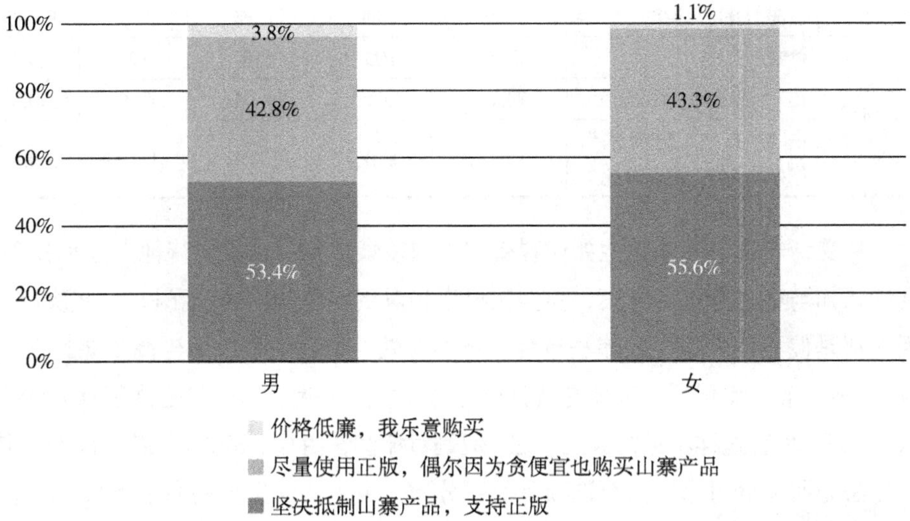

从如何看待“山寨产品”所表现出的对他人知识产权的尊重态度角度考察中，受访非法学专业中的男女性别差异也非常有限：“坚决抵制山寨产品，支持正版”

选项有效百分比男生比女生少了 2.2 个百分点，而“价格低廉，我乐意购买”选项有效百分比男生则比女生高了 2.7 个百分点，“尽量使用正版，偶尔因为贪便宜也购买山寨产品”选项有效百分比男女之间只是相差 0.5 个百分点。

您的性别？ * 对于“人肉搜索”，您怎么看？ 交叉表

<table>
<tr><td colspan="3" rowspan="2"></td><td colspan="5">对于“人肉搜索”，您怎么看？</td></tr>
<tr><td>坚决反对，因为那是侵犯他人隐私的违法行为</td><td>不了解，无所谓</td><td>尽管这样不道德甚至违法，但是对那些咎由自取的人活该</td><td>很支持，让违法犯罪无处可逃</td><td>总计</td></tr>
<tr><td rowspan="8">您的性别？</td><td rowspan="4">男</td><td>计数</td><td>680</td><td>39</td><td>219</td><td>56</td><td>994</td></tr>
<tr><td>占 您的性别？ 的百分比</td><td>68.4%</td><td>3.9%</td><td>22.0%</td><td>5.6%</td><td>100.0%</td></tr>
<tr><td>占 对于“人肉搜索”，您怎么看？ 的百分比</td><td>31.9%</td><td>37.1%</td><td>39.2%</td><td>45.9%</td><td>34.1%</td></tr>
<tr><td>占总计的百分比</td><td>23.3%</td><td>1.3%</td><td>7.5%</td><td>1.9%</td><td>34.1%</td></tr>
<tr><td rowspan="4">女</td><td>计数</td><td>1453</td><td>66</td><td>339</td><td>66</td><td>1924</td></tr>
<tr><td>占 您的性别？ 的百分比</td><td>75.5%</td><td>3.4%</td><td>17.6%</td><td>3.4%</td><td>100.0%</td></tr>
<tr><td>占 对于“人肉搜索”，您怎么看？ 的百分比</td><td>68.1%</td><td>62.9%</td><td>60.8%</td><td>54.1%</td><td>65.9%</td></tr>
<tr><td>占总计的百分比</td><td>49.8%</td><td>2.3%</td><td>11.6%</td><td>2.3%</td><td>65.9%</td></tr>
<tr><td colspan="2" rowspan="3">总计</td><td>计数</td><td>2133</td><td>105</td><td>558</td><td>122</td><td>2918</td></tr>
<tr><td>占 人数总计 的百分比</td><td>73.1%</td><td>3.6%</td><td>19.1%</td><td>4.2%</td><td>100.0%</td></tr>
<tr><td>占 对于“人肉搜索”，您怎么看？ 的百分比</td><td>100.0%</td><td>100.0%</td><td>100.0%</td><td>100.0%</td><td>100.0%</td></tr>
</table>

从受访非法学专业学生如何看待“人肉搜索”角度，就对待他人隐私权等权利的认知与尊重等进行考察，女生比男生相对更加尊重他人隐私权：“坚决反对，因为那是侵犯他人隐私的违法行为”选项有效百分比女生比男生高了 7.1 个百分点；“不了解，无所谓”选项有效百分比男女差别不大，男生只是高了 0.5 个百分点，但是“尽管这样不道德甚至违法，但是对那些咎由自取的人活该”和“很支持，让违法犯罪无处可逃”两个选项有效百分比，男生比女生分别高了 4.4、2.1 个百分点，所以，男生对待“人肉搜索”这种侵犯他人隐私的违法行为相对更多持放任甚或支持态度。

您的性别？ * 对于“人肉搜索”，您怎么看？

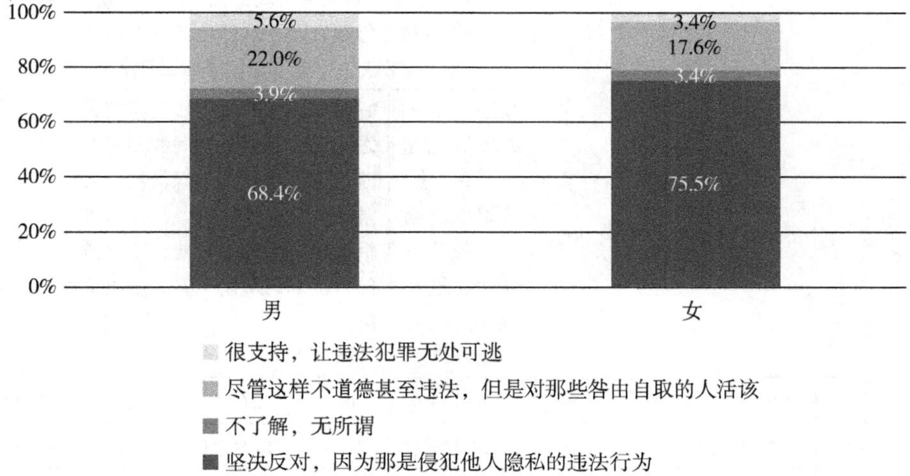

（二）自我权利保护与救济能力

您的性别？ * 甲、乙两人是亲密无间的朋友，因买房需要，甲向乙借款二万元，约定五年内归还，您认为甲应当写借条给乙吗？ 交叉表

			甲、乙两人是亲密无间的朋友，因买房需要，甲向乙借款二万元，约定五年内归还，您认为甲应当写借条给乙吗？				
			“亲兄弟、明算账”，应当写借条，这样可以避免和有效解决纠纷，更好保护朋友之间友谊	好朋友之间应该相互帮助、相互信任，不需要写借条	写不写都可以，钱也不算太多，无所谓	作为亲密无间的朋友之间借钱写欠条，很伤感情，不够道德，所以不该写借条	总计
您的性别？	男	计数	855	69	32	38	994
		占 您的性别？ 的百分比	86.0%	6.9%	3.2%	3.8%	100.0%
		占 甲、乙两人是亲密无间的朋友，因买房需要，甲向乙借款二万元，约定五年内归还，您认为甲应当写借条给乙吗？ 的百分比	32.1%	51.9%	54.2%	63.3%	34.1%
		占总计的百分比	29.3%	2.4%	1.1%	1.3%	34.1%

续表

			甲、乙两人是亲密无间的朋友，因买房需要，甲向乙借款二万元，约定五年内归还，您认为甲应当写借条给乙吗？				
			“亲兄弟、明算账”，应当写借条，这样可以避免和有效解决纠纷，更好保护朋友之间友谊	好朋友之间应该相互帮助、相互信任，不需要写借条	写不写都可以，钱也不算太多，无所谓	作为亲密无间的朋友之间借钱写欠条，很伤感情，不够道德，所以不该写借条	总计
	女	计数	1811	64	27	22	1924
		占 您的性别？ 的百分比	94.1%	3.3%	1.4%	1.1%	100.0%
		占 甲、乙两人是亲密无间的朋友，因买房需要，甲向乙借款二万元，约定五年内归还，您认为甲应当写借条给乙吗？ 的百分比	67.9%	48.1%	45.8%	36.7%	65.9%
		占总计的百分比	62.1%	2.2%	0.9%	0.8%	65.9%
总计		计数	2666	133	59	60	2918
		占 人数总计 的百分比	91.4%	4.6%	2.0%	2.1%	100.0%
		占 甲、乙两人是亲密无间的朋友，因买房需要，甲向乙借款二万元，约定五年内归还，您认为甲应当写借条给乙吗？ 的百分比	100.0%	100.0%	100.0%	100.0%	100.0%

交叉统计数据表明，就朋友间借款是否需要打借条所表现出的自我权利保护与救济能力，受访非法学专业学生中男女性别表现出一定的差异性：相对而言，男同学比女同学更加“讲究朋友义气”，也由此限制了自身在朋友间债权保护与救济方面的能力与认知，而女同学比男同学更加能够理性处理“情与法”之间关系。“应当写借条”选项有效百分比女同学高出男同学 8 个百分点，而基于朋友间的“信任”、义气和情面而不做打借条主张的另外三个选项，男同学有效百分比分别高出女同学 2 倍以上。

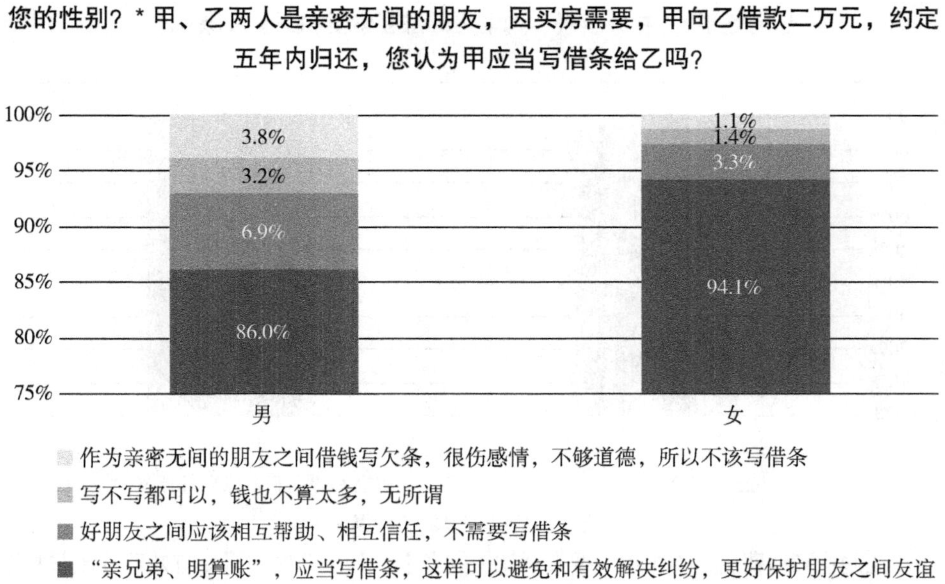

您的性别？ * 在外就餐、购物之后您会索要和保留发票吗？ 交叉表

			在外就餐、购物之后您会索要和保留发票吗？				
			一定会	无所谓，偶尔索要并保留	如果可以少付钱，宁可不要发票	从来不会	总计
您的性别？	男	计数	254	618	22	100	994
		占 您的性别？ 的百分比	25.6%	62.2%	2.2%	10.1%	100.0%
		占 在外就餐、购物之后您会索要和保留发票吗？ 的百分比	34.3%	33.3%	53.7%	36.0%	34.1%
		占总计的百分比	8.7%	21.2%	0.8%	3.4%	34.1%
	女	计数	487	1240	19	178	1924
		占 您的性别？ 的百分比	25.3%	64.4%	1.0%	9.3%	100.0%
		占 在外就餐、购物之后您会索要和保留发票吗？ 的百分比	65.7%	66.7%	46.3%	64.0%	65.9%
		占总计的百分比	16.7%	42.5%	0.7%	6.1%	65.9%
总计		计数	741	1858	41	278	2918
		占 人数总计 的百分比	25.4%	63.7%	1.4%	9.5%	100.0%
		占 在外就餐、购物之后您会索要和保留发票吗？ 的百分比	100.0%	100.0%	100.0%	100.0%	100.0%

您的性别？* 在外就餐、购物之后您会索要和保留发票吗？

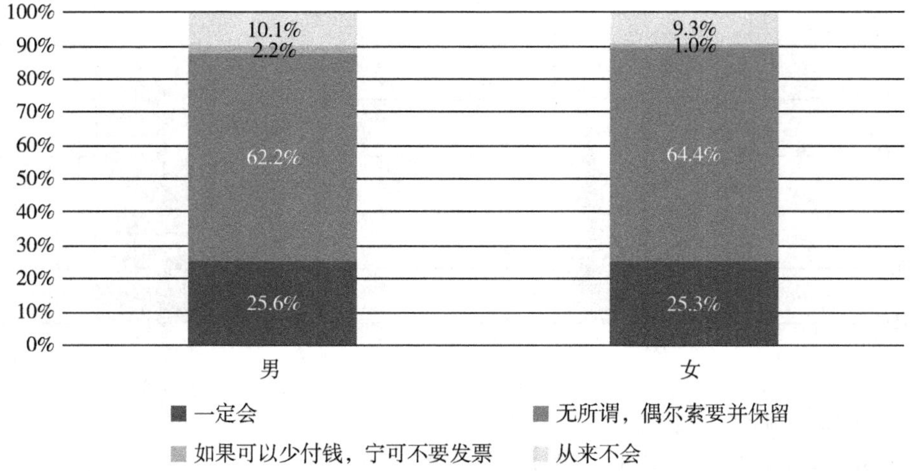

在购物和消费后是否主动索要发票这一问题上，各个选项的男女有效百分比非常接近，总体而言，这个方面所表现出的男女学生自我权利积极、主动保护意识水平相近。

您的性别？ * 如果在参加勤工助学或利用课外时间做兼职过程中，自身合法权利受到侵害，您解决问题的思路和模式最有可能是？ 交叉表

			如果在参加勤工助学或利用课外时间做兼职过程中，自身合法权利受到侵害，您解决问题的思路和模式最有可能是？						
			尽量沟通协商解决，沟通协商无效情况下毫不犹豫地选择法律途径	首先沟通协商解决，同时积极寻求关系和资源支持，法律途径作为最后选项	随时准备诉诸法律途径	“多一事不如少一事”，尽量忍气吞声，忍到忍无可忍的时候再寻求法律支持	按自己的方式“武力解决”	其他	总计
您的性别？	男	计数	450	489	32	16	4	3	994
		占 您的性别？ 的百分比	45.3%	49.2%	3.2%	1.6%	0.4%	0.3%	100.0%
		占 如果在参加勤工助学或利用课外时间做兼职过程中，自身合法权利受到侵害，您解决问题的思路和模式最有可能是？ 的百分比	37.8%	30.4%	49.2%	41.0%	66.7%	33.3%	34.1%
		占总计的百分比	15.4%	16.8%	1.1%	0.5%	0.1%	0.1%	34.1%

续表

			如果在参加勤工助学或利用课外时间做兼职过程中，自身合法权利受到侵害，您解决问题的思路和模式最有可能是?						
			尽量沟通协商解决，沟通协商无效情况下毫不犹豫地选择法律途径	首先沟通协商解决，同时积极寻求关系和资源支持，法律途径作为最后选项	随时准备诉诸法律途径	“多一事不如少一事”，尽量忍气吞声，忍到忍无可忍的时候再寻求法律支持	按自己的方式“武力解决”	其他	总计
	女	计数	741	1119	33	23	2	6	1924
		占 您的性别? 的百分比	38.5%	58.2%	1.7%	1.2%	0.1%	0.3%	100.0%
		占 如果在参加勤工助学或利用课外时间做兼职过程中，自身合法权利受到侵害，您解决问题的思路和模式最有可能是? 的百分比	62.2%	69.6%	50.8%	59.0%	33.3%	66.7%	65.9%
		占总计的百分比	25.4%	38.3%	1.1%	0.8%	0.1%	0.2%	65.9%
总计		计数	1191	1608	65	39	6	9	2918
		占 人数总计 的百分比	40.8%	55.1%	2.2%	1.3%	0.2%	0.3%	100.0%
		占 如果在参加勤工助学或利用课外时间做兼职过程中，自身合法权利受到侵害，您解决问题的思路和模式最有可能是? 的百分比	100.0%	100.0%	100.0%	100.0%	100.0%	100.0%	100.0%

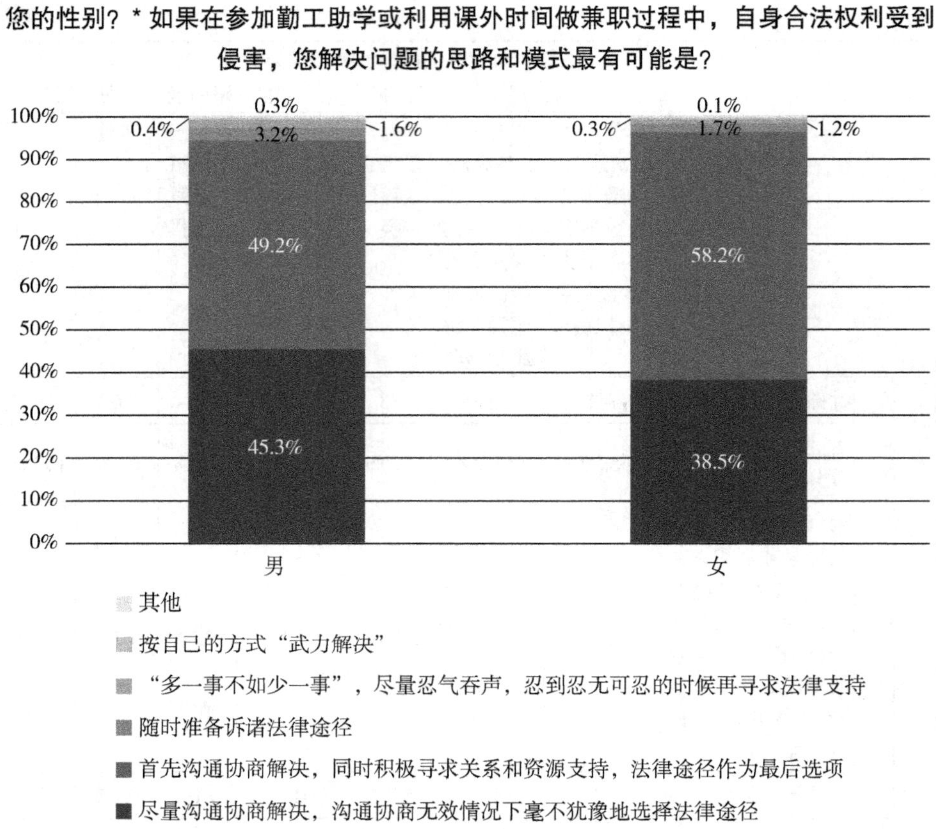

就自身合法权益遭受侵害情况下选择何种问题解决思路与模式的问题考察中，受访非法学专业学生还是存在一些男女性别差异性：“尽量沟通协商解决，沟通协商无效情况下毫不犹豫地选择法律途径”“随时准备诉诸法律途径”两个选项有效百分比，男生比女生分别高了 6.8、1.5 个百分点；“首先沟通协商解决，同时积极寻求关系和资源支持，法律途径作为最后选项”选项有效百分比，女生反而比男生高了 9 个百分点。考虑到总体占比不高情况下，这一差距还是很明显的。总体上，男生更倾向于选择沟通协调优先并在沟通无效情况下选择法律途径来解决问题，而女生相对更加倾向于沟通协调优先同时积极寻求关系和资源支持。虽然选择“按自己的方式‘武力解决’”的男生比女生多了 0.3 个百分点，但考虑到男女生在这一选项做肯定选择的绝对量过低（分别只有 4 人和 2 人），没有太大统计意义。而选择“忍气吞声”的男生占比比女生高了 0.4 个百分点，尽管也因为选项绝对量不太高，不足以支持一般性结论，但也有一定参考意义。

您的性别？ * 在超市买到过期食品或者其他假冒伪劣商品，您会如何处理？ 交叉表

			在超市买到过期食品或者其他假冒伪劣商品，您会如何处理？				
			坚决找商家理论，要求退还并索赔	向有关部门举报	如果金额不大，就自认倒霉	不管金额大小，不想惹麻烦，自认倒霉	总计
您的性别？	男	计数	502	307	170	15	994
		占 您的性别？ 的百分比	50.5%	30.9%	17.1%	1.5%	100.0%
		占 在超市买到过期食品或者其他假冒伪劣商品，您会如何处理？ 的百分比	35.5%	36.9%	26.8%	39.5%	34.1%
		占总计的百分比	17.2%	10.5%	5.8%	0.5%	34.1%
	女	计数	911	525	465	23	1924
		占 您的性别？ 的百分比	47.3%	27.3%	24.2%	1.2%	100.0%
		占 在超市买到过期食品或者其他假冒伪劣商品，您会如何处理？ 的百分比	64.5%	63.1%	73.2%	60.5%	65.9%
		占总计的百分比	31.2%	18.0%	15.9%	0.8%	65.9%
总计		计数	1413	832	635	38	2918
		占 人数总计 的百分比	48.4%	28.5%	21.8%	1.3%	100.0%
		占 在超市买到过期食品或者其他假冒伪劣商品，您会如何处理？ 的百分比	100.0%	100.0%	100.0%	100.0%	100.0%

您的性别？ * 在超市买到过期食品或者其他假冒伪劣商品，您会如何处理？

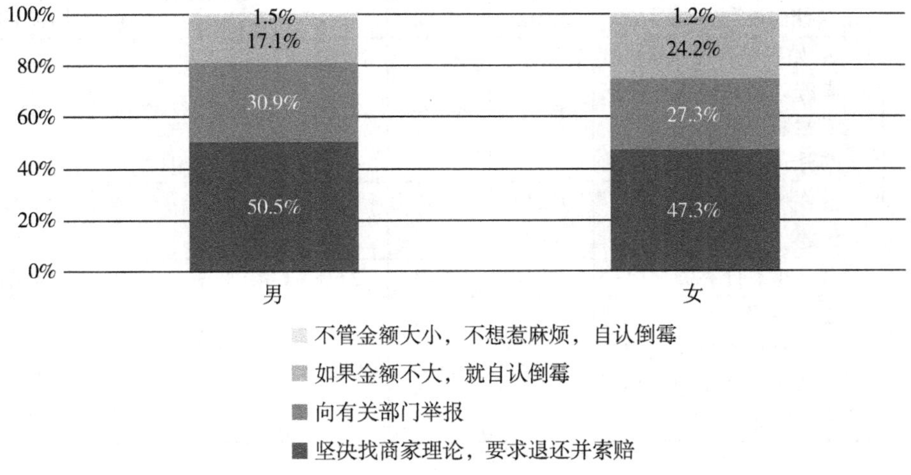

“您的性别”与“在超市买到过期食品或者其他假冒伪劣商品，您会如何处理”交叉统计数据表明，在作为消费者遭遇合法权益受到侵害的时候，受访非法学专业本科生中男生和女生的处理态度和方式选择总体接近。但相对而言，男生相对更加积极主张权利，女生更加偏向“息事宁人”：选择积极索赔的女生占比比男生少了 3.2 个百分点，而在金额不大情况下选择“自认倒霉”的女生占比更是比男生多了 7.1 个百分点，选择直接向有关部门举报的女生占比比男生少了 3.6 个百分点。

您的性别？ * 如果受到司法机关或者行政执法机关的不公正裁决，您会怎么办？ 交叉表

			如果受到司法机关或者行政执法机关的不公正裁决，您会怎么办？					
			寻求律师等专业人士帮助，按法律程序捍卫公正	通过上访，寻求上级党委或者有关国家机关的支持	忍气吞声，“胳膊拧不过大腿”，息事宁人	拒绝执行不公正的裁决	设法对抗，绝不执行，甚至报复做出不公正裁决的司法执法人员	总计
您的性别？	男	计数	576	291	55	45	27	994
		占 您的性别？ 的百分比	57.9%	29.3%	5.5%	4.5%	2.7%	100.0%
		占 如果受到司法机关或者行政执法机关的不公正裁决，您会怎么办？ 的百分比	30.3%	39.3%	52.9%	37.8%	52.9%	34.1%
		占总计的百分比	19.7%	10.0%	1.9%	1.5%	0.9%	34.1%
	女	计数	1327	450	49	74	24	1924
		占 您的性别？ 的百分比	69.0%	23.4%	2.5%	3.8%	1.2%	100.0%
		占 如果受到司法机关或者行政执法机关的不公正裁决，您会怎么办？ 的百分比	69.7%	60.7%	47.1%	62.2%	47.1%	65.9%
		占总计的百分比	45.5%	15.4%	1.7%	2.5%	0.8%	65.9%
总计		计数	1903	741	104	119	51	2918
		占 人数总计 的百分比	65.2%	25.4%	3.6%	4.1%	1.7%	100.0%
		占 如果受到司法机关或者行政执法机关的不公正裁决，您会怎么办？ 的百分比	100.0%	100.0%	100.0%	100.0%	100.0%	100.0%

您的性别？* 如果受到司法机关或者行政执法机关的不公正裁决，您会怎么办？

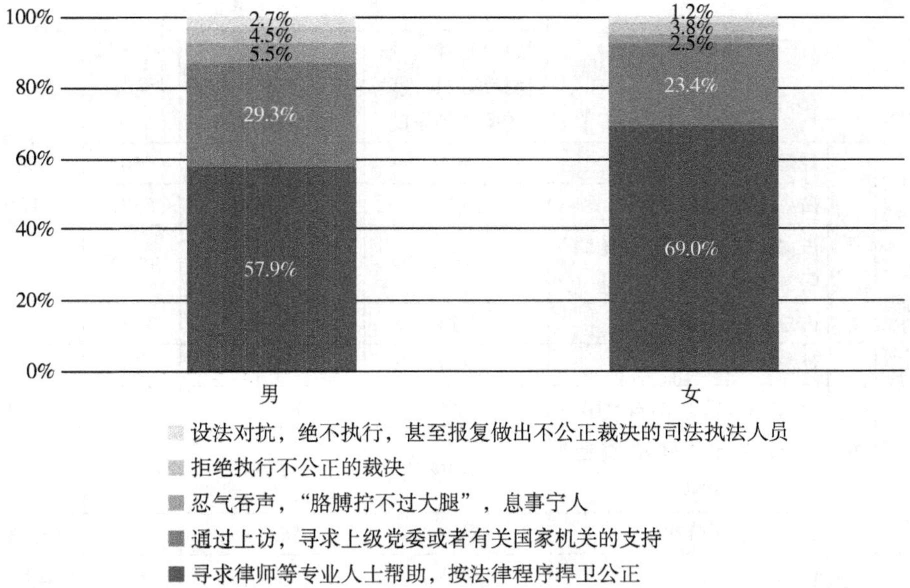

在面对司法机关或者行政执法机关的不公正裁决时，受访非法学专业学生所表现出的自我权利保护意识，以及问题解决路径选择及其所表现出的权利救济能力，存在比较明显的性别差异：总体上，女生相对更加理性并能积极寻求法律救济，而男生相对更多选择寻求“上访”解决问题，甚至部分男生更加“消极”或者更加“任性”。“寻求律师等专业人士帮助，按法律程序捍卫公正”选项有效百分比，女生比男生高了 11.1 个百分点；“通过上访，寻求上级党委或者有关国家机关的支持”选项有效百分比，则是男生比女生高了 5.9 个百分点；“忍气吞声，‘胳膊拧不过大腿’，息事宁人”选项有效百分比，男生也高出女生 2 倍多；“拒绝执行不公正的裁决”“设法对抗，绝不执行，甚至报复做出不公正裁决的司法执法人员”两个选项有效百分比，男生则是女生的 3 倍。

您的性别？ * 您了解“法律援助”吗？ 交叉表

			您了解“法律援助”吗？			
			知道且了解，懂得获取法律援助的条件和渠道	只是听说过，不懂得具体怎样获取法律援助	完全不清楚	总计
您的性别？	男	计数	194	750	50	994
		占 您的性别？ 的百分比	19.5%	75.5%	5.0%	100.0%
		占 您了解“法律援助”吗？ 的百分比	43.7%	32.1%	37.3%	34.1%
		占总计的百分比	6.6%	25.7%	1.7%	34.1%
	女	计数	250	1590	84	1924
		占 您的性别？ 的百分比	13.0%	82.6%	4.4%	100.0%
		占 您了解“法律援助”吗？ 的百分比	56.3%	67.9%	62.7%	65.9%
		占总计的百分比	8.6%	54.5%	2.9%	65.9%
总计		计数	444	2340	134	2918
		占 人数总计 的百分比	15.2%	80.2%	4.6%	100.0%
		占 您了解“法律援助”吗？ 的百分比	100.0%	100.0%	100.0%	100.0%

您的性别？ * 您了解“法律援助”吗？

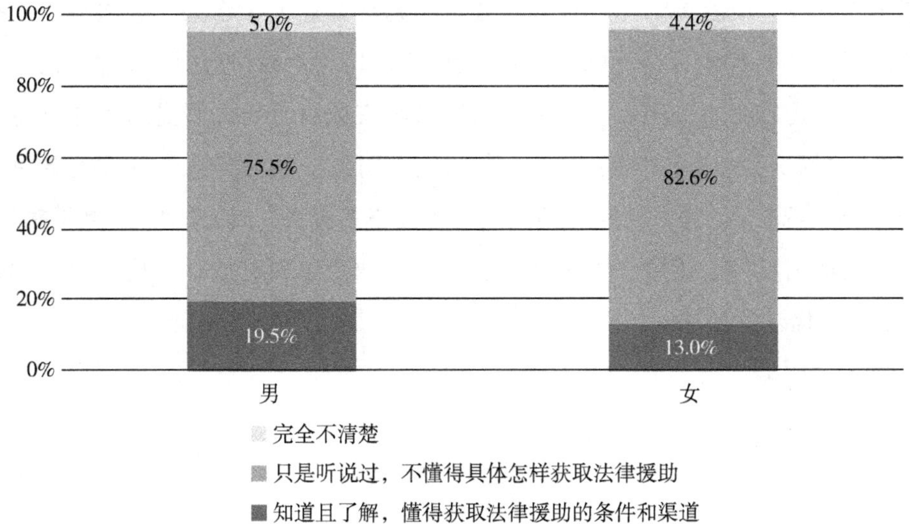

男女生在对法律援助制度的了解方面，从一般性知晓这项制度的占比情况看

男女生非常接近：男生占比95.0%，女生95.6%。但相对而言，男生比女生对法律援助制度了解得更加具体细致，因为具体懂得法律援助的条件和渠道的男生占比比女生多了6.5个百分点，反过来，知道法律援助制度但未做深究的女生占比比男生高了7.1个百分点。一个可能性的解释是，男生比女生更能积极关注具体法律制度。

从受访非法学专业学生的权利意识状况性别比较数据看，男女生的权利认知水平，以及自我权利保护与救济能力，总体上两者之间比较接近，但在相关具体法律制度认知以及有关法律问题的处理方式选择等方面，存在一定幅度的结构性差异。相对而言，女生权利要求（主张）更强、有更加具体的权利义务认知、更加懂得尊重他人权利、更加愿意寻求关系和资源条件支持、更加偏向“息事宁人”，男生则比女生更加讲求“义气”和“情面”，甚至更加“意气”和“任性”，但是男女生均普遍缺乏积极、主动的权利保护意识与能力。

四、非法学专业本科生权利意识状况年级比较

（一）不同年级非法学专业学生自我权利认知水平

您的年级？ * 您很明确知道自己有哪些权利吗？ 交叉表

			您很明确知道自己有哪些权利吗？					
			严格根据“法无禁止即自由”推定自己的权利范围	认真学习过宪法，很清楚自己的基本权利	跟着感觉走，大概知道一些自己的权利	不清楚权利内容，但凭良心做人做事，不侵害他人就没事	不知道，但无所谓，想咋干就咋干	总计
您的年级？	大一	计数	142	588	486	529	26	1771
		占 您的年级？ 的百分比	8.0%	33.2%	27.4%	29.9%	1.5%	100.0%
		占 您很明确知道自己有哪些权利吗？ 的百分比	64.3%	66.9%	57.2%	57.8%	50.0%	60.7%
		占总计的百分比	4.9%	20.2%	16.7%	18.1%	0.9%	60.7%

续表

			您很明确知道自己有哪些权利吗？					
			严格根据“法无禁止即自由”推定自己的权利范围	认真学习过宪法，很清楚自己的基本权利	跟着感觉走，大概知道一些自己的权利	不清楚权利内容，但凭良心做人做事，不侵害他人就没事	不知道，但无所谓，想咋干就咋干	总计
	大二	计数	37	135	185	203	15	575
		占 您的年级？ 的百分比	6.4%	23.5%	32.2%	35.3%	2.6%	100.0%
		占 您很明确知道自己有哪些权利吗？ 的百分比	16.7%	15.4%	21.8%	22.2%	28.8%	19.7%
		占总计的百分比	1.3%	4.6%	6.3%	7.0%	0.5%	19.7%
	大三	计数	32	118	133	145	9	437
		占 您的年级？ 的百分比	7.3%	27.0%	30.4%	33.2%	2.1%	100.0%
		占 您很明确知道自己有哪些权利吗？ 的百分比	14.5%	13.4%	15.6%	15.8%	17.3%	15.0%
		占总计的百分比	1.1%	4.0%	4.6%	5.0%	0.3%	15.0%
	大四	计数	10	38	46	39	2	135
		占 您的年级？ 的百分比	7.4%	28.1%	34.1%	28.9%	1.5%	100.0%
		占 您很明确知道自己有哪些权利吗？ 的百分比	4.5%	4.3%	5.4%	4.3%	3.8%	4.6%
		占总计的百分比	0.3%	1.3%	1.6%	1.3%	0.1%	4.6%
总计		计数	221	879	850	916	52	2918
		占 人数总计 的百分比	7.6%	30.1%	29.1%	31.4%	1.8%	100.0%
		占 您很明确知道自己有哪些权利吗？ 的百分比	100.0%	100.0%	100.0%	100.0%	100.0%	100.0%

“您的年级”与“您很明确知道自己有哪些权利吗”交叉统计数据表明，受访非法学专业学生中，不同年级群体学生之间对于一般性权利认知的理解与认知水平没有明显差异：一方面，“严格根据‘法无禁止即自由’推定自己的权利范围”等五个选项的有效百分比，四个年级学生之间均较接近，相差幅度非常有限；另一方面，四个年级学生“严格根据‘法无禁止即自由’推定自己的权利范围”等五个选项的有效百分比结构状态，也非常相似，“认真学习过宪法，很清楚自己的基本权利”“跟着感觉走，大概知道一些自己的权利”“不清楚权利内容，但凭

您的年级？* 您很明确知道自己有哪些权利吗？

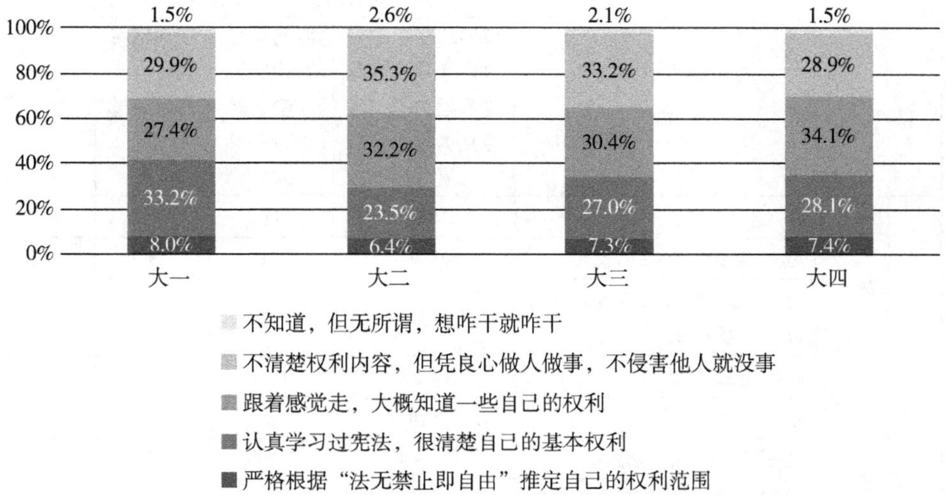

良心做人做事，不侵害他人”三个选项有效百分比，在四个年级中均较接近，也都成为每个年级学生的主要选项。这应该可以说明，非法学专业本科生在校四年期间对于一般性权利的自我认知，总体上变化很小，整体上更多凭借道德自觉来认识和把握自身一般性权利，相关学习与教育对其自我法律权利具体认知水平提升的贡献非常有限。

您的年级？ * 您如何理解法律权利与法律义务的关系？ 交叉表

			您如何理解法律权利与法律义务的关系？			
			权利和义务相一致，享受权利就要承担义务，承担义务是为了享受权利	权利和义务不相干，两者之间没有必然联系	权利越多越好，义务越少越好	总计
您的年级？	大一	计数	1719	35	17	1771
		占 您的年级？ 的百分比	97.1%	2.0%	1.0%	100.0%
		占 您如何理解法律权利与法律义务的关系？ 的百分比	61.4%	45.5%	40.5%	60.7%
		占总计的百分比	58.9%	1.2%	0.6%	60.7%
	大二	计数	543	19	13	575
		占 您的年级？ 的百分比	94.4%	3.3%	2.3%	100.0%
		占 您如何理解法律权利与法律义务的关系？ 的百分比	19.4%	24.7%	31.0%	19.7%
		占总计的百分比	18.6%	0.7%	0.4%	19.7%

续表

		您如何理解法律权利与法律义务的关系？			
		权利和义务相一致，享受权利就要承担义务，承担义务是为了享受权利	权利和义务不相干，两者之间没有必然联系	权利越多越好，义务越少越好	总计
大三	计数	409	18	10	437
	占 您的年级？ 的百分比	93.6%	4.1%	2.3%	100.0%
	占 您如何理解法律权利与法律义务的关系？ 的百分比	14.6%	23.4%	23.8%	15.0%
	占总计的百分比	14.0%	0.6%	0.3%	15.0%
大四	计数	128	5	2	135
	占 您的年级？ 的百分比	94.8%	3.7%	1.5%	100.0%
	占 您如何理解法律权利与法律义务的关系？ 的百分比	4.6%	6.5%	4.8%	4.6%
	占总计的百分比	4.4%	0.2%	0.1%	4.6%
总计	计数	2799	77	42	2918
	占 人数总计 的百分比	95.9%	2.6%	1.4%	100.0%
	占 您如何理解法律权利与法律义务的关系？ 的百分比	100.0%	100.0%	100.0%	100.0%

您的年级？* 您如何理解法律权利与法律义务的关系？

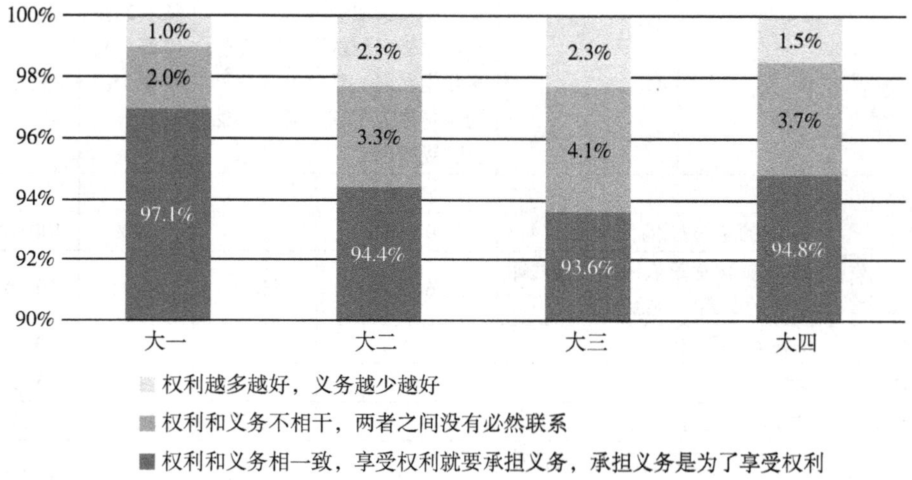

“您的年级”与“您如何理解法律权利与法律义务的关系”交叉统计数据表明，

受访非法学专业本科生中，不同年级学生对于法律权利与法律义务之间一般关系的理解与认知水平差别不大："享受权利就要承担义务，承担义务是为了享受权利"这一正确选项的有效百分比，大二、大三和大四三个年级学生之间非常接近，大一学生稍高一点但相差幅度较小；"权利和义务不相干，两者之间没有必然联系"这一割裂权利义务之间联系选项的有效百分比，大二、大三和大四三个年级学生之间比较接近，大一学生相对较低；"权利越多越好，义务越少越好"这一绝对权利倾向选项的有效百分比，大二、大三学生相对较高，大一学生相对较低，四个年级之间差距不大。总体上，大一学生对于权利义务关系的理解与认知水平稍好于高年级学生，高年级学生之间差距很小。这也可以说明，非法学专业本科生对于权利义务一般性关系的理解与把握，总体上主要还是基于上大学前的学习与教育认知，大学四年在校期间不仅没有显著进步与提升，甚至在进入高年级后有一定幅度的"退步"。

您的年级？ * 您主动学习过《教育法》《高等教育法》吗？ 交叉表

			您主动学习过《教育法》《高等教育法》吗？		
			是	否	总计
您的年级？	大一	计数	325	1446	1771
		占 您的年级？ 的百分比	18.4%	81.6%	100.0%
		占 您主动学习过《教育法》《高等教育法》吗？ 的百分比	67.3%	59.4%	60.7%
		占总计的百分比	11.1%	49.6%	60.7%
	大二	计数	63	512	575
		占 您的年级？ 的百分比	11.0%	89.0%	100.0%
		占 您主动学习过《教育法》《高等教育法》吗？ 的百分比	13.0%	21.0%	19.7%
		占总计的百分比	2.2%	17.5%	19.7%
	大三	计数	73	364	437
		占 您的年级？ 的百分比	16.7%	83.3%	100.0%
		占 您主动学习过《教育法》《高等教育法》吗？ 的百分比	15.1%	14.9%	15.0%
		占总计的百分比	2.5%	12.5%	15.0%
	大四	计数	22	113	135
		占 您的年级？ 的百分比	16.3%	83.7%	100.0%
		占 您主动学习过《教育法》《高等教育法》吗？ 的百分比	4.6%	4.6%	4.6%
		占总计的百分比	0.8%	3.9%	4.6%

续表

		您主动学习过《教育法》《高等教育法》吗?		
		是	否	总计
总计	计数	483	2435	2918
	占 您的年级? 的百分比	16.6%	83.4%	100.0%
	占 您主动学习过《教育法》《高等教育法》吗? 的百分比	100.0%	100.0%	100.0%
	占总计的百分比	16.6%	83.4%	100.0%

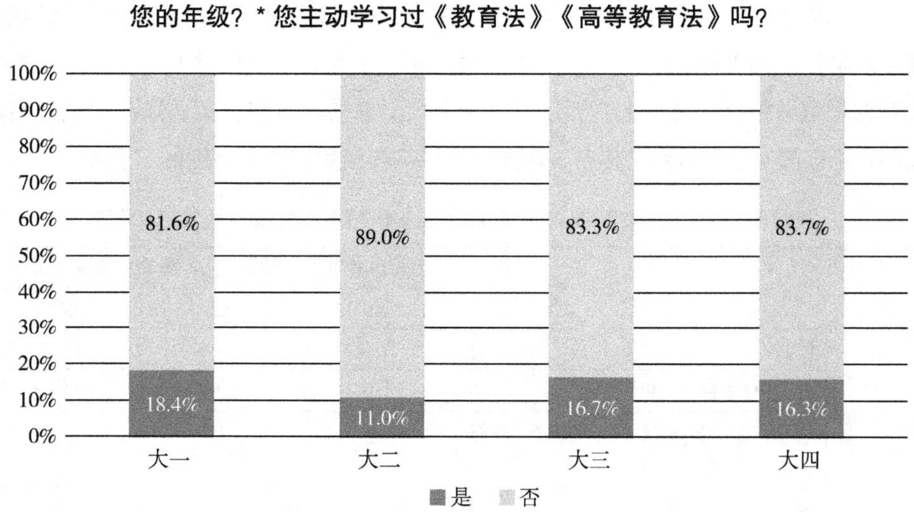

您的年级? * 您之前已经明确知道的，受法律确认和保护的受教育者权利有哪些? _参加教育教学计划安排的各种活动，使用教育教学设施、设备、图书资料 交叉表

			您之前已经明确知道的，受法律确认和保护的受教育者权利有哪些? _参加教育教学计划安排的各种活动，使用教育教学设施、设备、图书资料		
				参加教育教学计划安排的各种活动，使用教育教学设施、设备、图书资料	总计
您的年级?	大一	计数	324	1447	1771
		占 您的年级? 的百分比	18.3%	81.7%	100.0%
		占 您之前已经明确知道的，受法律确认和保护的受教育者权利有哪些? _参加教育教学计划安排的各种活动，使用教育教学设施、设备、图书资料 的百分比	59.8%	60.9%	60.7%
		占总计的百分比	11.1%	49.6%	60.7%

续表

			您之前已经明确知道的，受法律确认和保护的受教育者权利有哪些？_参加教育教学计划安排的各种活动，使用教育教学设施、设备、图书资料		
				参加教育教学计划安排的各种活动，使用教育教学设施、设备、图书资料	总计
	大二	计数	115	460	575
		占 您的年级？ 的百分比	20.0%	80.0%	100.0%
		占 您之前已经明确知道的，受法律确认和保护的受教育者权利有哪些？_参加教育教学计划安排的各种活动，使用教育教学设施、设备、图书资料的百分比	21.2%	19.4%	19.7%
		占总计的百分比	3.9%	15.8%	19.7%
	大三	计数	75	362	437
		占 您的年级？ 的百分比	17.2%	82.8%	100.0%
		占 您之前已经明确知道的，受法律确认和保护的受教育者权利有哪些？_参加教育教学计划安排的各种活动，使用教育教学设施、设备、图书资料的百分比	13.8%	15.2%	15.0%
		占总计的百分比	2.6%	12.4%	15.0%
	大四	计数	28	107	135
		占 您的年级？ 的百分比	20.7%	79.3%	100.0%
		占 您之前已经明确知道的，受法律确认和保护的受教育者权利有哪些？_参加教育教学计划安排的各种活动，使用教育教学设施、设备、图书资料的百分比	5.2%	4.5%	4.6%
		占总计的百分比	1.0%	3.7%	4.6%
总计		计数	542	2376	2918
		占 人数总计 的百分比	18.6%	81.4%	100.0%
		占 您之前已经明确知道的，受法律确认和保护的受教育者权利有哪些？_参加教育教学计划安排的各种活动，使用教育教学设施、设备、图书资料的百分比	100.0%	100.0%	100.0%

您的年级？ * 您之前已经明确知道的，受法律确认和保护的受教育者权利有哪些？_ 按照国家有关规定获得奖学金、贷学金、助学金 交叉表

			您之前已经明确知道的，受法律确认和保护的受教育者权利有哪些？ _ 按照国家有关规定获得奖学金、贷学金、助学金		
				按照国家有关规定获得奖学金、贷学金、助学金	总计
您的年级？	大一	计数	328	1443	1771
		占 您的年级？ 的百分比	18.5%	81.5%	100.0%
		占 您之前已经明确知道的，受法律确认和保护的受教育者权利有哪些？ _ 按照国家有关规定获得奖学金、贷学金、助学金 的百分比	59.6%	60.9%	60.7%
		占总计的百分比	11.2%	49.5%	60.7%
	大二	计数	124	451	575
		占 您的年级？ 的百分比	21.6%	78.4%	100.0%
		占 您之前已经明确知道的，受法律确认和保护的受教育者权利有哪些？ _ 按照国家有关规定获得奖学金、贷学金、助学金 的百分比	22.5%	19.0%	19.7%
		占总计的百分比	4.2%	15.5%	19.7%
	大三	计数	71	366	437
		占 您的年级？ 的百分比	16.2%	83.8%	100.0%
		占 您之前已经明确知道的，受法律确认和保护的受教育者权利有哪些？ _ 按照国家有关规定获得奖学金、贷学金、助学金 的百分比	12.9%	15.5%	15.0%
		占总计的百分比	2.4%	12.5%	15.0%
	大四	计数	27	108	135
		占 您的年级？ 的百分比	20.0%	80.0%	100.0%
		占 您之前已经明确知道的，受法律确认和保护的受教育者权利有哪些？ _ 按照国家有关规定获得奖学金、贷学金、助学金 的百分比	4.9%	4.6%	4.6%
		占总计的百分比	0.9%	3.7%	4.6%

续表

		您之前已经明确知道的，受法律确认和保护的受教育者权利有哪些？_按照国家有关规定获得奖学金、贷学金、助学金		
			按照国家有关规定获得奖学金、贷学金、助学金	总计
总计	计数	550	2368	2918
	占 人数总计 的百分比	18.8%	81.2%	100.0%
	占 您之前已经明确知道的，受法律确认和保护的受教育者权利有哪些？_按照国家有关规定获得奖学金、贷学金、助学金 的百分比	100.0%	100.0%	100.0%

您的年级？ * 您之前已经明确知道的，受法律确认和保护的受教育者权利有哪些？_在学业成绩和品行上获得公正评价，完成规定的学业后获得相应的学业证书、学位证书 交叉表

			您之前已经明确知道的，受法律确认和保护的受教育者权利有哪些？_在学业成绩和品行上获得公正评价，完成规定的学业后获得相应的学业证书、学位证书		
				在学业成绩和品行上获得公正评价，完成规定的学业后获得相应的学业证书、学位证书	总计
您的年级？	大一	计数	345	1426	1771
		占 您的年级？ 的百分比	19.5%	80.5%	100.0%
		占 您之前已经明确知道的，受法律确认和保护的受教育者权利有哪些？_在学业成绩和品行上获得公正评价，完成规定的学业后获得相应的学业证书、学位证书 的百分比	62.3%	60.3%	60.7%
		占总计的百分比	11.8%	48.9%	60.7%
	大二	计数	117	458	575
		占 您的年级？ 的百分比	20.3%	79.7%	100.0%
		占 您之前已经明确知道的，受法律确认和保护的受教育者权利有哪些？_在学业成绩和品行上获得公正评价，完成规定的学业后获得相应的学业证书、学位证书 的百分比	21.1%	19.4%	19.7%
		占总计的百分比	4.0%	15.7%	19.7%

续表

		您之前已经明确知道的，受法律确认和保护的受教育者权利有哪些？_在学业成绩和品行上获得公正评价，完成规定的学业后获得相应的学业证书、学位证书		
			在学业成绩和品行上获得公正评价，完成规定的学业后获得相应的学业证书、学位证书	总计
大三	计数	70	367	437
	占 您的年级？ 的百分比	16.0%	84.0%	100.0%
	占 您之前已经明确知道的，受法律确认和保护的受教育者权利有哪些？_在学业成绩和品行上获得公正评价，完成规定的学业后获得相应的学业证书、学位证书 的百分比	12.6%	15.5%	15.0%
	占总计的百分比	2.4%	12.6%	15.0%
大四	计数	22	113	135
	占 您的年级？ 的百分比	16.3%	83.7%	100.0%
	占 您之前已经明确知道的，受法律确认和保护的受教育者权利有哪些？_在学业成绩和品行上获得公正评价，完成规定的学业后获得相应的学业证书、学位证书 的百分比	4.0%	4.8%	4.6%
	占总计的百分比	0.8%	3.9%	4.6%
总计	计数	554	2364	2918
	占 人数总计 的百分比	19.0%	81.0%	100.0%
	占 您之前已经明确知道的，受法律确认和保护的受教育者权利有哪些？_在学业成绩和品行上获得公正评价，完成规定的学业后获得相应的学业证书、学位证书 的百分比	100.0%	100.0%	100.0%

您的年级？ * 您之前已经明确知道的，受法律确认和保护的受教育者权利有哪些？_ 对学校给予的处分不服向有关部门提出申诉，对学校、教师侵犯其人身权、财产权等合法权益，提出申诉或者依法提起诉讼 交叉表

			您之前已经明确知道的，受法律确认和保护的受教育者权利有哪些？_ 对学校给予的处分不服向有关部门提出申诉，对学校、教师侵犯其人身权、财产权等合法权益，提出申诉或者依法提起诉讼		
				对学校给予的处分不服向有关部门提出申诉，对学校、教师侵犯其人身权、财产权等合法权益，提出申诉或者依法提起诉讼	总计
您的年级？	大一	计数	446	1325	1771
		占 您的年级？ 的百分比	25.2%	74.8%	100.0%
		占 您之前已经明确知道的，受法律确认和保护的受教育者权利有哪些？_ 对学校给予的处分不服向有关部门提出申诉，对学校、教师侵犯其人身权、财产权等合法权益，提出申诉或者依法提起诉讼 的百分比	58.7%	61.4%	60.7%
		占总计的百分比	15.3%	45.4%	60.7%
	大二	计数	179	396	575
		占 您的年级？ 的百分比	31.1%	68.9%	100.0%
		占 您之前已经明确知道的，受法律确认和保护的受教育者权利有哪些？_ 对学校给予的处分不服向有关部门提出申诉，对学校、教师侵犯其人身权、财产权等合法权益，提出申诉或者依法提起诉讼 的百分比	23.6%	18.4%	19.7%
		占总计的百分比	6.1%	13.6%	19.7%

续表

			您之前已经明确知道的，受法律确认和保护的受教育者权利有哪些？_对学校给予的处分不服向有关部门提出申诉，对学校、教师侵犯其人身权、财产权等合法权益，提出申诉或者依法提起诉讼		总计
				对学校给予的处分不服向有关部门提出申诉，对学校、教师侵犯其人身权、财产权等合法权益，提出申诉或者依法提起诉讼	
	大三	计数	102	335	437
		占 您的年级？ 的百分比	23.3%	76.7%	100.0%
		占 您之前已经明确知道的，受法律确认和保护的受教育者权利有哪些？_对学校给予的处分不服向有关部门提出申诉，对学校、教师侵犯其人身权、财产权等合法权益，提出申诉或者依法提起诉讼的百分比	13.4%	15.5%	15.0%
		占总计的百分比	3.5%	11.5%	15.0%
	大四	计数	33	102	135
		占 您的年级？ 的百分比	24.4%	75.6%	100.0%
		占 您之前已经明确知道的，受法律确认和保护的受教育者权利有哪些？_对学校给予的处分不服向有关部门提出申诉，对学校、教师侵犯其人身权、财产权等合法权益，提出申诉或者依法提起诉讼的百分比	4.3%	4.7%	4.6%
		占总计的百分比	1.1%	3.5%	4.6%
总计		计数	760	2158	2918
		占 人数总计 的百分比	26.0%	74.0%	100.0%
		占 您之前已经明确知道的，受法律确认和保护的受教育者权利有哪些？_对学校给予的处分不服向有关部门提出申诉，对学校、教师侵犯其人身权、财产权等合法权益，提出申诉或者依法提起诉讼的百分比	100.0%	100.0%	100.0%

您的年级？ * 您之前已经明确知道的，受法律确认和保护的受教育者权利有哪些？_法律、法规规定的其他权利 交叉表

			您之前已经明确知道的，受法律确认和保护的受教育者权利有哪些？_法律、法规规定的其他权利		
				法律、法规规定的其他权利	总计
您的年级？	大一	计数	597	1174	1771
		占 您的年级？ 的百分比	33.7%	66.3%	100.0%
		占 您之前已经明确知道的，受法律确认和保护的受教育者权利有哪些？_法律、法规规定的其他权利 的百分比	60.3%	60.9%	60.7%
		占总计的百分比	20.5%	40.2%	60.7%
	大二	计数	216	359	575
		占 您的年级？ 的百分比	37.6%	62.4%	100.0%
		占 您之前已经明确知道的，受法律确认和保护的受教育者权利有哪些？_法律、法规规定的其他权利 的百分比	21.8%	18.6%	19.7%
		占总计的百分比	7.4%	12.3%	19.7%
	大三	计数	129	308	437
		占 您的年级？ 的百分比	29.5%	70.5%	100.0%
		占 您之前已经明确知道的，受法律确认和保护的受教育者权利有哪些？_法律、法规规定的其他权利 的百分比	13.0%	16.0%	15.0%
		占总计的百分比	4.4%	10.6%	15.0%
	大四	计数	48	87	135
		占 您的年级？ 的百分比	35.6%	64.4%	100.0%
		占 您之前已经明确知道的，受法律确认和保护的受教育者权利有哪些？_法律、法规规定的其他权利 的百分比	4.8%	4.5%	4.6%
		占总计的百分比	1.6%	3.0%	4.6%
总计		计数	990	1928	2918
		占 人数总计 的百分比	33.9%	66.1%	100.0%
		占 您之前已经明确知道的，受法律确认和保护的受教育者权利有哪些？_法律、法规规定的其他权利 的百分比	100.0%	100.0%	100.0%

将上述数据进行汇总，形成以下图表：

您的年级？ * 您之前已经明确知道的，受法律确认和保护的受教育者权利有哪些？交叉表

		您之前已经明确知道的，受法律确认和保护的受教育者权利有哪些？				
		参加教育教学计划安排的各种活动，使用教育教学设施、设备、图书资料	按照国家有关规定获得奖学金、贷学金、助学金	在学业成绩和品行上获得公正评价，完成规定的学业后获得相应的学业证书、学位证书	对学校给予的处分不服向有关部门提出申诉，对学校、教师侵犯其人身权、财产权等合法权益，提出申诉或者依法提起诉讼	法律、法规规定的其他权利
您的年级？_有效百分比	大一	81.7	81.5	80.5	74.8	66.3
	大二	80.0	78.4	79.7	68.9	62.4
	大三	82.8	83.8	84.0	76.7	70.5
	大四	79.3	80.0	83.7	75.6	64.4

您的年级？*您之前已经明确知道的，受法律确认和保护的受教育者权利有哪些？

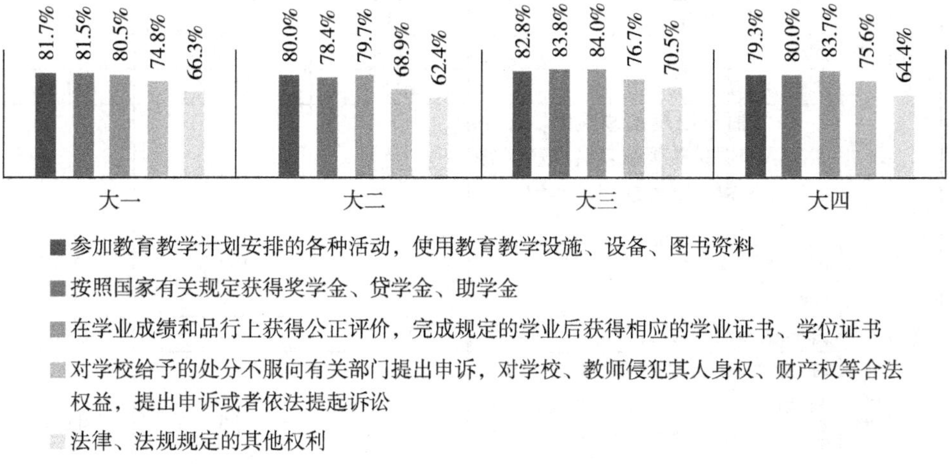

交叉统计数据表明，受访非法学专业本科生中，表示主动学习过《教育法》《高等教育法》这两部教育基本法律的，大一学生有效百分比最高（18.4%），大二学生最低（11.0%），大三和大四学生非常接近（分别为16.7%、16.3%），而且四个年级之间，除了大二明显较低以外，差距不算太大。这一状态进而在不同年级学生分别对《教育法》所列举的五项受教育者权利的具体认知状态考察统计数据中得到进一步证明：总体上，四个年级学生分别对这六项具体权利表示已经明

知的有效百分比，彼此之间比较接近，尤其是大一、大三和大四三个年级之间差距更小。但其中四个选项表示已经明知的有效百分比中，大二学生均处最低位，另外一个位列四个年级中第三位。基于这一数据结构状态可以说明，一方面，是否主动学习过《教育法》《高等教育法》与对《教育法》列举的受教育者具体权利认知状态之间是正相关的；另一方面，学生对于《教育法》《高等教育法》的学习及其相关内容的具体认知，可能更多缘于主体自觉，缺乏外部有效组织与支持。

您的年级？ * 您系统学习过《普通高等学校学生管理规定》（教育部令第 41 号）吗？交叉表

			您系统学习过《普通高等学校学生管理规定》（教育部令第 41 号）吗？			
			从没关心和在意过，也不知道有这一部门规章	全面学习过，而且很重视其中有关规定对本人在校学习和生活过程中所提供的保护和提出的要求	学校组织过《学生手册》考试，其中有相关内容，但考试后就不再关心	总计
您的年级？	大一	计数	332	345	1094	1771
		占 您的年级？ 的百分比	18.7%	19.5%	61.8%	100.0%
		占 您系统学习过《普通高等学校学生管理规定》（教育部令第 41 号）吗？ 的百分比	54.1%	68.2%	60.8%	60.7%
		占总计的百分比	11.4%	11.8%	37.5%	60.7%
	大二	计数	139	74	362	575
		占 您的年级？ 的百分比	24.2%	12.9%	63.0%	100.0%
		占 您系统学习过《普通高等学校学生管理规定》（教育部令第 41 号）吗？ 的百分比	22.6%	14.6%	20.1%	19.7%
		占总计的百分比	4.8%	2.5%	12.4%	19.7%
	大三	计数	105	74	258	437
		占 您的年级？ 的百分比	24.0%	16.9%	59.0%	100.0%
		占 您系统学习过《普通高等学校学生管理规定》（教育部令第 41 号）吗？ 的百分比	17.1%	14.6%	14.3%	15.0%
		占总计的百分比	3.6%	2.5%	8.8%	15.0%

续表

			您系统学习过《普通高等学校学生管理规定》（教育部令第 41 号）吗？			
			从没关心和在意过，也不知道有这一部门规章	全面学习过，而且很重视其中有关规定对本人在校学习和生活过程中所提供的保护和提出的要求	学校组织过《学生手册》考试，其中有相关内容，但考试后就不再关心	总计
	大四	计数	38	13	84	135
		占 您的年级？ 的百分比	28.1%	9.6%	62.2%	100.0%
		占 您系统学习过《普通高等学校学生管理规定》（教育部令第 41 号）吗？ 的百分比	6.2%	2.6%	4.7%	4.6%
		占总计的百分比	1.3%	0.4%	2.9%	4.6%
总计		计数	614	506	1798	2918
		占 人数总计 的百分比	21.0%	17.3%	61.6%	100.0%
		占 您系统学习过《普通高等学校学生管理规定》（教育部令第 41 号）吗？ 的百分比	100.0%	100.0%	100.0%	100.0%

您的年级？ * 您系统学习过《普通高等学校学生管理规定》（教育部令第41号）吗？

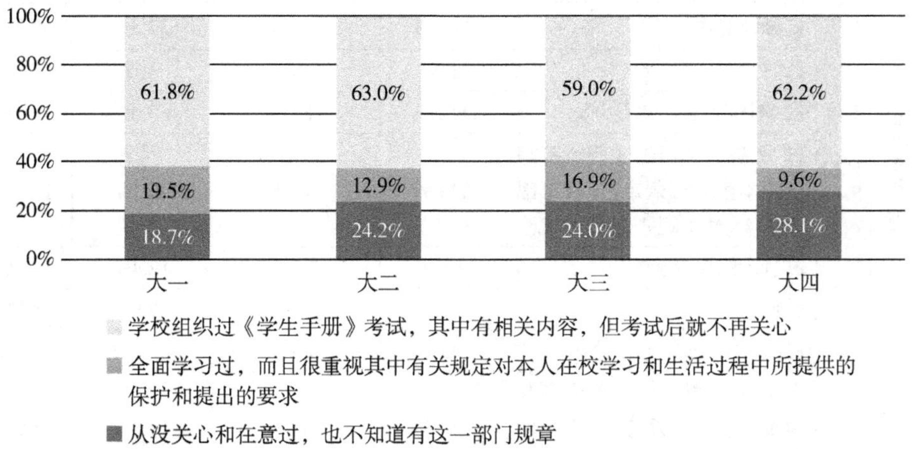

就是否系统学习过《普通高等学校学生管理规定》（教育部令第 41 号）进行考察的年级比较数据统计看，受访非法学专业学生四个年级之间，对于教育部第

41 号令的一般性认知程度存在一定限度的差异：“学校组织过《学生手册》考试，其中有相关内容，但考试后就不再关心”选项有效百分比，四个年级之间非常接近，均占六成；“全面学习过，而且很重视其中有关规定对本人在校学习和生活过程中所提供的保护和提出的要求”选项有效百分比，大一学生最高，大四学生最低，而且前后差距明显，但大二和大三均居其中；“从没关心和在意过，也不知道有这一部门规章”选项有效百分比，总体上随着年级增高而扩大。总体判断，四个年级学生均有六成左右学生承认参与过内容学习及其考试，但考试后就不再予以关心；同时，随着年级增高，对教育部第 41 号令淡忘或者不在意的学生比例逐渐增多。这说明，学生在校期间相关方面对于这一直接关系学生学习与生活的重要部门规章宣传和教育还很不够。

您的年级？ * 下列说法正确的有哪些？_除商业和旅游类校（院）系科（专业）可举办实习商店外，学生个人不得从事经商活动 交叉表

			下列说法正确的有哪些？_除商业和旅游类校（院）系科（专业）可举办实习商店外，学生个人不得从事经商活动		
				除商业和旅游类校（院）系科（专业）可举办实习商店外，学生个人不得从事经商活动	总计
您的年级？	大一	计数	1229	542	1771
		占 您的年级？ 的百分比	69.4%	30.6%	100.0%
		占 下列说法正确的有哪些？_除商业和旅游类校（院）系科（专业）可举办实习商店外，学生个人不得从事经商活动 的百分比	59.1%	64.8%	60.7%
		占总计的百分比	42.1%	18.6%	60.7%
	大二	计数	444	131	575
		占 您的年级？ 的百分比	77.2%	22.8%	100.0%
		占 下列说法正确的有哪些？_除商业和旅游类校（院）系科（专业）可举办实习商店外，学生个人不得从事经商活动 的百分比	21.3%	15.7%	19.7%
		占总计的百分比	15.2%	4.5%	19.7%

续表

			下列说法正确的有哪些？_除商业和旅游类校（院）系科（专业）可举办实习商店外，学生个人不得从事经商活动		
				除商业和旅游类校（院）系科（专业）可举办实习商店外，学生个人不得从事经商活动	总计
	大三	计数	309	128	437
		占 您的年级？ 的百分比	70.7%	29.3%	100.0%
		占 下列说法正确的有哪些？_除商业和旅游类校（院）系科（专业）可举办实习商店外，学生个人不得从事经商活动 的百分比	14.8%	15.3%	15.0%
		占总计的百分比	10.6%	4.4%	15.0%
	大四	计数	99	36	135
		占 您的年级？ 的百分比	73.3%	26.7%	100.0%
		占 下列说法正确的有哪些？_除商业和旅游类校（院）系科（专业）可举办实习商店外，学生个人不得从事经商活动 的百分比	4.8%	4.3%	4.6%
		占总计的百分比	3.4%	1.2%	4.6%
总计		计数	2081	837	2918
		占 人数总计 的百分比	71.3%	28.7%	100.0%
		占 下列说法正确的有哪些？_除商业和旅游类校（院）系科（专业）可举办实习商店外，学生个人不得从事经商活动 的百分比	100.0%	100.0%	100.0%

您的年级？ * 下列说法正确的有哪些？_校园内禁止张贴大、小字报 交叉表

			下列说法正确的有哪些？_校园内禁止张贴大、小字报		
				校园内禁止张贴大、小字报	总计
您的年级？	大一	计数	762	1009	1771
		占 您的年级？ 的百分比	43.0%	57.0%	100.0%
		占 下列说法正确的有哪些？_校园内禁止张贴大、小字报 的百分比	59.2%	61.9%	60.7%
		占总计的百分比	26.1%	34.6%	60.7%

续表

			下列说法正确的有哪些？_校园内禁止张贴大、小字报		
				校园内禁止张贴大、小字报	总计
	大二	计数	275	300	575
		占 您的年级？ 的百分比	47.8%	52.2%	100.0%
		占 下列说法正确的有哪些？_校园内禁止张贴大、小字报 的百分比	21.4%	18.4%	19.7%
		占总计的百分比	9.4%	10.3%	19.7%
	大三	计数	176	261	437
		占 您的年级？ 的百分比	40.3%	59.7%	100.0%
		占 下列说法正确的有哪些？_校园内禁止张贴大、小字报 的百分比	13.7%	16.0%	15.0%
		占总计的百分比	6.0%	8.9%	15.0%
	大四	计数	75	60	135
		占 您的年级？ 的百分比	55.6%	44.4%	100.0%
		占 下列说法正确的有哪些？_校园内禁止张贴大、小字报 的百分比	5.8%	3.7%	4.6%
		占总计的百分比	2.6%	2.1%	4.6%
总计		计数	1288	1630	2918
		占 人数总计 的百分比	44.1%	55.9%	100.0%
		占 下列说法正确的有哪些？_校园内禁止张贴大、小字报 的百分比	100.0%	100.0%	100.0%

您的年级？ * 下列说法正确的有哪些？_任何组织和个人均不得在学校进行宗教活动 交叉表

			下列说法正确的有哪些？_任何组织和个人均不得在学校进行宗教活动		
				任何组织和个人均不得在学校进行宗教活动	总计
您的年级？	大一	计数	589	1182	1771
		占 您的年级？ 的百分比	33.3%	66.7%	100.0%
		占 下列说法正确的有哪些？_任何组织和个人均不得在学校进行宗教活动 的百分比	59.5%	61.3%	60.7%
		占总计的百分比	20.2%	40.5%	60.7%

续表

			下列说法正确的有哪些？_任何组织和个人均不得在学校进行宗教活动		
				任何组织和个人均不得在学校进行宗教活动	总计
	大二	计数	228	347	575
		占 您的年级？ 的百分比	39.7%	60.3%	100.0%
		占 下列说法正确的有哪些？_任何组织和个人均不得在学校进行宗教活动 的百分比	23.0%	18.0%	19.7%
		占总计的百分比	7.8%	11.9%	19.7%
	大三	计数	132	305	437
		占 您的年级？ 的百分比	30.2%	69.8%	100.0%
		占 下列说法正确的有哪些？_任何组织和个人均不得在学校进行宗教活动 的百分比	13.3%	15.8%	15.0%
		占总计的百分比	4.5%	10.5%	15.0%
	大四	计数	41	94	135
		占 您的年级？ 的百分比	30.4%	69.6%	100.0%
		占 下列说法正确的有哪些？_任何组织和个人均不得在学校进行宗教活动 的百分比	4.1%	4.9%	4.6%
		占总计的百分比	1.4%	3.2%	4.6%
总计		计数	990	1928	2918
		占 人数总计 的百分比	33.9%	66.1%	100.0%
		占 下列说法正确的有哪些？_任何组织和个人均不得在学校进行宗教活动 的百分比	100.0%	100.0%	100.0%

您的年级？ * 下列说法正确的有哪些？
_ 学生纪律处分处理结论要同学生本人见面，允许本人申辩、
申诉和保留不同意见 交叉表

			下列说法正确的有哪些？ _ 学生纪律处分处理结论要同学生本人见面，允许本人申辩、申诉和保留不同意见		
				学生纪律处分处理结论要同学生本人见面，允许本人申辩、申诉和保留不同意见	总计
您的年级？	大一	计数	425	1346	1771
		占 您的年级？ 的百分比	24.0%	76.0%	100.0%
		占 下列说法正确的有哪些？ _ 学生纪律处分处理结论要同学生本人见面，允许本人申辩、申诉和保留不同意见 的百分比	59.5%	61.1%	60.7%
		占总计的百分比	14.6%	46.1%	60.7%
	大二	计数	163	412	575
		占 您的年级？ 的百分比	28.3%	71.7%	100.0%
		占 下列说法正确的有哪些？ _ 学生纪律处分处理结论要同学生本人见面，允许本人申辩、申诉和保留不同意见 的百分比	22.8%	18.7%	19.7%
		占总计的百分比	5.6%	14.1%	19.7%
	大三	计数	97	340	437
		占 您的年级？ 的百分比	22.2%	77.8%	100.0%
		占 下列说法正确的有哪些？ _ 学生纪律处分处理结论要同学生本人见面，允许本人申辩、申诉和保留不同意见 的百分比	13.6%	15.4%	15.0%
		占总计的百分比	3.3%	11.7%	15.0%
	大四	计数	29	106	135
		占 您的年级？ 的百分比	21.5%	78.5%	100.0%
		占 下列说法正确的有哪些？ _ 学生纪律处分处理结论要同学生本人见面，允许本人申辩、申诉和保留不同意见 的百分比	4.1%	4.8%	4.6%
		占总计的百分比	1.0%	3.6%	4.6%
总计		计数	714	2204	2918
		占 人数总计 的百分比	24.5%	75.5%	100.0%
		占 下列说法正确的有哪些？ _ 学生纪律处分处理结论要同学生本人见面，允许本人申辩、申诉和保留不同意见 的百分比	100.0%	100.0%	100.0%

您的年级？ * 下列说法正确的有哪些？_学校有权依法劝阻或制止未经批准的游行、示威等活动 交叉表

			下列说法正确的有哪些？_学校有权依法劝阻或制止未经批准的游行、示威等活动		
				学校有权依法劝阻或制止未经批准的游行、示威等活动	总计
您的年级？	大一	计数	406	1365	1771
		占 您的年级？ 的百分比	22.9%	77.1%	100.0%
		占 下列说法正确的有哪些？_学校有权依法劝阻或制止未经批准的游行、示威等活动 的百分比	57.2%	61.8%	60.7%
		占总计的百分比	13.9%	46.8%	60.7%
	大二	计数	171	404	575
		占 您的年级？ 的百分比	29.7%	70.3%	100.0%
		占 下列说法正确的有哪些？_学校有权依法劝阻或制止未经批准的游行、示威等活动 的百分比	24.1%	18.3%	19.7%
		占总计的百分比	5.9%	13.8%	19.7%
	大三	计数	102	335	437
		占 您的年级？ 的百分比	23.3%	76.7%	100.0%
		占 下列说法正确的有哪些？_学校有权依法劝阻或制止未经批准的游行、示威等活动 的百分比	14.4%	15.2%	15.0%
		占总计的百分比	3.5%	11.5%	15.0%
	大四	计数	31	104	135
		占 您的年级？ 的百分比	23.0%	77.0%	100.0%
		占 下列说法正确的有哪些？_学校有权依法劝阻或制止未经批准的游行、示威等活动 的百分比	4.4%	4.7%	4.6%
		占总计的百分比	1.1%	3.6%	4.6%
总计		计数	710	2208	2918
		占 人数总计 的百分比	24.3%	75.7%	100.0%
		占 下列说法正确的有哪些？_学校有权依法劝阻或制止未经批准的游行、示威等活动 的百分比	100.0%	100.0%	100.0%

您的年级？ * 下列说法正确的有哪些？
_学生社团邀请校外人员到学校进行社会政治和学术活动，均须经学校同意 交叉表

			下列说法正确的有哪些？_学生社团邀请校外人员到学校进行社会政治和学术活动，均须经学校同意		
				学生社团邀请校外人员到学校进行社会政治和学术活动，均须经学校同意	总计
您的年级？	大一	计数	360	1411	1771
		占 您的年级？ 的百分比	20.3%	79.7%	100.0%
		占 下列说法正确的有哪些？_学生社团邀请校外人员到学校进行社会政治和学术活动，均须经学校同意的百分比	55.4%	62.2%	60.7%
		占总计的百分比	12.3%	48.4%	60.7%
	大二	计数	157	418	575
		占 您的年级？ 的百分比	27.3%	72.7%	100.0%
		占 下列说法正确的有哪些？_学生社团邀请校外人员到学校进行社会政治和学术活动，均须经学校同意的百分比	24.2%	18.4%	19.7%
		占总计的百分比	5.4%	14.3%	19.7%
	大三	计数	99	338	437
		占 您的年级？ 的百分比	22.7%	77.3%	100.0%
		占 下列说法正确的有哪些？_学生社团邀请校外人员到学校进行社会政治和学术活动，均须经学校同意的百分比	15.2%	14.9%	15.0%
		占总计的百分比	3.4%	11.6%	15.0%
	大四	计数	34	101	135
		占 您的年级？ 的百分比	25.2%	74.8%	100.0%
		占 下列说法正确的有哪些？_学生社团邀请校外人员到学校进行社会政治和学术活动，均须经学校同意的百分比	5.2%	4.5%	4.6%
		占总计的百分比	1.2%	3.5%	4.6%
总计		计数	650	2268	2918
		占 人数总计 的百分比	22.3%	77.7%	100.0%
		占 下列说法正确的有哪些？_学生社团邀请校外人员到学校进行社会政治和学术活动，均须经学校同意的百分比	100.0%	100.0%	100.0%

将上述数据进行汇总，形成以下图表：

您的年级？ * 下列说法正确的有哪些？ 交叉表

		下列说法正确的有哪些？					
		除商业和旅游类校（院）系科（专业）可举办实习商店外，学生个人不得从事经商活动	校园内禁止张贴大、小字报	任何组织和个人均不得在学校进行宗教活动	学生纪律处分处理结论要同学生本人见面，允许本人申辩、申诉和保留不同意见	学校有权依法劝阻或制止未经批准的游行、示威等活动	学生社团邀请校外人员到学校进行社会政治和学术活动，均须经学校同意
您的年级？_有效百分比	大一	30.6	57.0	66.7	76.0	77.1	79.7
	大二	22.8	52.2	60.3	71.7	70.3	72.7
	大三	29.3	59.7	69.8	77.8	76.7	77.3
	大四	26.7	44.4	69.6	78.5	77.0	74.8

您的年级？ * 下列说法正确的有哪些？

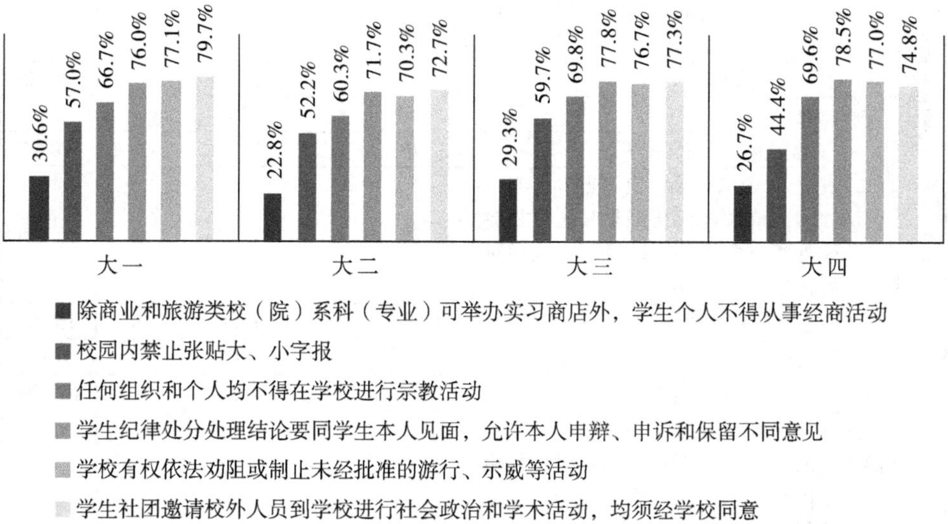

从对教育部第 41 号令中六项权利义务性规定内容认知情况考察的年级比较统计数据看，基本上可以印证前述数据所反映的学生对第 41 号令一般性认知程度的年级比较状态。总体而言，受访非法学专业学生对于第 41 号令中六项权利义务性规定内容的理解与认知情况，四个年级之间差别不大。相对而言，大一学生情况稍好，可能缘于新生入学后学校组织进行了包含有相关内容的学习与考试；大二学生在多个选项的有效百分比最低，可能缘于大二学生在思想上普遍有一定

松懈。这也再次说明，后期的学校生活与学习过程中，比较缺乏有关教育部第 41 号令等内容的进一步宣传与教育。

您的年级？ * 您如何看待“山寨产品”？ 交叉表

			您如何看待“山寨产品”？			
			坚决抵制山寨产品，支持正版	尽量使用正版，偶尔因为贪便宜也购买山寨产品	价格低廉，我乐意购买	总计
您的年级？	大一	计数	1063	689	19	1771
		占 您的年级？ 的百分比	60.0%	38.9%	1.1%	100.0%
		占 您如何看待“山寨产品”？ 的百分比	66.4%	54.8%	31.7%	60.7%
		占总计的百分比	36.4%	23.6%	0.7%	60.7%
	大二	计数	286	269	20	575
		占 您的年级？ 的百分比	49.7%	46.8%	3.5%	100.0%
		占 您如何看待“山寨产品”？ 的百分比	17.9%	21.4%	33.3%	19.7%
		占总计的百分比	9.8%	9.2%	0.7%	19.7%
	大三	计数	196	227	14	437
		占 您的年级？ 的百分比	44.9%	51.9%	3.2%	100.0%
		占 您如何看待“山寨产品”？ 的百分比	12.3%	18.0%	23.3%	15.0%
		占总计的百分比	6.7%	7.8%	0.5%	15.0%
	大四	计数	55	73	7	135
		占 您的年级？ 的百分比	40.7%	54.1%	5.2%	100.0%
		占 您如何看待“山寨产品”？ 的百分比	3.4%	5.8%	11.7%	4.6%
		占总计的百分比	1.9%	2.5%	0.2%	4.6%
总计		计数	1600	1258	60	2918
		占 人数总计 的百分比	54.8%	43.1%	2.1%	100.0%
		占 您如何看待“山寨产品”？ 的百分比	100.0%	100.0%	100.0%	100.0%

您的年级？* 您如何看待“山寨产品”？

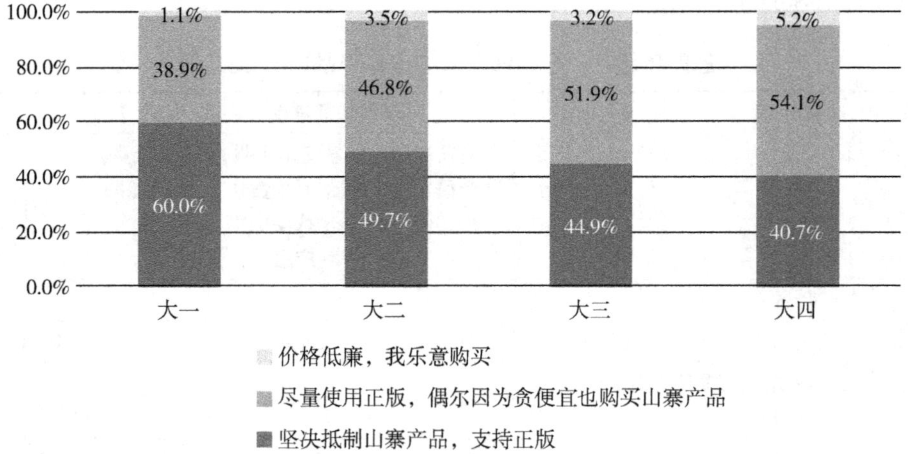

从对待“山寨产品”态度以及由此反映的对他人知识产权尊重程度考察的年级比较数据看，受访非法学专业学生，随着年级的增高反而呈现明显“消极性”变化：“坚决抵制山寨产品，支持正版”选项有效百分比，大一、大二、大三和大四学生依次下降；“尽量使用正版，偶尔因为贪便宜也购买山寨产品”以及“价格低廉，我乐意购买”两个选项有效百分比，大一、大二、大三和大四学生则渐次提升，而且前后变化幅度比较明显。这也说明，受访非法学专业学生在大一期间还能基于之前的学习和教育，对待他人知识产权还能呈现较好积极态度，随后在校期间一方面缘于相关法律教育不充分，另一方面可能缘于受到社会环境影响以及自我趋利性意识增强等，学生对待“山寨产品”则似乎越来越“宽容”。

您的年级？ * 对于“人肉搜索”，您怎么看？ 交叉表

			对于“人肉搜索”，您怎么看？				
			坚决反对，因为那是侵犯他人隐私的违法行为	不了解，无所谓	尽管这样不道德甚至违法，但是对那些咎由自取的人活该	很支持，让违法犯罪无处可逃	总计
您的年级？	大一	计数	1346	55	298	72	1771
		占 您的年级？ 的百分比	76.0%	3.1%	16.8%	4.1%	100.0%
		占 对于“人肉搜索”，您怎么看？ 的百分比	63.1%	52.4%	53.4%	59.0%	60.7%
		占总计的百分比	46.1%	1.9%	10.2%	2.5%	60.7%

续表

		对于“人肉搜索”，您怎么看？				
		坚决反对，因为那是侵犯他人隐私的违法行为	不了解，无所谓	尽管这样不道德甚至违法，但是对那些咎由自取的人活该	很支持，让违法犯罪无处可逃	总计
大二	计数	392	22	136	25	575
	占 您的年级？ 的百分比	68.2%	3.8%	23.7%	4.3%	100.0%
	占 对于“人肉搜索”，您怎么看？ 的百分比	18.4%	21.0%	24.4%	20.5%	19.7%
	占总计的百分比	13.4%	0.8%	4.7%	0.9%	19.7%
大三	计数	295	20	101	21	437
	占 您的年级？ 的百分比	67.5%	4.6%	23.1%	4.8%	100.0%
	占 对于“人肉搜索”，您怎么看？ 的百分比	13.8%	19.0%	18.1%	17.2%	15.0%
	占总计的百分比	10.1%	0.7%	3.5%	0.7%	15.0%
大四	计数	100	8	23	4	135
	占 您的年级？ 的百分比	74.1%	5.9%	17.0%	3.0%	100.0%
	占 对于“人肉搜索”，您怎么看？ 的百分比	4.7%	7.6%	4.1%	3.3%	4.6%
	占总计的百分比	3.4%	0.3%	0.8%	0.1%	4.6%
总计	计数	2133	105	558	122	2918
	占 人数总计 的百分比	73.1%	3.6%	19.1%	4.2%	100.0%
	占 对于“人肉搜索”，您怎么看？ 的百分比	100.0%	100.0%	100.0%	100.0%	100.0%

从对于“人肉搜索”的态度以及由此反映的对待他人隐私权尊重程度考察年级比较数据看，受访非法学专业学生四个年级之间总体状况比较接近，大一和大四学生相对而言情况稍好：“坚决反对，因为那是侵犯他人隐私的违法行为”选项有效百分比，大一和大四学生相对较高；“不了解，无所谓”选项有效百分比，大一、大二、大三和大四学生依次提升；“尽管这样不道德甚至违法，但是对那些咎由自取的人活该”和“很支持，让违法犯罪无处可逃”两个选项有效百分比，总体上大二和大三学生比较高。这也说明，就受访非法学专业大学生而言，在校期间由于缺乏相关法律知识学习与教育，他们对于他人隐私权等的认知与尊重水平并没有明显提高，尤其是在大二、大三期间相对更加“任性”。

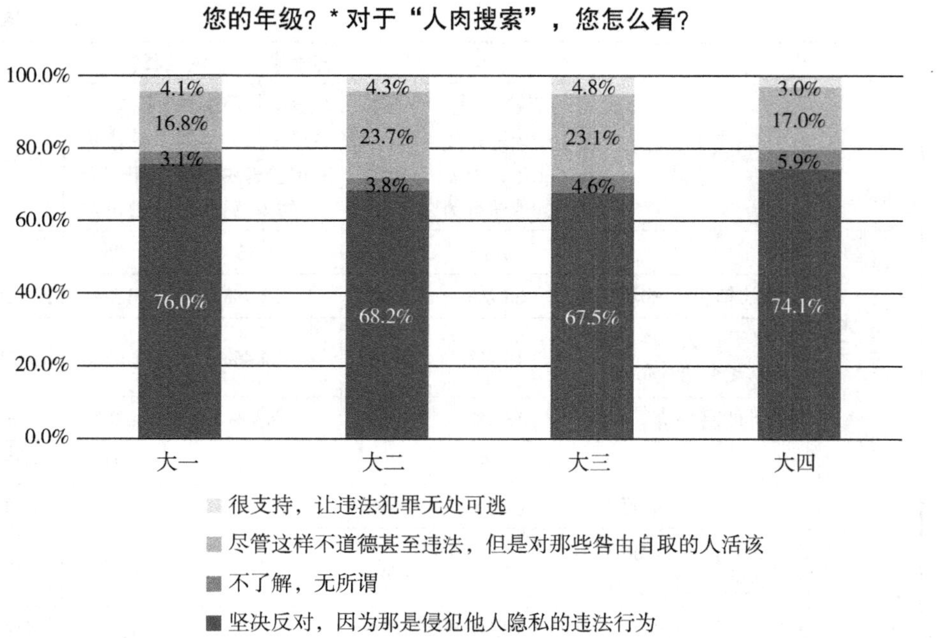

（二）不同年级非法学专业学生自我权利保护与救济能力

您的年级？ * 甲、乙两人是亲密无间的朋友，因买房需要，甲向乙借款二万元，约定五年内归还，您认为甲应当写借条给乙吗？ 交叉表

			甲、乙两人是亲密无间的朋友，因买房需要，甲向乙借款二万元，约定五年内归还，您认为甲应当写借条给乙吗？				
			“亲兄弟、明算账”，应当写借条，这样可以避免和有效解决纠纷，更好保护朋友之间友谊	好朋友之间应该相互帮助、相互信任，不需要写借条	写不写都可以，钱也不算太多，无所谓	作为亲密无间的朋友之间借钱写欠条，很伤感情，不够道德，所以不该写借条	总计
您的年级？	大一	计数	1672	54	24	21	1771
		占 您的年级？ 的百分比	94.4%	3.0%	1.4%	1.2%	100.0%
		占 甲、乙两人是亲密无间的朋友，因买房需要，甲向乙借款二万元，约定五年内归还，您认为甲应当写借条给乙吗？ 的百分比	62.7%	40.6%	40.7%	35.0%	60.7%
		占总计的百分比	57.3%	1.9%	0.8%	0.7%	60.7%

续表

		甲、乙两人是亲密无间的朋友，因买房需要，甲向乙借款二万元，约定五年内归还，您认为甲应当写借条给乙吗？				
		“亲兄弟、明算账”，应当写借条，这样可以避免和有效解决纠纷，更好保护朋友之间友谊	好朋友之间应该相互帮助、相互信任，不需要写借条	写不写都可以，钱也不算太多，无所谓	作为亲密无间的朋友之间借钱写欠条，很伤感情，不够道德，所以不该写借条	总计
大二	计数	504	36	17	18	575
	占 您的年级？ 的百分比	87.7%	6.3%	3.0%	3.1%	100.0%
	占 甲、乙两人是亲密无间的朋友，因买房需要，甲向乙借款二万元，约定五年内归还，您认为甲应当写借条给乙吗？ 的百分比	18.9%	27.1%	28.8%	30.0%	19.7%
	占总计的百分比	17.3%	1.2%	0.6%	0.6%	19.7%
大三	计数	372	33	16	16	437
	占 您的年级？ 的百分比	85.1%	7.6%	3.7%	3.7%	100.0%
	占 甲、乙两人是亲密无间的朋友，因买房需要，甲向乙借款二万元，约定五年内归还，您认为甲应当写借条给乙吗？ 的百分比	14.0%	24.8%	27.1%	26.7%	15.0%
	占总计的百分比	12.7%	1.1%	0.5%	0.5%	15.0%
大四	计数	118	10	2	5	135
	占 您的年级？ 的百分比	87.4%	7.4%	1.5%	3.7%	100.0%
	占 甲、乙两人是亲密无间的朋友，因买房需要，甲向乙借款二万元，约定五年内归还，您认为甲应当写借条给乙吗？ 的百分比	4.4%	7.5%	3.4%	8.3%	4.6%
	占总计的百分比	4.0%	0.3%	0.1%	0.2%	4.6%
总计	计数	2666	133	59	60	2918
	占 人数总计 的百分比	91.4%	4.6%	2.0%	2.1%	100.0%
	占 甲、乙两人是亲密无间的朋友，因买房需要，甲向乙借款二万元，约定五年内归还，您认为甲应当写借条给乙吗？ 的百分比	100.0%	100.0%	100.0%	100.0%	100.0%

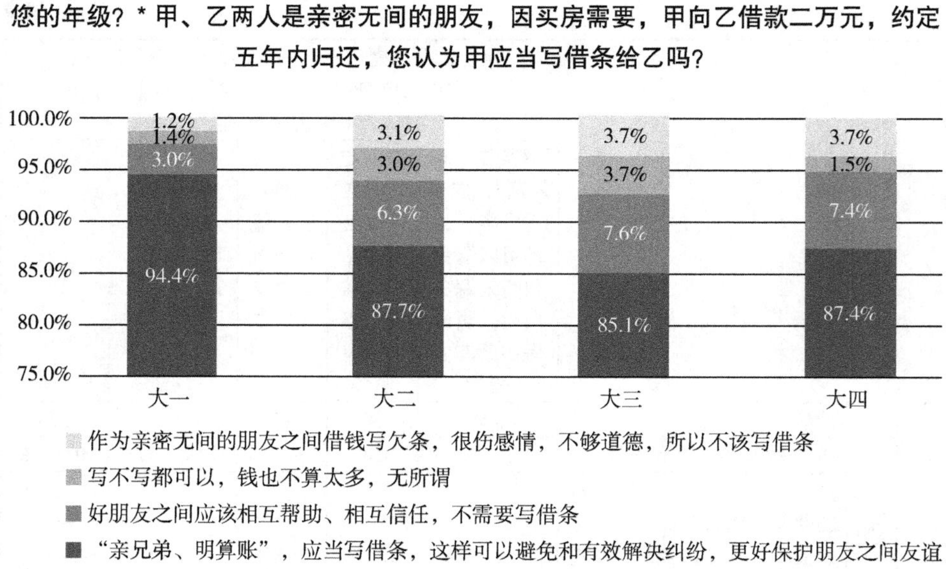

从对朋友间借款是否需要打借条的态度以及由此反映的自我权利积极保护能力考察的年级比较数据看，“‘亲兄弟、明算账’，应当写借条，这样可以避免和有效解决纠纷，更好保护朋友之间友谊”选项有效百分比，大一学生最高，其余三个年级学生比较接近；“好朋友之间应该相互帮助、相互信任，不需要写借条”选项有效百分比，大一学生最低，其余三个年级学生比较接近而且相对于大一学生而言有显著提升（翻了一倍）；“写不写都可以，钱也不算太多，无所谓”选项有效百分比，大一和大四学生接近而且较低，大二和大三学生接近而且相对于大一和大四学生而言也已翻倍；“作为亲密无间的朋友之间借钱写欠条，很伤感情，不够道德，所以不该写借条”选项有效百分比，大一学生最低，大二、大三和大四学生比较接近，而且相对于大一学生而言增加了 2 倍。总体上看，受访非法学专业学生在校期间，就朋友间借款是否要打借条的态度以及由此反映的自我权利积极保护意识并没有明显积极性变化，反倒是随着年级增高，同学之间相对更加在意朋友之间的“信任”和“感情”。这同样说明，非法学专业学生在校期间相关法律知识的学习与教育不够充分。

您的年级？ * 在外就餐、购物之后您会索要和保留发票吗？ 交叉表

			在外就餐、购物之后您会索要和保留发票吗？				
			一定会	无所谓，偶尔索要并保留	如果可以少付钱，宁可不要发票	从来不会	总计
您的年级？	大一	计数	523	1085	19	144	1771
		占 您的年级？ 的百分比	29.5%	61.3%	1.1%	8.1%	100.0%
		占 在外就餐、购物之后您会索要和保留发票吗？ 的百分比	70.6%	58.4%	46.3%	51.8%	60.7%
		占总计的百分比	17.9%	37.2%	0.7%	4.9%	60.7%
	大二	计数	100	397	10	68	575
		占 您的年级？ 的百分比	17.4%	69.0%	1.7%	11.8%	100.0%
		占 在外就餐、购物之后您会索要和保留发票吗？ 的百分比	13.5%	21.4%	24.4%	24.5%	19.7%
		占总计的百分比	3.4%	13.6%	0.3%	2.3%	19.7%
	大三	计数	86	295	7	49	437
		占 您的年级？ 的百分比	19.7%	67.5%	1.6%	11.2%	100.0%
		占 在外就餐、购物之后您会索要和保留发票吗？ 的百分比	11.6%	15.9%	17.1%	17.6%	15.0%
		占总计的百分比	2.9%	10.1%	0.2%	1.7%	15.0%
	大四	计数	32	81	5	17	135
		占 您的年级？ 的百分比	23.7%	60.0%	3.7%	12.6%	100.0%
		占 在外就餐、购物之后您会索要和保留发票吗？ 的百分比	4.3%	4.4%	12.2%	6.1%	4.6%
		占总计的百分比	1.1%	2.8%	0.2%	0.6%	4.6%
总计		计数	741	1858	41	278	2918
		占 人数总计 的百分比	25.4%	63.7%	1.4%	9.5%	100.0%
		占 在外就餐、购物之后您会索要和保留发票吗？ 的百分比	100.0%	100.0%	100.0%	100.0%	100.0%

从就餐、购物后是否索要并保留发票以及由此反映的自我权利积极保护意识状态考察的年级比较统计数据看，受访非法学专业学生随着年级的增高而呈现出“消极”变化态势：“一定会”选项有效百分比，大一学生最高，大二学生最低，大三和大四有所回归但仍低于大一学生；“无所谓，偶尔索要并保留”选项有效百分比，大一和大四学生非常接近，大二和大三学生相对较高；“如果可以少付钱，宁可不要发票”和“从来不会”两个选项有效百分比，总体上，从大一到大四呈现明显走高趋势。

您的年级？* 在外就餐、购物之后您会索要和保留发票吗？

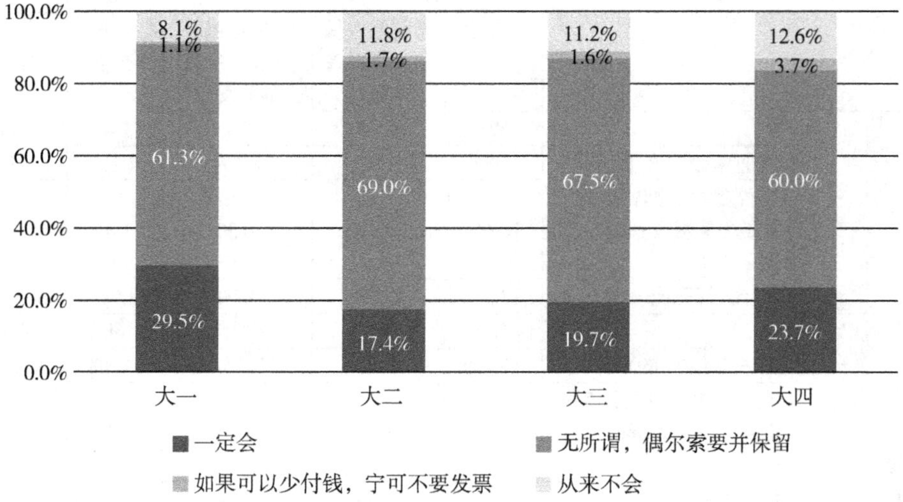

这说明，受访非法学专业学生在校期间，由于相关法律知识学习与教育的缺失，在就餐、购物等消费活动中的自我权利积极保护意识不仅没有得到增强和提高，甚至因为“趋利性”增强等原因相对变得更加不能注意自我权利的积极保护与防范。

您的年级？ * 如果在参加勤工助学或利用课外时间做兼职过程中，自身合法权利受到侵害，您解决问题的思路和模式最有可能是？ 交叉表

			如果在参加勤工助学或利用课外时间做兼职过程中，自身合法权利受到侵害，您解决问题的思路和模式最有可能是？						总计
			尽量沟通协商解决，沟通协商无效情况下毫不犹豫地选择法律途径	随时准备诉诸法律途径	首先沟通协商解决，同时积极寻求关系和资源支持，法律途径作为最后选项	“多一事不如少一事”，尽量忍气吞声，忍到忍无可忍的时候再寻求法律支持	按自己的方式“武力解决”	其他	
您的年级？	大一	计数	776	40	937	9	3	6	1771
		占 您的年级？ 的百分比	43.8%	2.3%	52.9%	0.5%	0.2%	0.3%	100.0%
		占 如果在参加勤工助学或利用课外时间做兼职过程中，自身合法权利受到侵害，您解决问题的思路和模式最有可能是？ 的百分比	65.2%	61.5%	58.3%	23.1%	50.0%	66.7%	60.7%
		占总计的百分比	26.6%	1.4%	32.1%	0.3%	0.1%	0.2%	60.7%

续表

		如果在参加勤工助学或利用课外时间做兼职过程中，自身合法权利受到侵害，您解决问题的思路和模式最有可能是？						
		尽量沟通协商解决，沟通协商无效情况下毫不犹豫地选择法律途径	随时准备诉诸法律途径	首先沟通协商解决，同时积极寻求关系和资源支持，法律途径作为最后选项	“多一事不如少一事”，尽量忍气吞声，忍到忍无可忍的时候再寻求法律支持	按自己的方式“武力解决”	其他	总计
大二	计数	211	7	343	12	1	1	575
	占 您的年级？ 的百分比	36.7%	1.2%	59.7%	2.1%	0.2%	0.2%	100.0%
	占 如果在参加勤工助学或利用课外时间做兼职过程中，自身合法权利受到侵害，您解决问题的思路和模式最有可能是？ 的百分比	17.7%	10.8%	21.3%	30.8%	16.7%	11.1%	19.7%
	占总计的百分比	7.2%	0.2%	11.8%	0.4%	0.0%	0.0%	19.7%
大三	计数	163	16	241	15	1	1	437
	占 您的年级？ 的百分比	37.3%	3.7%	55.1%	3.4%	0.2%	0.2%	100.0%
	占 如果在参加勤工助学或利用课外时间做兼职过程中，自身合法权利受到侵害，您解决问题的思路和模式最有可能是？ 的百分比	13.7%	24.6%	15.0%	38.5%	16.7%	11.1%	15.0%
	占总计的百分比	5.6%	0.5%	8.3%	0.5%	0.0%	0.0%	15.0%
大四	计数	41	2	87	3	1	1	135
	占 您的年级？ 的百分比	30.4%	1.5%	64.4%	2.2%	0.7%	0.7%	100.0%
	占 如果在参加勤工助学或利用课外时间做兼职过程中，自身合法权利受到侵害，您解决问题的思路和模式最有可能是？ 的百分比	3.4%	3.1%	5.4%	7.7%	16.7%	11.1%	4.6%
	占总计的百分比	1.4%	0.1%	3.0%	0.1%	0.0%	0.0%	4.6%
总计	计数	1191	65	1608	39	6	9	2918
	占 人数总计 的百分比	40.8%	2.2%	55.1%	1.3%	0.2%	0.3%	100.0%
	占 如果在参加勤工助学或利用课外时间做兼职过程中，自身合法权利受到侵害，您解决问题的思路和模式最有可能是？ 的百分比	100.0%	100.0%	100.0%	100.0%	100.0%	100.0%	100.0%

您的年级？* 如果在参加勤工助学或利用课外时间做兼职过程中，自身合法权利受到侵害，您解决问题的思路和模式最有可能是？

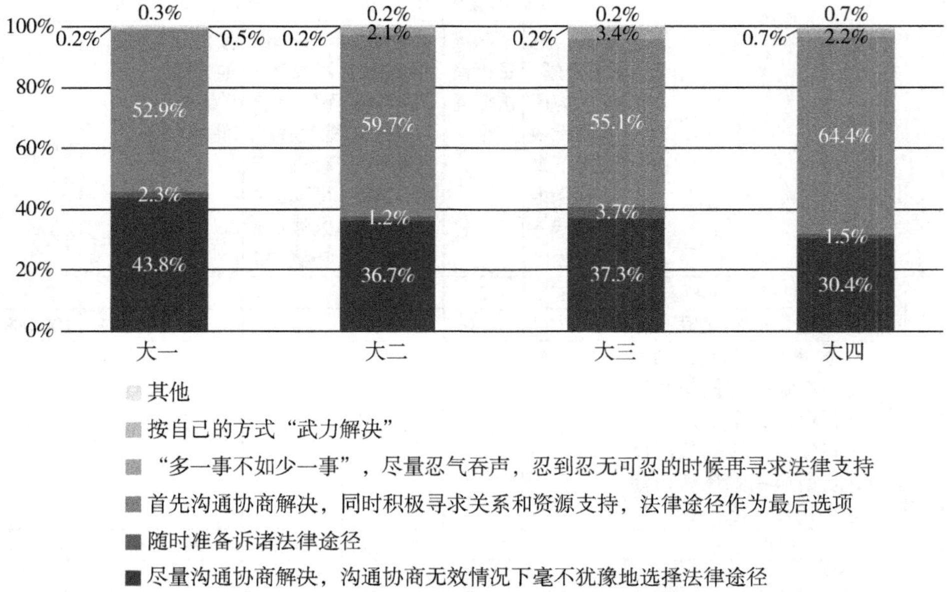

从自身合法权利受到侵害时解决问题的思路和模式选择年级比较统计数据看，“尽量沟通协商解决，沟通协商无效情况下毫不犹豫地选择法律途径”“随时准备诉诸法律途径”两个选项有效百分比，总体上随着年级增高而呈现下降趋势：大一到大四两选项有效百分比小计分别为 46.0%、37.9%、41.0%、31.9%；“首先沟通协商解决，同时积极寻求关系和资源支持，法律途径作为最后选项”选项有效百分比则呈现升高趋势：从大一到大四分别为 52.9%、59.7%、55.1%、64.4%；“尽量忍气吞声，忍到忍无可忍的时候再寻求法律支持”选项有效百分比分别为 0.5%、2.1%、3.4%、2.2%；“按自己的方式‘武力解决’”及“其他”两个选项的有效百分比基本稳定（大四学生因绝对量过低，作为相对量的有效百分比则没有太大参考意义）。总体而言，随着学生年级的增高，非法学专业本科学生在自身合法权利受到侵害时解决问题的思路和模式选择上，并没有呈现出积极的、进步性变化，选择法律支持的相对减少，而寻求“关系和资源支持”以及选择“忍气吞声”的相对增多。这可以说明，学生在校期间由于相关法律知识的学习与教育不够充分，其自我权利保护意识增强与救济能力提升受到局限。

您的年级？ * 在超市买到过期食品或者其他假冒伪劣商品，您会如何处理？ 交叉表

			在超市买到过期食品或者其他假冒伪劣商品，您会如何处理？				
			坚决找商家理论，要求退还并索赔	向有关部门举报	如果金额不大，就自认倒霉	不管金额大小，不想惹麻烦，自认倒霉	总计
您的年级？	大一	计数	856	563	335	17	1771
		占 您的年级？ 的百分比	48.3%	31.8%	18.9%	1.0%	100.0%
		占 在超市买到过期食品或者其他假冒伪劣商品，您会如何处理？ 的百分比	60.6%	67.7%	52.8%	44.7%	60.7%
		占总计的百分比	29.3%	19.3%	11.5%	0.6%	60.7%
	大二	计数	263	146	156	10	575
		占 您的年级？ 的百分比	45.7%	25.4%	27.1%	1.7%	100.0%
		占 在超市买到过期食品或者其他假冒伪劣商品，您会如何处理？ 的百分比	18.6%	17.5%	24.6%	26.3%	19.7%
		占总计的百分比	9.0%	5.0%	5.3%	0.3%	19.7%
	大三	计数	218	99	114	6	437
		占 您的年级？ 的百分比	49.9%	22.7%	26.1%	1.4%	100.0%
		占 在超市买到过期食品或者其他假冒伪劣商品，您会如何处理？ 的百分比	15.4%	11.9%	18.0%	15.8%	15.0%
		占总计的百分比	7.5%	3.4%	3.9%	0.2%	15.0%
	大四	计数	76	24	30	5	135
		占 您的年级？ 的百分比	56.3%	17.8%	22.2%	3.7%	100.0%
		占 在超市买到过期食品或者其他假冒伪劣商品，您会如何处理？ 的百分比	5.4%	2.9%	4.7%	13.2%	4.6%
		占总计的百分比	2.6%	0.8%	1.0%	0.2%	4.6%
总计		计数	1413	832	635	38	2918
		占 人数总计 的百分比	48.4%	28.5%	21.8%	1.3%	100.0%
		占 在超市买到过期食品或者其他假冒伪劣商品，您会如何处理？ 的百分比	100.0%	100.0%	100.0%	100.0%	100.0%

从购买到过期食品或者其他假冒伪劣商品时会如何处理以及由此所反映的自我权利保护与救济能力的年级比较统计数据看，受访非法学专业本科生随着年级的增高，尽管“向有关部门举报”选项有效百分比依次下降，但“坚决找商家理论，要求退还并索赔”选项有效百分比总体呈上升态势，而两选项有效百分比的小计则是

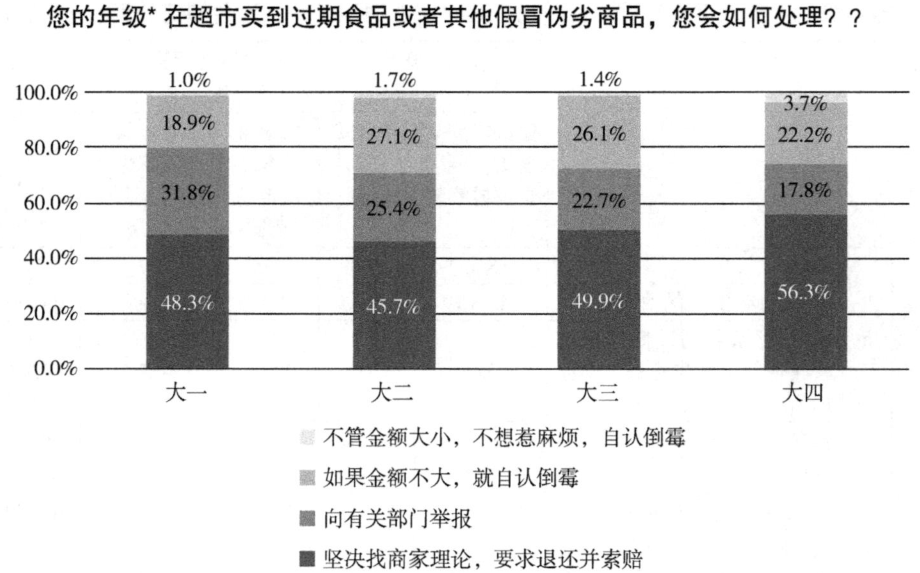

大一最高，大二、大三和大四渐次升高但幅度很小（从大一到大四分别为80.1%、71.1%、72.6%、74.1%）；与此同时，选择“自认倒霉”、放弃权利主张的有效百分比总体上也有所升高。所以，总体而言，受访非法学专业本科生在购买到过期食品或者其他假冒伪劣商品的时候，所采取的相应措施以及由此反映出的自我权利保护意识与救济能力，并没有随着年级的增高而显现出积极性的变化，甚至在一定程度上表现出“退步”态势。这也可以说明，学生在校期间由于相关法律知识的学习与教育不够充分，其自我权利保护意识增强与救济能力提升同样受到局限。

您的年级？ * 如果受到司法机关或者行政执法机关的不公正裁决，您会怎么办？ 交叉表

			如果受到司法机关或者行政执法机关的不公正裁决，您会怎么办？					
			寻求律师等专业人士帮助，按法律程序捍卫公正	通过上访，寻求上级党委或者有关国家机关的支持	忍气吞声，“胳膊拧不过大腿”，息事宁人	拒绝执行不公正的裁决	设法对抗，绝不执行，甚至报复做出不公正裁决的司法执法人员	总计
您的年级？	大一	计数	1163	455	48	79	26	1771
		占 您的年级？ 的百分比	65.7%	25.7%	2.7%	4.5%	1.5%	100.0%
		占 如果受到司法机关或者行政执法机关的不公正裁决，您会怎么办？的百分比	61.1%	61.4%	46.2%	66.4%	51.0%	60.7%
		占总计的百分比	39.9%	15.6%	1.6%	2.7%	0.9%	60.7%

续表

			如果受到司法机关或者行政执法机关的不公正裁决，您会怎么办?					
			寻求律师等专业人士帮助，按法律程序捍卫公正	通过上访，寻求上级党委或者有关国家机关的支持	忍气吞声，“胳膊拧不过大腿”，息事宁人	拒绝执行不公正的裁决	设法对抗，绝不执行，甚至报复做出不公正裁决的司法执法人员	总计
	大二	计数	370	148	23	21	13	575
		占 您的年级? 的百分比	64.3%	25.7%	4.0%	3.7%	2.3%	100.0%
		占 如果受到司法机关或者行政执法机关的不公正裁决，您会怎么办? 的百分比	19.4%	20.0%	22.1%	17.6%	25.5%	19.7%
		占总计的百分比	12.7%	5.1%	0.8%	0.7%	0.4%	19.7%
	大三	计数	284	108	26	11	8	437
		占 您的年级? 的百分比	65.0%	24.7%	5.9%	2.5%	1.8%	100.0%
		占 如果受到司法机关或者行政执法机关的不公正裁决，您会怎么办? 的百分比	14.9%	14.6%	25.0%	9.2%	15.7%	15.0%
		占总计的百分比	9.7%	3.7%	0.9%	0.4%	0.3%	15.0%
	大四	计数	86	30	7	8	4	135
		占 您的年级? 的百分比	63.7%	22.2%	5.2%	5.9%	3.0%	100.0%
		占 如果受到司法机关或者行政执法机关的不公正裁决，您会怎么办? 的百分比	4.5%	4.0%	6.7%	6.7%	7.8%	4.6%
		占总计的百分比	2.9%	1.0%	0.2%	0.3%	0.1%	4.6%
总计		计数	1903	741	104	119	51	2918
		占 您的年级? 的百分比	65.2%	25.4%	3.6%	4.1%	1.7%	100.0%
		占 如果受到司法机关或者行政执法机关的不公正裁决，您会怎么办? 的百分比	100.0%	100.0%	100.0%	100.0%	100.0%	100.0%
		占总计的百分比	65.2%	25.4%	3.6%	4.1%	1.7%	100.0%

您的年级？＊如果受到司法机关或者行政执法机关的不公正裁决，您会怎么办？

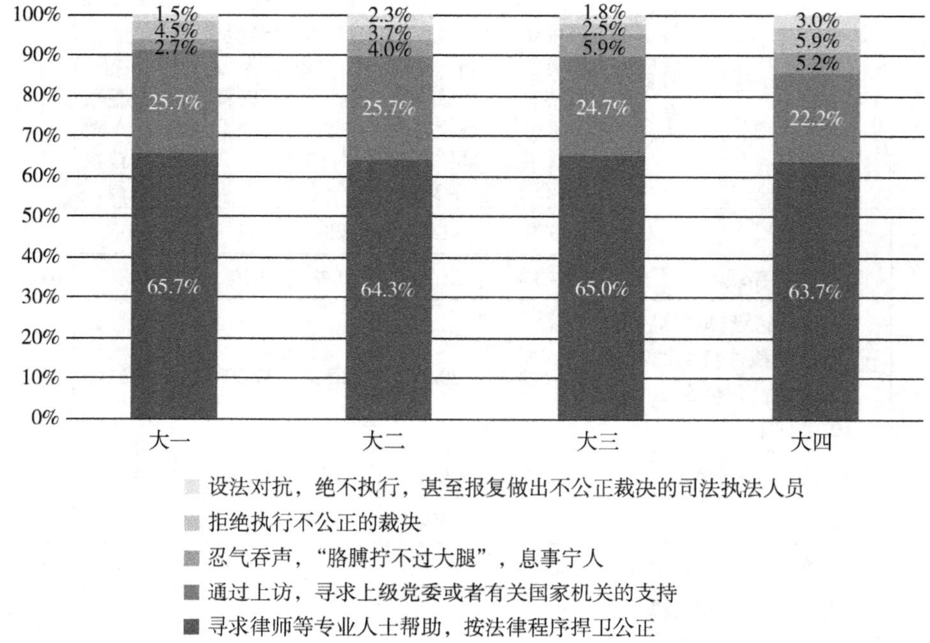

面对不公正法律裁决时做出的选择以及由此反映出的自我权利保护与救济能力年级比较统计数据表明，受访非法学专业本科生整体上在四个年级之间呈现出波动并随着年级增高有一定程度的消极性变化：从大一到大四，“寻求律师等专业人士帮助，按法律程序捍卫公正”选项有效百分比波动变化并在大四处于最低；“通过上访，寻求上级党委或者有关国家机关的支持”选项有效百分比大一、大二持平，大三、大四分别有小幅度下降；“忍气吞声，‘胳膊拧不过大腿’，息事宁人”选项尽管大四较大三有小幅回落，但总体上呈上升态势；“拒绝执行不公正的裁决”选项尽管从大一到大三依次下降，但大四相对大幅反弹并位居最高；“设法对抗，绝不执行，甚至报复做出不公正裁决的司法执法人员”从大一到大四波动性变化，但呈上升态势，而且大四相对高位明显。这也说明，面对不公正法律裁决的时候，受访非法学专业本科生并没有表现出随着年级增高而更加理性，甚至非理性的处理方式选择呈现升高态势。同样证明，非法学专业本科生在校期间可能因为相关法律知识的学习与教育缺失，其自我权利保护意识与救济能力也难以得到全面提高。

您的年级？ * 您了解“法律援助”吗？ 交叉表

			您了解“法律援助”吗？			
			知道且了解，懂得获取法律援助的条件和渠道	只是听说过，不懂得具体怎样获取法律援助	完全不清楚	总计
您的年级？	大一	计数	300	1395	76	1771
		占 您的年级？ 的百分比	16.9%	78.8%	4.3%	100.0%
		占 您了解“法律援助”吗？ 的百分比	67.6%	59.6%	56.7%	60.7%
		占总计的百分比	10.3%	47.8%	2.6%	60.7%
	大二	计数	69	478	28	575
		占 您的年级？ 的百分比	12.0%	83.1%	4.9%	100.0%
		占 您了解“法律援助”吗？ 的百分比	15.5%	20.4%	20.9%	19.7%
		占总计的百分比	2.4%	16.4%	1.0%	19.7%
	大三	计数	60	352	25	437
		占 您的年级？ 的百分比	13.7%	80.5%	5.7%	100.0%
		占 您了解“法律援助”吗？ 的百分比	13.5%	15.0%	18.7%	15.0%
		占总计的百分比	2.1%	12.1%	0.9%	15.0%
	大四	计数	15	115	5	135
		占 您的年级？ 的百分比	11.1%	85.2%	3.7%	100.0%
		占 您了解“法律援助”吗？ 的百分比	3.4%	4.9%	3.7%	4.6%
		占总计的百分比	0.5%	3.9%	0.2%	4.6%
总计		计数	444	2340	134	2918
		占人数总计 的百分比	15.2%	80.2%	4.6%	100.0%
		占 您了解“法律援助”吗？ 的百分比	100.0%	100.0%	100.0%	100.0%

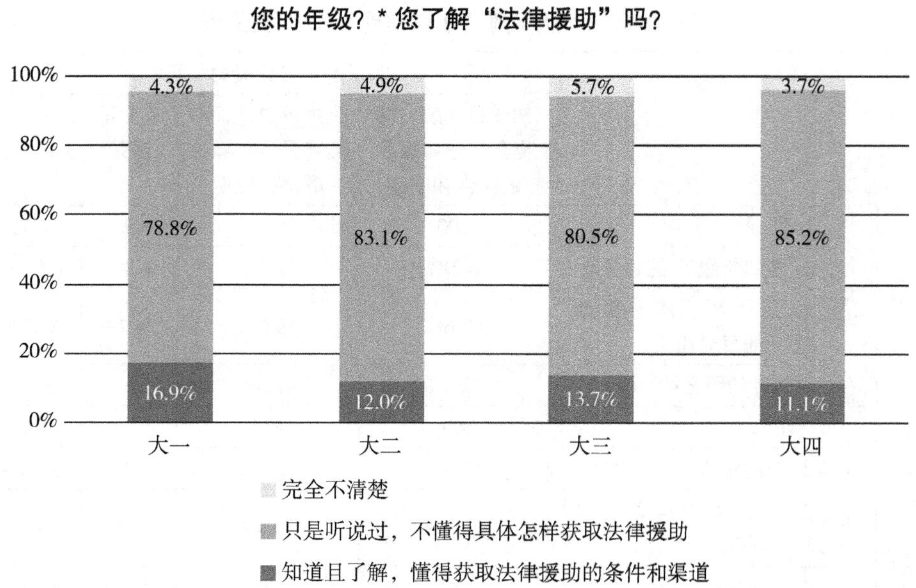

就非法学专业本科生对法律援助制度的了解情况看，从大一到大四四个年级之间，“知道且了解，懂得获取法律援助的条件和渠道”选项有效百分比有波动但总体下降，“只是听说过，不懂得具体怎样获取法律援助”选项有效百分比也有波动但总体升高，两者之和在四个年级之间基本相当；“完全不清楚”选项有效百分比有波动但变化幅度不大。总体而言，可能因为国家及社会对于法律援助制度的广泛宣传，非法学专业本科生随着年级的增高，对此项制度建设的一般性认知（“只是听说过”）占比呈现增高趋势，但对其具体了解占比并未增多。这同样难以说明四个年级的非法学专业本科生在对于法律援助制度的认知与了解并没有随着年级的增高而呈现积极性变化，当然也难以由此支持自身权利保护与救济能力提升。

从受访非法学专业学生的权利意识状况年级比较数据看，四个年级学生的权利认知水平，以及自我权利保护与救济能力，总体上比较接近，但在相关具体法律制度认知以及有关法律问题的处理方式选择等方面，存在一定幅度的结构性差异，甚至随着年级增高，对教育部第41号令淡忘或者不在意的学生比例逐渐增多，对待“山寨产品”态度以及由此反映的对他人知识产权尊重程度明显“消极性”变化，自我权利保护意识与救济能力，并没有随着年级的增高而显现出明显的积极性变化，甚至在一定程度上表现出“退步”态势。总体上普遍缺乏积极、主动的权利保护意识与能力，高年级学生更加讲求“义气”和“情面”，甚至更加“意气”和“非理性”。

第三章　非法学专业本科生法律意识状况评测

为考察受访学生的法律意识状况以及由此反映出的法治素养水平，我们重点围绕相关法律常识的了解与认知水平，对于法律权威和法治精神的尊重与维护态度等进行问题设计、分析和评测。

一、非法学专业本科生法律意识总体评测

（一）对法律常识的了解与认知

拾得他人财物据为己有并拒绝所有权人的索要，您怎么看?

		频率	百分比	有效百分比	累计百分比
有效	不仅仅不道德，还属于不当得利，达到一定金额就构成违法	2400	82.2	82.2	82.2
	占人便宜，很不道德	402	13.8	13.8	96.0
	不知道	38	1.3	1.3	97.3
	很正常，捡到他人财物很幸运也理所当然归自己	78	2.7	2.7	100.0
	总计	2918	100.0	100.0	

有高达 96% 的受访非法学专业学生从道德和法律上否定了“不当得利”行为，其中 82.2% 的同学能够从行为法律性质角度评析拒绝归还拾得物的行为。但是，仍然有 4.0% 的同学没能形成非法占有他人合法财物的道德是非观，更是缺乏相应的法律认知，就作为青年大学生而言，这也是我们不可放任和忽视的。

拾得他人财物据为己有并拒绝所有权人的索要，您怎么看？

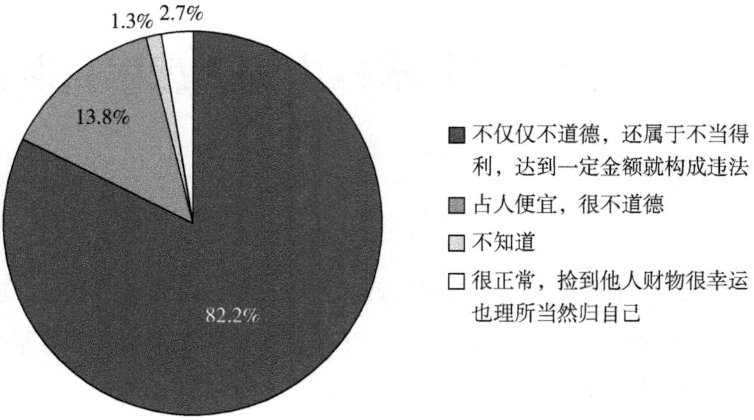

您对自身法律意识状况如何总体评价？
*** 拾得他人财物据为己有并拒绝所有权人的索要，您怎么看？ 交叉表**

			拾得他人财物据为己有并拒绝所有权人的索要，您怎么看？				
			不仅仅不道德，还属于不当得利，达到一定金额就构成违法	占人便宜，很不道德	不知道	很正常，捡到他人财物很幸运也理所当然归自己	总计
您对自身法律意识状况如何总体评价？	非常强	计数	133	20	3	32	188
		占 您对自身法律意识状况如何总体评价？ 的百分比	70.7%	10.6%	1.6%	17.0%	100.0%
		占 拾得他人财物据为己有并拒绝所有权人的索要，您怎么看？ 的百分比	5.5%	5.0%	7.9%	41.0%	6.4%
		占总计的百分比	4.6%	0.7%	0.1%	1.1%	6.4%
	强	计数	636	112	6	17	771
		占 您对自身法律意识状况如何总体评价？ 的百分比	82.5%	14.5%	0.8%	2.2%	100.0%
		占 拾得他人财物据为己有并拒绝所有权人的索要，您怎么看？ 的百分比	26.5%	27.9%	15.8%	21.8%	26.4%
		占总计的百分比	21.8%	3.8%	0.2%	0.6%	26.4%

续表

		拾得他人财物据为己有并拒绝所有权人的索要，您怎么看?				
		不仅仅不道德，还属于不当得利，达到一定金额就构成违法	占人便宜，很不道德	不知道	很正常，捡到他人财物很幸运也理所当然归自己	总计
一般	计数	1490	232	23	23	1768
	占 您对自身法律意识状况如何总体评价? 的百分比	84.3%	13.1%	1.3%	1.3%	100.0%
	占 拾得他人财物据为己有并拒绝所有权人的索要，您怎么看? 的百分比	62.1%	57.7%	60.5%	29.5%	60.6%
	占总计的百分比	51.1%	8.0%	0.8%	0.8%	60.6%
比较差	计数	141	38	6	6	191
	占 您对自身法律意识状况如何总体评价? 的百分比	73.8%	19.9%	3.1%	3.1%	100.0%
	占 拾得他人财物据为己有并拒绝所有权人的索要，您怎么看? 的百分比	5.9%	9.5%	15.8%	7.7%	6.5%
	占总计的百分比	4.8%	1.3%	0.2%	0.2%	6.5%
总计	计数	2400	402	38	78	2918
	占 人数总计 的百分比	82.2%	13.8%	1.3%	2.7%	100.0%
	占 拾得他人财物据为己有并拒绝所有权人的索要，您怎么看? 的百分比	100.0%	100.0%	100.0%	100.0%	100.0%

“您对自身法律意识状况如何总体评价”与“拾得他人财物据为己有并拒绝所有权人的索要，您怎么看”交叉统计数据表明，受访非法学专业学生对于拒绝归还拾得物行为的理解与认知水平，与其自身法律意识状况自我评价高低之间只是呈现出有限的相关性：“不仅仅不道德，还属于不当得利，达到一定金额就构成违法”选项有效百分比，法律意识状况自我评价“强”“一般”两个群体学生之间非常接近，前者反而稍低；法律意识状况自我评价“非常强”“比较差”两个群体学生之间也非常接近，而且前者在四个群体中处于最低位。“占人便宜，很不道德”选项有效百分比，法律意识状况自我评价“强”“一般”两个群体学生之间比较接近，然而法律意识状况自我评价“非常强”群体学生处于最低位、法律意

您对自身法律意识状况如何总体评价？* 拾得他人财物据为己有并拒绝所有权人的索要，您怎么看？

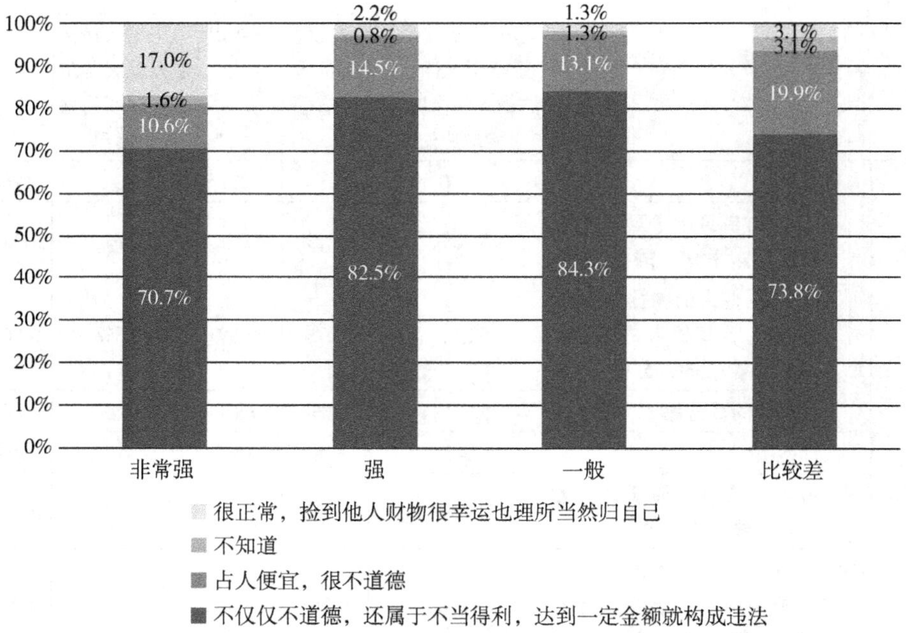

识状况自我评价“比较差”群体学生则处于最高位。分别从法律和道德上否定“不当得利”行为的这两个选项有效百分比之和，法律意识状况自我评价“强”“一般”和“比较差”三个群体学生之间比较接近，而法律意识状况自我评价“非常强”群体学生则最低而且有明显差距。不仅如此，“很正常，捡到他人财物很幸运也理所当然归自己”选项有效百分比，法律意识状况自我评价“非常强”群体学生则遥遥领先于其他三个群体学生。总体上看，就对“不当得利”行为的理解和认知水平而言，法律意识状况自我评价“强”和“一般”两群体学生之间差别不大，法律意识状况自我评价“比较差”群体学生相对稍微有些差距，而法律意识状况自我评价“非常强”群体学生则处于最低位并有明显差距。由此足以说明，尽管有较高比例学生从道德和法律上否定了“不当得利”行为，但是整体上看这背后实际上缺乏正确法律意识的有效支持，其判断更多基于一种“习惯”或者“自觉”以及内心“正义”等道德价值取向。

我国的法制宣传日是哪一天？

		频率	百分比	有效百分比	累计百分比
有效	11月4日	265	9.1	9.1	9.1
	12月4日	2320	79.5	79.5	88.6
	3月15日	146	5.0	5.0	93.6
	5月16日	187	6.4	6.4	100.0
	总计	2918	100.0	100.0	

您对自身法律意识状况如何总体评价？ * 我国的法制宣传日是哪一天？ 交叉表

			我国的法制宣传日是哪一天？				
			11月4日	12月4日	3月15日	5月16日	总计
您对自身法律意识状况如何总体评价？	非常强	计数	21	148	9	10	188
		占 您对自身法律意识状况如何总体评价？ 的百分比	11.2%	78.7%	4.8%	5.3%	100.0%
		占 我国的法制宣传日是哪一天？ 的百分比	7.9%	6.4%	6.2%	5.3%	6.4%
		占总计的百分比	0.7%	5.1%	0.3%	0.3%	6.4%
	强	计数	72	609	41	49	771
		占 您对自身法律意识状况如何总体评价？ 的百分比	9.3%	79.0%	5.3%	6.4%	100.0%
		占 我国的法制宣传日是哪一天？ 的百分比	27.2%	26.3%	28.1%	26.2%	26.4%
		占总计的百分比	2.5%	20.9%	1.4%	1.7%	26.4%
	一般	计数	156	1417	84	111	1768
		占 您对自身法律意识状况如何总体评价？ 的百分比	8.8%	80.1%	4.8%	6.3%	100.0%
		占 我国的法制宣传日是哪一天？ 的百分比	58.9%	61.1%	57.5%	59.4%	60.6%
		占总计的百分比	5.3%	48.6%	2.9%	3.8%	60.6%
	比较差	计数	16	146	12	17	191
		占 您对自身法律意识状况如何总体评价？ 的百分比	8.4%	76.4%	6.3%	8.9%	100.0%
		占 我国的法制宣传日是哪一天？ 的百分比	6.0%	6.3%	8.2%	9.1%	6.5%
		占总计的百分比	0.5%	5.0%	0.4%	0.6%	6.5%

续表

		我国的法制宣传日是哪一天？				
		11月4日	12月4日	3月15日	5月16日	总计
总计	计数	265	2320	146	187	2918
	占 人数总计 的百分比	9.1%	79.5%	5.0%	6.4%	100.0%
	占 我国的法制宣传日是哪一天？ 的百分比	100.0%	100.0%	100.0%	100.0%	100.0%

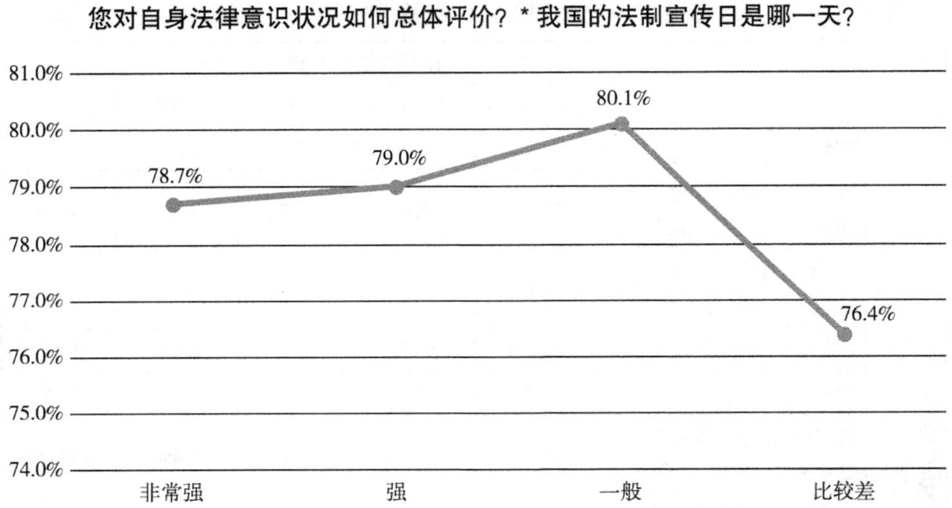

作为国家法制宣传日，应当是一个普遍知晓的问题，但遗憾的是正确回答率为79.5%，仍然有五分之一受访非法学专业本科学生回答错误。这在一定程度上说明国家法制宣传日期间相关法制宣传活动不够有效，但同样能够说明作为青年大学生对国家法治建设缺乏应有的关注和必要热情。

“您对自身法律意识状况如何总体评价”与“我国的法制宣传日是哪一天”交叉统计数据表明，受访非法学专业本科生法律意识状况自我评价的高低，与其对于国家法制宣传日的具体认知之间也没有显现出正相关关系：“12月4日”这一正确选项有效百分比，法律意识状况自我评价“非常强”“强”“一般”和“比较差”四个群体学生之间比较接近，从高到低依次是法律意识状况自我评价“一般”“强”“非常强”和“比较差”四个群体。这也说明，受访非法学专业本科生对于国家法制宣传日的认知状况，并非建立在自身法律意识这一理性自觉基础之上。

您平时是否关心国家立法活动以及重大司法执法案例?

		频率	百分比	有效百分比	累计百分比
有效	密切关注	425	14.6	14.6	14.6
	偶尔注意	2143	73.4	73.4	88.0
	从不刻意关心	320	11.0	11.0	99.0
	根本不关心	30	1.0	1.0	100.0
	总计	2918	100.0	100.0	

您平时是否关心国家立法活动以及重大司法执法案例?

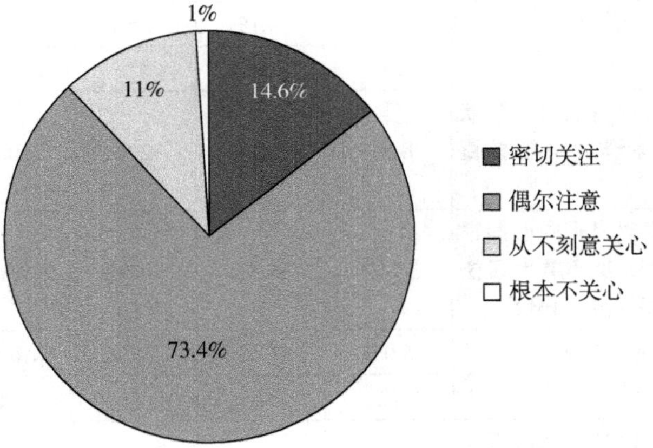

您对自身法律意识状况如何总体评价?
*** 您平时是否关心国家立法活动以及重大司法执法案例? 交叉表**

		您平时是否关心国家立法活动以及重大司法执法案例?				
		密切关注	偶尔注意	从不刻意关心	根本不关心	总计
非常强	计数	102	80	6	0	188
	占 您对自身法律意识状况如何总体评价? 的百分比	54.3%	42.6%	3.2%	0.0%	100.0%
	占 您平时是否关心国家立法活动以及重大司法执法案例? 的百分比	24.0%	3.7%	1.9%	0.0%	6.4%
	占总计的百分比	3.5%	2.7%	0.2%	0.0%	6.4%

续表

			您平时是否关心国家立法活动以及重大司法执法案例?				
			密切关注	偶尔注意	从不刻意关心	根本不关心	总计
您对自身法律意识状况如何总体评价?	强	计数	164	558	44	5	771
		占 您对自身法律意识状况如何总体评价? 的百分比	21.3%	72.4%	5.7%	0.6%	100.0%
		占 您平时是否关心国家立法活动以及重大司法执法案例? 的百分比	38.6%	26.0%	13.8%	16.7%	26.4%
		占总计的百分比	5.6%	19.1%	1.5%	0.2%	26.4%
	一般	计数	147	1381	226	14	1768
		占 您对自身法律意识状况如何总体评价? 的百分比	8.3%	78.1%	12.8%	0.8%	100.0%
		占 您平时是否关心国家立法活动以及重大司法执法案例? 的百分比	34.6%	64.4%	70.6%	46.7%	60.6%
		占总计的百分比	5.0%	47.3%	7.7%	0.5%	60.6%
	比较差	计数	12	124	44	11	191
		占 您对自身法律意识状况如何总体评价? 的百分比	6.3%	64.9%	23.0%	5.8%	100.0%
		占 您平时是否关心国家立法活动以及重大司法执法案例? 的百分比	2.8%	5.8%	13.8%	36.7%	6.5%
		占总计的百分比	0.4%	4.2%	1.5%	0.4%	6.5%
总计		计数	425	2143	320	30	2918
		占 人数总计 的百分比	14.6%	73.4%	11.0%	1.0%	100.0%
		占 您平时是否关心国家立法活动以及重大司法执法案例? 的百分比	100.0%	100.0%	100.0%	100.0%	100.0%

本组数据表明，受访非法学专业本科生中主动关注国家立法以及重大司法执法案例的占比只有 14.5%，除学科专业以及相应知识结构等因素外，学生对国家法治建设实践的积极主动认知还普遍缺乏兴趣和热情。

您对自身法律意识状况如何总体评价？* 您平时是否关心国家立法活动以及重大司法执法案例？

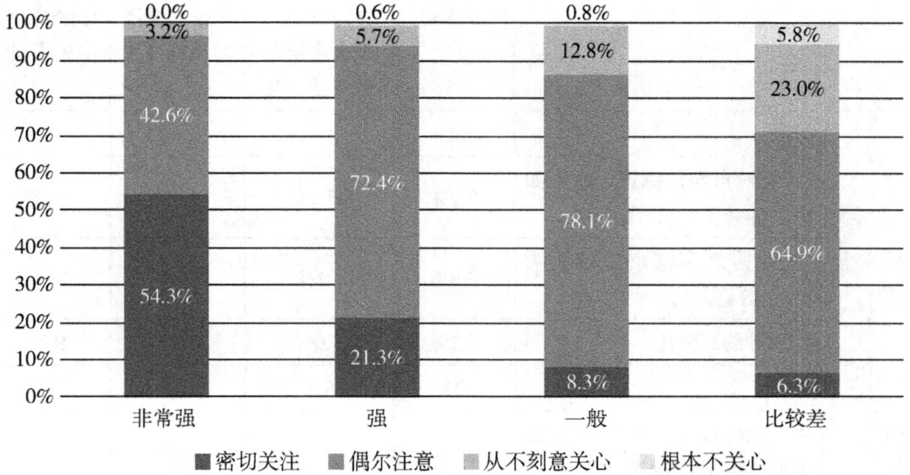

“您对自身法律意识状况如何总体评价”与“您平时是否关心国家立法活动以及重大司法执法案例”交叉统计数据表明，受访非法学专业本科生法律意识状况自我评价高低，与其对于国家立法以及重大司法执法案例关注的主动性程度之间呈现出正相关关系：“密切关注”选项有效百分比，法律意识状况自我评价“非常强”“强”“一般”和“比较差”四个群体学生依次降低。这充分说明学生法律意识状况将会直接影响自身对于国家立法活动以及重大司法执法案例的关注程度。因而，有效增强法律意识、引导学生积极关注国家立法活动以及重大司法执法案例，应当成为非法学专业本科生法律教育的一项重要内容，而且两者之间可以形成良性互动。

我国最高国家立法机构是？

		频率	百分比	有效百分比	累计百分比
有效	中国共产党中央委员会	49	1.7	1.7	1.7
	中央政治局	45	1.5	1.5	3.2
	国务院	86	2.9	2.9	6.1
	全国人民政治协商会议	44	1.5	1.5	7.6
	最高人民法院	210	7.2	7.2	14.8
	最高人民检察院	105	3.6	3.6	18.4
	全国人民代表大会及其常务委员会	2379	81.5	81.5	100.0
	总计	2918	100.0	100.0	

您对自身法律意识状况如何总体评价？ * 我国最高国家立法机构是？ 交叉表

			我国最高国家立法机构是？			
			国务院	全国人民代表大会及其常务委员会	全国人民政治协商会议	中国共产党中央委员会
您对自身法律意识状况如何总体评价？	非常强	计数	5	146	3	7
		占 您对自身法律意识状况如何总体评价？ 的百分比	2.7%	77.7%	1.6%	3.7%
		占 我国最高国家立法机构是？ 的百分比	5.8%	6.1%	6.8%	14.3%
		占总计的百分比	0.2%	5.0%	0.1%	0.2%
	强	计数	21	635	11	13
		占 您对自身法律意识状况如何总体评价？ 的百分比	2.7%	82.4%	1.4%	1.7%
		占 我国最高国家立法机构是？ 的百分比	24.4%	26.7%	25.0%	26.5%
		占总计的百分比	0.7%	21.8%	0.4%	0.4%
	一般	计数	50	1449	27	25
		占 您对自身法律意识状况如何总体评价？ 的百分比	2.8%	82.0%	1.5%	1.4%
		占 我国最高国家立法机构是？ 的百分比	58.1%	60.9%	61.4%	51.0%
		占总计的百分比	1.7%	49.7%	0.9%	0.9%
	比较差	计数	10	149	3	4
		占 您对自身法律意识状况如何总体评价？ 的百分比	5.2%	78.0%	1.6%	2.1%
		占 我国最高国家立法机构是？ 的百分比	11.6%	6.3%	6.8%	8.2%
		占总计的百分比	0.3%	5.1%	0.1%	0.1%
总计		计数	86	2379	44	49
		占 人数总计 的百分比	2.9%	81.5%	1.5%	1.7%
		占 我国最高国家立法机构是？ 的百分比	100.0%	100.0%	100.0%	100.0%

您对自身法律意识状况如何总体评价？ * 我国最高国家立法机构是？ 交叉表

			我国最高国家立法机构是？			
			中央政治局	最高人民法院	最高人民检察院	总计
您对自身法律意识状况如何总体评价？	非常强	计数	11	9	7	188
		占 您对自身法律意识状况如何总体评价？ 的百分比	5.9%	4.8%	3.7%	100.0%
		占 我国最高国家立法机构是？ 的百分比	24.4%	4.3%	6.7%	6.4%
		占总计的百分比	0.4%	0.3%	0.2%	6.4%
	强	计数	13	50	28	771
		占 您对自身法律意识状况如何总体评价？ 的百分比	1.7%	6.5%	3.6%	100.0%
		占 我国最高国家立法机构是？ 的百分比	28.9%	23.8%	26.7%	26.4%
		占总计的百分比	0.4%	1.7%	1.0%	26.4%
	一般	计数	17	136	64	1768
		占 您对自身法律意识状况如何总体评价？ 的百分比	1.0%	7.7%	3.6%	100.0%
		占 我国最高国家立法机构是？ 的百分比	37.8%	64.8%	61.0%	60.6%
		占总计的百分比	0.6%	4.7%	2.2%	60.6%
	比较差	计数	4	15	6	191
		占 您对自身法律意识状况如何总体评价？ 的百分比	2.1%	7.9%	3.1%	100.0%
		占 我国最高国家立法机构是？ 的百分比	8.9%	7.1%	5.7%	6.5%
		占总计的百分比	0.1%	0.5%	0.2%	6.5%
总计		计数	45	210	105	2918
		占 人数总计 的百分比	1.5%	7.2%	3.6%	100.0%
		占 我国最高国家立法机构是？ 的百分比	100.0%	100.0%	100.0%	100.0%

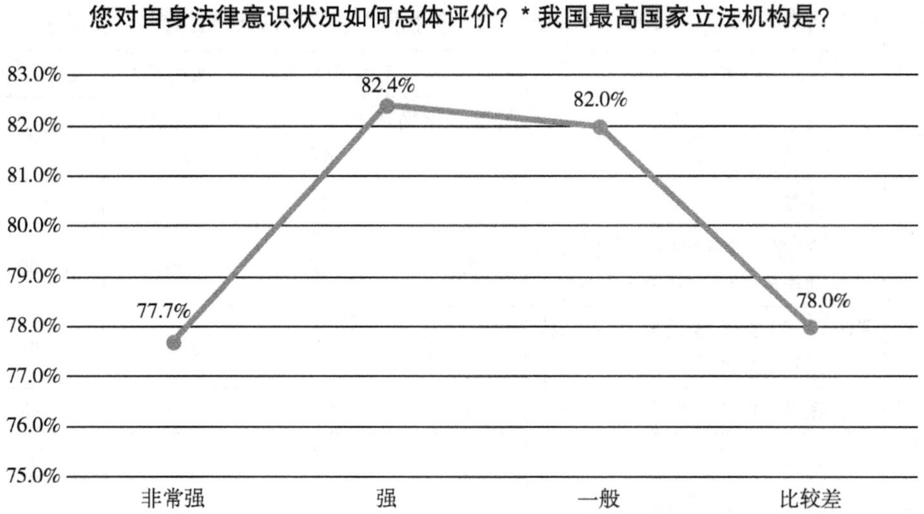

面向非法学专业本科学生，“我国最高国家立法机构是？”这一问题回答正确率为 81.5%，接近五分之一的同学不仅对我国中央国家机构以及我们的政党制度等缺乏基本的认知，对作为我国根本政治制度的人民代表大会制度当然也不够了解，足见仍有一定比例学生缺乏基本的宪法认知，宪法教育可谓任重道远。

“您对自身法律意识状况如何总体评价”与“我国最高国家立法机构是？”交叉统计数据表明，受访非法学专业本科生法律意识状况自我评价高低，与其对于我国最高国家立法模式机构的认知程度之间没有显现出应有的相关性：法律意识状况自我评价“强”“一般”和“比较差”的回答正确率依次下降，但差距不大，而且法律意识状况自我评价“非常强”的回答正确率则是最低。这进一步说明，受访非法学专业本科生对于我国最高国家立法机构的认知，也同样缺乏内在法律意识的理性支持。

（二）对法律权威的尊重与维护

您是否会购买来路不明的自行车、手机或其他物件？

		频率	百分比	有效百分比	累计百分比
有效	哪怕再喜欢、再便宜，没有原始发票或相关合法证明，就坚决不买	2189	75.0	75.0	75.0
	对于实在是心仪物品，哪怕没有原始发票或相关合法证明，也会购买	577	19.8	19.8	94.8
	只要价格便宜，就会购买	152	5.2	5.2	100.0
	总计	2918	100.0	100.0	

您是否会购买来路不明的自行车、手机或其他物件?

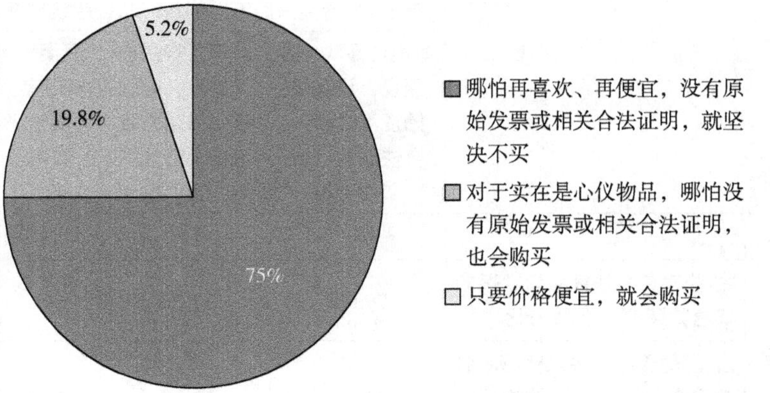

应该说，本组数据也能比较客观反映当前社会实际。75.0% 同学选择了“坚决不买”来路不明的物品，这源于近年来随着法治实践的不断推进，公民法律意识不断增强，同时这也是包括受访非法学专业本科学生在内的广大民众自我保护能力提高的表现。但仍然还有 19.8% 的同学选择了“尊重内心”——只要喜欢，哪怕有风险！甚至还有 5.2% 的同学选择奉行“价格标准”——“只要价格便宜，就会购买”，也即有 25.0% 的同学在特殊偏好或者利益驱使下仍然会有意无意甘冒法律风险！就青年大学生这一群体来说，这无疑值得我们警惕。

您对自身法律意识状况如何总体评价?
*** 您是否会购买来路不明的自行车、手机或其他物件? 交叉表**

			您是否会购买来路不明的自行车、手机或其他物件?			
			哪怕再喜欢、再便宜，没有原始发票或相关合法证明，就坚决不买	对于实在是心仪物品，哪怕没有原始发票或相关合法证明，也会购买	只要价格便宜，就会购买	总计
	非常强	计数	129	51	8	188
		占 您对自身法律意识状况如何总体评价? 的百分比	68.6%	27.1%	4.3%	100.0%
		占 您是否会购买来路不明的自行车、手机或其他物件? 的百分比	5.9%	8.8%	5.3%	6.4%
		占总计的百分比	4.4%	1.7%	0.3%	6.4%

续表

			您是否会购买来路不明的自行车、手机或其他物件？			
			哪怕再喜欢、再便宜，没有原始发票或相关合法证明，就坚决不买	对于实在是心仪物品，哪怕没有原始发票或相关合法证明，也会购买	只要价格便宜，就会购买	总计
您对自身法律意识状况如何总体评价？	强	计数	615	132	24	771
		占 您对自身法律意识状况如何总体评价？ 的百分比	79.8%	17.1%	3.1%	100.0%
		占 您是否会购买来路不明的自行车、手机或其他物件？ 的百分比	28.1%	22.9%	15.8%	26.4%
		占总计的百分比	21.1%	4.5%	0.8%	26.4%
	一般	计数	1327	342	99	1768
		占 您对自身法律意识状况如何总体评价？ 的百分比	75.1%	19.3%	5.6%	100.0%
		占 您是否会购买来路不明的自行车、手机或其他物件？ 的百分比	60.6%	59.3%	65.1%	60.6%
		占总计的百分比	45.5%	11.7%	3.4%	60.6%
	比较差	计数	118	52	21	191
		占 您对自身法律意识状况如何总体评价？ 的百分比	61.8%	27.2%	11.0%	100.0%
		占 您是否会购买来路不明的自行车、手机或其他物件？ 的百分比	5.4%	9.0%	13.8%	6.5%
		占总计的百分比	4.0%	1.8%	0.7%	6.5%
总计		计数	2189	577	152	2918
		占 人数总计 的百分比	75.0%	19.8%	5.2%	100.0%
		占 您是否会购买来路不明的自行车、手机或其他物件？ 的百分比	100.0%	100.0%	100.0%	100.0%

您对自身法律意识状况如何总体评价？* 您是否会购买来路不明的自行车、手机或其他物件？

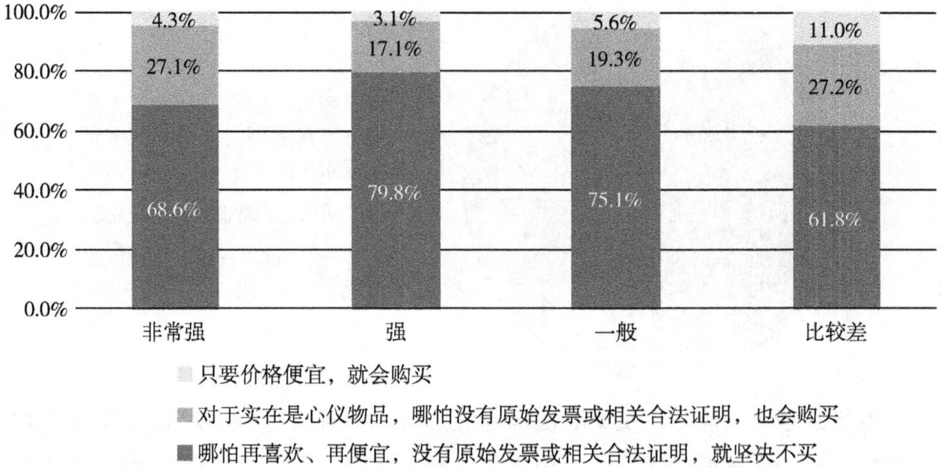

"您对自身法律意识状况如何总体评价"与"您是否会购买来路不明的自行车、手机或其他物件"交叉统计数据表明，受访非法学专业本科生法律意识状况自我评价高低，与其对于是否会购买"来路不明"物件，以及由此所反映的对于法律权威的尊重与维护态度之间，存在一定的相关性：法律意识状况自我评价"强""一般"和"比较差"三个群体学生，"哪怕再喜欢、再便宜，没有原始发票或相关合法证明，就坚决不买"正确选项有效百分比依次下降，其他两个选项的有效百分比也呈现与此一致的结构状态。然而，法律意识状况自我评价"非常强"群体学生，本题所反映的认知水平以及由此体现的对于法律权威的尊重与维护态度，仅仅好于法律意识状况自我评价"比较差"群体学生。这只能解释为部分受访非法学专业学生，尽管其法律意识状况自我评价"非常强"，但这并非建立在足够的理性与自觉认知基础之上。

您遇到违法犯罪行为的时候，会如何对待处理？

		频率	百分比	有效百分比	累计百分比
有效	见义智为，力所不能及情况下自己并不直接阻拦，但设法报警或者寻求其他帮助	2713	93.0	93.0	93.0
	见义勇为，勇敢制止，坚决劝阻	100	3.4	3.4	96.4
	"多一事不如少一事"，装作没看见	105	3.6	3.6	100.0
	总计	2918	100.0	100.0	

您遇到违法犯罪行为的时候，会如何对待处理?

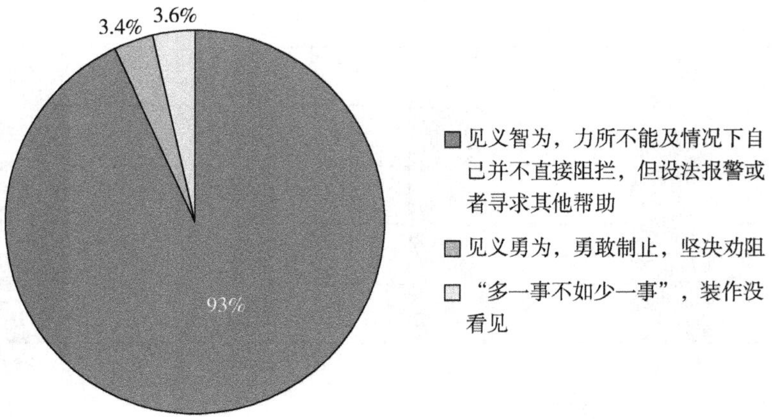

本组数据让人欣慰，受访非法学专业本科生中有高达 96.4% 的同学选择了支持正义，从一个侧面说明大学生内心正义感非常强烈——这是他们价值观层面的尊法守法的重要根据和主要驱动力，另外甚至有 93.0% 的同学选择“见义智为”，这也表明近年来对于“见义勇为”的更加理性引导具有明显效果。3.6% 的同学选择了冷漠，尽管从社会现实、人情世故等角度看很正常，但是对于青年大学生而言毕竟是我们所不希望看到的。

您对自身法律意识状况如何总体评价?
*** 您遇到违法犯罪行为的时候，会如何对待处理? 交叉表**

			您遇到违法犯罪行为的时候，会如何对待处理?			
			见义智为，力所不能及情况下自己并不直接阻拦，但设法报警或者寻求其他帮助	见义勇为，勇敢制止，坚决劝阻	“多一事不如少一事”，装作没看见	总计
	非常强	计数	156	14	18	188
		占 您对自身法律意识状况如何总体评价? 的百分比	83.0%	7.4%	9.6%	100.0%
		占 您遇到违法犯罪行为的时候，会如何对待处理? 的百分比	5.8%	14.0%	17.1%	6.4%
		占总计的百分比	5.3%	0.5%	0.6%	6.4%

续表

			您遇到违法犯罪行为的时候，会如何对待处理？			
			见义智为，力所不能及情况下自己并不直接阻拦，但设法报警或者寻求其他帮助	见义勇为，勇敢制止，坚决劝阻	“多一事不如少一事”，装作没看见	总计
您对自身法律意识状况如何总体评价？	强	计数	728	26	17	771
		占 您对自身法律意识状况如何总体评价？ 的百分比	94.4%	3.4%	2.2%	100.0%
		占 您遇到违法犯罪行为的时候，会如何对待处理？ 的百分比	26.8%	26.0%	16.2%	26.4%
		占总计的百分比	24.9%	0.9%	0.6%	26.4%
	一般	计数	1664	49	55	1768
		占 您对自身法律意识状况如何总体评价？ 的百分比	94.1%	2.8%	3.1%	100.0%
		占 您遇到违法犯罪行为的时候，会如何对待处理？ 的百分比	61.3%	49.0%	52.4%	60.6%
		占总计的百分比	57.0%	1.7%	1.9%	60.6%
	比较差	计数	165	11	15	191
		占 您对自身法律意识状况如何总体评价？ 的百分比	86.4%	5.8%	7.9%	100.0%
		占 您遇到违法犯罪行为的时候，会如何对待处理？ 的百分比	6.1%	11.0%	14.3%	6.5%
		占总计的百分比	5.7%	0.4%	0.5%	6.5%
总计		计数	2713	100	105	105
		占 人数总计 的百分比	93.0%	3.4%	3.6%	100.0%
		占 您遇到违法犯罪行为的时候，会如何对待处理？ 的百分比	100.0%	100.0%	100.0%	100.0%

您对自身法律意识状况如何总体评价？* 您遇到违法犯罪行为的时候，会如何对待处理？

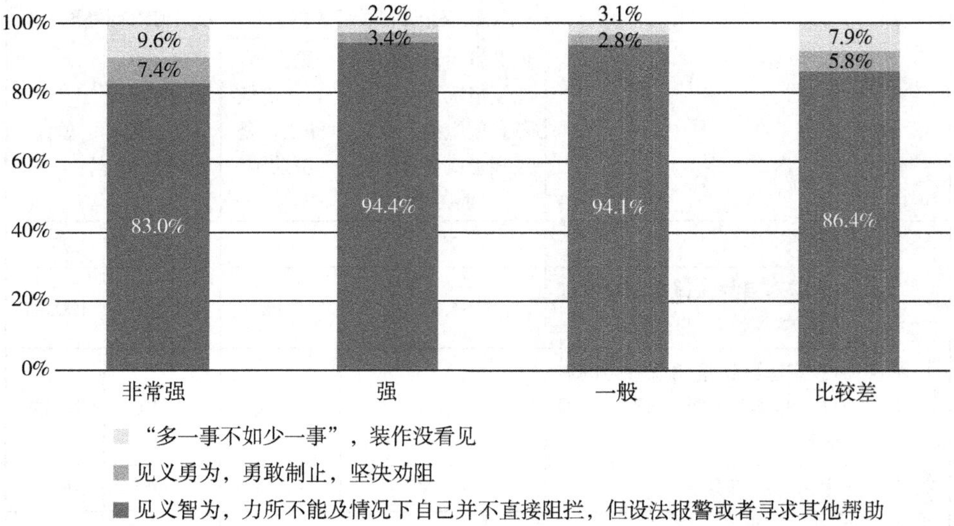

“您对自身法律意识状况如何总体评价”与“您遇到违法犯罪行为的时候，会如何对待处理”交叉统计数据表明，受访非法学专业本科生法律意识状况自我评价高低，与其面对违法犯罪行为时所选择的做法，以及由此所表现出的对于法律权威的尊重与维护态度之间，具有一定的相关性：选择“见义智为”的有效百分比，法律意识状况自我评价“强”“一般”和“比较差”三个群体学生依次下降，相对而言彼此之间差距较小。然而，法律意识状况自我评价“非常强”群体学生，“见义智为”选择有效百分比最低，“见义勇为”以及“装作没看见”两个选项的有效百分比却最高。

如果您觉得某个法律规定不公正、不合理，您会怎么办？

		频率	百分比	有效百分比	累计百分比
有效	既然法律规定不公正、不合理，就可以不遵守	79	2.7	2.7	2.7
	在严格遵守法律规定的同时，通过合法途径反映意见，促进法律制度修改和完善	1934	66.3	66.3	69.0
	考虑到不遵守法律制度就可能要惩罚和制裁，哪怕是那些内容规定不公平不合理的法律制度也要严格遵守	370	12.7	12.7	81.7
	只要是合法有效的法律制度，即使个人认为内容规定不公平不合理，也要严格遵守	535	18.3	18.3	100.0
	总计	2918	100.0	100.0	

如果您觉得某个法律规定不公正、不合理，您会怎么办？

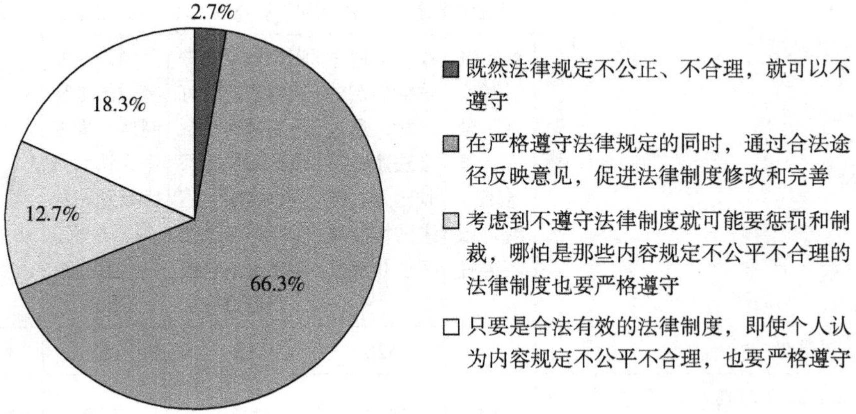

面对“恶法”，66.3% 的受访非法学专业学生非常理性地选择了遵从现有法律制度并依法推进法律完善。但是，也有高达 18.3% 的同学选择了无条件“严格遵守”，12.7% 的同学选择了被迫“严格遵守”，只有 2.7% 的同学选择了“坚决反抗恶法统治”。应该说，这距离现代民主法治理论所期待的理想化公民法治意识状态，特别是为捍卫公平正义而勇敢“反对恶法统治”的现代法治理念要求，还有较大距离。

您对自身法律意识状况如何总体评价？

*** 如果您觉得某个法律规定不公正、不合理，您会怎么办？ 交叉表**

		如果您觉得某个法律规定不公正、不合理，您会怎么办？				
		既然法律规定不公正、不合理，就可以不遵守	在严格遵守法律规定的同时，通过合法途径反映意见，促进法律制度修改和完善	考虑到不遵守法律制度就可能要惩罚和制裁，哪怕是那些内容规定不公平不合理的法律制度也要严格遵守	只要是合法有效的法律制度，即使个人认为内容规定不公平不合理，也要严格遵守	总计
非常强	计数	22	115	27	24	188
	占 您对自身法律意识状况如何总体评价？ 的百分比	11.7%	61.2%	14.4%	12.8%	100.0%
	占 如果您觉得某个法律规定不公正、不合理，您会怎么办？ 的百分比	27.8%	5.9%	7.3%	4.5%	6.4%
	占总计的百分比	0.8%	3.9%	0.9%	0.8%	6.4%

续表

			如果您觉得某个法律规定不公正、不合理，您会怎么办？				
			既然法律规定不公正、不合理，就可以不遵守	在严格遵守法律规定的同时，通过合法途径反映意见，促进法律制度修改和完善	考虑到不遵守法律制度就可能要惩罚和制裁，哪怕是那些内容规定不公平不合理的法律制度也要严格遵守	只要是合法有效的法律制度，即使个人认为内容规定不公平不合理，也要严格遵守	总计
您对自身法律意识状况如何总体评价？	强	计数	22	526	90	133	771
		占 您对自身法律意识状况如何总体评价？ 的百分比	2.9%	68.2%	11.7%	17.3%	100.0%
		占 如果您觉得某个法律规定不公正、不合理，您会怎么办？ 的百分比	27.8%	27.2%	24.3%	24.9%	26.4%
		占总计的百分比	0.8%	18.0%	3.1%	4.6%	26.4%
	一般	计数	31	1177	227	333	1768
		占 您对自身法律意识状况如何总体评价？ 的百分比	1.8%	66.6%	12.8%	18.8%	100.0%
		占 如果您觉得某个法律规定不公正、不合理，您会怎么办？ 的百分比	39.2%	60.9%	61.4%	62.2%	60.6%
		占总计的百分比	1.1%	40.3%	7.8%	11.4%	60.6%
	比较差	计数	4	116	26	45	191
		占 您对自身法律意识状况如何总体评价？ 的百分比	2.1%	60.7%	13.6%	23.6%	100.0%
		占 如果您觉得某个法律规定不公正、不合理，您会怎么办？ 的百分比	5.1%	6.0%	7.0%	8.4%	6.5%
		占总计的百分比	0.1%	4.0%	0.9%	1.5%	6.5%
总计		计数	79	1934	370	535	2918
		占 人数总计 的百分比	2.7%	66.3%	12.7%	18.3%	100.0%
		占 如果您觉得某个法律规定不公正、不合理，您会怎么办？ 的百分比	100.0%	100.0%	100.0%	100.0%	100.0%

您对自身法律意识状况如何总体评价？* 如果您觉得某个法律规定不公正、不合理，您会怎么办？

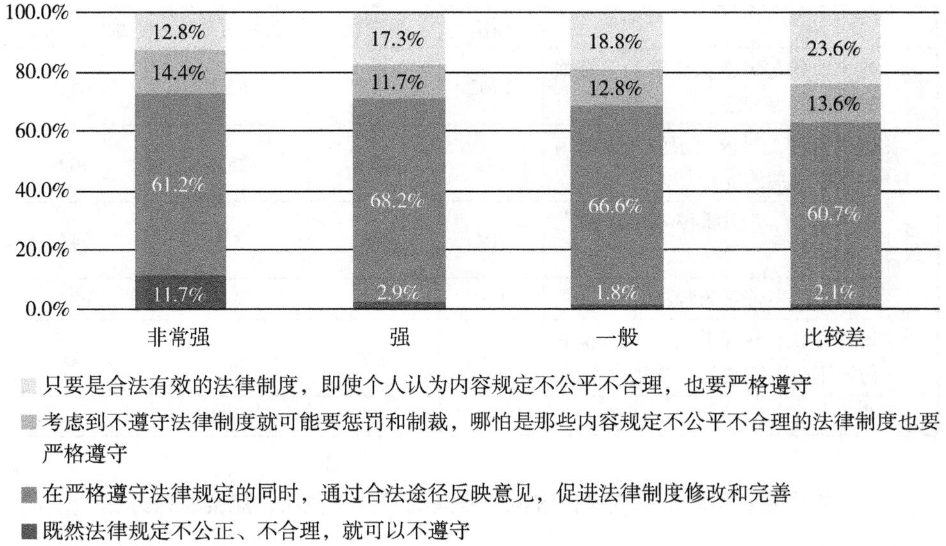

“您对自身法律意识状况如何总体评价”与“如果您觉得某个法律规定不公正、不合理，您会怎么办”交叉统计数据表明，受访非法学专业本科学生法律意识状况自我评价高低，与其面对“恶法”所采取的态度以及由此所反映的对于法律精神与法律权威的尊重与维护态度之间，有一定的正相关性：法律意识状况自我评价“强”“一般”和“比较差”三个群体学生，“在严格遵守法律规定的同时，通过合法途径反映意见，促进法律制度修改和完善”选项有效百分比依次下降，“考虑到不遵守法律制度就可能要惩罚和制裁，哪怕是那些内容规定不公平不合理的法律制度也要严格遵守”和“只要是合法有效的法律制度，即使个人认为内容规定不公平不合理，也要严格遵守”两个选项有效百分比则依次升高。然而，法律意识状况自我评价“非常强”群体学生，尽管“既然法律规定不公正、不合理，就可以不遵守”选项如我们所愿处于最高位，但是“在严格遵守法律规定的同时，通过合法途径反映意见，促进法律制度修改和完善”选项有效百分比，则与法律意识状况自我评价“比较差”群体学生非常接近，而且“考虑到不遵守法律制度就可能要惩罚和制裁，哪怕是那些内容规定不公平不合理的法律制度也要严格遵守”选项有效百分比处于四个群体中最高位。这也再一次说明，就法律意识状况自我评价“非常强”这一群体学生而言，本题所反映的其对于法律权威、法律精神的尊重与维护态度不尽人意，反过来也可证明其法律意识状况自我评价“非常强”是缺乏足够理性支持的。

如果受到司法机关或者行政执法机关的不公正裁决，您会怎么办？

		频率	百分比	有效百分比	累计百分比
有效	寻求律师等专业人士帮助，按法律程序捍卫公正	1903	65.2	65.2	65.2
	通过上访，寻求上级党委或者有关国家机关的支持	741	25.4	25.4	90.6
	忍气吞声，“胳膊拧不过大腿”，息事宁人	104	3.6	3.6	94.2
	拒绝执行不公正的裁决	119	4.1	4.1	98.3
	设法对抗，绝不执行，甚至报复做出不公正裁决的司法执法人员	51	1.7	1.7	100.0
	总计	2918	100.0	100.0	

如果受到司法机关或者行政执法机关的不公正裁决，您会怎么办？

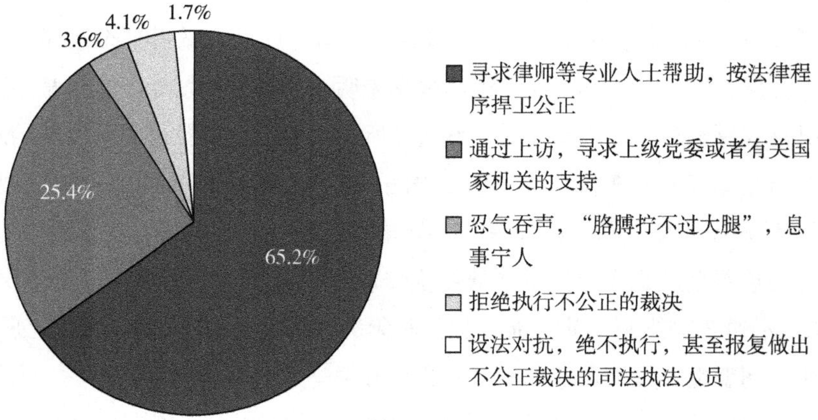

“如果受到司法机关或者行政执法机关的不公正裁决，您会怎么办？”尽管有 90.6% 的受访非法学专业本科生选择了拒绝接受不公正的法律裁决，但只有 65.2% 的同学采取理性而且合法的解决途径。5.8% 的同学选择了非常的不理性——拒绝执行法律判决，甚至有 1.7% 的同学表示可能因此“报复做出不公正裁决的司法执法人员”，当然还有 3.6% 的同学选择了“忍气吞声”。总体上看，尽管 90.6% 的同学有较强的权利意识，但是有近一半同学缺乏理性、合法的权利救济渠道认知，缺乏对法律权威的必要尊重。

您对自身法律意识状况如何总体评价？
*** 如果受到司法机关或者行政执法机关的不公正裁决，您会怎么办？ 交叉表**

			如果受到司法机关或者行政执法机关的不公正裁决，您会怎么办？					
			寻求律师等专业人士帮助，按法律程序捍卫公正	通过上访，寻求上级党委或者有关国家机关的支持	忍气吞声，“胳膊拧不过大腿”，息事宁人	拒绝执行不公正的裁决	设法对抗，绝不执行，甚至报复做出不公正裁决的司法执法人员	总计
您对自身法律意识状况如何总体评价？	非常强	计数	110	47	18	7	6	188
		占 您对自身法律意识状况如何总体评价？的百分比	58.5%	25.0%	9.6%	3.7%	3.2%	100.0%
		占 如果受到司法机关或者行政执法机关的不公正裁决，您会怎么办？ 的百分比	5.8%	6.3%	17.3%	5.9%	11.8%	6.4%
		占总计的百分比	3.8%	1.6%	0.6%	0.2%	0.2%	6.4%
	强	计数	517	196	20	28	10	771
		占 您对自身法律意识状况如何总体评价？的百分比	67.1%	25.4%	2.6%	3.6%	1.3%	100.0%
		占 如果受到司法机关或者行政执法机关的不公正裁决，您会怎么办？ 的百分比	27.2%	26.5%	19.2%	23.5%	19.6%	26.4%
		占总计的百分比	17.7%	6.7%	0.7%	1.0%	0.3%	26.4%
	一般	计数	1165	452	52	72	27	1768
		占 您对自身法律意识状况如何总体评价？的百分比	65.9%	25.6%	2.9%	4.1%	1.5%	100.0%
		占 如果受到司法机关或者行政执法机关的不公正裁决，您会怎么办？ 的百分比	61.2%	61.0%	50.0%	60.5%	52.9%	60.6%
		占总计的百分比	39.9%	15.5%	1.8%	2.5%	0.9%	60.6%

续表

			如果受到司法机关或者行政执法机关的不公正裁决，您会怎么办?					
			寻求律师等专业人士帮助，按法律程序捍卫公正	通过上访，寻求上级党委或者有关国家机关的支持	忍气吞声，“胳膊拧不过大腿”，息事宁人	拒绝执行不公正的裁决	设法对抗，绝不执行，甚至报复做出不公正裁决的司法执法人员	总计
	比较差	计数	111	46	14	12	8	191
		占 您对自身法律意识状况如何总体评价? 的百分比	58.1%	24.1%	7.3%	6.3%	4.2%	100.0%
		占 如果受到司法机关或者行政执法机关的不公正裁决，您会怎么办? 的百分比	5.8%	6.2%	13.5%	10.1%	15.7%	6.5%
		占总计的百分比	3.8%	1.6%	0.5%	0.4%	0.3%	6.5%
总计		计数	1903	741	104	119	119	2918
		占 人数总计 的百分比	65.2%	25.4%	3.6%	4.1%	1.7%	100.0%
		占 如果受到司法机关或者行政执法机关的不公正裁决，您会怎么办? 的百分比	100.0%	100.0%	100.0%	100.0%	100.0%	100.0%

“您对自身法律意识状况如何总体评价”与“如果受到司法机关或者行政执法机关的不公正裁决，您会怎么办”交叉统计数据表明，受访非法学专业本科生法律意识状况自我评价高低，与其面对不公正法律裁决时所做出的选择，以及由此所反映出的对法律权威的尊重与维护态度之间，只是具有一定限度的相关性：“寻求律师等专业人士帮助，按法律程序捍卫公正”选项有效百分比，法律意识状况自我评价“强”“一般”和“比较差”三个群体学生依次下降，但自我评价“非常强”群体学生则处于最低位，且差距比较明显；“通过上访，寻求上级党委或者有关国家机关的支持”选项有效百分比，四个群体学生之间差距非常有限，相当接近；另外，法律意识自我评价“非常强”群体学生，“忍气吞声，‘胳膊拧不过大腿’，息事宁人”选项有效百分比反而最高，甚至数倍于自我评价“强”和“一般”两

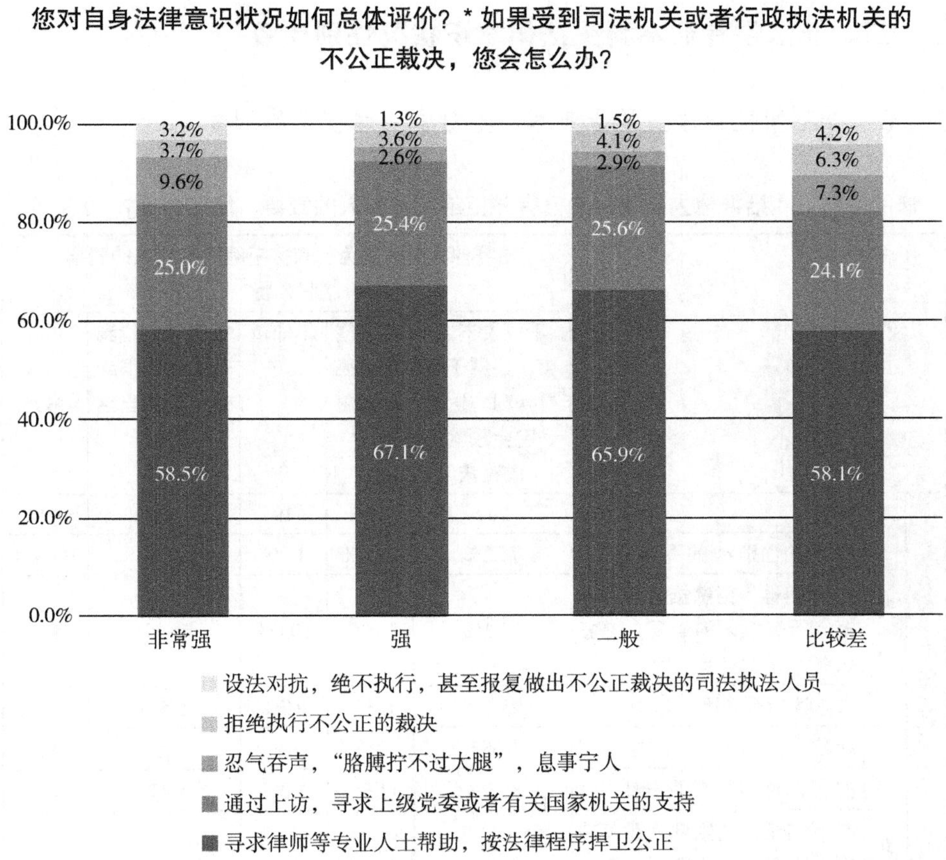

部分学生的有效百分比。所以，一部分学生虽然法律意识状况自我评价“非常强”，但缺乏内在足够理性支持，甚至在面对不公正法律裁决时缺乏对法律权威应有的尊重与维护意识。

总而言之，将受访非法学专业本科生的法律意识状况自我评价与其对相关法律常识的了解与认知进行交叉统计后相关数据表明，学生对于相关法律常识的了解与认知程度与其法律意识状况自我评价高低之间没有特别明显的正相关，这说明受访学生所掌握的法律常识还不足以有效支持自我内在法律意识增强与提高，而那些法律意识状况自我评价较高学生更是缺乏足够的法律知识理性支持。从受访非法学专业学生对于法律权威的尊重与维护态度考察情况看，不仅总体上距离我们法治建设实践要求还有较大距离，尤其是有较高比例同学缺乏理性、合法的权利救济渠道认知，而且与其法律意识状况自我评价高低之间同样没能呈现完全、充分、有效的正相关关系。

二、非法学专业本科生法律意识状况性别比较

（一）不同性别非法学专业本科生对于法律常识的认知

您的性别？ * 拾得他人财物据为己有并拒绝所有权人的索要，您怎么看？ 交叉表

			拾得他人财物据为己有并拒绝所有权人的索要，您怎么看？				
			不仅仅不道德，还属于不当得利，达到一定金额就构成违法	占人便宜，很不道德	不知道	很正常，捡到他人财物很幸运也理所当然归自己	总计
您的性别？	男	计数	747	185	19	43	994
		占 您的性别？ 的百分比	75.2%	18.6%	1.9%	4.3%	100.0%
		占 拾得他人财物据为己有并拒绝所有权人的索要，您怎么看？ 的百分比	31.1%	46.0%	50.0%	55.1%	34.1%
		占总计的百分比	25.6%	6.3%	0.7%	1.5%	34.1%
	女	计数	1653	217	19	35	1924
		占 您的性别？ 的百分比	85.9%	11.3%	1.0%	1.8%	100.0%
		占 拾得他人财物据为己有并拒绝所有权人的索要，您怎么看？ 的百分比	68.9%	54.0%	50.0%	44.9%	65.9%
		占总计的百分比	56.6%	7.4%	0.7%	1.2%	65.9%
总计		计数	2400	402	38	78	2918
		占 人数总计 的百分比	82.2%	13.8%	1.3%	2.7%	100.0%
		占 拾得他人财物据为己有并拒绝所有权人的索要，您怎么看？ 的百分比	100.0%	100.0%	100.0%	100.0%	100.0%

“您的性别”与“拾得他人财物据为己有并拒绝所有权人的索要，您怎么看”交叉统计数据表明，就“不当得利”行为性质判断而言，受访非法学专业本科生中女生对于行为的非法性认知水平要总体好于男生。“不仅仅不道德，还属于不当得利，达到一定金额就构成违法”选项有效百分比，女生比男生高了 10.7 个百分点。“不仅仅不道德，还属于不当得利，达到一定金额就构成违法”及“占人便宜，很不道德”两个选项有效百分比之和，女生也比男生高了 3.4 个百分点。而且，“不

您的性别？ * 拾得他人财物据为己有并拒绝所有权人的索要，您怎么看？

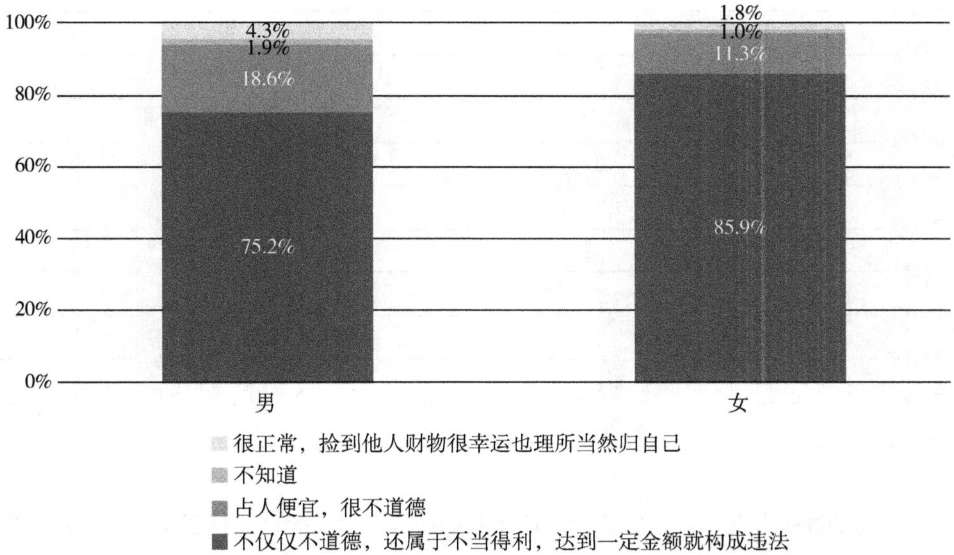

知道”选项有效百分比男生高于女生，“很正常，捡到他人财物很幸运也理所当然归自己”选项有效百分比男生更是明显高于女生。

您的性别？ * 我国的法制宣传日是哪一天？ 交叉表

			我国的法制宣传日是哪一天？				
			11月4日	12月4日	3月15日	5月16日	总计
您的性别？	男	计数	115	751	51	77	994
		占 您的性别？ 的百分比	11.6%	75.6%	5.1%	7.7%	100.0%
		占 我国的法制宣传日是哪一天？ 的百分比	43.4%	32.4%	34.9%	41.2%	34.1%
		占总计的百分比	3.9%	25.7%	1.7%	2.6%	34.1%
	女	计数	150	1569	95	110	1924
		占 您的性别？ 的百分比	7.8%	81.5%	4.9%	5.7%	100.0%
		占 我国的法制宣传日是哪一天？ 的百分比	56.6%	67.6%	65.1%	58.8%	65.9%
		占总计的百分比	5.1%	53.8%	3.3%	3.8%	65.9%
总计		计数	265	2320	146	187	2918
		占 人数总计 的百分比	9.1%	79.5%	5.0%	6.4%	100.0%
		占 我国的法制宣传日是哪一天？ 的百分比	100.0%	100.0%	100.0%	100.0%	100.0%

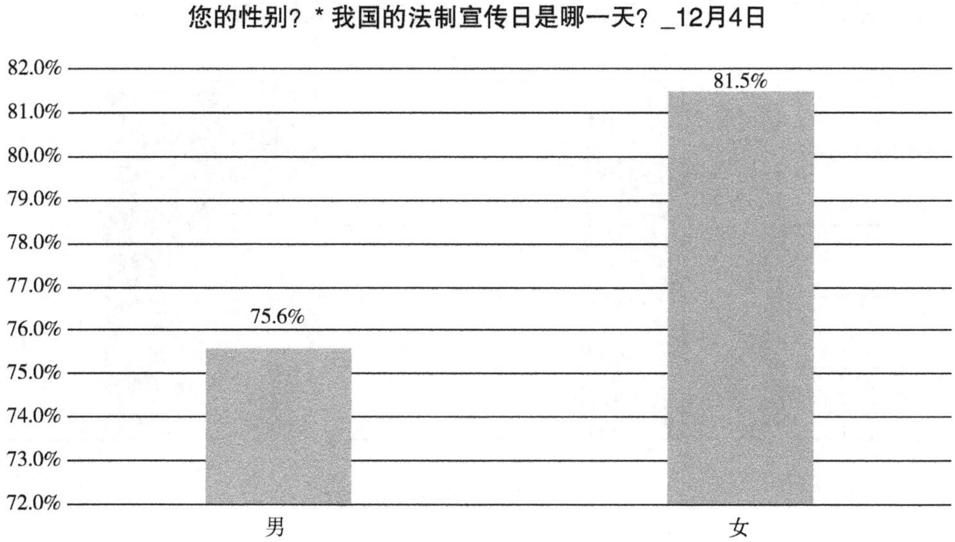

"您的性别"与"我国的法制宣传日是哪一天"交叉统计数据表明，受访非法学专业本科生中，对于我国法制宣传日的明确知晓比例，女生高于男生近6个百分点。

您的性别？ * 您平时是否关心国家立法活动以及重大司法执法案例？ 交叉表

			您平时是否关心国家立法活动以及重大司法执法案例？				
			密切关注	偶尔注意	从不刻意关心	根本不关心	总计
您的性别？	男	计数	179	696	104	15	994
		占 您的性别？ 的百分比	18.0%	70.0%	10.5%	1.5%	100.0%
		占 您平时是否关心国家立法活动以及重大司法执法案例？ 的百分比	42.1%	32.5%	32.5%	50.0%	34.1%
		占总计的百分比	6.1%	23.9%	3.6%	0.5%	34.1%
	女	计数	246	1447	216	15	1924
		占 您的性别？ 的百分比	12.8%	75.2%	11.2%	0.8%	100.0%
		占 您平时是否关心国家立法活动以及重大司法执法案例？ 的百分比	57.9%	67.5%	67.5%	50.0%	65.9%
		占总计的百分比	8.4%	49.6%	7.4%	0.5%	65.9%
总计		计数	425	2143	320	30	2918
		占 人数总计 的百分比	14.6%	73.4%	11.0%	1.0%	100.0%
		占 您平时是否关心国家立法活动以及重大司法执法案例？ 的百分比	100.0%	100.0%	100.0%	100.0%	100.0%

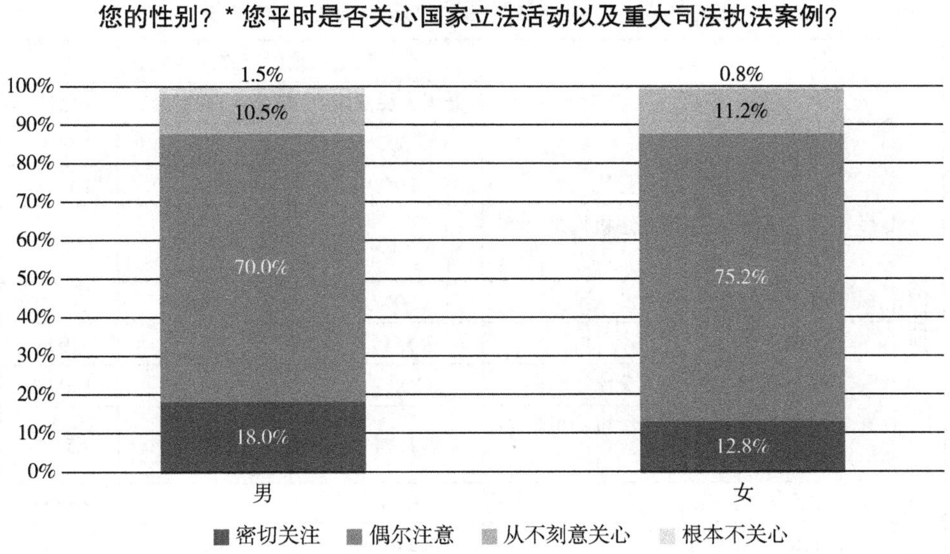

“您的性别”与“您平时是否关心国家立法活动以及重大司法执法案例”交叉统计数据表明，受访非法学专业本科生中，对于国家立法活动以及重大司法执法案例的关注度，男生和女生总体基本相当。其中“密切关注”选项有效百分比，男生明显高于女生，而“偶尔注意”选项的有效百分比，女生则高于男生。

您的性别？ * 我国最高国家立法机构是？ 交叉表

			我国最高国家立法机构是？				
			国务院	全国人民代表大会及其常务委员会	全国人民政治协商会议	中国共产党中央委员会	中央政治局
您的性别？	男	计数	35	812	17	18	21
		占 您的性别？ 的百分比	3.5%	81.7%	1.7%	1.8%	2.1%
		占 我国最高国家立法机构是？ 的百分比	40.7%	34.1%	38.6%	36.7%	46.7%
		占总计的百分比	1.2%	27.8%	0.6%	0.6%	0.7%
	女	计数	51	1567	27	31	24
		占 您的性别？ 的百分比	2.7%	81.4%	1.4%	1.6%	1.2%
		占 我国最高国家立法机构是？ 的百分比	59.3%	65.9%	61.4%	63.3%	53.3%
		占总计的百分比	1.7%	53.7%	0.9%	1.1%	0.8%
总计		计数	86	2379	44	49	45
		占 人数总计 的百分比	2.9%	81.5%	1.5%	1.7%	1.5%
		占 我国最高国家立法机构是？ 的百分比	100.0%	100.0%	100.0%	100.0%	100.0%

您的性别？ * 我国最高国家立法机构是？ 交叉表

			我国最高国家立法机构是？		
			最高人民法院	最高人民检察院	总计
您的性别？	男	计数	59	32	994
		占 您的性别？ 的百分比	5.9%	3.2%	100.0%
		占 我国最高国家立法机构是？ 的百分比	28.1%	30.5%	34.1%
		占总计的百分比	2.0%	1.1%	34.1%
	女	计数	151	73	1924
		占 您的性别？ 的百分比	7.8%	3.8%	100.0%
		占 我国最高国家立法机构是？ 的百分比	71.9%	69.5%	65.9%
		占总计的百分比	5.2%	2.5%	65.9%
总计		计数	210	105	2918
		占 人数总计 的百分比	7.2%	3.6%	100.0%
		占 我国最高国家立法机构是？ 的百分比	100.0%	100.0%	100.0%

您的性别？ * 我国最高国家立法机构是？ _全国人民代表大会及其常务委员会

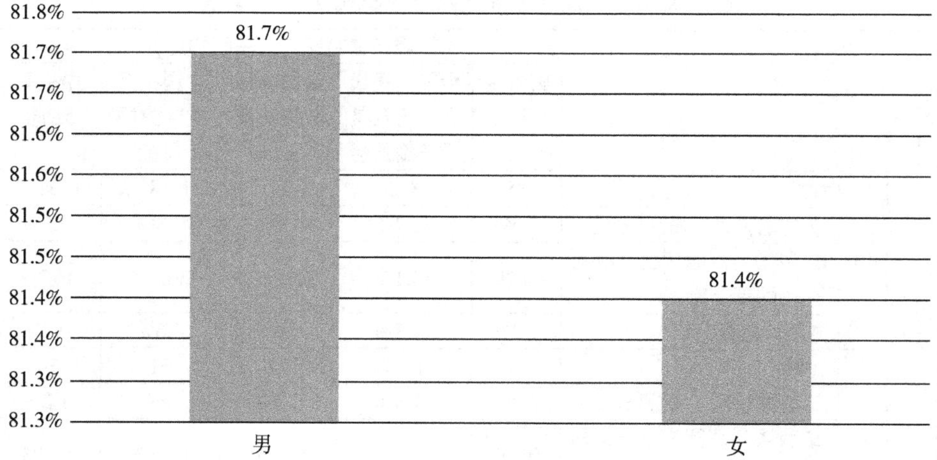

“您的性别”与“我国最高国家立法机构是”交叉统计数据表明，受访非法学专业本科生中，对于我国最高立法机构的明确认知情况，男生和女生非常接近，正确选项有效百分比分别为 81.7%、81.4%。

（二）不同性别非法学专业本科生对于法律权威的尊重与维护

您的性别？ * 您是否会购买来路不明的自行车、手机或其他物件？ 交叉表

			您是否会购买来路不明的自行车、手机或其他物件？			
			哪怕再喜欢、再便宜，没有原始发票或相关合法证明，就坚决不买	对于实在是心仪物品，哪怕没有原始发票或相关合法证明，也会购买	只要价格便宜，就会购买	总计
您的性别？	男	计数	679	246	69	994
		占 您的性别？ 的百分比	68.3%	24.7%	6.9%	100.0%
		占 您是否会购买来路不明的自行车、手机或其他物件？ 的百分比	31.0%	42.6%	45.4%	34.1%
		占总计的百分比	23.3%	8.4%	2.4%	34.1%
	女	计数	1510	331	83	1924
		占 您的性别？ 的百分比	78.5%	17.2%	4.3%	100.0%
		占 您是否会购买来路不明的自行车、手机或其他物件？ 的百分比	69.0%	57.4%	54.6%	65.9%
		占总计的百分比	51.7%	11.3%	2.8%	65.9%
总计		计数	2189	577	152	2918
		占 人数总计 的百分比	75.0%	19.8%	5.2%	100.0%
		占 您是否会购买来路不明的自行车、手机或其他物件？ 的百分比	100.0%	100.0%	100.0%	100.0%

您的性别？ * 您是否会购买来路不明的自行车、手机或其他物件？

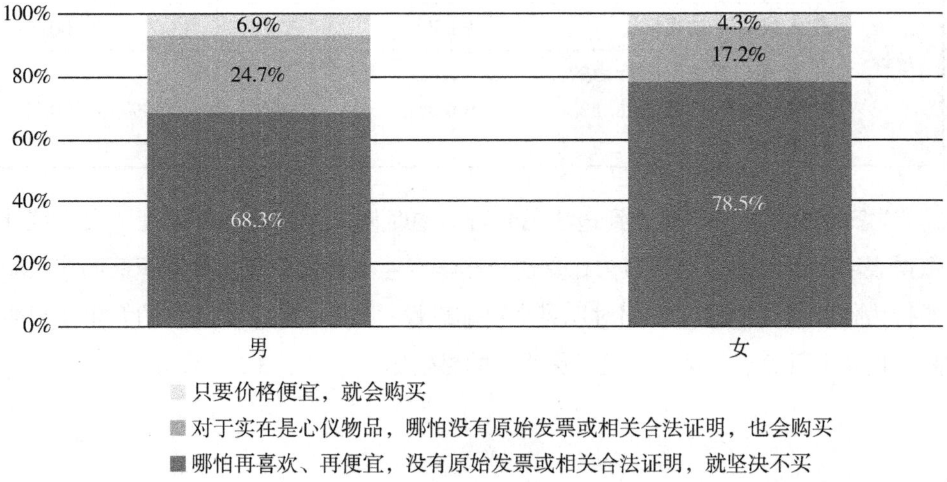

“您的性别”与“您是否会购买来路不明的自行车、手机或其他物件”交叉统计数据表明，就是否会购买来路不明物件以及由此所反映的对于相关法律制度权威的尊重态度看，受访非法学专业本科生中女生总体上好于男生，比男生更加理性。

您的性别？ * 您遇到违法犯罪行为的时候，会如何对待处理？ 交叉表

<table>
<tr><th colspan="3" rowspan="2"></th><th colspan="3">您遇到违法犯罪行为的时候，会如何对待处理？</th><th rowspan="2">总计</th></tr>
<tr><th>见义智为，力所不能及情况下自己并不直接阻拦，但设法报警或者寻求其他帮助</th><th>见义勇为，勇敢制止，坚决劝阻</th><th>“多一事不如少一事”，装作没看见</th></tr>
<tr><td rowspan="8">您的性别？</td><td rowspan="4">男</td><td>计数</td><td>899</td><td>57</td><td>38</td><td>994</td></tr>
<tr><td>占 您的性别？ 的百分比</td><td>90.4%</td><td>5.7%</td><td>3.8%</td><td>100.0%</td></tr>
<tr><td>占 您遇到违法犯罪行为的时候，会如何对待处理？ 的百分比</td><td>33.1%</td><td>57.0%</td><td>36.2%</td><td>34.1%</td></tr>
<tr><td>占总计的百分比</td><td>30.8%</td><td>2.0%</td><td>1.3%</td><td>34.1%</td></tr>
<tr><td rowspan="4">女</td><td>计数</td><td>1814</td><td>43</td><td>67</td><td>1924</td></tr>
<tr><td>占 您的性别？ 的百分比</td><td>94.3%</td><td>2.2%</td><td>3.5%</td><td>100.0%</td></tr>
<tr><td>占 您遇到违法犯罪行为的时候，会如何对待处理？ 的百分比</td><td>66.9%</td><td>43.0%</td><td>63.8%</td><td>65.9%</td></tr>
<tr><td>占总计的百分比</td><td>62.2%</td><td>1.5%</td><td>2.3%</td><td>65.9%</td></tr>
<tr><td colspan="2" rowspan="3">总计</td><td>计数</td><td>2713</td><td>100</td><td>105</td><td>2918</td></tr>
<tr><td>占 人数总计 的百分比</td><td>93.0%</td><td>3.4%</td><td>3.6%</td><td>100.0%</td></tr>
<tr><td>占 您遇到违法犯罪行为的时候，会如何对待处理？ 的百分比</td><td>100.0%</td><td>100.0%</td><td>100.0%</td><td>100.0%</td></tr>
</table>

“您的性别”与“您遇到违法犯罪行为的时候，会如何对待处理”交叉统计数据表明，面对违法犯罪行为，受访非法学专业本科生总体上都能积极同违法犯罪行为作斗争，而且女生相对比男生更加理性：选择“见义智为”的女生比男生高了近 4 个百分点，选择“见义勇为”的男生比女生多了 3.5 个百分点。

您的性别？* 您遇到违法犯罪行为的时候，会如何对待处理？

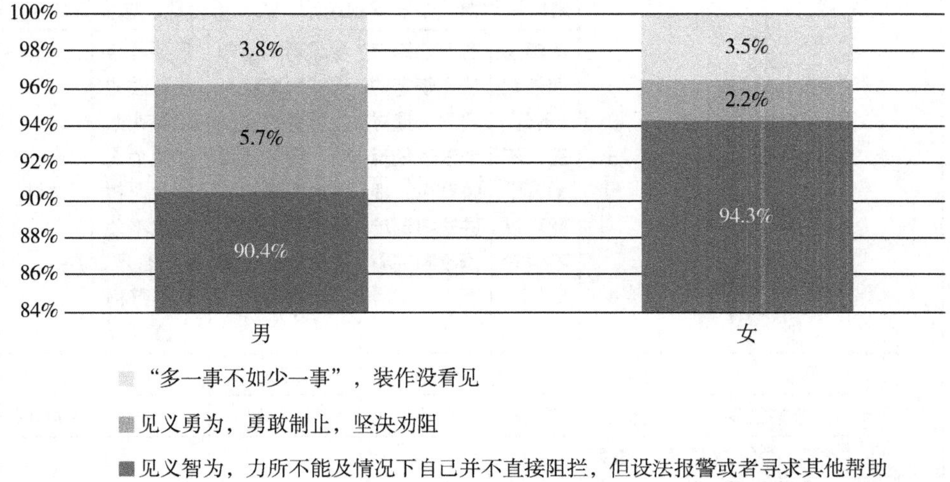

您的性别？ * 如果您觉得某个法律规定不公正、不合理，您会怎么办？ 交叉表

			如果您觉得某个法律规定不公正、不合理，您会怎么办？				
			既然法律规定不公正、不合理，就可以不遵守	在严格遵守法律规定的同时，通过合法途径反映意见，促进法律制度修改和完善	考虑到不遵守法律制度就可能要惩罚和制裁，哪怕是那些内容规定不公平不合理的法律制度也要严格遵守	只要是合法有效的法律制度，即使个人认为内容规定不公平不合理，也要严格遵守	总计
您的性别？	男	计数	46	596	168	184	994
		占 您的性别？ 的百分比	4.6%	60.0%	16.9%	18.5%	100.0%
		占 如果您觉得某个法律规定不公正、不合理，您会怎么办？ 的百分比	58.2%	30.8%	45.4%	34.4%	34.1%
		占总计的百分比	1.6%	20.4%	5.8%	6.3%	34.1%
	女	计数	33	1338	202	351	1924
		占 您的性别？ 的百分比	1.7%	69.5%	10.5%	18.2%	100.0%
		占 如果您觉得某个法律规定不公正、不合理，您会怎么办？ 的百分比	41.8%	69.2%	54.6%	65.6%	65.9%
		占总计的百分比	1.1%	45.9%	6.9%	12.0%	65.9%

续表

		如果您觉得某个法律规定不公正、不合理，您会怎么办?				
		既然法律规定不公正、不合理，就可以不遵守	在严格遵守法律规定的同时，通过合法途径反映意见，促进法律制度修改和完善	考虑到不遵守法律制度就可能要惩罚和制裁，哪怕是那些内容规定不公平不合理的法律制度也要严格遵守	只要是合法有效的法律制度，即使个人认为内容规定不公平不合理，也要严格遵守	总计
总计	计数	79	1934	370	535	2918
	占 您的性别？ 的百分比	2.7%	66.3%	12.7%	18.3%	100.0%
	占 如果您觉得某个法律规定不公正、不合理，您会怎么办？ 的百分比	100.0%	100.0%	100.0%	100.0%	100.0%
	占总计的百分比	2.7%	66.3%	12.7%	18.3%	100.0%

您的性别？* 如果您觉得某个法律规定不公正、不合理，您会怎么办？

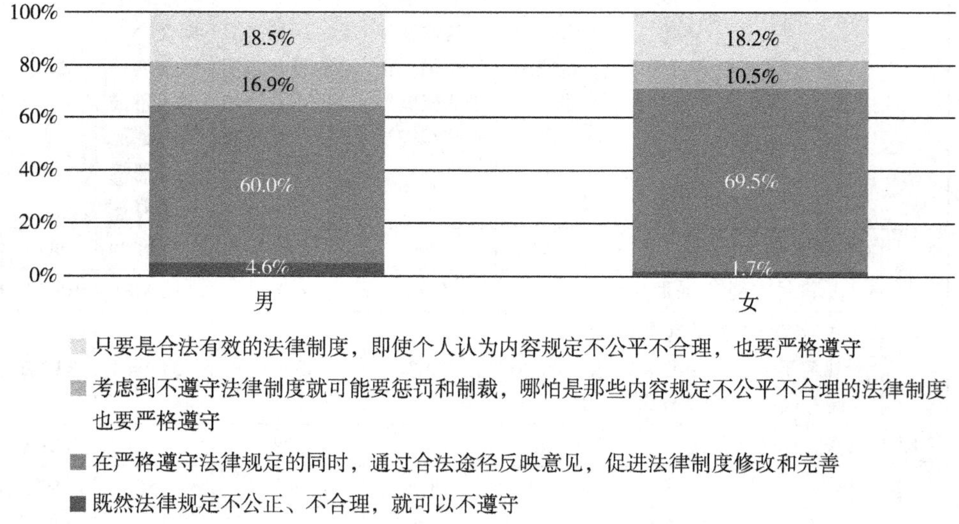

“您的性别”与“如果您觉得某个法律规定不公正、不合理，您会怎么办”交叉统计数据表明，面对“恶法”，受访非法学专业本科生中女生相对比男生更加理性：“既然法律规定不公正、不合理，就可以不遵守”选项有效百分比，男生明显高于女生。“在严格遵守法律规定的同时，通过合法途径反映意见，促进

法律制度修改和完善”选项有效百分比，女生则比男生多了近10个百分点，而且“考虑到不遵守法律制度就可能要惩罚和制裁，哪怕是那些内容规定不公平不合理的法律制度也要严格遵守”选项有效百分比，男生比女生多了6.4个百分点。总体而言，尽管按照现代民主法治理论所期待的能够勇于“反抗恶法统治”的更多是男生，但是相对更多女生表现出积极理性的态度和意识——不仅积极反对恶法，而且能够理性采取合法手段努力促成恶法的改变。

您的性别？ * 如果受到司法机关或者行政执法机关的不公正裁决，您会怎么办？ 交叉表

			如果受到司法机关或者行政执法机关的不公正裁决，您会怎么办？					
			寻求律师等专业人士帮助，按法律程序捍卫公正	通过上访，寻求上级党委或者有关国家机关的支持	忍气吞声，“胳膊拧不过大腿”，息事宁人	拒绝执行不公正的裁决	设法对抗，绝不执行，甚至报复做出不公正裁决的司法执法人员	总计
您的性别？	男	计数	576	291	55	45	27	994
		占 您的性别？ 的百分比	57.9%	29.3%	5.5%	4.5%	2.7%	100.0%
		占 如果受到司法机关或者行政执法机关的不公正裁决，您会怎么办？的百分比	30.3%	39.3%	52.9%	37.8%	52.9%	34.1%
		占总计的百分比	19.7%	10.0%	1.9%	1.5%	0.9%	34.1%
	女	计数	1327	450	49	74	24	1924
		占 您的性别？ 的百分比	69.0%	23.4%	2.5%	3.8%	1.2%	100.0%
		占 如果受到司法机关或者行政执法机关的不公正裁决，您会怎么办？的百分比	69.7%	60.7%	47.1%	62.2%	47.1%	65.9%
		占总计的百分比	45.5%	15.4%	1.7%	2.5%	0.8%	65.9%
总计		计数	1903	741	104	119	51	2918
		占 人数总计 的百分比	65.2%	25.4%	3.6%	4.1%	1.7%	100.0%
		占 如果受到司法机关或者行政执法机关的不公正裁决，您会怎么办？的百分比	100.0%	100.0%	100.0%	100.0%	100.0%	100.0%

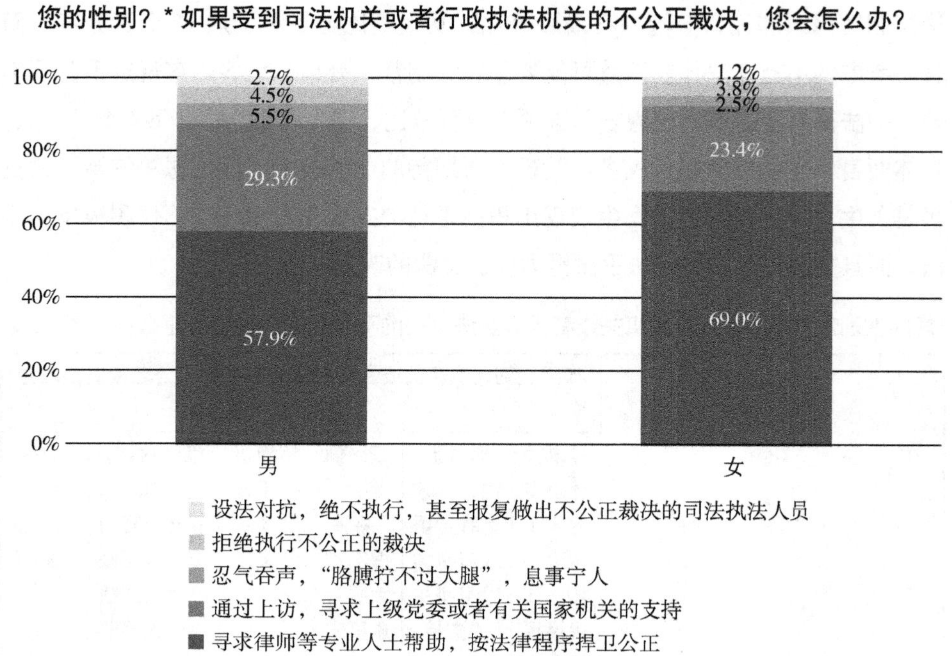

"您的性别"与"如果受到司法机关或者行政执法机关的不公正裁决，您会怎么办"交叉统计数据表明，面对不公正法律裁决，受访非法学专业本科生中女生相对更加理性、更加积极尊重和维护法律权威："寻求律师等专业人士帮助，按法律程序捍卫公正"选项有效百分比，女生比男生多了 11.1 个百分点，而另外四个选项的有效百分比，男生都高于女生。"寻求律师等专业人士帮助，按法律程序捍卫公正"以及"通过上访，寻求上级党委或者有关国家机关的支持"两个选项有效百分比之和，女生也比男生高了 5.2 个百分点。

总体而言，受访非法学专业本科生法律意识状况性别比较统计数据表明，就问卷所及相关法律常识或者基本观念的理解与认知而言，男女性别差异不大，但是女生在有些具体制度认知或者观念理解上要整体优于男生；对于法律权威的尊重与维护方面，女生则表现出明显的理性优势。应该说这种差异更多缘于男女性格差异，反过来也能证明受访非法学专业本科生普遍缺乏足够的法律知识和法学理论学习与教育，进而为其法律意识增强和法治素养提升提供有效理性支持。

三、非法学专业本科生法律意识状况年级比较

（一）不同年级非法学专业本科生对于法律常识的了解与认知

您的年级？ * 拾得他人财物据为己有并拒绝所有权人的索要，您怎么看？ 交叉表

			拾得他人财物据为己有并拒绝所有权人的索要，您怎么看？				
			不仅仅不道德，还属于不当得利，达到一定金额就构成违法	占人便宜，很不道德	不知道	很正常，捡到他人财物很幸运也理所当然归自己	总计
您的年级？	大一	计数	1482	225	21	43	1771
		占 您的年级？ 的百分比	83.7%	12.7%	1.2%	2.4%	100.0%
		占 拾得他人财物据为己有并拒绝所有权人的索要，您怎么看？ 的百分比	61.8%	56.0%	55.3%	55.1%	60.7%
		占总计的百分比	50.8%	7.7%	0.7%	1.5%	60.7%
	大二	计数	459	88	9	19	575
		占 您的年级？ 的百分比	79.8%	15.3%	1.6%	3.3%	100.0%
		占 拾得他人财物据为己有并拒绝所有权人的索要，您怎么看？ 的百分比	19.1%	21.9%	23.7%	24.4%	19.7%
		占总计的百分比	15.7%	3.0%	0.3%	0.7%	19.7%
	大三	计数	345	75	5	12	437
		占 您的年级？ 的百分比	78.9%	17.2%	1.1%	2.7%	100.0%
		占 拾得他人财物据为己有并拒绝所有权人的索要，您怎么看？ 的百分比	14.4%	18.7%	13.2%	15.4%	15.0%
		占总计的百分比	11.8%	2.6%	0.2%	0.4%	15.0%
	大四	计数	114	14	3	4	135
		占 您的年级？ 的百分比	84.4%	10.4%	2.2%	3.0%	100.0%
		占 拾得他人财物据为己有并拒绝所有权人的索要，您怎么看？ 的百分比	4.8%	3.5%	7.9%	5.1%	4.6%
		占总计的百分比	3.9%	0.5%	0.1%	0.1%	4.6%
总计		计数	2400	402	38	78	2918
		占 人数总计 的百分比	82.2%	13.8%	1.3%	2.7%	100.0%
		占 拾得他人财物据为己有并拒绝所有权人的索要，您怎么看？ 的百分比	100.0%	100.0%	100.0%	100.0%	100.0%

您的年级？* 拾得他人财物据为己有并拒绝所有权人的索要，您怎么看？

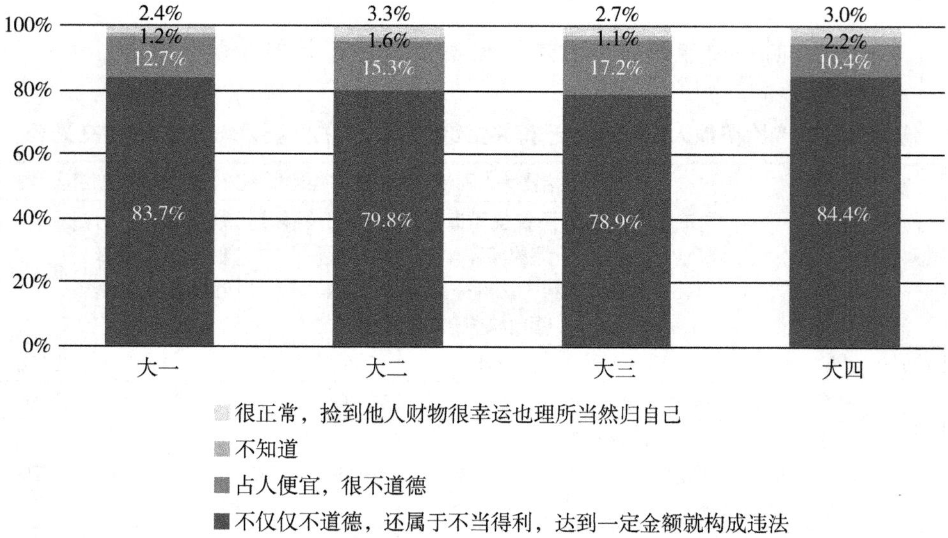

“您的年级”与“拾得他人财物据为己有并拒绝所有权人的索要，您怎么看”交叉统计数据表明，就“不当得利”行为性质的理解与认知而言，受访非法学专业本科生四个年级之间没有明显的差距：“不仅仅不道德，还属于不当得利，达到一定金额就构成违法”选项有效百分比，大一和大四学生基本相当，大二和大三学生稍低且彼此相当；“占人便宜，很不道德”选项有效百分比，大三学生最高，然后依次是大二、大一和大四学生，大四学生居然最低；另外两个选项，四个年级之间结构也相类似，不仅没有直接与年级高低顺序相关，而且彼此之间差距不大。这说明，尽管有很高比例学生能够从道德和法律层面认识和判断“拾得他人财物据为己有并拒绝所有权人的索要”的不当得利行为，但是这一认知并不一定都是建立在对相关法律制度的具体认知基础上，而且在校四个年级本科生之间没有明显差距。

您的年级？ * 我国的法制宣传日是哪一天？ 交叉表

			我国的法制宣传日是哪一天？				
			11月4日	12月4日	3月15日	5月16日	总计
您的年级？	大一	计数	162	1433	74	102	1771
		占 您的年级？ 的百分比	9.1%	80.9%	4.2%	5.8%	100.0%
		占 我国的法制宣传日是哪一天？ 的百分比	61.1%	61.8%	50.7%	54.5%	60.7%
		占总计的百分比	5.6%	49.1%	2.5%	3.5%	60.7%

续表

		我国的法制宣传日是哪一天?				
		11 月 4 日	12 月 4 日	3 月 15 日	5 月 16 日	总计
大二	计数	59	448	23	45	575
	占 您的年级? 的百分比	10.3%	77.9%	4.0%	7.8%	100.0%
	占 我国的法制宣传日是哪一天? 的百分比	22.3%	19.3%	15.8%	24.1%	19.7%
	占总计的百分比	2.0%	15.4%	0.8%	1.5%	19.7%
大三	计数	36	328	42	31	437
	占 您的年级? 的百分比	8.2%	75.1%	9.6%	7.1%	100.0%
	占 我国的法制宣传日是哪一天? 的百分比	13.6%	14.1%	28.8%	16.6%	15.0%
	占总计的百分比	1.2%	11.2%	1.4%	1.1%	15.0%
大四	计数	8	111	7	9	135
	占 您的年级? 的百分比	5.9%	82.2%	5.2%	6.7%	100.0%
	占 我国的法制宣传日是哪一天? 的百分比	3.0%	4.8%	4.8%	4.8%	4.6%
	占总计的百分比	0.3%	3.8%	0.2%	0.3%	4.6%
总计	计数	265	2320	146	187	2918
	占 人数总计 的百分比	9.1%	79.5%	5.0%	6.4%	100.0%
	占 我国的法制宣传日是哪一天? 的百分比	100.0%	100.0%	100.0%	100.0%	100.0%

您的年级? * 我国的法制宣传日是哪一天? _12月4日

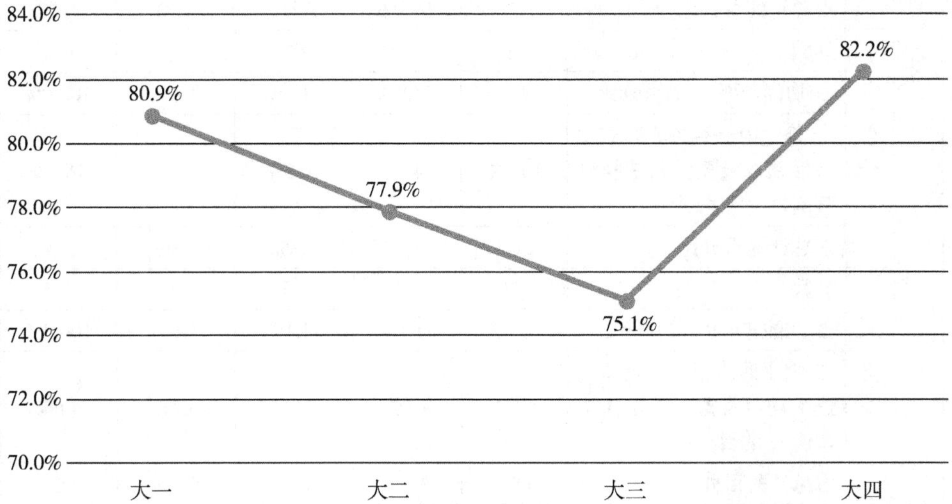

“您的年级”与“我国的法制宣传日是哪一天”交叉统计数据表明，就我国法制宣传日的明确认知比率而言，受访非法学专业本科生四个年级之间没有明显规律：大一、大二和大三学生依次小幅下降，大四学生回归并较大一学生稍高。总体上看，对于这一常识性知识点的明确认知度，四个年级学生之间没有反映出随着年级增高而依次升高的规律，甚至大二和大三学生较大一学生依次下降，这也说明一年一度的广泛舆论宣传，似乎也不一定有效增强了在校非法学专业本科生对于法制宣传日的具体认知。

您的年级？ * 您平时是否关心国家立法活动以及重大司法执法案例？ 交叉表

			您平时是否关心国家立法活动以及重大司法执法案例？				
			密切关注	偶尔注意	从不刻意关心	根本不关心	总计
您的年级？	大一	计数	294	1294	171	12	1771
		占 您的年级？ 的百分比	16.6%	73.1%	9.7%	0.7%	100.0%
		占 您平时是否关心国家立法活动以及重大司法执法案例？ 的百分比	69.2%	60.4%	53.4%	40.0%	60.7%
		占总计的百分比	10.1%	44.3%	5.9%	0.4%	60.7%
	大二	计数	50	435	82	8	575
		占 您的年级？ 的百分比	8.7%	75.7%	14.3%	1.4%	100.0%
		占 您平时是否关心国家立法活动以及重大司法执法案例？ 的百分比	11.8%	20.3%	25.6%	26.7%	19.7%
		占总计的百分比	1.7%	14.9%	2.8%	0.3%	19.7%
	大三	计数	59	318	52	8	437
		占 您的年级？ 的百分比	13.5%	72.8%	11.9%	1.8%	100.0%
		占 您平时是否关心国家立法活动以及重大司法执法案例？ 的百分比	13.9%	14.8%	16.3%	26.7%	15.0%
		占总计的百分比	2.0%	10.9%	1.8%	0.3%	15.0%
	大四	计数	22	96	15	2	135
		占 您的年级？ 的百分比	16.3%	71.1%	11.1%	1.5%	100.0%
		占 您平时是否关心国家立法活动以及重大司法执法案例？ 的百分比	5.2%	4.5%	4.7%	6.7%	4.6%
		占总计的百分比	0.8%	3.3%	0.5%	0.1%	4.6%

续表

		您平时是否关心国家立法活动以及重大司法执法案例？				
		密切关注	偶尔注意	从不刻意关心	根本不关心	总计
总计	计数	425	2143	320	30	2918
	占 人数总计 的百分比	14.6%	73.4%	11.0%	1.0%	100.0%
	占 您平时是否关心国家立法活动以及重大司法执法案例？ 的百分比	100.0%	100.0%	100.0%	100.0%	100.0%

您的年级？* 您平时是否关心国家立法活动以及重大司法执法案例？

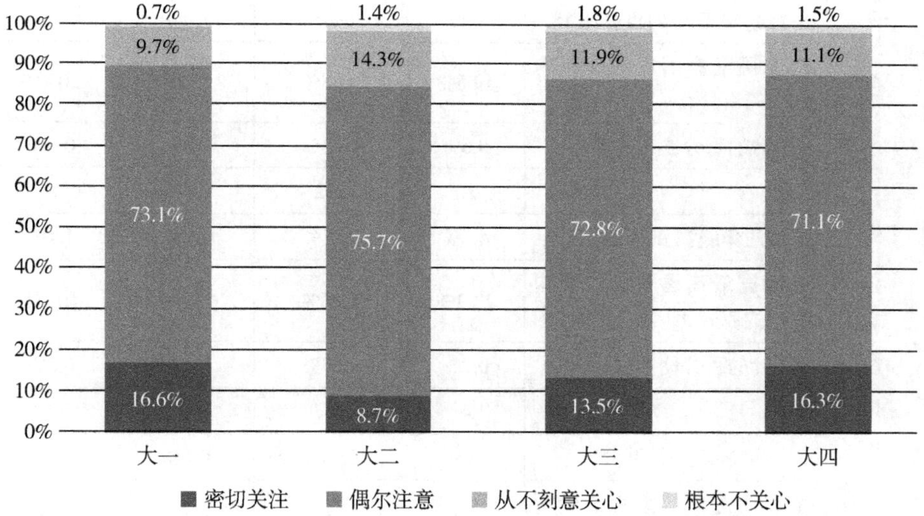

“您的年级”与“您平时是否关心国家立法活动以及重大司法执法案例”交叉统计数据表明，就是否积极主动关心国家立法及重大司法执法案例而言，受访非法学专业本科生四个年级之间，除了大二学生的积极关注学生比率稍低以外，其余年级之间差异不大。只是相对而言，大一和大四学生稍好于大二和大三学生，而大四学生也并非居于最高位。这也说明，在校非法学专业本科生，并没有随着年级的增高而更加积极关注国家法治建设重大实践。

您的年级？ * 我国最高国家立法机构是？ 交叉表

			我国最高国家立法机构是？			
			国务院	全国人民代表大会及其常务委员会	全国人民政治协商会议	中国共产党中央委员会
您的年级？	大一	计数	45	1443	30	31
		占 您的年级？ 的百分比	2.5%	81.5%	1.7%	1.8%
		占 我国最高国家立法机构是？ 的百分比	52.3%	60.7%	68.2%	63.3%
		占总计的百分比	1.5%	49.5%	1.0%	1.1%
	大二	计数	17	447	8	10
		占 您的年级？ 的百分比	3.0%	77.7%	1.4%	1.7%
		占 我国最高国家立法机构是？ 的百分比	19.8%	18.8%	18.2%	20.4%
		占总计的百分比	0.6%	15.3%	0.3%	0.3%
	大三	计数	20	372	6	5
		占 您的年级？ 的百分比	4.6%	85.1%	1.4%	1.1%
		占 我国最高国家立法机构是？ 的百分比	23.3%	15.6%	13.6%	10.2%
		占总计的百分比	0.7%	12.7%	0.2%	0.2%
	大四	计数	4	117	0	3
		占 您的年级？ 的百分比	3.0%	86.7%	0.0%	2.2%
		占 我国最高国家立法机构是？ 的百分比	4.7%	4.9%	0.0%	6.1%
		占总计的百分比	0.1%	4.0%	0.0%	0.1%
总计		计数	86	2379	44	49
		占 人数总计 的百分比	2.9%	81.5%	1.5%	1.7%
		占 我国最高国家立法机构是？ 的百分比	100.0%	100.0%	100.0%	100.0%

您的年级？ * 我国最高国家立法机构是？ 交叉表

			我国最高国家立法机构是？			
			中央政治局	最高人民法院	最高人民检察院	总计
您的年级？	大一	计数	26	123	73	1771
		占 您的年级？ 的百分比	1.5%	6.9%	4.1%	100.0%
		占 我国最高国家立法机构是？ 的百分比	57.8%	58.6%	69.5%	60.7%
		占总计的百分比	0.9%	4.2%	2.5%	60.7%
	大二	计数	13	57	23	575
		占 您的年级？ 的百分比	2.3%	9.9%	4.0%	100.0%
		占 我国最高国家立法机构是？ 的百分比	28.9%	27.1%	21.9%	19.7%
		占总计的百分比	0.4%	2.0%	0.8%	19.7%
	大三	计数	4	25	5	437
		占 您的年级？ 的百分比	0.9%	5.7%	1.1%	100.0%
		占 我国最高国家立法机构是？ 的百分比	8.9%	11.9%	4.8%	15.0%
		占总计的百分比	0.1%	0.9%	0.2%	15.0%
	大四	计数	2	5	4	135
		占 您的年级？ 的百分比	1.5%	3.7%	3.0%	100.0%
		占 我国最高国家立法机构是？ 的百分比	4.4%	2.4%	3.8%	4.6%
		占总计的百分比	0.1%	0.2%	0.1%	4.6%
总计		计数	45	210	105	2918
		占 人数总计 的百分比	1.5%	7.2%	3.6%	100.0%
		占 我国最高国家立法机构是？ 的百分比	100.0%	100.0%	100.0%	100.0%

您的年级? * 我国最高国家立法机构是? _全国人民代表大会及其常务委员会

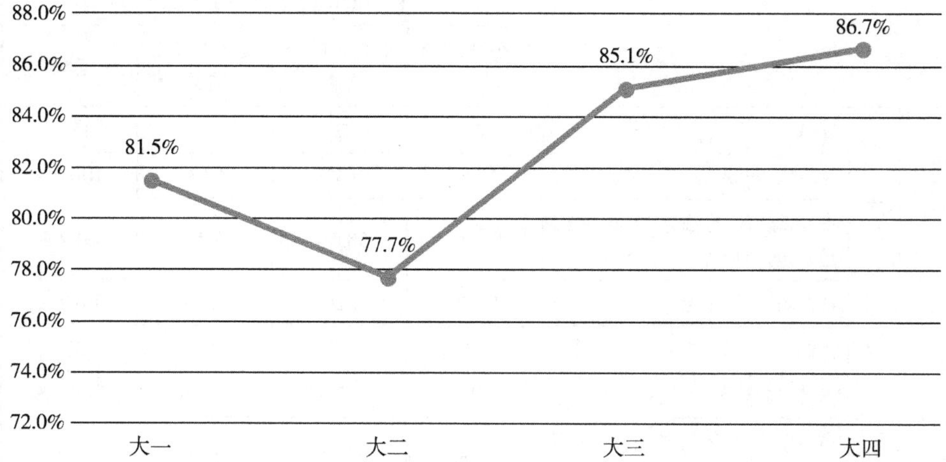

"您的年级"与"我国最高国家立法机构是"交叉统计数据表明，就我国最高国家立法机构的明确认知比率而言，受访非法学专业本科生四个年级之间，只是存在相对意义上的非常有限的积极性规律：大二学生正确选项有效百分比较大一学生有不到4个百分点的下降，大三和大四学生有小幅回归。鉴于国家最高立法机构应该是一项国家机构意义上的基础知识，而且四个年级中正确认知比率最高的也只有86.7%，我们可以认为，非法学专业本科生在校期间相关法律常识的丰富和增加非常有限。

（二）不同年级非法学专业本科生对于法律权威的尊重与维护

您的年级? * 您是否会购买来路不明的自行车、手机或其他物件? 交叉表

			您是否会购买来路不明的自行车、手机或其他物件?			
			哪怕再喜欢、再便宜，没有原始发票或相关合法证明，就坚决不买	对于实在是心仪物品，哪怕没有原始发票或相关合法证明，也会购买	只要价格便宜，就会购买	总计
您的年级?	大一	计数	1383	321	67	1771
		占 您的年级? 的百分比	78.1%	18.1%	3.8%	100.0%
		占 您是否会购买来路不明的自行车、手机或其他物件? 的百分比	63.2%	55.6%	44.1%	60.7%
		占总计的百分比	47.4%	11.0%	2.3%	60.7%

续表

		您是否会购买来路不明的自行车、手机或其他物件？			
		哪怕再喜欢、再便宜，没有原始发票或相关合法证明，就坚决不买	对于实在是心仪物品，哪怕没有原始发票或相关合法证明，也会购买	只要价格便宜，就会购买	总计
大二	计数	388	138	49	575
	占 您的年级？ 的百分比	67.5%	24.0%	8.5%	100.0%
	占 您是否会购买来路不明的自行车、手机或其他物件？的百分比	17.7%	23.9%	32.2%	19.7%
	占总计的百分比	13.3%	4.7%	1.7%	19.7%
大三	计数	312	94	31	437
	占 您的年级？ 的百分比	71.4%	21.5%	7.1%	100.0%
	占 您是否会购买来路不明的自行车、手机或其他物件？的百分比	14.3%	16.3%	20.4%	15.0%
	占总计的百分比	10.7%	3.2%	1.1%	15.0%
大四	计数	106	24	5	135
	占 您的年级？ 的百分比	78.5%	17.8%	3.7%	100.0%
	占 您是否会购买来路不明的自行车、手机或其他物件？的百分比	4.8%	4.2%	3.3%	4.6%
	占总计的百分比	3.6%	0.8%	0.2%	4.6%
总计	计数	2189	577	152	2918
	占人数总计 的百分比	75.0%	19.8%	5.2%	100.0%
	占 您是否会购买来路不明的自行车、手机或其他物件？的百分比	100.0%	100.0%	100.0%	100.0%

您的年级？* 您是否会购买来路不明的自行车、手机或其他物件？

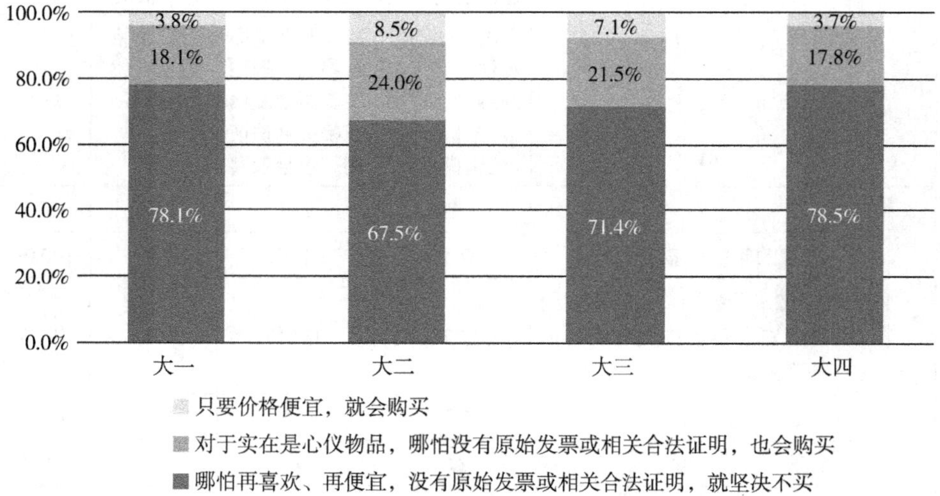

“您的年级”与“您是否会购买来路不明的自行车、手机或其他物件”交叉统计数据表明，就是否会购买来路不明物件以及由此所反映的对于相关法律制度权威的尊重态度看，受访非法学专业本科生中，大一和大四学生相关选项有效百分比非常接近，而大二学生相对大一学生而言则有消极性变化，大三相对于大二学生而言有所“回转”，但仍不及大一学生。总体上看，在“心仪”与“廉价”面前，大二学生可能是在校生中最为“随性”“率性”的，大三学生有所“收敛”；相对于大一而言，大四学生则没有明显的进步性变化。

您的年级？ * 您遇到违法犯罪行为的时候，会如何对待处理？ 交叉表

			您遇到违法犯罪行为的时候，会如何对待处理？			
			见义智为，力所不能及情况下自己并不直接阻拦，但设法报警或者寻求其他帮助	见义勇为，勇敢制止，坚决劝阻	“多一事不如少一事”，装作没看见	总计
您的年级？	大一	计数	1665	55	51	1771
		占 您的年级？ 的百分比	94.0%	3.1%	2.9%	100.0%
		占 您遇到违法犯罪行为的时候，会如何对待处理？ 的百分比	61.4%	55.0%	48.6%	60.7%
		占总计的百分比	57.1%	1.9%	1.7%	60.7%

续表

			您遇到违法犯罪行为的时候，会如何对待处理？			
			见义智为，力所不能及情况下自己并不直接阻拦，但设法报警或者寻求其他帮助	见义勇为，勇敢制止，坚决劝阻	“多一事不如少一事”，装作没看见	总计
	大二	计数	525	22	28	575
		占 您的年级？ 的百分比	91.3%	3.8%	4.9%	100.0%
		占 您遇到违法犯罪行为的时候，会如何对待处理？ 的百分比	19.4%	22.0%	26.7%	19.7%
		占总计的百分比	18.0%	0.8%	1.0%	19.7%
	大三	计数	402	17	18	437
		占 您的年级？ 的百分比	92.0%	3.9%	4.1%	100.0%
		占 您遇到违法犯罪行为的时候，会如何对待处理？ 的百分比	14.8%	17.0%	17.1%	15.0%
		占总计的百分比	13.8%	0.6%	0.6%	15.0%
	大四	计数	121	6	8	135
		占 您的年级？ 的百分比	89.6%	4.4%	5.9%	100.0%
		占 您遇到违法犯罪行为的时候，会如何对待处理？ 的百分比	4.5%	6.0%	7.6%	4.6%
		占总计的百分比	4.1%	0.2%	0.3%	4.6%
总计		计数	2713	100	105	2918
		占 人数总计 的百分比	93.0%	3.4%	3.6%	100.0%
		占 您遇到违法犯罪行为的时候，会如何对待处理？ 的百分比	100.0%	100.0%	100.0%	100.0%

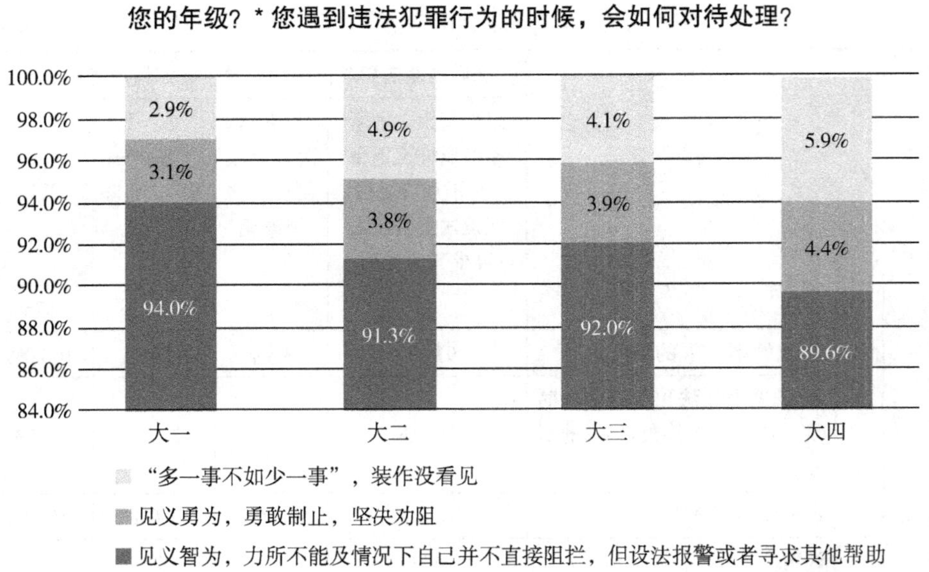

“您的年级”与“您遇到违法犯罪行为的时候，会如何对待处理”交叉统计数据表明，面对违法犯罪行为会如何选择，以及由此所反映的对于相关法律制度权威的尊重、法律正义的维护态度看，受访非法学专业本科生四个年级之间有差距，但是这种差距似乎并非积极性的，而且也不是基于法律知识的增长、法律意识的增强等理性支持。因为从统计数据看，“见义智为”的有效百分比，从大一到大四总体上呈下降趋势，而且大四居于最低位；“见义勇为”则是逐级升高；“装作没看见”选项有效百分比也是呈现不断升高趋势，大四学生甚至居于最高位。也即高年级学生中“见义智为”学生相对减少，“见义勇为”学生相对增多，甚至冷漠对待、“装作没看见”的学生增幅更大。可见，随着年级的增高尽管各自占比不高但是存在两个极端性变化：少数同学或者变得过于“意气用事”或者变得过于“世故冷漠”。至少可以得出结论：本题测试结果表明，对于肯定和支持积极同违法犯罪行为作斗争的相关法律制度的尊重和维护态度，受访非法学专业本科生并没有随着年级的增高而有积极性的进步和提高。

您的年级？ * 如果您觉得某个法律规定不公正、不合理，您会怎么办？ 交叉表

			如果您觉得某个法律规定不公正、不合理，您会怎么办？				
			既然法律规定不公正、不合理，就可以不遵守	在严格遵守法律规定的同时，通过合法途径反映意见，促进法律制度修改和完善	考虑到不遵守法律制度就可能要惩罚和制裁，哪怕是那些内容规定不公平不合理的法律制度也要严格遵守	只要是合法有效的法律制度，即使个人认为内容规定不公平不合理，也要严格遵守	总计
您的年级？	大一	计数	44	1185	211	331	1771
		占 您的年级？ 的百分比	2.5%	66.9%	11.9%	18.7%	100.0%
		占 如果您觉得某个法律规定不公正、不合理，您会怎么办？ 的百分比	55.7%	61.3%	57.0%	61.9%	60.7%
		占总计的百分比	1.5%	40.6%	7.2%	11.3%	60.7%
	大二	计数	17	375	84	99	575
		占 您的年级？ 的百分比	3.0%	65.2%	14.6%	17.2%	100.0%
		占 如果您觉得某个法律规定不公正、不合理，您会怎么办？ 的百分比	21.5%	19.4%	22.7%	18.5%	19.7%
		占总计的百分比	0.6%	12.9%	2.9%	3.4%	19.7%
	大三	计数	13	289	55	80	437
		占 您的年级？ 的百分比	3.0%	66.1%	12.6%	18.3%	100.0%
		占 如果您觉得某个法律规定不公正、不合理，您会怎么办？ 的百分比	16.5%	14.9%	14.9%	15.0%	15.0%
		占总计的百分比	0.4%	9.9%	1.9%	2.7%	15.0%
	大四	计数	5	85	20	25	135
		占 您的年级？ 的百分比	3.7%	63.0%	14.8%	18.5%	100.0%
		占 如果您觉得某个法律规定不公正、不合理，您会怎么办？ 的百分比	6.3%	4.4%	5.4%	4.7%	4.6%
		占总计的百分比	0.2%	2.9%	0.7%	0.9%	4.6%
总计		计数	79	1934	370	535	2918
		占 人数总计 的百分比	2.7%	66.3%	12.7%	18.3%	100.0%
		占 如果您觉得某个法律规定不公正、不合理，您会怎么办？ 的百分比	100.0%	100.0%	100.0%	100.0%	100.0%

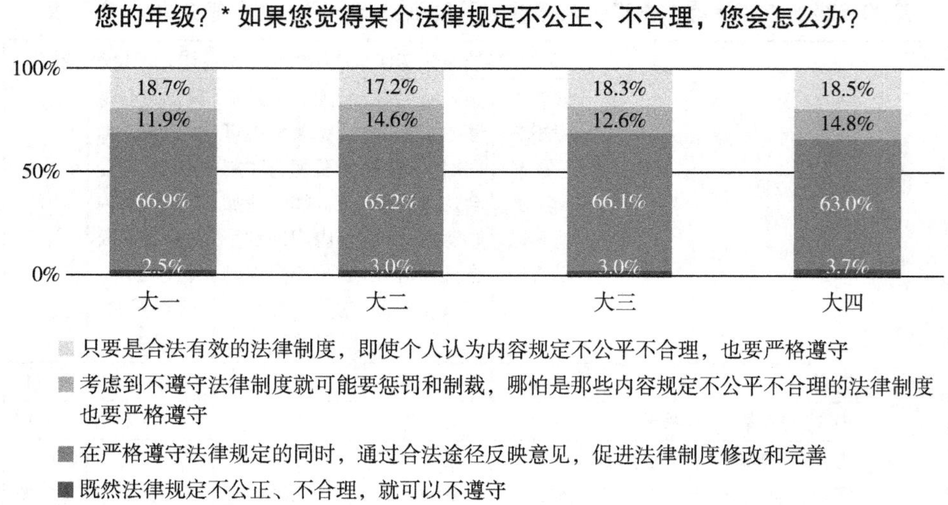

“您的年级”与“如果您觉得某个法律规定不公正、不合理，您会怎么办”交叉统计数据表明，就面对“恶法”所做出的选择以及由此表现出的对于法律权威、法治精神的尊奉和信仰而言，受访非法学专业本科生四个年级之间总体上没有太大的差别，只是有小幅的结构性区分。“既然法律规定不公正、不合理，就可以不遵守”选项有效百分比，从大一到大四呈现升高趋势，只是总体占比不高、升高幅度有限。“在严格遵守法律规定的同时，通过合法途径反映意见，促进法律制度修改和完善”选项有效百分比，前三个年级之间差别很小，大四反而有小幅下降。“考虑到不遵守法律制度就可能要惩罚和制裁，哪怕是那些内容规定不公平不合理的法律制度也要严格遵守”选项有效百分比，从大一到大四有波动性小幅升高。“只要是合法有效的法律制度，即使个人认为内容规定不公平不合理，也要严格遵守”选项有效百分比，除大二有小幅下降外，其余三个年级之间非常接近。总体上看，从大一到大四，高年级学生中相对有更多学生选择了坚决“反抗恶法统治”，但总量非常有限；选择理性对待并努力运用合法路径促进法律完善的高年级学生反而较少，选择默默忍受、无条件遵守的高年级学生相对增多。可见，就法治信仰、法治精神的尊奉和确立而言，受访非法学专业本科生四个年级之间看不出随着年级的增高而有积极性的进步。

您的年级？ * 如果受到司法机关或者行政执法机关的不公正裁决，您会怎么办？ 交叉表

			如果受到司法机关或者行政执法机关的不公正裁决，您会怎么办？					
			寻求律师等专业人士帮助，按法律程序捍卫公正	通过上访，寻求上级党委或者有关国家机关的支持	忍气吞声，“胳膊拧不过大腿”，息事宁人	拒绝执行不公正的裁决	设法对抗，绝不执行，甚至报复做出不公正裁决的司法执法人员	总计
您的年级？	大一	计数	1163	455	48	79	26	1771
		占 您的年级？ 的百分比	65.7%	25.7%	2.7%	4.5%	1.5%	100.0%
		占 如果受到司法机关或者行政执法机关的不公正裁决，您会怎么办？ 的百分比	61.1%	61.4%	46.2%	66.4%	51.0%	60.7%
		占总计的百分比	39.9%	15.6%	1.6%	2.7%	0.9%	60.7%
	大二	计数	370	148	23	21	13	575
		占 您的年级？ 的百分比	64.3%	25.7%	4.0%	3.7%	2.3%	100.0%
		占 如果受到司法机关或者行政执法机关的不公正裁决，您会怎么办？ 的百分比	19.4%	20.0%	22.1%	17.6%	25.5%	19.7%
		占总计的百分比	12.7%	5.1%	0.8%	0.7%	0.4%	19.7%
	大三	计数	284	108	26	11	8	437
		占 您的年级？ 的百分比	65.0%	24.7%	5.9%	2.5%	1.8%	100.0%
		占 如果受到司法机关或者行政执法机关的不公正裁决，您会怎么办？ 的百分比	14.9%	14.6%	25.0%	9.2%	15.7%	15.0%
		占总计的百分比	9.7%	3.7%	0.9%	0.4%	0.3%	15.0%
	大四	计数	86	30	7	8	4	135
		占 您的年级？ 的百分比	63.7%	22.2%	5.2%	5.9%	3.0%	100.0%
		占 如果受到司法机关或者行政执法机关的不公正裁决，您会怎么办？ 的百分比	4.5%	4.0%	6.7%	6.7%	7.8%	4.6%
		占总计的百分比	2.9%	1.0%	0.2%	0.3%	0.1%	4.6%

续表

		如果受到司法机关或者行政执法机关的不公正裁决，您会怎么办？					
		寻求律师等专业人士帮助，按法律程序捍卫公正	通过上访，寻求上级党委或者有关国家机关的支持	忍气吞声，“胳膊拧不过大腿”，息事宁人	拒绝执行不公正的裁决	设法对抗，绝不执行，甚至报复做出不公正裁决的司法执法人员	总计
总计	计数	1903	741	104	119	51	2918
	占 人数总计 的百分比	65.2%	25.4%	3.6%	4.1%	1.7%	100.0%
	占 如果受到司法机关或者行政执法机关的不公正裁决，您会怎么办？的百分比	100.0%	100.0%	100.0%	100.0%	100.0%	100.0%

您的年级？* 如果受到司法机关或者行政执法机关的不公正裁决，您会怎么办？

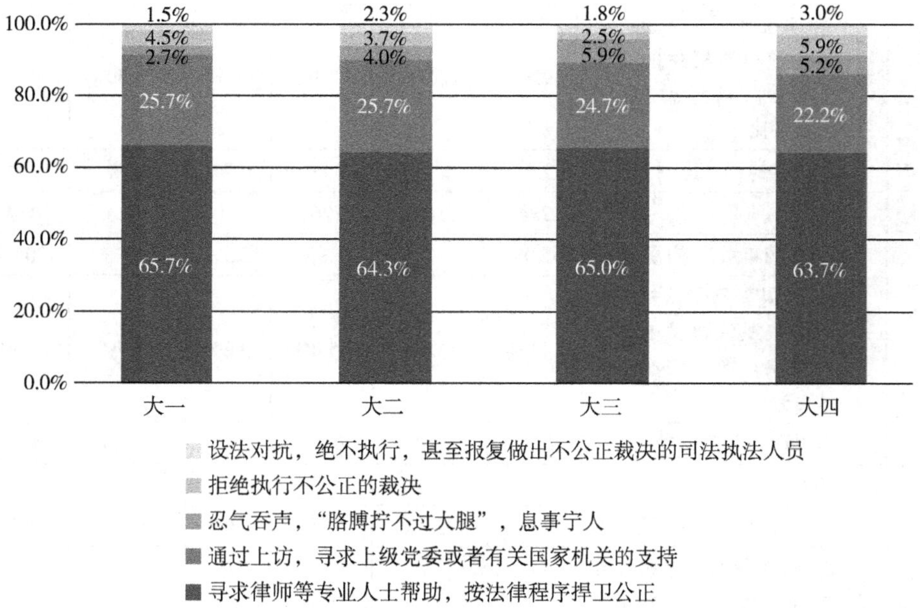

“您的年级”与“如果受到司法机关或者行政执法机关的不公正裁决，您会怎么办”交叉统计数据表明，面对不公正法律裁决，受访非法学专业本科生所做出的选择以及由此表现出的对于法律权威的尊重态度，四个年级之间有较小幅度

的不同，主要表现在高年级学生相对低年级学生有更多人或者选择“默默忍受”，或者选择非理性对抗，采取理性、合法路径维护权利、捍卫公正的学生相对变少。由此看出，就受访非法学专业本科生来说，在校期间的相关法律知识学习、法律精神教育、法治信仰培育等不够充分、不够有效。

总体而言，受访非法学专业本科生法律意识状况年级比较数据表明，对于有关法律制度和基本观念的理解与认知，四个年级之间没有明显差距，更是难以体现伴随年级增高、相关理解与认知相应提高的积极性变化。就法律权威的尊重与维护态度而言，也大抵如此，甚至在有些问题考察上表现出随着年级的增高反而有不同程度的消极性变化，少数同学或者变得过于“意气用事”或者变得过于“世故冷漠”。

第四章　非法学专业本科生法律知识的获取与习得

鉴于现行教育体系下法治教育的制度安排，具体从中学非常有限的法治教育效果，大学阶段作为学生法治教育主要载体和基本路径的《思想道德修养与法律基础》课程教学效果以及作为其补充和辅助形式的法律类专业课和选修课、普法类电视栏目、网络法律资源等方面的具体贡献进行考察和评测。

一、非法学专业本科生法律知识的获取渠道

您认为中学阶段的法制教育有用吗?

		频率	百分比	有效百分比	累计百分比
有效	有用，让我学到并且懂得不少	1868	64.0	64.0	64.0
	凭感觉记得一点点，用处不大	828	28.4	28.4	92.4
	课堂学习只为了应试教育而且根本搞不懂，基本无用	222	7.6	7.6	100.0
	总计	2918	100.0	100.0	

您认为中学阶段的法制教育有用吗?

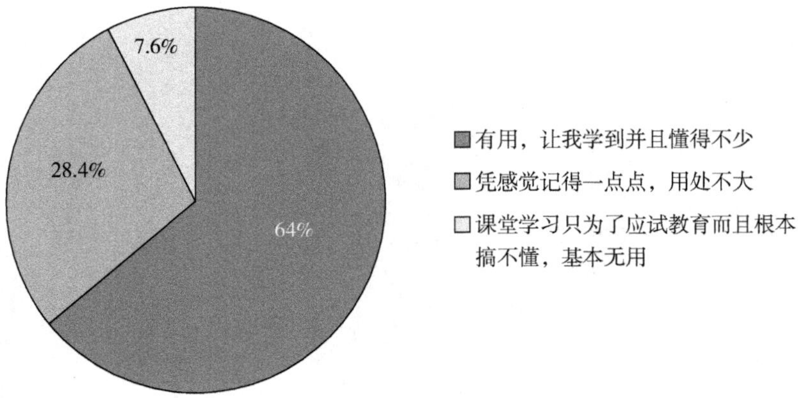

从受访非法学专业本科生对于中学阶段接受的法制教育是否有用进行判断的情况看，36.0% 学生明确表达中学阶段的法制教育效果有限，64.0% 学生充分肯定了中学阶段法制教育的有用性。同时，考虑到中学阶段的法制教育在内容安排、师资条件等方面上非常有限，其效果也注定有限。

您的年级？ * 您认为中学阶段的法制教育有用吗？ 交叉表

			您认为中学阶段的法制教育有用吗？			
			有用，让我学到并且懂得不少	凭感觉记得一点点，用处不大	课堂学习只为了应试教育而且根本搞不懂，基本无用	总计
您的年级？	大一	计数	1204	433	134	1771
		占 您的年级？ 的百分比	68.0%	24.4%	7.6%	100.0%
		占 您认为中学阶段的法制教育有用吗？ 的百分比	64.5%	52.3%	60.4%	60.7%
		占总计的百分比	41.3%	14.8%	4.6%	60.7%
	大二	计数	325	200	50	575
		占 您的年级？ 的百分比	56.5%	34.8%	8.7%	100.0%
		占 您认为中学阶段的法制教育有用吗？ 的百分比	17.4%	24.2%	22.5%	19.7%
		占总计的百分比	11.1%	6.9%	1.7%	19.7%
	大三	计数	254	157	26	437
		占 您的年级？ 的百分比	58.1%	35.9%	5.9%	100.0%
		占 您认为中学阶段的法制教育有用吗？ 的百分比	13.6%	19.0%	11.7%	15.0%
		占总计的百分比	8.7%	5.4%	0.9%	15.0%
	大四	计数	85	38	12	135
		占 您的年级？ 的百分比	63.0%	28.1%	8.9%	100.0%
		占 您认为中学阶段的法制教育有用吗？ 的百分比	4.6%	4.6%	5.4%	4.6%
		占总计的百分比	2.9%	1.3%	0.4%	4.6%
总计		计数	1868	828	222	2918
		占 人数总计 的百分比	64.0%	28.4%	7.6%	100.0%
		占 您认为中学阶段的法制教育有用吗？ 的百分比	100.0%	100.0%	100.0%	100.0%

您的年级？* 您认为中学阶段的法制教育有用吗？

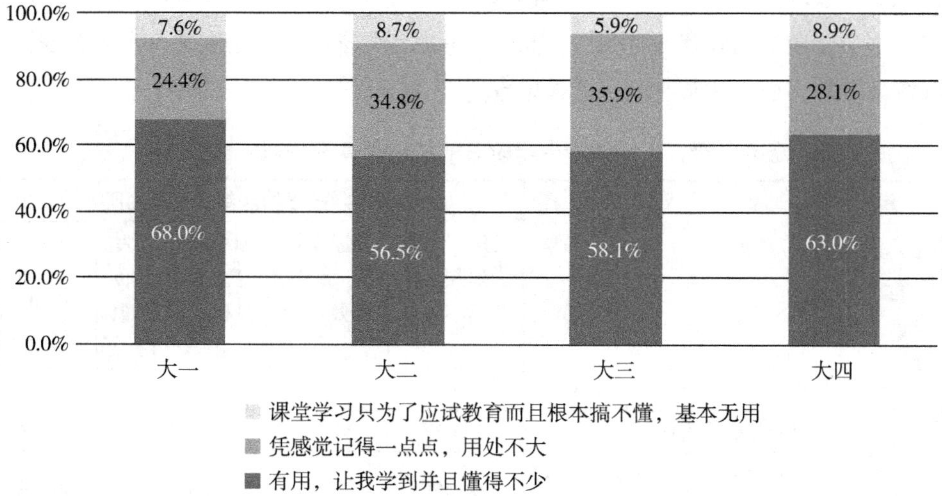

“您的年级”与“您认为中学阶段的法制教育有用吗”交叉统计数据表明，对于中学阶段法制教育的有用性评价，受访非法学专业本科生的四个年级之间，有较小幅度的差距，而且这一差距有其一定合理性：大一学生中相对更多学生做出了积极性的肯定，可能主要是因为刚刚离开中学校门，而其大学学习生活也只是刚开始，相关社会阅历当然也非常有限；高年级学生这一有效百分比有不同程度的降低，可能主要是经历了一定的大学学习与生活乃至有了一定的社会阅历，在比较和实践意义上降低了对中学阶段法制教育有用性评价是可以理解的。

您对自身法律意识状况如何总体评价？ * 您认为中学阶段的法制教育有用吗？ 交叉表

			您认为中学阶段的法制教育有用吗？			
			有用，让我学到并且懂得不少	凭感觉记得一点点，用处不大	课堂学习只为了应试教育而且根本搞不懂，基本无用	总计
	非常强	计数	164	16	8	188
		占 您对自身法律意识状况如何总体评价？ 的百分比	87.2%	8.5%	4.3%	100.0%
		占 您认为中学阶段的法制教育有用吗？ 的百分比	8.8%	1.9%	3.6%	6.4%
		占总计的百分比	5.6%	0.5%	0.3%	6.4%

续表

<table>
<tr><td colspan="3" rowspan="2"></td><td colspan="4">您认为中学阶段的法制教育有用吗?</td></tr>
<tr><td>有用，让我学到并且懂得不少</td><td>凭感觉记得一点点，用处不大</td><td>课堂学习只为了应试教育而且根本搞不懂，基本无用</td><td>总计</td></tr>
<tr><td rowspan="12">您对自身法律意识状况如何总体评价?</td><td rowspan="4">强</td><td>计数</td><td>576</td><td>170</td><td>25</td><td>771</td></tr>
<tr><td>占 您对自身法律意识状况如何总体评价? 的百分比</td><td>74.7%</td><td>22.0%</td><td>3.2%</td><td>100.0%</td></tr>
<tr><td>占 您认为中学阶段的法制教育有用吗? 的百分比</td><td>30.8%</td><td>20.5%</td><td>11.3%</td><td>26.4%</td></tr>
<tr><td>占总计的百分比</td><td>19.7%</td><td>5.8%</td><td>0.9%</td><td>26.4%</td></tr>
<tr><td rowspan="4">一般</td><td>计数</td><td>1063</td><td>559</td><td>146</td><td>1768</td></tr>
<tr><td>占 您对自身法律意识状况如何总体评价? 的百分比</td><td>60.1%</td><td>31.6%</td><td>8.3%</td><td>100.0%</td></tr>
<tr><td>占 您认为中学阶段的法制教育有用吗? 的百分比</td><td>56.9%</td><td>67.5%</td><td>65.8%</td><td>60.6%</td></tr>
<tr><td>占总计的百分比</td><td>36.4%</td><td>19.2%</td><td>5.0%</td><td>60.6%</td></tr>
<tr><td rowspan="4">比较差</td><td>计数</td><td>65</td><td>83</td><td>43</td><td>191</td></tr>
<tr><td>占 您对自身法律意识状况如何总体评价? 的百分比</td><td>34.0%</td><td>43.5%</td><td>22.5%</td><td>100.0%</td></tr>
<tr><td>占 您认为中学阶段的法制教育有用吗? 的百分比</td><td>3.5%</td><td>10.0%</td><td>19.4%</td><td>6.5%</td></tr>
<tr><td>占总计的百分比</td><td>2.2%</td><td>2.8%</td><td>1.5%</td><td>6.5%</td></tr>
<tr><td colspan="2" rowspan="3">总计</td><td>计数</td><td>1868</td><td>828</td><td>222</td><td>2918</td></tr>
<tr><td>占 人数总计 的百分比</td><td>64.0%</td><td>28.4%</td><td>7.6%</td><td>100.0%</td></tr>
<tr><td>占 您认为中学阶段的法制教育有用吗? 的百分比</td><td>100.0%</td><td>100.0%</td><td>100.0%</td><td>100.0%</td></tr>
</table>

“您对自身法律意识状况如何总体评价”与“您认为中学阶段的法制教育有用吗？”交叉统计数据表明，受访非法学专业本科生法律意识状况自我评价高低，与其对中学阶段法制教育有用性的评价高低之间高度相关：“有用，让我学到并且懂得不少”选项有效百分比，与受访学生法律意识状况自我评价密切相关，自我评价越高的学生也越能充分肯定中学阶段法制教育及其有用性；受访学生法律意识状况自我评价越低，“凭感觉记得一点点，用处不大”与“课堂学习只为了应试教育而且根本搞不懂，基本无用”两个选项有效百分比也就越高，或者说他

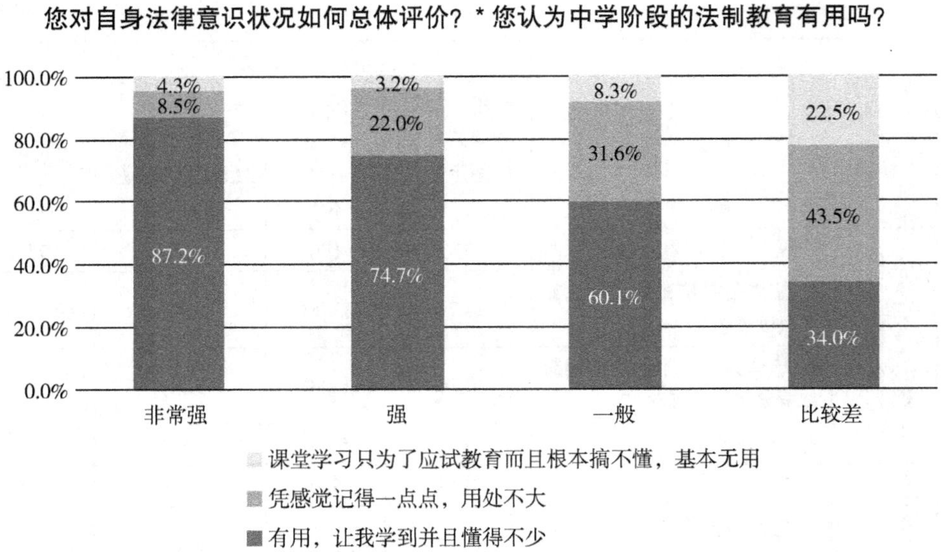

们对中学阶段法制教育及其有用性的肯定性评价也就越低。这印证了法制教育的供给以及学生对其接纳情况与学生法律意识状况之间，具有直接的内在关联性。

您主要从哪些方面了解法律知识？_《思想道德修养与法律基础》课程学习

		频率	百分比	有效百分比	累计百分比
有效		648	22.2	22.2	22.2
	《思想道德修养与法律基础》课程学习	2270	77.8	77.8	100.0
	总计	2918	100.0	100.0	

您主要从哪些方面了解法律知识？_教学计划安排的法学专业课程

		频率	百分比	有效百分比	累计百分比
有效		2054	70.4	70.4	70.4
	教学计划安排的法学专业课程	864	29.6	29.6	100.0
	总计	2918	100.0	100.0	

您主要从哪些方面了解法律知识？_选修有关法学课程

		频率	百分比	有效百分比	累计百分比
有效		2066	70.8	70.8	70.8
	选修有关法学课程	852	29.2	29.2	100.0
	总计	2918	100.0	100.0	

您主要从哪些方面了解法律知识？_课外阅读法律类书籍

		频率	百分比	有效百分比	累计百分比
有效		1757	60.2	60.2	60.2
	课外阅读法律类书籍	1161	39.8	39.8	100.0
	总计	2918	100.0	100.0	

您主要从哪些方面了解法律知识？_观看普法类电视节目

		频率	百分比	有效百分比	累计百分比
有效		555	19.0	19.0	19.0
	观看普法类电视节目	2363	81.0	81.0	100.0
	总计	2918	100.0	100.0	

您主要从哪些方面了解法律知识？_网络法律资源

		频率	百分比	有效百分比	累计百分比
有效		1222	41.9	41.9	41.9
	网络法律资源	1696	58.1	58.1	100.0
	总计	2918	100.0	100.0	

您主要从哪些方面了解法律知识？_其他

		频率	百分比	有效百分比	累计百分比
有效		2104	72.1	72.1	72.1
	其他	814	27.9	27.9	100.0
	总计	2918	100.0	100.0	

将上述数据进行汇总，形成以下图表：

您主要从哪些方面了解法律知识？

		频率	百分比	有效百分比
有效	《思想道德修养与法律基础》课程学习	2270	77.8	77.8
	教学计划安排的法学专业课程	864	29.6	29.6
	选修有关法学课程	852	29.2	29.2
	课外阅读法律类书籍	1161	39.8	39.8
	观看普法类电视节目	2363	81.0	81.0
	网络法律资源	1696	58.1	58.1
	其他	814	27.9	27.9

您主要从哪些方面了解法律知识？

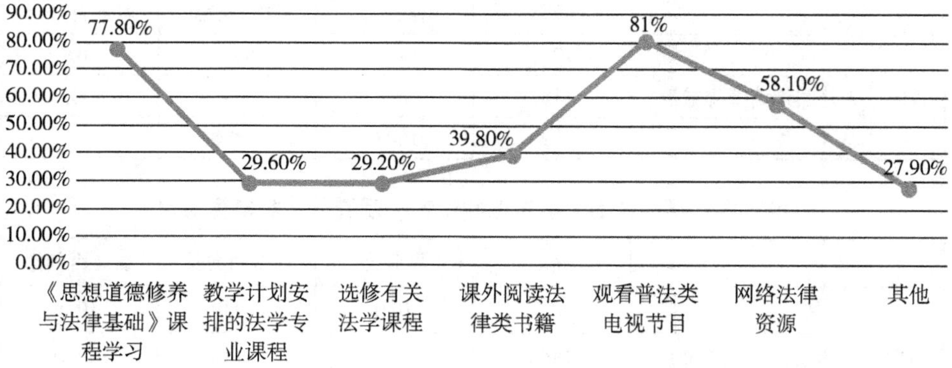

《思想道德修养与法律基础》课程对于本科生获取法律知识的贡献被77.8%的受访同学所肯定。尽管有81.0%的同学肯定普法类电视节目为其主要法律知识来源，但是电视节目所提供的法律知识是碎片化、具体性的，而且大学生观看电视的时间和机会非常有限，所以不可能起到系统提升法治素养的作用。数据也表明，可能因为非法学专业学生教学计划中法学专业课程占比不高、主动修读法学课程的也是少数，因而教学计划中的法学课程以及个人主动修读法学选修课程只是非常有限一部分学生的法律知识来源。

您对自身法律意识状况如何总体评价？ * 您主要从哪些方面了解法律知识？_《思想道德修养与法律基础》课程学习 交叉表

			您主要从哪些方面了解法律知识？_《思想道德修养与法律基础》课程学习		
				《思想道德修养与法律基础》课程学习	总计
	非常强	计数	16	172	188
		占 您对自身法律意识状况如何总体评价？ 的百分比	8.5%	91.5%	100.0%
		占 您主要从哪些方面了解法律知识？_《思想道德修养与法律基础》课程学习 的百分比	2.5%	7.6%	6.4%
		占总计的百分比	0.5%	5.9%	6.4%

续表

			您主要从哪些方面了解法律知识？_《思想道德修养与法律基础》课程学习		
				《思想道德修养与法律基础》课程学习	总计
您对自身法律意识状况如何总体评价？	强	计数	152	619	771
		占 您对自身法律意识状况如何总体评价？ 的百分比	19.7%	80.3%	100.0%
		占 您主要从哪些方面了解法律知识？_《思想道德修养与法律基础》课程学习 的百分比	23.5%	27.3%	26.4%
		占总计的百分比	5.2%	21.2%	26.4%
	一般	计数	411	1357	1768
		占 您对自身法律意识状况如何总体评价？ 的百分比	23.2%	76.8%	100.0%
		占 您主要从哪些方面了解法律知识？_《思想道德修养与法律基础》课程学习 的百分比	63.4%	59.8%	60.6%
		占总计的百分比	14.1%	46.5%	60.6%
	比较差	计数	69	122	191
		占 您对自身法律意识状况如何总体评价？ 的百分比	36.1%	63.9%	100.0%
		占 您主要从哪些方面了解法律知识？_《思想道德修养与法律基础》课程学习 的百分比	10.6%	5.4%	6.5%
		占总计的百分比	2.4%	4.2%	6.5%
总计		计数	648	2270	2918
		占 人数总计 的百分比	22.2%	77.8%	100.0%
		占 您主要从哪些方面了解法律知识？_《思想道德修养与法律基础》课程学习 的百分比	100.0%	100.0%	100.0%

您对自身法律意识状况如何总体评价？ * 您主要从哪些方面了解法律知识？_教学计划安排的法学专业课程 交叉表

			您主要从哪些方面了解法律知识？_教学计划安排的法学专业课程		
				教学计划安排的法学专业课程	总计
您对自身法律意识状况如何总体评价？	非常强	计数	88	100	188
		占 您对自身法律意识状况如何总体评价？ 的百分比	46.8%	53.2%	100.0%
		占 您主要从哪些方面了解法律知识？_教学计划安排的法学专业课程 的百分比	4.3%	11.6%	6.4%
		占总计的百分比	3.0%	3.4%	6.4%
	强	计数	518	253	771
		占 您对自身法律意识状况如何总体评价？ 的百分比	67.2%	32.8%	100.0%
		占 您主要从哪些方面了解法律知识？_教学计划安排的法学专业课程 的百分比	25.2%	29.3%	26.4%
		占总计的百分比	17.8%	8.7%	26.4%
	一般	计数	1296	472	1768
		占 您对自身法律意识状况如何总体评价？ 的百分比	73.3%	26.7%	100.0%
		占 您主要从哪些方面了解法律知识？_教学计划安排的法学专业课程 的百分比	63.1%	54.6%	60.6%
		占总计的百分比	44.4%	16.2%	60.6%
	比较差	计数	152	39	191
		占 您对自身法律意识状况如何总体评价？ 的百分比	79.6%	20.4%	100.0%
		占 您主要从哪些方面了解法律知识？_教学计划安排的法学专业课程 的百分比	7.4%	4.5%	6.5%
		占总计的百分比	5.2%	1.3%	6.5%
总计		计数	2054	864	2918
		占 人数总计 的百分比	70.4%	29.6%	100.0%
		占 您主要从哪些方面了解法律知识？_教学计划安排的法学专业课程 的百分比	100.0%	100.0%	100.0%

您对自身法律意识状况如何总体评价？ * 您主要从哪些方面了解法律知识？_选修有关法学课程 交叉表

			您主要从哪些方面了解法律知识？_选修有关法学课程		
				选修有关法学课程	总计
您对自身法律意识状况如何总体评价？	非常强	计数	104	84	188
		占 您对自身法律意识状况如何总体评价？ 的百分比	55.3%	44.7%	100.0%
		占 您主要从哪些方面了解法律知识？_选修有关法学课程 的百分比	5.0%	9.9%	6.4%
		占总计的百分比	3.6%	2.9%	6.4%
	强	计数	566	205	771
		占 您对自身法律意识状况如何总体评价？ 的百分比	73.4%	26.6%	100.0%
		占 您主要从哪些方面了解法律知识？_选修有关法学课程 的百分比	27.4%	24.1%	26.4%
		占总计的百分比	19.4%	7.0%	26.4%
	一般	计数	1262	506	1768
		占 您对自身法律意识状况如何总体评价？ 的百分比	71.4%	28.6%	100.0%
		占 您主要从哪些方面了解法律知识？_选修有关法学课程 的百分比	61.1%	59.4%	60.6%
		占总计的百分比	43.2%	17.3%	60.6%
	比较差	计数	134	57	191
		占 您对自身法律意识状况如何总体评价？ 的百分比	70.2%	29.8%	100.0%
		占 您主要从哪些方面了解法律知识？_选修有关法学课程 的百分比	6.5%	6.7%	6.5%
		占总计的百分比	4.6%	2.0%	6.5%
总计		计数	2066	852	2918
		占 人数总计 的百分比	70.8%	29.2%	100.0%
		占 您主要从哪些方面了解法律知识？_选修有关法学课程 的百分比	100.0%	100.0%	100.0%

您对自身法律意识状况如何总体评价？ * 您主要从哪些方面了解法律知识？_课外阅读法律类书籍 交叉表

			您主要从哪些方面了解法律知识？_课外阅读法律类书籍		
				课外阅读法律类书籍	总计
您对自身法律意识状况如何总体评价？	非常强	计数	83	105	188
		占 您对自身法律意识状况如何总体评价？ 的百分比	44.1%	55.9%	100.0%
		占 您主要从哪些方面了解法律知识？_课外阅读法律类书籍 的百分比	4.7%	9.0%	6.4%
		占总计的百分比	2.8%	3.6%	6.4%
	强	计数	403	368	771
		占 您对自身法律意识状况如何总体评价？ 的百分比	52.3%	47.7%	100.0%
		占 您主要从哪些方面了解法律知识？_课外阅读法律类书籍 的百分比	22.9%	31.7%	26.4%
		占总计的百分比	13.8%	12.6%	26.4%
	一般	计数	1131	637	1768
		占 您对自身法律意识状况如何总体评价？ 的百分比	64.0%	36.0%	100.0%
		占 您主要从哪些方面了解法律知识？_课外阅读法律类书籍 的百分比	64.4%	54.9%	60.6%
		占总计的百分比	38.8%	21.8%	60.6%
	比较差	计数	140	51	191
		占 您对自身法律意识状况如何总体评价？ 的百分比	73.3%	26.7%	100.0%
		占 您主要从哪些方面了解法律知识？_课外阅读法律类书籍 的百分比	8.0%	4.4%	6.5%
		占总计的百分比	4.8%	1.7%	6.5%
总计		计数	1757	1161	2918
		占 人数总计 的百分比	60.2%	39.8%	100.0%
		占 您主要从哪些方面了解法律知识？_课外阅读法律类书籍 的百分比	100.0%	100.0%	100.0%

您对自身法律意识状况如何总体评价？ * 您主要从哪些方面了解法律知识？_观看普法类电视节目 交叉表

			您主要从哪些方面了解法律知识？_观看普法类电视节目		
				观看普法类电视节目	总计
您对自身法律意识状况如何总体评价？	非常强	计数	62	126	188
		占 您对自身法律意识状况如何总体评价？的百分比	33.0%	67.0%	100.0%
		占 您主要从哪些方面了解法律知识？_观看普法类电视节目 的百分比	11.2%	5.3%	6.4%
		占总计的百分比	2.1%	4.3%	6.4%
	强	计数	121	650	771
		占 您对自身法律意识状况如何总体评价？的百分比	15.7%	84.3%	100.0%
		占 您主要从哪些方面了解法律知识？_观看普法类电视节目 的百分比	21.8%	27.5%	26.4%
		占总计的百分比	4.1%	22.3%	26.4%
	一般	计数	318	1450	1768
		占 您对自身法律意识状况如何总体评价？的百分比	18.0%	82.0%	100.0%
		占 您主要从哪些方面了解法律知识？_观看普法类电视节目 的百分比	57.3%	61.4%	60.6%
		占总计的百分比	10.9%	49.7%	60.6%
	比较差	计数	54	137	191
		占 您对自身法律意识状况如何总体评价？的百分比	28.3%	71.7%	100.0%
		占 您主要从哪些方面了解法律知识？_观看普法类电视节目 的百分比	9.7%	5.8%	6.5%
		占总计的百分比	1.9%	4.7%	6.5%
总计		计数	555	2363	2918
		占 人数总计 的百分比	19.0%	81.0%	100.0%
		占 您主要从哪些方面了解法律知识？_观看普法类电视节目 的百分比	100.0%	100.0%	100.0%

您对自身法律意识状况如何总体评价？ * 您主要从哪些方面了解法律知识？_网络法律资源 交叉表

			您主要从哪些方面了解法律知识？_网络法律资源		
				网络法律资源	总计
您对自身法律意识状况如何总体评价？	非常强	计数	75	113	188
		占 您对自身法律意识状况如何总体评价？ 的百分比	39.9%	60.1%	100.0%
		占 您主要从哪些方面了解法律知识？_网络法律资源 的百分比	6.1%	6.7%	6.4%
		占总计的百分比	2.6%	3.9%	6.4%
	强	计数	305	466	771
		占 您对自身法律意识状况如何总体评价？ 的百分比	39.6%	60.4%	100.0%
		占 您主要从哪些方面了解法律知识？_网络法律资源 的百分比	25.0%	27.5%	26.4%
		占总计的百分比	10.5%	16.0%	26.4%
	一般	计数	748	1020	1768
		占 您对自身法律意识状况如何总体评价？ 的百分比	42.3%	57.7%	100.0%
		占 您主要从哪些方面了解法律知识？_网络法律资源 的百分比	61.2%	60.1%	60.6%
		占总计的百分比	25.6%	35.0%	60.6%
	比较差	计数	94	97	191
		占 您对自身法律意识状况如何总体评价？ 的百分比	49.2%	50.8%	100.0%
		占 您主要从哪些方面了解法律知识？_网络法律资源 的百分比	7.7%	5.7%	6.5%
		占总计的百分比	3.2%	3.3%	6.5%
总计		计数	1222	1696	2918
		占 人数总计 的百分比	41.9%	58.1%	100.0%
		占 您主要从哪些方面了解法律知识？_网络法律资源 的百分比	100.0%	100.0%	100.0%

您对自身法律意识状况如何总体评价？ * 您主要从哪些方面了解法律知识？_其他 交叉表

			您主要从哪些方面了解法律知识？_其他		
				其他	
您对自身法律意识状况如何总体评价？	非常强	计数	130	58	188
		占 您对自身法律意识状况如何总体评价？ 的百分比	69.1%	30.9%	100.0%
		占 您主要从哪些方面了解法律知识？_其他 的百分比	6.2%	7.1%	6.4%
		占总计的百分比	4.5%	2.0%	6.4%
	强	计数	565	206	771
		占 您对自身法律意识状况如何总体评价？ 的百分比	73.3%	26.7%	100.0%
		占 您主要从哪些方面了解法律知识？_其他 的百分比	26.9%	25.3%	26.4%
		占总计的百分比	19.4%	7.1%	26.4%
	一般	计数	1279	489	1768
		占 您对自身法律意识状况如何总体评价？ 的百分比	72.3%	27.7%	100.0%
		占 您主要从哪些方面了解法律知识？_其他 的百分比	60.8%	60.1%	60.6%
		占总计的百分比	43.8%	16.8%	60.6%
	比较差	计数	130	61	191
		占 您对自身法律意识状况如何总体评价？ 的百分比	68.1%	31.9%	100.0%
		占 您主要从哪些方面了解法律知识？_其他 的百分比	6.2%	7.5%	6.5%
		占总计的百分比	4.5%	2.1%	6.5%
总计		计数	2104	814	2918
		占 人数总计 的百分比	72.1%	27.9%	100.0%
		占 您主要从哪些方面了解法律知识？_其他 的百分比	100.0%	100.0%	100.0%

将上述数据进行汇总，形成以下图表：

您对自身法律意识状况如何总体评价？ * 您主要从哪些方面了解法律知识？ _ 交叉表

		您主要从哪些方面了解法律知识？						
		《思想道德修养与法律基础》课程学习	教学计划安排的法学专业课程	选修有关法学课程	课外阅读法律类书籍	观看普法类电视节目	网络法律资源	其他
身法律意识状况如何总体评价？ _ 有效百分比	非常强	91.5	53.2	44.7	55.9	67.0	60.1	30.9
	强	80.3	32.8	26.6	47.7	84.3	60.4	26.7
	一般	76.8	26.7	28.6	36.0	82.0	57.7	27.7
	比较差	63.9	20.4	29.8	26.7	71.7	50.8	31.9

您对自身法律意识状况如何总体评价？ * 您主要从哪些方面了解法律知识？ _

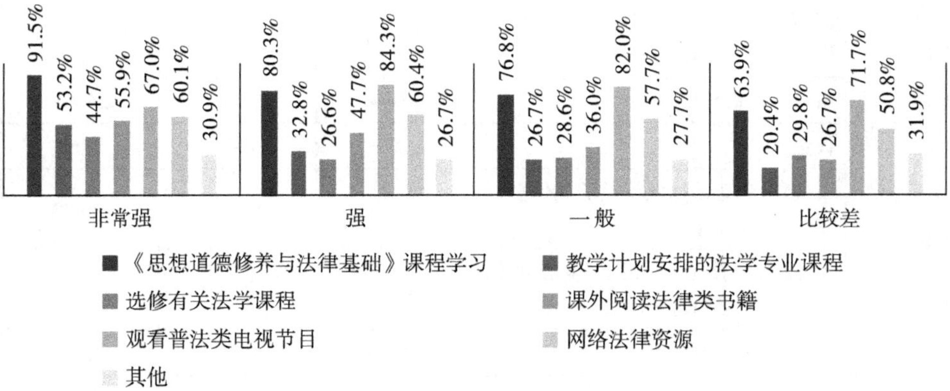

“您对自身法律意识状况如何总体评价”与“您主要从哪些方面了解法律知识？”交叉统计组数据表明，受访非法学专业学生对于“其他”渠道对其法律知识供给所做出的贡献的认可度，与其自身法律意识状况评价高低之间关联性不明显，但与另外六个选项所涉相关法律知识获取渠道之间呈现出不同程度的正相关关系。

不仅大部分同学充分肯定了《思想道德修养与法律基础》课程对其法律知识供给所做出的贡献，而且其认可度与自身法律意识状况评价也高度正相关：受访非法学专业本科生法律意识状况自我评价从低到高，对于《思想道德修养与法律基础》课程学习的法律知识获取认可度也相应从低到高。当然也可以反过来说明，《思想道德修养与法律基础》课程学习过程中，法律知识供给的有效性越高，学生的法律意识状况自我评价也相应越高。

受访非法学专业本科生法律意识状况自我评价从低到高，对于教学计划安排的法学专业课程学习的法律知识获取认可度也相应从低到高。当然也可以反过来说明，教学计划安排的法学专业课程学习过程中，法律知识供给的有效性越高，学生的法律意识状况自我评价也就相应越高。由于非法学本科专业学生培养方案中较少开设法学专业课程，所以受访学生中只是非常有限一部分学生肯定了教学计划中开设的法学专业课程对其法律知识获取做出的贡献。

法律意识状况自我评价“非常强”的受访非法学专业本科生，对选修有关法学课程的法律知识获取认可度最高。可能源于学校教学管理制度及其执行不够严格，以及学生对于“选修课程”存在偏见，相当一部分学生即使选修了法学课程，但从中获得的法律知识可能比较有限，所以受访非法学专业学生中法律意识状况自我评价“强”“一般”和“比较差”三个群体学生，对于选修法律课程对其法律知识获取的贡献认可度总体不高而且彼此之间差别不大。当然也可以反过来说明，部分学习态度端正、能够正确对待选修课程，而且选修了法学课程的学生，相关选修法律课程的法律知识供给是有效的，当然其法律意识状况自我评价也最高。但是，学校对于选修课程的管理需要进一步加强，学生对于选修课程的认识需要更加科学，还需要通过制度设计积极引导更多学生自觉修读法学课程。

法律意识状况自我评价从低到高的四个群体受访学生，其对课外阅读书籍对其法律知识供给所做出的贡献认可度也从低到高分布。当然也可以反过来说明，学习态度越是端正、越是自觉阅读课外有关法律书籍，其法律知识供给也越是有效，当然其法律意识状况自我评价也越高。当然，反过来看，越是法律意识状况自我评价高的受访学生，越能注意自觉阅读课外相关书籍并获取相关法律知识。积极指导、鼓励支持学生自觉阅读课外相关书籍并获取有关法律知识，也应当是学校需要特别注意加强和改进的一项工作。

除法律意识状况自我评价“非常强”这部分学生外，法律意识状况自我评价“强”“一般”和“比较差”的其他三个群体学生，对于观看普法类电视节目对其法律知识供给所做出贡献的认可度依次下降。作为电视传播资源，普法类电视节目也更加具有可控、规范、积极等优势，对于非法学专业本科生来说，观看普法类电视节目应当成为对其进行法律知识供给的一项重要渠道。

法律意识状况自我评价“非常强”“强”“一般”和“比较差”的四个群体学生，对于观看普法类电视节目对其法律知识供给所做出贡献的认可度总体上是呈现渐次下降状态。在互联网技术日益发达和全面普及背景下，对于非法学专业本科生来说，互联网资源也无疑应当成为对其进行法律知识供给的一项重要渠道。

总而言之，这一组交叉统计数据表明，一方面，教学计划中安排的法律专业课程，学生选修法律课程、课外阅读法律类书籍、观看普法类电视栏目、利用网络法律资源等，对学生法律意识提高具有直接支持作用，另一方面，教学计划中安排的法律专业课程，学生选修法律课程、课外阅读法律类书籍对于学生自身法律知识供给的贡献总体不高，主要还是因为少有非法学专业在教学计划中开设法律专业课程，如何组织和引导学生选修法律课程、课外阅读法律类书籍、主动利用网络法律资源也是需要我们认真思考和着力解决的问题。相对而言，观看普法类电视栏目对学生法律知识学习和了解的贡献度最高，这也说明从国家和社会建设层面，乃至学校教育教学改革过程中，如何更加有效利用现代教育技术与手段进行法律教育应该是我们需要重点研究和思考的。

你是否期待进一步丰富自身法律知识？

		频率	百分比	有效百分比	累计百分比
有效	非常想	1606	55.0	55.0	55.0
	一般般	1240	42.5	42.5	97.5
	无所谓	56	1.9	1.9	99.4
	完全没想法	16	0.5	0.5	100.0
	总计	2918	100.0	100.0	

你是否期待进一步丰富自身法律知识？

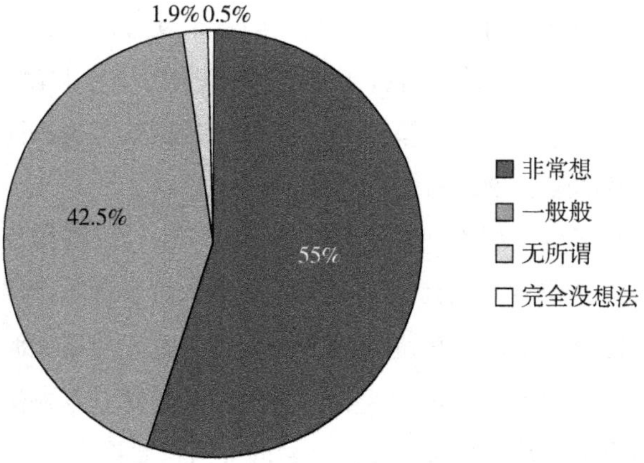

渴望进一步丰富自身法律知识的同学占比达到55.0%，这应当是我们积极提供服务的对象。而42.5%的同学尽管内心期待“一般般”，但显然具有可变性，是我们应当努力争取、积极引导、重点吸引的群体。“完全没想法”和“无所谓”

心态的同学占比只有2.4%。总体而言，在受访非法学专业本科生中，法律教育需求是比较强烈的，也可以说法律知识教育的“市场”是非常可观的。

您对自身法律意识状况如何总体评价？ * 你是否期待进一步丰富自身法律知识？ 交叉表

			你是否期待进一步丰富自身法律知识？				
			非常想	一般般	无所谓	完全没想法	总计
您对自身法律意识状况如何总体评价？	非常强	计数	160	24	2	2	188
		占 您对自身法律意识状况如何总体评价？ 的百分比	85.1%	12.8%	1.1%	1.1%	100.0%
		占 你是否期待进一步丰富自身法律知识？ 的百分比	10.0%	1.9%	3.6%	12.5%	6.4%
		占总计的百分比	5.5%	0.8%	0.1%	0.1%	6.4%
	强	计数	422	332	13	4	771
		占 您对自身法律意识状况如何总体评价？ 的百分比	54.7%	43.1%	1.7%	0.5%	100.0%
		占 你是否期待进一步丰富自身法律知识？ 的百分比	26.3%	26.8%	23.2%	25.0%	26.4%
		占总计的百分比	14.5%	11.4%	0.4%	0.1%	26.4%
	一般	计数	897	827	39	5	1768
		占 您对自身法律意识状况如何总体评价？ 的百分比	50.7%	46.8%	2.2%	0.3%	100.0%
		占 你是否期待进一步丰富自身法律知识？ 的百分比	55.9%	66.7%	69.6%	31.3%	60.6%
		占总计的百分比	30.7%	28.3%	1.3%	0.2%	60.6%
	比较差	计数	127	57	2	5	191
		占 您对自身法律意识状况如何总体评价？ 的百分比	66.5%	29.8%	1.0%	2.6%	100.0%
		占 你是否期待进一步丰富自身法律知识？ 的百分比	7.9%	4.6%	3.6%	31.3%	6.5%
		占总计的百分比	4.4%	2.0%	0.1%	0.2%	6.5%
总计		计数	1606	1240	56	16	2918
		占 人数总计 的百分比	55.0%	42.5%	1.9%	0.5%	100.0%
		占 你是否期待进一步丰富自身法律知识？ 的百分比	100.0%	100.0%	100.0%	100.0%	100.0%

您对自身法律意识状况如何总体评价？* 你是否期待进一步丰富自身法律知识？

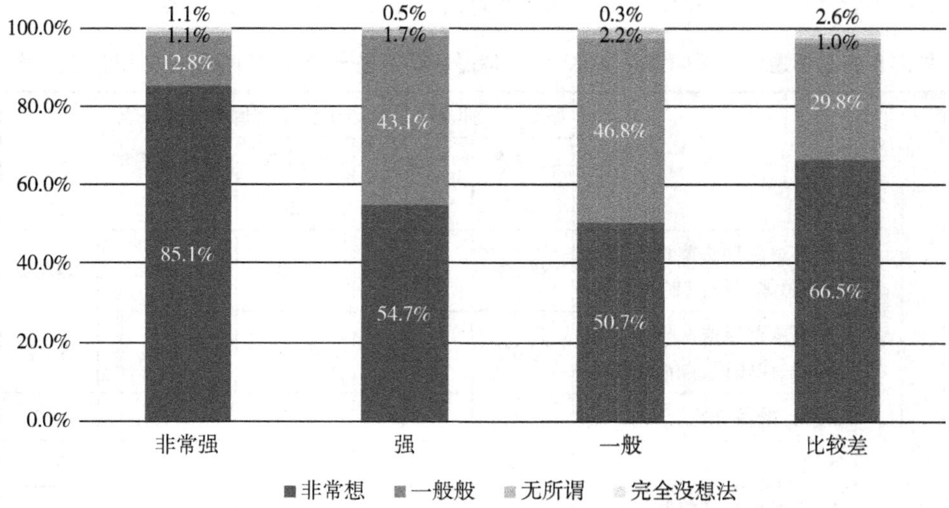

“您对自身法律意识状况如何总体评价”与“你是否期待进一步丰富自身法律知识”交叉统计数据表明，受访非法学专业本科生中，除法律意识状况自我评价“非常强”群体学生的“非常想”进一步丰富自身法律知识选项有效百分比相对明显较高以外，其自身法律意识状况自我评价水平与其对于是否期待进一步丰富自身法律知识的意愿及态度之间，没有明显的相关性。而且法律意识状况自我评价“非常强”“强”“一般”和“比较差”四个群体学生，“非常强”和“一般般”两个选项有效百分比之和非常接近，基本是同一水平，这也进一步说明受访非法学专业本科生无论其法律意识状况自我评价如何，都普遍期待进一步丰富自身法律知识。

总体而言，尽管中学阶段法制教育内容非常有限，但多半同学对其有用性仍然给予肯定。大学阶段作为思政课的《思想道德修养与法律基础课程》，其对于法律知识获取的有用性同样也受到近80%同学肯定。同时，对两者有用性评价的高低与其自身法律意识状况自我评价水平之间呈现正相关关系。尽管在大学生法律知识获取渠道上有普法类电视栏目以及网络法律资源等补充，但其总体效果必然有限；教学计划中法学专业课程只是存在于少数本科专业培养方案，选修法律课程也可能因为相关管理制度及其执行存在不足，所以也难以起到丰富学生法律知识的有效作用。这些都应当是大部分同学存在进一步获取法律知识需求的主要原因所在。

二、非法学专业本科生法律知识获取渠道的性别比较

您的性别？ * 您主要从哪些方面了解法律知识？_《思想道德修养与法律基础》课程学习 交叉表

				您主要从哪些方面了解法律知识？_《思想道德修养与法律基础》课程学习	
				《思想道德修养与法律基础》课程学习	总计
您的性别？	男	计数	217	777	994
		占 您的性别？ 的百分比	21.8%	78.2%	100.0%
		占 您主要从哪些方面了解法律知识？_《思想道德修养与法律基础》课程学习 的百分比	33.5%	34.2%	34.1%
		占总计的百分比	7.4%	26.6%	34.1%
	女	计数	431	1493	1924
		占 您的性别？ 的百分比	22.4%	77.6%	100.0%
		占 您主要从哪些方面了解法律知识？_《思想道德修养与法律基础》课程学习 的百分比	66.5%	65.8%	65.9%
		占总计的百分比	14.8%	51.2%	65.9%
总计		计数	648	2270	2918
		占 您的性别？ 的百分比	22.2%	77.8%	100.0%
		占 您主要从哪些方面了解法律知识？_《思想道德修养与法律基础》课程学习 的百分比	100.0%	100.0%	100.0%

您的性别？ * 您主要从哪些方面了解法律知识？ _教学计划安排的法学专业课程 交叉表

				您主要从哪些方面了解法律知识？_教学计划安排的法学专业课程	
				教学计划安排的法学专业课程	总计
您的性别？	男	计数	670	324	994
		占 您的性别？ 的百分比	67.4%	32.6%	100.0%
		占 您主要从哪些方面了解法律知识？_教学计划安排的法学专业课程 的百分比	32.6%	37.5%	34.1%
		占总计的百分比	23.0%	11.1%	34.1%

续表

			您主要从哪些方面了解法律知识？_教学计划安排的法学专业课程		
				教学计划安排的法学专业课程	总计
	女	计数	1384	540	1924
		占 您的性别？ 的百分比	71.9%	28.1%	100.0%
		占 您主要从哪些方面了解法律知识？_教学计划安排的法学专业课程 的百分比	67.4%	62.5%	65.9%
		占总计的百分比	47.4%	18.5%	65.9%
总计		计数	2054	864	2918
		占 您的性别？ 的百分比	70.4%	29.6%	100.0%
		占 您主要从哪些方面了解法律知识？_教学计划安排的法学专业课程 的百分比	100.0%	100.0%	100.0%
		占总计的百分比	70.4%	29.6%	100.0%

您的性别？ * 您主要从哪些方面了解法律知识？ _选修有关法学课程 交叉表

			您主要从哪些方面了解法律知识？_选修有关法学课程		
				选修有关法学课程	总计
您的性别？	男	计数	686	308	994
		占 您的性别？ 的百分比	69.0%	31.0%	100.0%
		占 您主要从哪些方面了解法律知识？_选修有关法学课程 的百分比	33.2%	36.2%	34.1%
		占总计的百分比	23.5%	10.6%	34.1%
	女	计数	1380	544	1924
		占 您的性别？ 的百分比	71.7%	28.3%	100.0%
		占 您主要从哪些方面了解法律知识？_选修有关法学课程 的百分比	66.8%	63.8%	65.9%
		占总计的百分比	47.3%	18.6%	65.9%
总计		计数	2066	852	2918
		占 人数总计 的百分比	70.8%	29.2%	100.0%
		占 您主要从哪些方面了解法律知识？_选修有关法学课程 的百分比	100.0%	100.0%	100.0%

您的性别？ * 您主要从哪些方面了解法律知识？ _ 课外阅读法律类书籍 交叉表

			您主要从哪些方面了解法律知识？ _ 课外阅读法律类书籍		
				课外阅读法律类书籍	总计
您的性别？	男	计数	569	425	994
		占 您的性别？ 的百分比	57.2%	42.8%	100.0%
		占 您主要从哪些方面了解法律知识？ _ 课外阅读法律类书籍 的百分比	32.4%	36.6%	34.1%
		占总计的百分比	19.5%	14.6%	34.1%
	女	计数	1188	736	1924
		占 您的性别？ 的百分比	61.7%	38.3%	100.0%
		占 您主要从哪些方面了解法律知识？ _ 课外阅读法律类书籍 的百分比	67.6%	63.4%	65.9%
		占总计的百分比	40.7%	25.2%	65.9%
总计		计数	1757	1161	2918
		占 人数总计 的百分比	60.2%	39.8%	100.0%
		占 您主要从哪些方面了解法律知识？ _ 课外阅读法律类书籍 的百分比	100.0%	100.0%	100.0%

您的性别？ * 您主要从哪些方面了解法律知识？ _ 观看普法类电视节目 交叉表

			您主要从哪些方面了解法律知识？ _ 观看普法类电视节目		
				观看普法类电视节目	总计
您的性别？	男	计数	252	742	994
		占 您的性别？ 的百分比	25.4%	74.6%	100.0%
		占 您主要从哪些方面了解法律知识？ _ 观看普法类电视节目 的百分比	45.4%	31.4%	34.1%
		占总计的百分比	8.6%	25.4%	34.1%
	女	计数	303	1621	1924
		占 您的性别？ 的百分比	15.7%	84.3%	100.0%
		占 您主要从哪些方面了解法律知识？ _ 观看普法类电视节目 的百分比	54.6%	68.6%	65.9%
		占总计的百分比	10.4%	55.6%	65.9%
总计		计数	555	2363	2918
		占 人数总计 的百分比	19.0%	81.0%	100.0%
		占 您主要从哪些方面了解法律知识？ _ 观看普法类电视节目 的百分比	100.0%	100.0%	100.0%

您的性别？ * 您主要从哪些方面了解法律知识？ _ 网络法律资源 交叉表

			您主要从哪些方面了解法律知识？_ 网络法律资源		
				网络法律资源	总计
您的性别？	男	计数	470	524	994
		占 您的性别？ 的百分比	47.3%	52.7%	100.0%
		占 您主要从哪些方面了解法律知识？ _ 网络法律资源 的百分比	38.5%	30.9%	34.1%
		占总计的百分比	16.1%	18.0%	34.1%
	女	计数	752	1172	1924
		占 您的性别？ 的百分比	39.1%	60.9%	100.0%
		占 您主要从哪些方面了解法律知识？ _ 网络法律资源 的百分比	61.5%	69.1%	65.9%
		占总计的百分比	25.8%	40.2%	65.9%
总计		计数	1222	1696	2918
		占 人数总计 的百分比	41.9%	58.1%	100.0%
		占 您主要从哪些方面了解法律知识？ _ 网络法律资源 的百分比	100.0%	100.0%	100.0%

您的性别？ * 您主要从哪些方面了解法律知识？ _ 其他 交叉表

			您主要从哪些方面了解法律知识？ _ 其他		
				其他	总计
您的性别？	男	计数	704	290	994
		占 您的性别？ 的百分比	70.8%	29.2%	100.0%
		占 您主要从哪些方面了解法律知识？ _ 其他 的百分比	33.5%	35.6%	34.1%
		占总计的百分比	24.1%	9.9%	34.1%
	女	计数	1400	524	1924
		占 您的性别？ 的百分比	72.8%	27.2%	100.0%
		占 您主要从哪些方面了解法律知识？ _ 其他 的百分比	66.5%	64.4%	65.9%
		占总计的百分比	48.0%	18.0%	65.9%
总计		计数	2104	814	2918
		占 人数总计 的百分比	72.1%	27.9%	100.0%
		占 您主要从哪些方面了解法律知识？ _ 其他 的百分比	100.0%	100.0%	100.0%

将上述数据进行汇总，形成以下图表：

您的性别？ * 您主要从哪些方面了解法律知识？ 交叉表

		您主要从哪些方面了解法律知识？						
		《思想道德修养与法律基础》课程学习	教学计划安排的法学专业课程	选修有关法学课程	课外阅读法律类书籍	观看普法类电视节目	网络法律资源	其他
您的性别_有效百分比	男	78.2	32.6	31.0	42.8	74.6	52.7	29.2
	女	77.6	28.1	28.3	38.3	84.3	60.9	27.2

您的性别？ * 您主要从哪些方面了解法律知识？

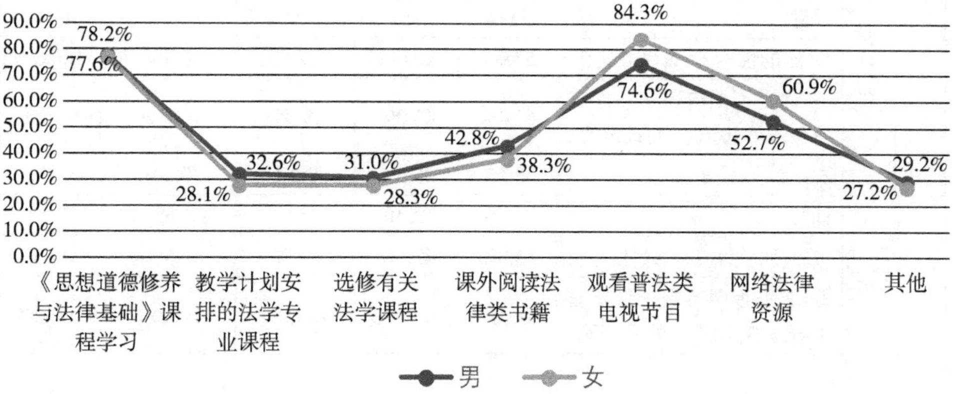

从“您的性别”与“您主要从哪些方面了解法律知识”交叉统计数据看，受访非法学专业本科生在法律知识获取渠道的选择上还是各有“偏好”：“《思想道德修养与法律基础》课程学习”选项有效百分比，男女生非常接近而且都是男女生获取法律知识的主要渠道（各自有效百分比均接近 80.0%），作为必修的思想政治课程，对大部分非法学专业本科生而言可能是唯一而确定的具有法律知识教育内容的课程，这一数据显然具有客观可靠性；“教学计划安排的法学专业课程”选项有效百分比，男女生之间略有差距而且总体上不超过三成，鉴于只有少数专业教学计划中安排法学课程，所以这一数据不仅具有“偶然性”而且意义有限；“选修有关法学课程”及“课外阅读法律类书籍”两个选项有效百分比，男生比女生分别高了 2.7 个百分点和 4.5 个百分点；“观看普法类电视节目”及“网络法律资源”两个选项有效百分比，男生则比女生分别低了 9.7 个百分点和 8.2 个百分点，男女生的有效百分比均相对较高，都超过了 50.0%。所以，除《思想道德修养与

法律基础课程》作为非法学专业本科生获取法律知识的主要路径以外，男生相对更会主动选修法学课程、阅读课外法律类书籍，女生则相对更加喜欢观看普法类电视节目、利用网络法律资源。

您的性别？ * 你是否期待进一步丰富自身法律知识？ 交叉表

			你是否期待进一步丰富自身法律知识？				
			非常想	一般般	无所谓	完全没想法	总计
您的性别？	男	计数	492	459	34	9	994
		占 您的性别？ 的百分比	49.5%	46.2%	3.4%	0.9%	100.0%
		占 你是否期待进一步丰富自身法律知识？ 的百分比	30.6%	37.0%	60.7%	56.3%	34.1%
		占总计的百分比	16.9%	15.7%	1.2%	0.3%	34.1%
	女	计数	1114	781	22	7	1924
		占 您的性别？ 的百分比	57.9%	40.6%	1.1%	0.4%	100.0%
		占 你是否期待进一步丰富自身法律知识？ 的百分比	69.4%	63.0%	39.3%	43.8%	65.9%
		占总计的百分比	38.2%	26.8%	0.8%	0.2%	65.9%
总计		计数	1606	1240	56	16	2918
		占 人数总计 的百分比	55.0%	42.5%	1.9%	0.5%	100.0%
		占 你是否期待进一步丰富自身法律知识？ 的百分比	100.0%	100.0%	100.0%	100.0%	100.0%

您的性别？ * 你是否期待进一步丰富自身法律知识？

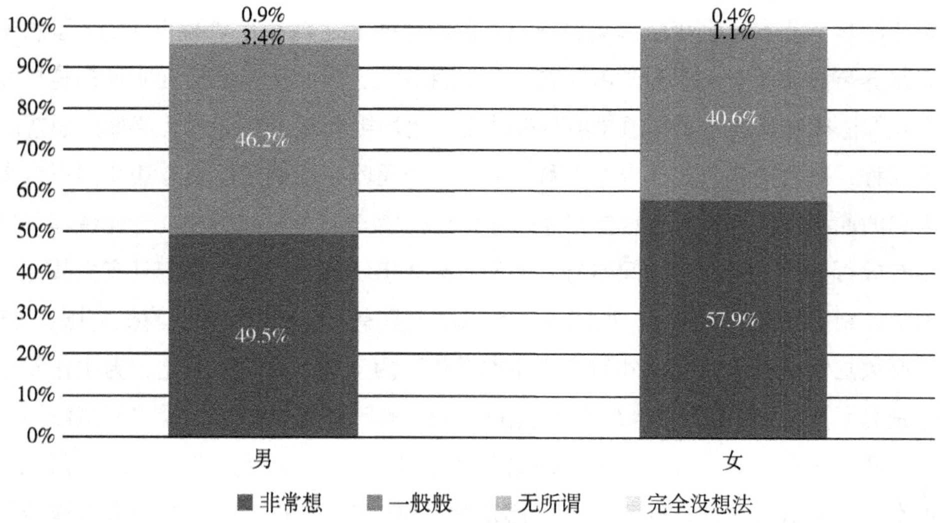

"您的性别"与"你是否期待进一步丰富自身法律知识"交叉统计数据表明，受访非法学专业本科生中，女生相对比男生更有进一步丰富自身法律知识的期待和意愿："非常想"选项有效百分比，女生比男生多了8.4个百分点。"非常想"和"一般般"两个选项有效百分比之和，女生也比男生多了2.8个百分点。

三、非法学专业本科生法律知识获取渠道的年级比较

您的年级？ * 您主要从哪些方面了解法律知识？_《思想道德修养与法律基础》课程学习 交叉表

			您主要从哪些方面了解法律知识？_《思想道德修养与法律基础》课程学习		总计
				《思想道德修养与法律基础》课程学习	
您的年级？	大一	计数	349	1422	1771
		占 您的年级？ 的百分比	19.7%	80.3%	100.0%
		占 您主要从哪些方面了解法律知识？_《思想道德修养与法律基础》课程学习 的百分比	53.9%	62.6%	60.7%
		占总计的百分比	12.0%	48.7%	60.7%
	大二	计数	145	430	575
		占 您的年级？ 的百分比	25.2%	74.8%	100.0%
		占 您主要从哪些方面了解法律知识？_《思想道德修养与法律基础》课程学习 的百分比	22.4%	18.9%	19.7%
		占总计的百分比	5.0%	14.7%	19.7%
	大三	计数	109	328	437
		占 您的年级？ 的百分比	24.9%	75.1%	100.0%
		占 您主要从哪些方面了解法律知识？_《思想道德修养与法律基础》课程学习 的百分比	16.8%	14.4%	15.0%
		占总计的百分比	3.7%	11.2%	15.0%
	大四	计数	45	90	135
		占 您的年级？ 的百分比	33.3%	66.7%	100.0%
		占 您主要从哪些方面了解法律知识？_《思想道德修养与法律基础》课程学习 的百分比	6.9%	4.0%	4.6%
		占总计的百分比	1.5%	3.1%	4.6%

续表

		您主要从哪些方面了解法律知识？_《思想道德修养与法律基础》课程学习		
			《思想道德修养与法律基础》课程学习	总计
总计	计数	648	2270	2918
	占 人数总计 的百分比	22.2%	77.8%	100.0%
	占 您主要从哪些方面了解法律知识？_《思想道德修养与法律基础》课程学习 的百分比	100.0%	100.0%	100.0%

您的年级？ * 您主要从哪些方面了解法律知识？_教学计划安排的法学专业课程 交叉表

			您主要从哪些方面了解法律知识？_教学计划安排的法学专业课程		
				教学计划安排的法学专业课程	总计
您的年级？	大一	计数	1294	477	1771
		占 您的年级？ 的百分比	73.1%	26.9%	100.0%
		占 您主要从哪些方面了解法律知识？_教学计划安排的法学专业课程 的百分比	63.0%	55.2%	60.7%
		占总计的百分比	44.3%	16.3%	60.7%
	大二	计数	380	195	575
		占 您的年级？ 的百分比	66.1%	33.9%	100.0%
		占 您主要从哪些方面了解法律知识？_教学计划安排的法学专业课程 的百分比	18.5%	22.6%	19.7%
		占总计的百分比	13.0%	6.7%	19.7%
	大三	计数	276	161	437
		占 您的年级？ 的百分比	63.2%	36.8%	100.0%
		占 您主要从哪些方面了解法律知识？_教学计划安排的法学专业课程 的百分比	13.4%	18.6%	15.0%
		占总计的百分比	9.5%	5.5%	15.0%
	大四	计数	104	31	135
		占 您的年级？ 的百分比	77.0%	23.0%	100.0%
		占 您主要从哪些方面了解法律知识？_教学计划安排的法学专业课程 的百分比	5.1%	3.6%	4.6%
		占总计的百分比	3.6%	1.1%	4.6%

续表

		您主要从哪些方面了解法律知识？_教学计划安排的法学专业课程		
			教学计划安排的法学专业课程	总计
总计	计数	2054	864	2918
	占 您的年级？ 的百分比	70.4%	29.6%	100.0%
	占 您主要从哪些方面了解法律知识？_教学计划安排的法学专业课程 的百分比	100.0%	100.0%	100.0%
	占总计的百分比	70.4%	29.6%	100.0%

您的年级？ * 您主要从哪些方面了解法律知识？ _选修有关法学课程 交叉表

			您主要从哪些方面了解法律知识？_选修有关法学课程		
				选修有关法学课程	总计
您的年级？	大一	计数	1488	283	1771
		占 您的年级？ 的百分比	84.0%	16.0%	100.0%
		占 您主要从哪些方面了解法律知识？_选修有关法学课程 的百分比	72.0%	33.2%	60.7%
		占总计的百分比	51.0%	9.7%	60.7%
	大二	计数	293	282	575
		占 您的年级？ 的百分比	51.0%	49.0%	100.0%
		占 您主要从哪些方面了解法律知识？_选修有关法学课程 的百分比	14.2%	33.1%	19.7%
		占总计的百分比	10.0%	9.7%	19.7%
	大三	计数	217	220	437
		占 您的年级？ 的百分比	49.7%	50.3%	100.0%
		占 您主要从哪些方面了解法律知识？_选修有关法学课程 的百分比	10.5%	25.8%	15.0%
		占总计的百分比	7.4%	7.5%	15.0%
	大四	计数	68	67	135
		占 您的年级？ 的百分比	50.4%	49.6%	100.0%
		占 您主要从哪些方面了解法律知识？_选修有关法学课程 的百分比	3.3%	7.9%	4.6%
		占总计的百分比	2.3%	2.3%	4.6%
总计		计数	2066	852	2918
		占 人数总计 的百分比	70.8%	29.2%	100.0%
		占 您主要从哪些方面了解法律知识？_选修有关法学课程 的百分比	100.0%	100.0%	100.0%

您的年级？ * 您主要从哪些方面了解法律知识？ _ 课外阅读法律类书籍 交叉表

			您主要从哪些方面了解法律知识？ _ 课外阅读法律类书籍		
				课外阅读法律类书籍	总计
您的年级？	大一	计数	1050	721	1771
		占 您的年级？ 的百分比	59.3%	40.7%	100.0%
		占 您主要从哪些方面了解法律知识？ _ 课外阅读法律类书籍 的百分比	59.8%	62.1%	60.7%
		占总计的百分比	36.0%	24.7%	60.7%
	大二	计数	362	213	575
		占 您的年级？ 的百分比	63.0%	37.0%	100.0%
		占 您主要从哪些方面了解法律知识？ _ 课外阅读法律类书籍 的百分比	20.6%	18.3%	19.7%
		占总计的百分比	12.4%	7.3%	19.7%
	大三	计数	255	182	437
		占 您的年级？ 的百分比	58.4%	41.6%	100.0%
		占 您主要从哪些方面了解法律知识？ _ 课外阅读法律类书籍 的百分比	14.5%	15.7%	15.0%
		占总计的百分比	8.7%	6.2%	15.0%
	大四	计数	90	45	135
		占 您的年级？ 的百分比	66.7%	33.3%	100.0%
		占 您主要从哪些方面了解法律知识？ _ 课外阅读法律类书籍 的百分比	5.1%	3.9%	4.6%
		占总计的百分比	3.1%	1.5%	4.6%
总计		计数	1757	1161	2918
		占 人数总计 的百分比	60.2%	39.8%	100.0%
		占 您主要从哪些方面了解法律知识？ _ 课外阅读法律类书籍 的百分比	100.0%	100.0%	100.0%

您的年级？ * 您主要从哪些方面了解法律知识？ _ 观看普法类电视节目 交叉表

			您主要从哪些方面了解法律知识？ _ 观看普法类电视节目		
				观看普法类电视节目	总计
您的年级？	大一	计数	320	1451	1771
		占 您的年级？ 的百分比	18.1%	81.9%	100.0%
		占 您主要从哪些方面了解法律知识？ _ 观看普法类电视节目 的百分比	57.7%	61.4%	60.7%
		占总计的百分比	11.0%	49.7%	60.7%
	大二	计数	119	456	575
		占 您的年级？ 的百分比	20.7%	79.3%	100.0%
		占 您主要从哪些方面了解法律知识？ _ 观看普法类电视节目 的百分比	21.4%	19.3%	19.7%
		占总计的百分比	4.1%	15.6%	19.7%
	大三	计数	84	353	437
		占 您的年级？ 的百分比	19.2%	80.8%	100.0%
		占 您主要从哪些方面了解法律知识？ _ 观看普法类电视节目 的百分比	15.1%	14.9%	15.0%
		占总计的百分比	2.9%	12.1%	15.0%
	大四	计数	32	103	135
		占 您的年级？ 的百分比	23.7%	76.3%	100.0%
		占 您主要从哪些方面了解法律知识？ _ 观看普法类电视节目 的百分比	5.8%	4.4%	4.6%
		占总计的百分比	1.1%	3.5%	4.6%
总计		计数	555	2363	2918
		占 人数总计 的百分比	19.0%	81.0%	100.0%
		占 您主要从哪些方面了解法律知识？ _ 观看普法类电视节目 的百分比	100.0%	100.0%	100.0%

您的年级？ * 您主要从哪些方面了解法律知识？ _ 网络法律资源 交叉表

			您主要从哪些方面了解法律知识？ _ 网络法律资源		
				网络法律资源	总计
您的年级？	大一	计数	721	1050	1771
		占 您的年级？ 的百分比	40.7%	59.3%	100.0%
		占 您主要从哪些方面了解法律知识？ _ 网络法律资源 的百分比	59.0%	61.9%	60.7%
		占总计的百分比	24.7%	36.0%	60.7%
	大二	计数	259	316	575
		占 您的年级？ 的百分比	45.0%	55.0%	100.0%
		占 您主要从哪些方面了解法律知识？ _ 网络法律资源 的百分比	21.2%	18.6%	19.7%
		占总计的百分比	8.9%	10.8%	19.7%
	大三	计数	188	249	437
		占 您的年级？ 的百分比	43.0%	57.0%	100.0%
		占 您主要从哪些方面了解法律知识？ _ 网络法律资源 的百分比	15.4%	14.7%	15.0%
		占总计的百分比	6.4%	8.5%	15.0%
	大四	计数	54	81	135
		占 您的年级？ 的百分比	40.0%	60.0%	100.0%
		占 您主要从哪些方面了解法律知识？ _ 网络法律资源 的百分比	4.4%	4.8%	4.6%
		占总计的百分比	1.9%	2.8%	4.6%
总计		计数	1222	1696	2918
		占 人数总计 的百分比	41.9%	58.1%	100.0%
		占 您主要从哪些方面了解法律知识？ _ 网络法律资源 的百分比	100.0%	100.0%	100.0%

您的年级？ * 您主要从哪些方面了解法律知识？ _ 其他 交叉表

			您主要从哪些方面了解法律知识？ _ 其他		
				其他	总计
您的年级？	大一	计数	1193	578	1771
		占 您的年级？ 的百分比	67.4%	32.6%	100.0%
		占 您主要从哪些方面了解法律知识？ _ 其他 的百分比	56.7%	71.0%	60.7%
		占总计的百分比	40.9%	19.8%	60.7%
	大二	计数	448	127	575
		占 您的年级？ 的百分比	77.9%	22.1%	100.0%
		占 您主要从哪些方面了解法律知识？ _ 其他 的百分比	21.3%	15.6%	19.7%
		占总计的百分比	15.4%	4.4%	19.7%
	大三	计数	351	86	437
		占 您的年级？ 的百分比	80.3%	19.7%	100.0%
		占 您主要从哪些方面了解法律知识？ _ 其他 的百分比	16.7%	10.6%	15.0%
		占总计的百分比	12.0%	2.9%	15.0%
	大四	计数	112	23	135
		占 您的年级？ 的百分比	83.0%	17.0%	100.0%
		占 您主要从哪些方面了解法律知识？ _ 其他 的百分比	5.3%	2.8%	4.6%
		占总计的百分比	3.8%	0.8%	4.6%
总计		计数	2104	814	2918
		占 人数总计 的百分比	72.1%	27.9%	100.0%
		占 您主要从哪些方面了解法律知识？ _ 其他 的百分比	100.0%	100.0%	100.0%

将上述数据进行汇总，形成以下图表：

您的年级？ * 您主要从哪些方面了解法律知识？ 交叉表

		您主要从哪些方面了解法律知识？						
		《思想道德修养与法律基础》课程学习	教学计划安排的法学专业课程	选修有关法学课程	课外阅读法律类书籍	观看普法类电视节目	网络法律资源	其他
您的年级_有效百分比	大一	80.3	26.9	16.0	40.7	81.9	59.3	32.6
	大二	74.8	33.9	49.0	37.0	79.3	55.0	22.1
	大三	75.1	36.8	50.3	41.6	80.8	57.0	19.7
	大四	66.7	23.0	49.6	33.3	76.3	60.0	17.0
	平均值	74.23	30.15	41.23	38.15	79.56	57.83	22.85

您的年级？ * 您主要从哪些方面了解法律知识？

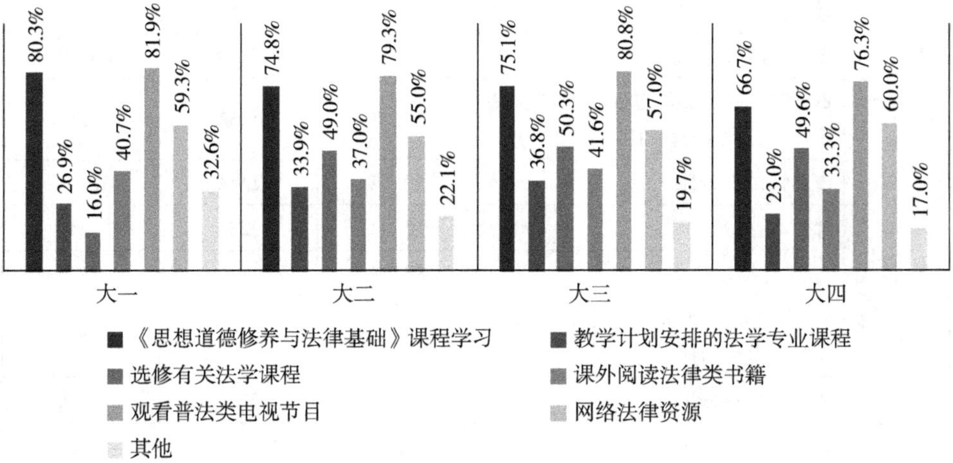

“您的年级”与“您主要从哪些方面了解法律知识”交叉统计数据表明，就法律知识获取渠道情况来看，受访非法学专业本科生四个年级之间存在比较明显的区别：作为思想政治课程而且是必修课程的《思想道德修养与法律基础》，是非法学专业本科生共同的主要获取渠道，就大一学生而言更是如此。作为“教学计划中安排的法学专业课程”，因为主要是必修课程，而且只是少数专业教学计划才有安排，所以其年级分布考察没有实质意义（教学时间取决于教学计划安排）。“选修有关法学课程”选项有效百分比，大一最低，其余三个年级学生非常接近，这也是与课程选修制度、学生在校期间选修课程计划等相符的。“课外阅读法律类书籍”及“观看普法类电视节目”选修有效百分比，大四学生相对更低，其余三个年级比较接近，这也是与大四学生面临考研等任务、课外自由时间相对较少相关联。“网络法律资源”选项有效百分比，四个年级之间非常接近，这可能主要是因为开放、便利的互联网技术环境以及比较丰富的互联网资源，广大网民可以自由、平等利用。

您的年级？ * 你是否期待进一步丰富自身法律知识？ 交叉表

			你是否期待进一步丰富自身法律知识？				
			非常想	一般般	无所谓	完全没想法	总计
您的年级？	大一	计数	949	777	36	9	1771
		占 您的年级？ 的百分比	53.6%	43.9%	2.0%	0.5%	100.0%
		占 你是否期待进一步丰富自身法律知识？ 的百分比	59.1%	62.7%	64.3%	56.3%	60.7%
		占总计的百分比	32.5%	26.6%	1.2%	0.3%	60.7%
	大二	计数	310	253	8	4	575
		占 您的年级？ 的百分比	53.9%	44.0%	1.4%	0.7%	100.0%
		占 你是否期待进一步丰富自身法律知识？ 的百分比	19.3%	20.4%	14.3%	25.0%	19.7%
		占总计的百分比	10.6%	8.7%	0.3%	0.1%	19.7%
	大三	计数	259	168	9	1	437
		占 您的年级？ 的百分比	59.3%	38.4%	2.1%	0.2%	100.0%
		占 你是否期待进一步丰富自身法律知识？ 的百分比	16.1%	13.5%	16.1%	6.3%	15.0%
		占总计的百分比	8.9%	5.8%	0.3%	0.0%	15.0%
	大四	计数	88	42	3	2	135
		占 您的年级？ 的百分比	65.2%	31.1%	2.2%	1.5%	100.0%
		占 你是否期待进一步丰富自身法律知识？ 的百分比	5.5%	3.4%	5.4%	12.5%	4.6%
		占总计的百分比	3.0%	1.4%	0.1%	0.1%	4.6%
总计		计数	1606	1240	56	16	2918
		占 人数总计 的百分比	55.0%	42.5%	1.9%	0.5%	100.0%
		占 你是否期待进一步丰富自身法律知识？ 的百分比	100.0%	100.0%	100.0%	100.0%	100.0%

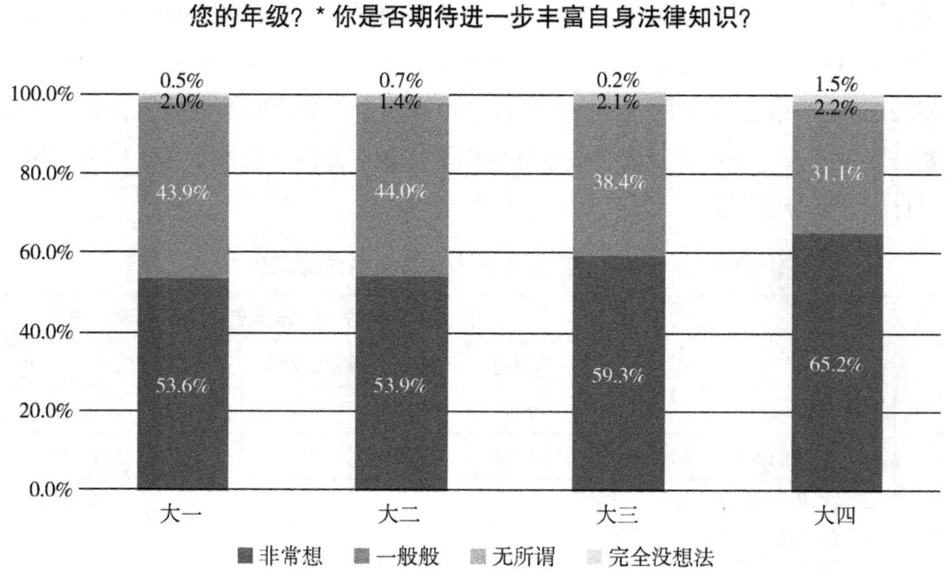

“您的年级”与“你是否期待进一步丰富自身法律知识”交叉统计数据表明，就是否期待进一步丰富自身法律知识的意愿情况看，受访非法学专业本科生四个年级之间还是有一定的差别：尽管“非常想”和“一般般”两个选项有效百分比之和，四个年级之间非常接近，“非常想”选项有效百分比，从大一到大四依次升高，尤其是大三和大四学生升高幅度比较明显。这说明，不仅四个年级学生总体上绝大部分同学都有进一步丰富自身法律知识的意愿，而且随着年级的增高其中具有强烈意愿的学生占比相应更高。

第五章　非法学专业本科生法治素养提升机制改革与优化

《思想道德修养与法律基础》课程作为必修的思想政治课程，于绝大多数非法学专业本科生而言，是他们获取法律知识的主要正式途径，因而本课程教学过程中法律基础部分教学效果将直接关乎非法学本科生法治素养培养与提升。在总体了解受访非法学专业本科学生对《思想道德修养与法律基础》课程中法律基础部分教学的有用性评价基础上，具体评测课程中法律基础部分教学内容的性质、数量、师资队伍等可能对其教学效果的影响，以及其中法律基础部分内容教学对学生"尊法守法学法用法"教学目标的支持情况。另外，调查问卷还具体从大学教育可能采取的教育形式、教学环节以及学生毕业就业过程中考察内容安排等角度了解了学生的意见和建议。

一、《思想道德修养与法律基础》法律部分教学效果评价

您主要从哪些方面了解法律知识？ _《思想道德修养与法律基础》课程学习

		频率	百分比	有效百分比	累计百分比
有效		648	22.2	22.2	22.2
	《思想道德修养与法律基础》课程学习	2270	77.8	77.8	100.0
	总计	2918	100.0	100.0	

您如何评价《思想道德修养与法律基础》课程教学中法律基础部分的教学效果？ _内容过于抽象，理论性较强，难以理解，教学效果很差

		频率	百分比	有效百分比	累计百分比
有效		2179	74.7	74.7	74.7
	内容过于抽象，理论性较强，难以理解，教学效果很差	739	25.3	25.3	100.0
	总计	2918	100.0	100.0	

您如何评价《思想道德修养与法律基础》课程教学中法律基础部分的教学效果?_真正的基础法律知识过少,不足以让学生了解国家基本法律制度以及与生活、学习和工作息息相关的有关法律知识,教学效果很有限

		频率	百分比	有效百分比	累计百分比
有效		1529	52.4	52.4	52.4
	真正的基础法律知识过少,不足以让学生了解国家基本法律制度以及与生活、学习和工作息息相关的有关法律知识,教学效果很有限	1389	47.6	47.6	100.0
	总计	2918	100.0	100.0	

您如何评价《思想道德修养与法律基础》课程教学中法律基础部分的教学效果?_学习内容过少,难以达到全面提升学生法律素养的教学目标,教学效果一般

		频率	百分比	有效百分比	累计百分比
有效		2079	71.2	71.2	71.2
	学习内容过少,难以达到全面提升学生法律素养的教学目标,教学效果一般	839	28.8	28.8	100.0
	总计	2918	100.0	100.0	

您如何评价《思想道德修养与法律基础》课程教学中法律基础部分的教学效果?_授课教师主要是思政课教师,本身对有关法学理论和法律制度了解很有限,由此影响和限制了法律基础部分内容的教学效果

		频率	百分比	有效百分比	累计百分比
有效		1734	59.4	59.4	59.4
	授课教师主要是思政课教师,本身对有关法学理论和法律制度了解很有限,由此影响和限制了法律基础部分内容的教学效果	1184	40.6	40.6	100.0
	总计	2918	100.0	100.0	

您如何评价《思想道德修养与法律基础》课程教学中法律基础部分的教学效果?_尽管教材内容和教学时数有限,但能够由此初步了解国家法律制度以及有关法学基础知识,个人法律意识和法治观念也有所增强,教学效果比较好

		频率	百分比	有效百分比	累计百分比
有效		1520	52.1	52.1	52.1
	尽管教材内容和教学时数有限,但能够由此初步了解国家法律制度以及有关法学基础知识,个人法律意识和法治观念也有所增强,教学效果比较好	1398	47.9	47.9	100.0
	总计	2918	100.0	100.0	

您如何评价《思想道德修养与法律基础》课程教学中法律基础部分的教学效果？_教材内容及教师教学内容安排非常合理，能够很好支持“尊法学法守法用法”的教学主题与目标，教学效果很好

		频率	百分比	有效百分比	累计百分比
有效		2086	71.5	71.5	71.5
	教材内容及教师教学内容安排非常合理，能够很好支持“尊法学法守法用法”的教学主题与目标，教学效果很好	832	28.5	28.5	100.0
	总计	2918	100.0	100.0	

将上述数据进行汇总，形成以下图表：

您如何评价《思想道德修养与法律基础》课程教学中法律基础部分的教学效果？

		频率	百分比	有效百分比
有效	内容过于抽象，理论性较强，难以理解，教学效果很差	739	25.3	25.3
	真正的基础法律知识过少，不足以让学生了解国家基本法律制度以及与生活、学习和工作息息相关的有关法律知识，教学效果很有限	1389	47.6	47.6
	学习内容过少，难以达到全面提升学生法律素养的教学目标，教学效果一般	839	28.8	28.8
	授课教师主要是思政课教师，本身对有关法学理论和法律制度了解很有限，由此影响和限制了法律基础部分内容的教学效果	1184	40.6	40.6
	尽管教材内容和教学时数有限，但能够由此初步了解国家法律制度以及有关法学基础知识，个人法律意识和法治观念也有所增强，教学效果比较好	1398	47.9	47.9
	教材内容及教师教学内容安排非常合理，能够很好支持“尊法学法守法用法”的教学主题与目标，教学效果很好	832	28.5	28.5

《思想道德修养与法律基础》作为思想政治课程、必修课程，是非法学专业本科生确定的、正式的而且往往是主要的法律知识获取渠道，这也得到受访非法学专业本科生的普遍肯定（选项有效百分比高达77.8%）。从统计数据看，就学校《思想道德修养与法律基础》课程教学中法律基础部分教学效果评价而言，对教材内容、教师教学内容安排及其对“尊法学法守法用法”这一教学主题与目标的支持，以及教学效果等给予充分肯定和积极评价的占比只有28.5%，另有47.9%的同学就总体教学效果也给予了正面评价。很显然，这一评价应该难以达到我们的课程教学目标

您如何评价《思想道德修养与法律基础》课程教学中法律基础部分的教学效果?

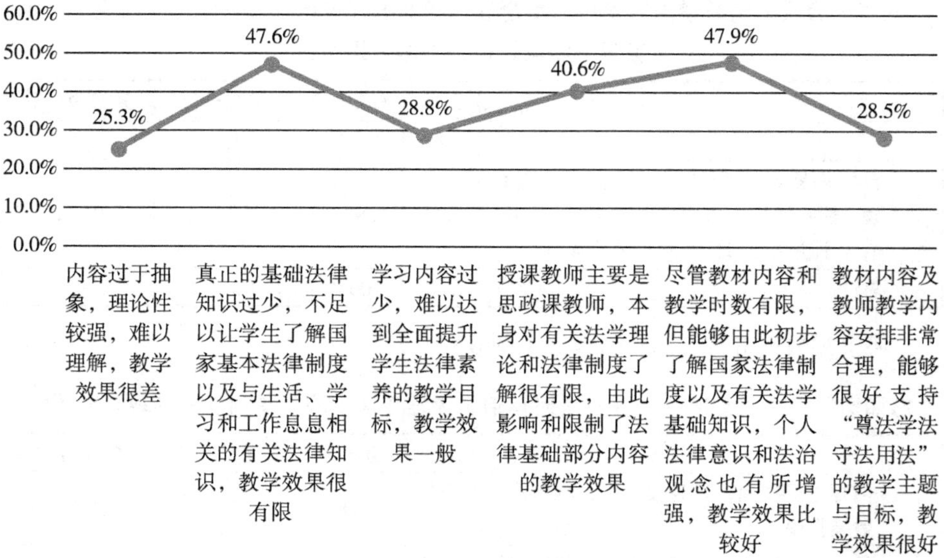

要求。对于存在问题和不足的主要根源，有 25.3% 的同学认为内容过于抽象、理论性太强；47.6% 的同学认为教材及教学内容中缺乏基础性法律知识，与学生生活学习实践距离较远；28.8% 的同学也在总体上认为法律部分教学内容过少；还有 40.6% 的同学认为，作为思政课教师承担法律基础部分的教学本身会有条件限制。

您对自身法律意识状况如何总体评价？ * 您如何评价《思想道德修养与法律基础》课程教学中法律基础部分的教学效果？
_ 内容过于抽象，理论性较强，难以理解，教学效果很差 交叉表

			您如何评价《思想道德修养与法律基础》课程教学中法律基础部分的教学效果？_ 内容过于抽象，理论性较强，难以理解，教学效果很差		
				内容过于抽象，理论性较强，难以理解，教学效果很差	总计
	非常强	计数	122	66	188
		占 您对自身法律意识状况如何总体评价？的百分比	64.9%	35.1%	100.0%
		占 您如何评价《思想道德修养与法律基础》课程教学中法律基础部分的教学效果？ _ 内容过于抽象，理论性较强，难以理解，教学效果很差 的百分比	5.6%	8.9%	6.4%
		占总计的百分比	4.2%	2.3%	6.4%

续表

			您如何评价《思想道德修养与法律基础》课程教学中法律基础部分的教学效果？_内容过于抽象，理论性较强，难以理解，教学效果很差		
				内容过于抽象，理论性较强，难以理解，教学效果很差	总计
您对自身法律意识状况如何总体评价？	强	计数	617	154	771
		占 您对自身法律意识状况如何总体评价？的百分比	80.0%	20.0%	100.0%
		占 您如何评价《思想道德修养与法律基础》课程教学中法律基础部分的教学效果？_内容过于抽象，理论性较强，难以理解，教学效果很差 的百分比	28.3%	20.8%	26.4%
		占总计的百分比	21.1%	5.3%	26.4%
	一般	计数	1325	443	1768
		占 您对自身法律意识状况如何总体评价？的百分比	74.9%	25.1%	100.0%
		占 您如何评价《思想道德修养与法律基础》课程教学中法律基础部分的教学效果？_内容过于抽象，理论性较强，难以理解，教学效果很差 的百分比	60.8%	59.9%	60.6%
		占总计的百分比	45.4%	15.2%	60.6%
	比较差	计数	115	76	191
		占 您对自身法律意识状况如何总体评价？的百分比	60.2%	39.8%	100.0%
		占 您如何评价《思想道德修养与法律基础》课程教学中法律基础部分的教学效果？_内容过于抽象，理论性较强，难以理解，教学效果很差 的百分比	5.3%	10.3%	6.5%
		占总计的百分比	3.9%	2.6%	6.5%
总计		计数	2179	739	2918
		占 人数总计 的百分比	74.7%	25.3%	100.0%
		占 您如何评价《思想道德修养与法律基础》课程教学中法律基础部分的教学效果？_内容过于抽象，理论性较强，难以理解，教学效果很差 的百分比	100.0%	100.0%	100.0%

您对自身法律意识状况如何总体评价？ * 您如何评价《思想道德修养与法律基础》课程教学中法律基础部分的教学效果？_真正的基础法律知识过少，不足以让学生了解国家基本法律制度以及与生活、学习和工作息息相关的有关法律知识，教学效果很有限 交叉表

			您如何评价《思想道德修养与法律基础》课程教学中法律基础部分的教学效果？_真正的基础法律知识过少，不足以让学生了解国家基本法律制度以及与生活、学习和工作息息相关的有关法律知识，教学效果很有限		
				真正的基础法律知识过少，不足以让学生了解国家基本法律制度以及与生活、学习和工作息息相关的有关法律知识，教学效果很有限	总计
您对自身法律意识状况如何总体评价？	非常强	计数	98	90	188
		占 您对自身法律意识状况如何总体评价？ 的百分比	52.1%	47.9%	100.0%
		占 您如何评价《思想道德修养与法律基础》课程教学中法律基础部分的教学效果？_真正的基础法律知识过少，不足以让学生了解国家基本法律制度以及与生活、学习和工作息息相关的有关法律知识，教学效果很有限的百分比	6.4%	6.5%	6.4%
		占总计的百分比	3.4%	3.1%	6.4%
	强	计数	457	314	771
		占 您对自身法律意识状况如何总体评价？ 的百分比	59.3%	40.7%	100.0%
		占 您如何评价《思想道德修养与法律基础》课程教学中法律基础部分的教学效果？_真正的基础法律知识过少，不足以让学生了解国家基本法律制度以及与生活、学习和工作息息相关的有关法律知识，教学效果很有限的百分比	29.9%	22.6%	26.4%
		占总计的百分比	15.7%	10.8%	26.4%

续表

			您如何评价《思想道德修养与法律基础》课程教学中法律基础部分的教学效果？_真正的基础法律知识过少，不足以让学生了解国家基本法律制度以及与生活、学习和工作息息相关的有关法律知识，教学效果很有限		
				真正的基础法律知识过少，不足以让学生了解国家基本法律制度以及与生活、学习和工作息息相关的有关法律知识，教学效果很有限	总计
	一般	计数	892	876	1768
		占 您对自身法律意识状况如何总体评价？ 的百分比	50.5%	49.5%	100.0%
		占 您如何评价《思想道德修养与法律基础》课程教学中法律基础部分的教学效果？_真正的基础法律知识过少 的百分比	58.3%	63.1%	60.6%
		占总计的百分比	30.6%	30.0%	60.6%
	比较差	计数	82	109	191
		占 您对自身法律意识状况如何总体评价？ 的百分比	42.9%	57.1%	100.0%
		占 您如何评价《思想道德修养与法律基础》课程教学中法律基础部分的教学效果？_真正的基础法律知识过少，不足以让学生了解国家基本法律制度以及与生活、学习和工作息息相关的有关法律知识，教学效果很有限的百分比	5.4%	7.8%	6.5%
		占总计的百分比	2.8%	3.7%	6.5%
总计		计数	1529	1389	2918
		占 人数总计 的百分比	52.4%	47.6%	100.0%
		占 您如何评价《思想道德修养与法律基础》课程教学中法律基础部分的教学效果？_真正的基础法律知识过少 的百分比	100.0%	100.0%	100.0%

您对自身法律意识状况如何总体评价？ * 您如何评价《思想道德修养与法律基础》课程教学中法律基础部分的教学效果？
_学习内容过少，难以达到全面提升学生法律素养的教学目标，教学效果一般 交叉表

			您如何评价《思想道德修养与法律基础》课程教学中法律基础部分的教学效果？_学习内容过少，难以达到全面提升学生法律素养的教学目标，教学效果一般		
				学习内容过少，难以达到全面提升学生法律素养的教学目标，教学效果一般	总计
您对自身法律意识状况如何总体评价？	非常强	计数	137	51	188
		占 您对自身法律意识状况如何总体评价？ 的百分比	72.9%	27.1%	100.0%
		占 您如何评价《思想道德修养与法律基础》课程教学中法律基础部分的教学效果？_学习内容过少，难以达到全面提升学生法律素养的教学目标，教学效果一般 的百分比	6.6%	6.1%	6.4%
		占总计的百分比	4.7%	1.7%	6.4%
	强	计数	588	183	771
		占 您对自身法律意识状况如何总体评价？ 的百分比	76.3%	23.7%	100.0%
		占 您如何评价《思想道德修养与法律基础》课程教学中法律基础部分的教学效果？_学习内容过少，难以达到全面提升学生法律素养的教学目标，教学效果一般 的百分比	28.3%	21.8%	26.4%
		占总计的百分比	20.2%	6.3%	26.4%

续表

		您如何评价《思想道德修养与法律基础》课程教学中法律基础部分的教学效果？_学习内容过少，难以达到全面提升学生法律素养的教学目标，教学效果一般		
			学习内容过少，难以达到全面提升学生法律素养的教学目标，教学效果一般	总计
一般	计数	1233	535	1768
	占 您对自身法律意识状况如何总体评价？ 的百分比	69.7%	30.3%	100.0%
	占 您如何评价《思想道德修养与法律基础》课程教学中法律基础部分的教学效果？_学习内容过少，难以达到全面提升学生法律素养的教学目标，教学效果一般的百分比	59.3%	63.8%	60.6%
	占总计的百分比	42.3%	18.3%	60.6%
比较差	计数	121	70	191
	占 您对自身法律意识状况如何总体评价？ 的百分比	63.4%	36.6%	100.0%
	占 您如何评价《思想道德修养与法律基础》课程教学中法律基础部分的教学效果？_学习内容过少，难以达到全面提升学生法律素养的教学目标，教学效果一般的百分比	5.8%	8.3%	6.5%
	占总计的百分比	4.1%	2.4%	6.5%
总计	计数	2079	839	2918
	占 人数总计 的百分比	71.2%	28.8%	100.0%
	占 您如何评价《思想道德修养与法律基础》课程教学中法律基础部分的教学效果？_学习内容过少，难以达到全面提升学生法律素养的教学目标，教学效果一般的百分比	100.0%	100.0%	100.0%

您对自身法律意识状况如何总体评价?
*** 您如何评价《思想道德修养与法律基础》课程教学中法律基础部分的教学效果?**
_授课教师主要是思政课教师，本身对有关法学理论和法律制度了解很有限，
由此影响和限制了法律基础部分内容的教学效果 交叉表

			您如何评价《思想道德修养与法律基础》课程教学中法律基础部分的教学效果?_授课教师主要是思政课教师，本身对有关法学理论和法律制度了解很有限，由此影响和限制了法律基础部分内容的教学效果		
				授课教师主要是思政课教师，本身对有关法学理论和法律制度了解很有限，由此影响和限制了法律基础部分内容的教学效果	总计
您对自身法律意识状况如何总体评价?	非常强	计数	110	78	188
		占 您对自身法律意识状况如何总体评价? 的百分比	58.5%	41.5%	100.0%
		占 您如何评价《思想道德修养与法律基础》课程教学中法律基础部分的教学效果? _授课教师主要是思政课教师，本身对有关法学理论和法律制度了解很有限，由此影响和限制了法律基础部分内容的教学效果 的百分比	6.3%	6.6%	6.4%
		占总计的百分比	3.8%	2.7%	6.4%
	强	计数	472	299	771
		占 您对自身法律意识状况如何总体评价? 的百分比	61.2%	38.8%	100.0%
		占 您如何评价《思想道德修养与法律基础》课程教学中法律基础部分的教学效果? _授课教师主要是思政课教师，本身对有关法学理论和法律制度了解很有限，由此影响和限制了法律基础部分内容的教学效果 的百分比	27.2%	25.3%	26.4%
		占总计的百分比	16.2%	10.2%	26.4%

续表

			您如何评价《思想道德修养与法律基础》课程教学中法律基础部分的教学效果？_授课教师主要是思政课教师，本身对有关法学理论和法律制度了解很有限，由此影响和限制了法律基础部分内容的教学效果		
				授课教师主要是思政课教师，本身对有关法学理论和法律制度了解很有限，由此影响和限制了法律基础部分内容的教学效果	总计
	一般	计数	1047	721	1768
		占 您对自身法律意识状况如何总体评价？ 的百分比	59.2%	40.8%	100.0%
		占 您如何评价《思想道德修养与法律基础》课程教学中法律基础部分的教学效果？_授课教师主要是思政课教师，本身对有关法学理论和法律制度了解很有限，由此影响和限制了法律基础部分内容的教学效果 的百分比	60.4%	60.9%	60.6%
		占总计的百分比	35.9%	24.7%	60.6%
	比较差	计数	105	86	191
		占 您对自身法律意识状况如何总体评价？ 的百分比	55.0%	45.0%	100.0%
		占 您如何评价《思想道德修养与法律基础》课程教学中法律基础部分的教学效果？_授课教师主要是思政课教师，本身对有关法学理论和法律制度了解很有限，由此影响和限制了法律基础部分内容的教学效果 的百分比	6.1%	7.3%	6.5%
		占总计的百分比	3.6%	2.9%	6.5%
总计		计数	1734	1184	2918
		占 人数总计 的百分比	59.4%	40.6%	100.0%
		占 您如何评价《思想道德修养与法律基础》课程教学中法律基础部分的教学效果？_授课教师主要是思政课教师，本身对有关法学理论和法律制度了解很有限，由此影响和限制了法律基础部分内容的教学效果 的百分比	100.0%	100.0%	100.0%

您对自身法律意识状况如何总体评价？
*** 您如何评价《思想道德修养与法律基础》课程教学中法律基础部分的教学效果？_尽管教材内容和教学时数有限，但能够由此初步了解国家法律制度以及有关法学基础知识，个人法律意识和法治观念也有所增强，教学效果比较好 交叉表**

			您如何评价《思想道德修养与法律基础》课程教学中法律基础部分的教学效果？_尽管教材内容和教学时数有限，但能够由此初步了解国家法律制度以及有关法学基础知识，个人法律意识和法治观念也有所增强，教学效果比较好		
				尽管教材内容和教学时数有限，但能够由此初步了解国家法律制度以及有关法学基础知识，个人法律意识和法治观念也有所增强，教学效果比较好	总计
您对自身法律意识状况如何总体评价？	非常强	计数	97	91	188
		占 您对自身法律意识状况如何总体评价？ 的百分比	51.6%	48.4%	100.0%
		占 您如何评价《思想道德修养与法律基础》课程教学中法律基础部分的教学效果？_尽管教材内容和教学时数有限，但能够由此初步了解国家法律制度以及有关法学基础知识，个人法律意识和法治观念也有所增强，教学效果比较好 的百分比	6.4%	6.5%	6.4%
		占总计的百分比	3.3%	3.1%	6.4%
	强	计数	370	401	771
		占 您对自身法律意识状况如何总体评价？ 的百分比	48.0%	52.0%	100.0%
		占 您如何评价《思想道德修养与法律基础》课程教学中法律基础部分的教学效果？_尽管教材内容和教学时数有限，但能够由此初步了解国家法律制度以及有关法学基础知识，个人法律意识和法治观念也有所增强，教学效果比较好 的百分比	24.3%	28.7%	26.4%
		占总计的百分比	12.7%	13.7%	26.4%

续表

			您如何评价《思想道德修养与法律基础》课程教学中法律基础部分的教学效果？_尽管教材内容和教学时数有限，但能够由此初步了解国家法律制度以及有关法学基础知识，个人法律意识和法治观念也有所增强，教学效果比较好		
				尽管教材内容和教学时数有限，但能够由此初步了解国家法律制度以及有关法学基础知识，个人法律意识和法治观念也有所增强，教学效果比较好	总计
	一般	计数	931	837	1768
		占 您对自身法律意识状况如何总体评价？ 的百分比	52.7%	47.3%	100.0%
		占 您如何评价《思想道德修养与法律基础》课程教学中法律基础部分的教学效果？_尽管教材内容和教学时数有限，但能够由此初步了解国家法律制度以及有关法学基础知识，个人法律意识和法治观念也有所增强，教学效果比较好 的百分比	61.3%	59.9%	60.6%
		占总计的百分比	31.9%	28.7%	60.6%
	比较差	计数	122	69	191
		占 您对自身法律意识状况如何总体评价？ 的百分比	63.9%	36.1%	100.0%
		占 您如何评价《思想道德修养与法律基础》课程教学中法律基础部分的教学效果？_尽管教材内容和教学时数有限，但能够由此初步了解国家法律制度以及有关法学基础知识，个人法律意识和法治观念也有所增强，教学效果比较好 的百分比	8.0%	4.9%	6.5%
		占总计的百分比	4.2%	2.4%	6.5%
总计		计数	1520	1398	2918
		占 人数总计 的百分比	52.1%	47.9%	100.0%
		占 您如何评价《思想道德修养与法律基础》课程教学中法律基础部分的教学效果？_尽管教材内容和教学时数有限，但能够由此初步了解国家法律制度以及有关法学基础知识，个人法律意识和法治观念也有所增强，教学效果比较好 的百分比	100.0%	100.0%	100.0%

您对自身法律意识状况如何总体评价？ * 您如何评价《思想道德修养与法律基础》课程教学中法律基础部分的教学效果？ _ 教材内容及教师教学内容安排非常合理，能够很好支持“尊法学法守法用法”的教学主题与目标，教学效果很好 交叉表

			您如何评价《思想道德修养与法律基础》课程教学中法律基础部分的教学效果？_ 教材内容及教师教学内容安排非常合理，能够很好支持“尊法学法守法用法”的教学主题与目标，教学效果很好		
				教材内容及教师教学内容安排非常合理，能够很好支持“尊法学法守法用法”的教学主题与目标，教学效果很好	总计
您对自身法律意识状况如何总体评价？	非常强	计数	112	76	188
		占 您对自身法律意识状况如何总体评价？ 的百分比	59.6%	40.4%	100.0%
		占 您如何评价《思想道德修养与法律基础》课程教学中法律基础部分的教学效果？ _ 教材内容及教师教学内容安排非常合理，能够很好支持“尊法学法守法用法”的教学主题与目标，教学效果很好 的百分比	5.4%	9.1%	6.4%
		占总计的百分比	3.8%	2.6%	6.4%
	强	计数	503	268	771
		占 您对自身法律意识状况如何总体评价？ 的百分比	65.2%	34.8%	100.0%
		占 您如何评价《思想道德修养与法律基础》课程教学中法律基础部分的教学效果？ _ 教材内容及教师教学内容安排非常合理，能够很好支持“尊法学法守法用法”的教学主题与目标，教学效果很好 的百分比	24.1%	32.2%	26.4%
		占总计的百分比	17.2%	9.2%	26.4%

续表

			您如何评价《思想道德修养与法律基础》课程教学中法律基础部分的教学效果？_教材内容及教师教学内容安排非常合理，能够很好支持“尊法学法守法用法”的教学主题与目标，教学效果很好		
				教材内容及教师教学内容安排非常合理，能够很好支持“尊法学法守法用法”的教学主题与目标，教学效果很好	总计
	一般	计数	1317	451	1768
		占 您对自身法律意识状况如何总体评价？ 的百分比	74.5%	25.5%	100.0%
		占 您如何评价《思想道德修养与法律基础》课程教学中法律基础部分的教学效果？_教材内容及教师教学内容安排非常合理，能够很好支持“尊法学法守法用法”的教学主题与目标，教学效果很好 的百分比	63.1%	54.2%	60.6%
		占总计的百分比	45.1%	15.5%	60.6%
	比较差	计数	154	37	191
		占 您对自身法律意识状况如何总体评价？ 的百分比	80.6%	19.4%	100.0%
		占 您如何评价《思想道德修养与法律基础》课程教学中法律基础部分的教学效果？_教材内容及教师教学内容安排非常合理，能够很好支持“尊法学法守法用法”的教学主题与目标，教学效果很好 的百分比	7.4%	4.4%	6.5%
		占总计的百分比	5.3%	1.3%	6.5%
总计		计数	2086	832	2918
		占 人数总计 的百分比	71.5%	28.5%	100.0%
		占 您如何评价《思想道德修养与法律基础》课程教学中法律基础部分的教学效果？_教材内容及教师教学内容安排非常合理，能够很好支持“尊法学法守法用法”的教学主题与目标，教学效果很好 的百分比	100.0%	100.0%	100.0%

将上述进行数据汇总，形成以下图表：

您对自身法律意识状况如何总体评价？
***您如何评价《思想道德修养与法律基础》课程教学中法律基础部分的教学效果？ 交叉表**

		您如何评价《思想道德修养与法律基础》课程教学中法律基础部分的教学效果？					
		内容过于抽象，理论性较强，难以理解，教学效果很差	真正的基础法律知识过少，不足以让学生了解国家基本法律制度以及与生活、学习和工作息息相关的有关法律知识，教学效果很有限	学习内容过少，难以达到全面提升学生法律素养的教学目标，教学效果一般	授课教师主要是思政课教师，本身对有关法学理论和法律制度了解很有限，由此影响和限制了法律基础部分内容的教学效果	尽管教材内容和教学时数有限，但能够由此初步了解国家法律制度以及有关法学基础知识，个人法律意识和法治观念也有所增强，教学效果比较好	教材内容及教师教学内容安排非常合理，能够很好支持"尊法学法守法用法"的教学主题与目标，教学效果很好
您对自身法律意识状况如何总体评价？_有效百分比	非常强	35.1	47.9	27.1	41.5	48.4	40.4
	强	20.0	40.7	23.7	38.8	52.0	34.8
	一般	25.1	49.5	30.3	40.8	47.3	25.5
	比较差	39.8	57.1	36.6	45.0	36.1	19.4
	平均值	30.00	48.80	29.43	41.53	45.95	30.03

您对自身法律意识状况如何总体评价？*您如何评价《思想道德修养与法律基础》课程教学中法律基础部分的教学效果？

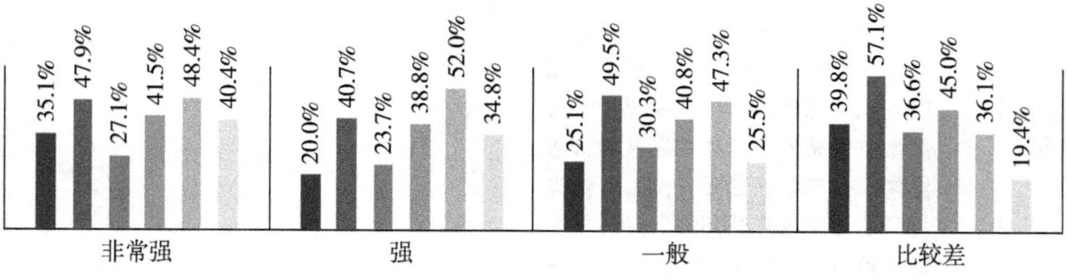

■ 内容过于抽象，理论性较强，难以理解，教学效果很差

■ 真正的基础法律知识过少，不足以让学生了解国家基本法律制度以及与生活、学习和工作息息相关的有关法律知识，教学效果很有限

■ 学习内容过少，难以达到全面提升学生法律素养的教学目标，教学效果一般

■ 授课教师主要是思政课教师，本身对有关法学理论和法律制度了解很有限，由此影响和限制了法律基础部分内容的教学效果

■ 尽管教材内容和教学时数有限，但能够由此初步了解国家法律制度以及有关法学基础知识，个人法律意识和法治观念也有所增强，教学效果比较好

■ 教材内容及教师教学内容安排非常合理，能够很好支持"尊法学法守法用法"的教学主题与目标，教学效果很好

"您对自身法律意识状况如何总体评价"与"您如何评价《思想道德修养与法律基础》课程教学中法律基础部分的教学效果"交叉统计数据表明，受访非法学专业本科生中，对于《思想道德修养与法律基础》课程教学中法律基础部分教学效果，做出肯定性评价的高低与其自身法律意识状况自我评价高低之间直接相关：法律意识状况自我评价越高的学生群体，对于课程教学效果积极性评价的有效百分比也越高；对于课程教学效果做出消极性评价的，相对而言法律意识状况自我评价"比较差"群体学生有效百分比更高，其次是自我评价"一般"和"非常强"群体学生，但具体原因各有不同。这说明，为了提高教学效果，增强学生满意度，进而有效增强学生法律意识，需要全面改革教学内容安排、提升教师教学能力。

您的性别？ * 您如何评价《思想道德修养与法律基础》课程教学中法律基础部分的教学效果？_内容过于抽象，理论性较强，难以理解，教学效果很差 交叉表

			您如何评价《思想道德修养与法律基础》课程教学中法律基础部分的教学效果？_内容过于抽象，理论性较强，难以理解，教学效果很差		
				内容过于抽象，理论性较强，难以理解，教学效果很差	总计
您的性别？	男	计数	731	263	994
		占 您的性别？ 的百分比	73.5%	26.5%	100.0%
		占 您如何评价《思想道德修养与法律基础》课程教学中法律基础部分的教学效果？_内容过于抽象，理论性较强，难以理解，教学效果很差 的百分比	33.5%	35.6%	34.1%
		占总计的百分比	25.1%	9.0%	34.1%
	女	计数	1448	476	1924
		占 您的性别？ 的百分比	75.3%	24.7%	100.0%
		占 您如何评价《思想道德修养与法律基础》课程教学中法律基础部分的教学效果？_内容过于抽象，理论性较强，难以理解，教学效果很差 的百分比	66.5%	64.4%	65.9%
		占总计的百分比	49.6%	16.3%	65.9%
总计		计数	2179	739	2918
		占 人数总计 的百分比	74.7%	25.3%	100.0%
		占 您如何评价《思想道德修养与法律基础》课程教学中法律基础部分的教学效果？_内容过于抽象，理论性较强，难以理解，教学效果很差 的百分比	100.0%	100.0%	100.0%

您的性别？ * 您如何评价《思想道德修养与法律基础》课程教学中法律基础部分的教学效果？ _真正的基础法律知识过少，不足以让学生了解国家基本法律制度以及与生活、学习和工作息息相关的有关法律知识，教学效果很有限 交叉表

			您如何评价《思想道德修养与法律基础》课程教学中法律基础部分的教学效果？ _真正的基础法律知识过少		
				真正的基础法律知识过少，不足以让学生了解国家基本法律制度以及与生活、学习和工作息息相关的有关法律知识，教学效果很有限	总计
您的性别？	男	计数	526	468	994
		占 您的性别？ 的百分比	52.9%	47.1%	100.0%
		占 您如何评价《思想道德修养与法律基础》课程教学中法律基础部分的教学效果？ _真正的基础法律知识过少，不足以让学生了解国家基本法律制度以及与生活、学习和工作息息相关的有关法律知识，教学效果很有限 的百分比	34.4%	33.7%	34.1%
		占总计的百分比	18.0%	16.0%	34.1%
	女	计数	1003	921	1924
		占 您的性别？ 的百分比	52.1%	47.9%	100.0%
		占 您如何评价《思想道德修养与法律基础》课程教学中法律基础部分的教学效果？ _真正的基础法律知识过少，不足以让学生了解国家基本法律制度以及与生活、学习和工作息息相关的有关法律知识，教学效果很有限 的百分比	65.6%	66.3%	65.9%
		占总计的百分比	34.4%	31.6%	65.9%
总计		计数	1529	1389	2918
		占 人数总计 的百分比	52.4%	47.6%	100.0%
		占 您如何评价《思想道德修养与法律基础》课程教学中法律基础部分的教学效果？ _真正的基础法律知识过少，不足以让学生了解国家基本法律制度以及与生活、学习和工作息息相关的有关法律知识，教学效果很有限 的百分比	100.0%	100.0%	100.0%

您的性别？ * 您如何评价《思想道德修养与法律基础》课程教学中法律基础部分的教学效果？ _ 学习内容过少，难以达到全面提升学生法律素养的教学目标，教学效果一般 交叉表

			您如何评价《思想道德修养与法律基础》课程教学中法律基础部分的教学效果？ _ 学习内容过少，难以达到全面提升学生法律素养的教学目标，教学效果一般		
				学习内容过少，难以达到全面提升学生法律素养的教学目标，教学效果一般	总计
您的性别？	男	计数	715	279	994
		占 您的性别？ 的百分比	71.9%	28.1%	100.0%
		占 您如何评价《思想道德修养与法律基础》课程教学中法律基础部分的教学效果？ _ 学习内容过少，难以达到全面提升学生法律素养的教学目标，教学效果一般 的百分比	34.4%	33.3%	34.1%
		占总计的百分比	24.5%	9.6%	34.1%
	女	计数	1364	560	1924
		占 您的性别？ 的百分比	70.9%	29.1%	100.0%
		占 您如何评价《思想道德修养与法律基础》课程教学中法律基础部分的教学效果？ _ 学习内容过少，难以达到全面提升学生法律素养的教学目标，教学效果一般 的百分比	65.6%	66.7%	65.9%
		占总计的百分比	46.7%	19.2%	65.9%
总计		计数	2079	839	2918
		占 人数总计 的百分比	71.2%	28.8%	100.0%
		占 您如何评价《思想道德修养与法律基础》课程教学中法律基础部分的教学效果？ _ 学习内容过少，难以达到全面提升学生法律素养的教学目标，教学效果一般 的百分比	100.0%	100.0%	100.0%

您的性别？ * 您如何评价《思想道德修养与法律基础》课程教学中法律基础部分的教学效果？ _ 授课教师主要是思政课教师，本身对有关法学理论和法律制度了解很有限，由此影响和限制了法律基础部分内容的教学效果 交叉表

			您如何评价《思想道德修养与法律基础》课程教学中法律基础部分的教学效果？ _ 授课教师主要是思政课教师，本身对有关法学理论和法律制度了解很有限，由此影响和限制了法律基础部分内容的教学效果		
				授课教师主要是思政课教师，本身对有关法学理论和法律制度了解很有限，由此影响和限制了法律基础部分内容的教学效果	总计
您的性别？	男	计数	601	393	994
		占 您的性别？ 的百分比	60.5%	39.5%	100.0%
		占 您如何评价《思想道德修养与法律基础》课程教学中法律基础部分的教学效果？ _ 授课教师主要是思政课教师，本身对有关法学理论和法律制度了解很有限，由此影响和限制了法律基础部分内容的教学效果 的百分比	34.7%	33.2%	34.1%
		占总计的百分比	20.6%	13.5%	34.1%
	女	计数	1133	791	1924
		占 您的性别？ 的百分比	58.9%	41.1%	100.0%
		占 您如何评价《思想道德修养与法律基础》课程教学中法律基础部分的教学效果？ _ 授课教师主要是思政课教师，本身对有关法学理论和法律制度了解很有限，由此影响和限制了法律基础部分内容的教学效果 的百分比	65.3%	66.8%	65.9%
		占总计的百分比	38.8%	27.1%	65.9%
总计		计数	1734	1184	2918
		占 人数总计 的百分比	59.4%	40.6%	100.0%
		占 您如何评价《思想道德修养与法律基础》课程教学中法律基础部分的教学效果？ _ 授课教师主要是思政课教师，本身对有关法学理论和法律制度了解很有限，由此影响和限制了法律基础部分内容的教学效果 的百分比	100.0%	100.0%	100.0%

您的性别？ * 您如何评价《思想道德修养与法律基础》课程教学中法律基础部分的教学效果？ _尽管教材内容和教学时数有限，但能够由此初步了解国家法律制度以及有关法学基础知识 交叉表

			您如何评价《思想道德修养与法律基础》课程教学中法律基础部分的教学效果？ _尽管教材内容和教学时数有限，但能够由此初步了解国家法律制度以及有关法学基础知识		
				尽管教材内容和教学时数有限，但能够由此初步了解国家法律制度以及有关法学基础知识，个人法律意识和法治观念也有所增强，教学效果比较好	总计
您的性别？	男	计数	519	475	994
		占 您的性别？ 的百分比	52.2%	47.8%	100.0%
		占 您如何评价《思想道德修养与法律基础》课程教学中法律基础部分的教学效果？ _尽管教材内容和教学时数有限，但能够由此初步了解国家法律制度以及有关法学基础知识 的百分比	34.1%	34.0%	34.1%
		占总计的百分比	17.8%	16.3%	34.1%
	女	计数	1001	923	1924
		占 您的性别？ 的百分比	52.0%	48.0%	100.0%
		占 您如何评价《思想道德修养与法律基础》课程教学中法律基础部分的教学效果？ _尽管教材内容和教学时数有限，但能够由此初步了解国家法律制度以及有关法学基础知识 的百分比	65.9%	66.0%	65.9%
		占总计的百分比	34.3%	31.6%	65.9%
总计		计数	1520	1398	2918
		占 人数总计 的百分比	52.1%	47.9%	100.0%
		占 您如何评价《思想道德修养与法律基础》课程教学中法律基础部分的教学效果？ _尽管教材内容和教学时数有限，但能够由此初步了解国家法律制度以及有关法学基础知识 的百分比	100.0%	100.0%	100.0%

您的性别？ * 您如何评价《思想道德修养与法律基础》课程教学中法律基础部分的教学效果？ _ 教材内容及教师教学内容安排非常合理，能够很好支持“尊法学法守法用法”的教学主题与目标，教学效果很好 交叉表

			您如何评价《思想道德修养与法律基础》课程教学中法律基础部分的教学效果？ _ 教材内容及教师教学内容安排非常合理，能够很好支持“尊法学法守法用法”的教学主题与目标，教学效果很好		
				教材内容及教师教学内容安排非常合理，能够很好支持“尊法学法守法用法”的教学主题与目标，教学效果很好	总计
您的性别？	男	计数	704	290	994
		占 您的性别？ 的百分比	70.8%	29.2%	100.0%
		占 您如何评价《思想道德修养与法律基础》课程教学中法律基础部分的教学效果？ _ 教材内容及教师教学内容安排非常合理，能够很好支持“尊法学法守法用法”的教学主题与目标，教学效果很好 的百分比	33.7%	34.9%	34.1%
		占总计的百分比	24.1%	9.9%	34.1%
	女	计数	1382	542	1924
		占 您的性别？ 的百分比	71.8%	28.2%	100.0%
		占 您如何评价《思想道德修养与法律基础》课程教学中法律基础部分的教学效果？ _ 教材内容及教师教学内容安排非常合理，能够很好支持“尊法学法守法用法”的教学主题与目标，教学效果很好 的百分比	66.3%	65.1%	65.9%
		占总计的百分比	47.4%	18.6%	65.9%

续表

		您如何评价《思想道德修养与法律基础》课程教学中法律基础部分的教学效果？_教材内容及教师教学内容安排非常合理，能够很好支持“尊法学法守法用法”的教学主题与目标，教学效果很好		
			教材内容及教师教学内容安排非常合理，能够很好支持“尊法学法守法用法”的教学主题与目标，教学效果很好	总计
总计	计数	2086	832	2918
	占 人数总计 的百分比	71.5%	28.5%	100.0%
	占 您如何评价《思想道德修养与法律基础》课程教学中法律基础部分的教学效果？_教材内容及教师教学内容安排非常合理，能够很好支持“尊法学法守法用法”的教学主题与目标，教学效果很好 的百分比	100.0%	100.0%	100.0%

将上述数据进行汇总，形成以下图表：

您的性别？ * 您如何评价《思想道德修养与法律基础》课程教学中法律基础部分的教学效果？ 交叉表

		您如何评价《思想道德修养与法律基础》课程教学中法律基础部分的教学效果？					
		内容过于抽象，理论性较强，难以理解，教学效果很差	真正的基础法律知识过少，不足以让学生了解国家基本法律制度以及与生活、学习和工作息息相关的有关法律知识，教学效果很有限	学习内容过少，难以达到全面提升学生法律素养的教学目标，教学效果一般	授课教师主要是思政课教师，本身对有关法学理论和法律制度了解很有限，由此影响和限制了法律基础部分内容的教学效果	尽管教材内容和教学时数有限，但能够由此初步了解国家法律制度以及有关法学基础知识，个人法律意识和法治观念也有所增强，教学效果比较好	教材内容及教师教学内容安排非常合理，能够很好支持“尊法学法守法用法”的教学主题与目标，教学效果很好
您的性别？_有效百分比价？	男	26.5	47.1	28.1	39.5	47.8	29.2
	女	24.7	47.9	29.1	41.1	48.0	28.2

您的性别？ * 您如何评价《思想道德修养与法律基础》课程教学中法律基础部分的教学效果？

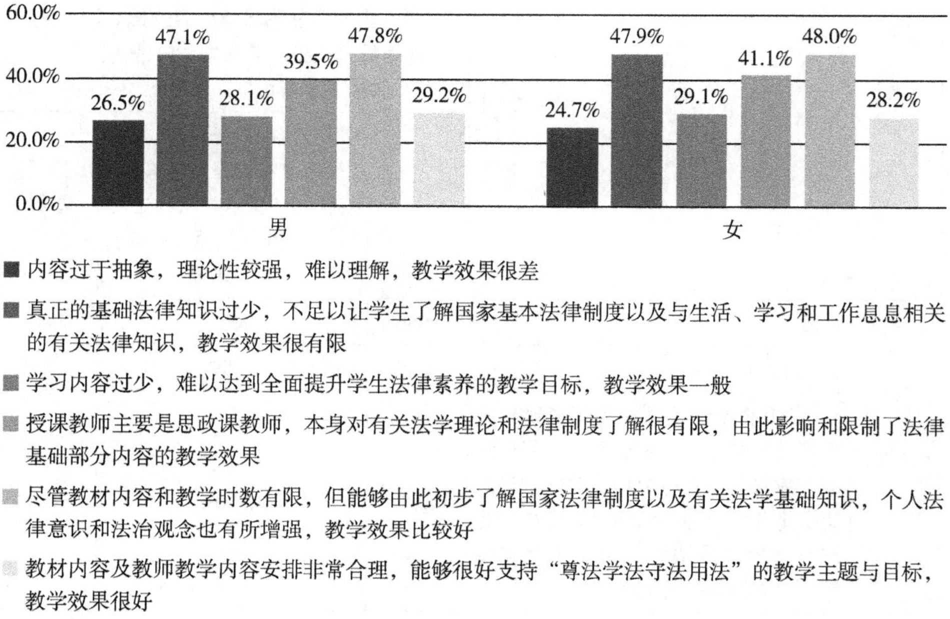

“您的性别”与“您如何评价《思想道德修养与法律基础》课程教学中法律基础部分的教学效果”交叉统计数据表明，对于《思想道德修养与法律基础》课程教学中法律基础部分教学效果的评价，受访非法学专业本科生中，男女生的各项有效百分比十分接近，也即其间几无性别差异。

您的年级？ * 您如何评价《思想道德修养与法律基础》课程教学中法律基础部分的教学效果？_内容过于抽象，理论性较强，难以理解，教学效果很差 交叉表

			您如何评价《思想道德修养与法律基础》课程教学中法律基础部分的教学效果？_内容过于抽象，理论性较强，难以理解，教学效果很差		
				内容过于抽象，理论性较强，难以理解，教学效果很差	总计
您的年级？	大一	计数	1416	355	1771
		占 您的年级？ 的百分比	80.0%	20.0%	100.0%
		占 您如何评价《思想道德修养与法律基础》课程教学中法律基础部分的教学效果？_内容过于抽象，理论性较强，难以理解，教学效果很差 的百分比	65.0%	48.0%	60.7%
		占总计的百分比	48.5%	12.2%	60.7%

续表

			您如何评价《思想道德修养与法律基础》课程教学中法律基础部分的教学效果？_内容过于抽象，理论性较强，难以理解，教学效果很差		
				内容过于抽象，理论性较强，难以理解，教学效果很差	总计
	大二	计数	386	189	575
		占 您的年级？ 的百分比	67.1%	32.9%	100.0%
		占 您如何评价《思想道德修养与法律基础》课程教学中法律基础部分的教学效果？_内容过于抽象，理论性较强，难以理解，教学效果很差 的百分比	17.7%	25.6%	19.7%
		占总计的百分比	13.2%	6.5%	19.7%
	大三	计数	286	151	437
		占 您的年级？ 的百分比	65.4%	34.6%	100.0%
		占 您如何评价《思想道德修养与法律基础》课程教学中法律基础部分的教学效果？_内容过于抽象，理论性较强，难以理解，教学效果很差 的百分比	13.1%	20.4%	15.0%
		占总计的百分比	9.8%	5.2%	15.0%
	大四	计数	91	44	135
		占 您的年级？ 的百分比	67.4%	32.6%	100.0%
		占 您如何评价《思想道德修养与法律基础》课程教学中法律基础部分的教学效果？_内容过于抽象，理论性较强，难以理解，教学效果很差 的百分比	4.2%	6.0%	4.6%
		占总计的百分比	3.1%	1.5%	4.6%
总计		计数	2179	739	2918
		占 人数总计 的百分比	74.7%	25.3%	100.0%
		占 您如何评价《思想道德修养与法律基础》课程教学中法律基础部分的教学效果？_内容过于抽象，理论性较强，难以理解，教学效果很差 的百分比	100.0%	100.0%	100.0%

您的年级？ * 您如何评价《思想道德修养与法律基础》课程教学中法律基础部分的教学效果？ _真正的基础法律知识过少，不足以让学生了解国家基本法律制度以及与生活、学习和工作息息相关的有关法律知识，教学效果很有限 交叉表

			您如何评价《思想道德修养与法律基础》课程教学中法律基础部分的教学效果？ _真正的基础法律知识过少，不足以让学生了解国家基本法律制度以及与生活、学习和工作息息相关的有关法律知识，教学效果很有限		
				真正的基础法律知识过少，不足以让学生了解国家基本法律制度以及与生活、学习和工作息息相关的有关法律知识，教学效果很有限	总计
您的年级？	大一	计数	1032	739	1771
		占 您的年级？ 的百分比	58.3%	41.7%	100.0%
		占 您如何评价《思想道德修养与法律基础》课程教学中法律基础部分的教学效果？ _真正的基础法律知识过少，不足以让学生了解国家基本法律制度以及与生活、学习和工作息息相关的有关法律知识，教学效果很有限 的百分比	67.5%	53.2%	60.7%
		占总计的百分比	35.4%	25.3%	60.7%
	大二	计数	252	323	575
		占 您的年级？ 的百分比	43.8%	56.2%	100.0%
		占 您如何评价《思想道德修养与法律基础》课程教学中法律基础部分的教学效果？ _真正的基础法律知识过少，不足以让学生了解国家基本法律制度以及与生活、学习和工作息息相关的有关法律知识，教学效果很有限 的百分比	16.5%	23.3%	19.7%
		占总计的百分比	8.6%	11.1%	19.7%

续表

			您如何评价《思想道德修养与法律基础》课程教学中法律基础部分的教学效果？_真正的基础法律知识过少，不足以让学生了解国家基本法律制度以及与生活、学习和工作息息相关的有关法律知识，教学效果很有限		
				真正的基础法律知识过少，不足以让学生了解国家基本法律制度以及与生活、学习和工作息息相关的有关法律知识，教学效果很有限	总计
	大三	计数	185	252	437
		占 您的年级？ 的百分比	42.3%	57.7%	100.0%
		占 您如何评价《思想道德修养与法律基础》课程教学中法律基础部分的教学效果？_真正的基础法律知识过少，不足以让学生了解国家基本法律制度以及与生活、学习和工作息息相关的有关法律知识，教学效果很有限 的百分比	12.1%	18.1%	15.0%
		占总计的百分比	6.3%	8.6%	15.0%
	大四	计数	60	75	135
		占 您的年级？ 的百分比	44.4%	55.6%	100.0%
		占 您如何评价《思想道德修养与法律基础》课程教学中法律基础部分的教学效果？_真正的基础法律知识过少，不足以让学生了解国家基本法律制度以及与生活、学习和工作息息相关的有关法律知识，教学效果很有限 的百分比	3.9%	5.4%	4.6%
		占总计的百分比	2.1%	2.6%	4.6%
总计		计数	1529	1389	2918
		占 人数总计 的百分比	52.4%	47.6%	100.0%
		占 您如何评价《思想道德修养与法律基础》课程教学中法律基础部分的教学效果？_真正的基础法律知识过少，不足以让学生了解国家基本法律制度以及与生活、学习和工作息息相关的有关法律知识，教学效果很有限 的百分比	100.0%	100.0%	100.0%

您的年级？ * 您如何评价《思想道德修养与法律基础》课程教学中法律基础部分的教学效果？ _ 学习内容过少，难以达到全面提升学生法律素养的教学目标，教学效果一般 交叉表

			您如何评价《思想道德修养与法律基础》课程教学中法律基础部分的教学效果？ _ 学习内容过少，难以达到全面提升学生法律素养的教学目标，教学效果一般		
				学习内容过少，难以达到全面提升学生法律素养的教学目标，教学效果一般	总计
您的年级？	大一	计数	1357	414	1771
		占 您的年级？ 的百分比	76.6%	23.4%	100.0%
		占 您如何评价《思想道德修养与法律基础》课程教学中法律基础部分的教学效果？ _ 学习内容过少，难以达到全面提升学生法律素养的教学目标，教学效果一般 的百分比	65.3%	49.3%	60.7%
		占总计的百分比	46.5%	14.2%	60.7%
	大二	计数	382	193	575
		占 您的年级？ 的百分比	66.4%	33.6%	100.0%
		占 您如何评价《思想道德修养与法律基础》课程教学中法律基础部分的教学效果？ _ 学习内容过少，难以达到全面提升学生法律素养的教学目标，教学效果一般 的百分比	18.4%	23.0%	19.7%
		占总计的百分比	13.1%	6.6%	19.7%

续表

			您如何评价《思想道德修养与法律基础》课程教学中法律基础部分的教学效果？_学习内容过少，难以达到全面提升学生法律素养的教学目标，教学效果一般		
				学习内容过少，难以达到全面提升学生法律素养的教学目标，教学效果一般	总计
	大三	计数	272	165	437
		占 您的年级？ 的百分比	62.2%	37.8%	100.0%
		占 您如何评价《思想道德修养与法律基础》课程教学中法律基础部分的教学效果？_学习内容过少，难以达到全面提升学生法律素养的教学目标，教学效果一般的百分比	13.1%	19.7%	15.0%
		占总计的百分比	9.3%	5.7%	15.0%
	大四	计数	68	67	135
		占 您的年级？ 的百分比	50.4%	49.6%	100.0%
		占 您如何评价《思想道德修养与法律基础》课程教学中法律基础部分的教学效果？_学习内容过少，难以达到全面提升学生法律素养的教学目标，教学效果一般的百分比	3.3%	8.0%	4.6%
		占总计的百分比	2.3%	2.3%	4.6%
总计		计数	2079	839	2918
		占 人数总计 的百分比	71.2%	28.8%	100.0%
		占 您如何评价《思想道德修养与法律基础》课程教学中法律基础部分的教学效果？_学习内容过少，难以达到全面提升学生法律素养的教学目标，教学效果一般的百分比	100.0%	100.0%	100.0%

您的年级？ * 您如何评价《思想道德修养与法律基础》课程教学中法律基础部分的教学效果？_授课教师主要是思政课教师，本身对有关法学理论和法律制度了解很有限，由此影响和限制了法律基础部分内容的教学效果 交叉表

			您如何评价《思想道德修养与法律基础》课程教学中法律基础部分的教学效果？_授课教师主要是思政课教师，本身对有关法学理论和法律制度了解很有限，由此影响和限制了法律基础部分内容的教学效果		
				授课教师主要是思政课教师，本身对有关法学理论和法律制度了解很有限，由此影响和限制了法律基础部分内容的教学效果	总计
您的年级？	大一	计数	1102	669	1771
		占 您的年级？ 的百分比	62.2%	37.8%	100.0%
		占 您如何评价《思想道德修养与法律基础》课程教学中法律基础部分的教学效果？_授课教师主要是思政课教师，本身对有关法学理论和法律制度了解很有限，由此影响和限制了法律基础部分内容的教学效果 的百分比	63.6%	56.5%	60.7%
		占总计的百分比	37.8%	22.9%	60.7%
	大二	计数	335	240	575
		占 您的年级？ 的百分比	58.3%	41.7%	100.0%
		占 您如何评价《思想道德修养与法律基础》课程教学中法律基础部分的教学效果？_授课教师主要是思政课教师，本身对有关法学理论和法律制度了解很有限，由此影响和限制了法律基础部分内容的教学效果 的百分比	19.3%	20.3%	19.7%
		占总计的百分比	11.5%	8.2%	19.7%

续表

			您如何评价《思想道德修养与法律基础》课程教学中法律基础部分的教学效果？_授课教师主要是思政课教师，本身对有关法学理论和法律制度了解很有限，由此影响和限制了法律基础部分内容的教学效果		
				授课教师主要是思政课教师，本身对有关法学理论和法律制度了解很有限，由此影响和限制了法律基础部分内容的教学效果	总计
	大三	计数	230	207	437
		占 您的年级？ 的百分比	52.6%	47.4%	100.0%
		占 您如何评价《思想道德修养与法律基础》课程教学中法律基础部分的教学效果？_授课教师主要是思政课教师，本身对有关法学理论和法律制度了解很有限，由此影响和限制了法律基础部分内容的教学效果 的百分比	13.3%	17.5%	15.0%
		占总计的百分比	7.9%	7.1%	15.0%
	大四	计数	67	68	135
		占 您的年级？ 的百分比	49.6%	50.4%	100.0%
		占 您如何评价《思想道德修养与法律基础》课程教学中法律基础部分的教学效果？_授课教师主要是思政课教师，本身对有关法学理论和法律制度了解很有限，由此影响和限制了法律基础部分内容的教学效果 的百分比	3.9%	5.7%	4.6%
		占总计的百分比	2.3%	2.3%	4.6%
总计		计数	1734	1184	2918
		占 人数总计 的百分比	59.4%	40.6%	100.0%
		占 您如何评价《思想道德修养与法律基础》课程教学中法律基础部分的教学效果？_授课教师主要是思政课教师，本身对有关法学理论和法律制度了解很有限，由此影响和限制了法律基础部分内容的教学效果 的百分比	100.0%	100.0%	100.0%

您的年级？ * 您如何评价《思想道德修养与法律基础》课程教学中法律基础部分的教学效果？ _ 尽管教材内容和教学时数有限，但能够由此初步了解国家法律制度以及有关法学基础知识，个人法律意识和法治观念也有所增强，教学效果比较好 交叉表

			您如何评价《思想道德修养与法律基础》课程教学中法律基础部分的教学效果？ _ 尽管教材内容和教学时数有限，但能够由此初步了解国家法律制度以及有关法学基础知识，个人法律意识和法治观念也有所增强，教学效果比较好		
				尽管教材内容和教学时数有限，但能够由此初步了解国家法律制度以及有关法学基础知识，个人法律意识和法治观念也有所增强，教学效果比较好	总计
您的年级？	大一	计数	794	977	1771
		占 您的年级？ 的百分比	44.8%	55.2%	100.0%
		占 您如何评价《思想道德修养与法律基础》课程教学中法律基础部分的教学效果？ _ 尽管教材内容和教学时数有限，但能够由此初步了解国家法律制度以及有关法学基础知识，个人法律意识和法治观念也有所增强，教学效果比较好 的百分比	52.2%	69.9%	60.7%
		占总计的百分比	27.2%	33.5%	60.7%
	大二	计数	367	208	575
		占 您的年级？ 的百分比	63.8%	36.2%	100.0%
		占 您如何评价《思想道德修养与法律基础》课程教学中法律基础部分的教学效果？ _ 尽管教材内容和教学时数有限，但能够由此初步了解国家法律制度以及有关法学基础知识，个人法律意识和法治观念也有所增强，教学效果比较好 的百分比	24.1%	14.9%	19.7%
		占总计的百分比	12.6%	7.1%	19.7%

续表

			您如何评价《思想道德修养与法律基础》课程教学中法律基础部分的教学效果？_尽管教材内容和教学时数有限，但能够由此初步了解国家法律制度以及有关法学基础知识，个人法律意识和法治观念也有所增强，教学效果比较好		
				尽管教材内容和教学时数有限，但能够由此初步了解国家法律制度以及有关法学基础知识，个人法律意识和法治观念也有所增强，教学效果比较好	总计
	大三	计数	267	170	437
		占 您的年级？ 的百分比	61.1%	38.9%	100.0%
		占 您如何评价《思想道德修养与法律基础》课程教学中法律基础部分的教学效果？_尽管教材内容和教学时数有限，但能够由此初步了解国家法律制度以及有关法学基础知识，个人法律意识和法治观念也有所增强，教学效果比较好 的百分比	17.6%	12.2%	15.0%
		占总计的百分比	9.2%	5.8%	15.0%
	大四	计数	92	43	135
		占 您的年级？ 的百分比	68.1%	31.9%	100.0%
		占 您如何评价《思想道德修养与法律基础》课程教学中法律基础部分的教学效果？_尽管教材内容和教学时数有限，但能够由此初步了解国家法律制度以及有关法学基础知识，个人法律意识和法治观念也有所增强，教学效果比较好 的百分比	6.1%	3.1%	4.6%
		占总计的百分比	3.2%	1.5%	4.6%
总计		计数	1520	1398	2918
		占 人数总计 的百分比	52.1%	47.9%	100.0%
		占 您如何评价《思想道德修养与法律基础》课程教学中法律基础部分的教学效果？_尽管教材内容和教学时数有限，但能够由此初步了解国家法律制度以及有关法学基础知识，个人法律意识和法治观念也有所增强，教学效果比较好 的百分比	100.0%	100.0%	100.0%

您的年级？ * 您如何评价《思想道德修养与法律基础》课程教学中法律基础部分的教学效果？ _ 教材内容及教师教学内容安排非常合理，能够很好支持“尊法学法守法用法”的教学主题与目标，教学效果很好 交叉表

			您如何评价《思想道德修养与法律基础》课程教学中法律基础部分的教学效果？_ 教材内容及教师教学内容安排非常合理，能够很好支持“尊法学法守法用法”的教学主题与目标，教学效果很好		
				教材内容及教师教学内容安排非常合理，能够很好支持“尊法学法守法用法”的教学主题与目标，教学效果很好	总计
您的年级？	大一	计数	1160	611	1771
		占 您的年级？ 的百分比	65.5%	34.5%	100.0%
		占 您如何评价《思想道德修养与法律基础》课程教学中法律基础部分的教学效果？ _ 教材内容及教师教学内容安排非常合理，能够很好支持“尊法学法守法用法”的教学主题与目标，教学效果很好 的百分比	55.6%	73.4%	60.7%
		占总计的百分比	39.8%	20.9%	60.7%
	大二	计数	465	110	575
		占 您的年级？ 的百分比	80.9%	19.1%	100.0%
		占 您如何评价《思想道德修养与法律基础》课程教学中法律基础部分的教学效果？ _ 教材内容及教师教学内容安排非常合理，能够很好支持“尊法学法守法用法”的教学主题与目标，教学效果很好 的百分比	22.3%	13.2%	19.7%
		占总计的百分比	15.9%	3.8%	19.7%

续表

			您如何评价《思想道德修养与法律基础》课程教学中法律基础部分的教学效果？_教材内容及教师教学内容安排非常合理，能够很好支持“尊法学法守法用法”的教学主题与目标，教学效果很好		
				教材内容及教师教学内容安排非常合理，能够很好支持“尊法学法守法用法”的教学主题与目标，教学效果很好	总计
	大三	计数	351	86	437
		占 您的年级？ 的百分比	80.3%	19.7%	100.0%
		占 您如何评价《思想道德修养与法律基础》课程教学中法律基础部分的教学效果？_教材内容及教师教学内容安排非常合理，能够很好支持“尊法学法守法用法”的教学主题与目标，教学效果很好 的百分比	16.8%	10.3%	15.0%
		占总计的百分比	12.0%	2.9%	15.0%
	大四	计数	110	25	135
		占 您的年级？ 的百分比	81.5%	18.5%	100.0%
		占 您如何评价《思想道德修养与法律基础》课程教学中法律基础部分的教学效果？_教材内容及教师教学内容安排非常合理，能够很好支持“尊法学法守法用法”的教学主题与目标，教学效果很好 的百分比	5.3%	3.0%	4.6%
		占总计的百分比	3.8%	0.9%	4.6%
总计		计数	2086	832	2918
		占 您的年级？ 的百分比	71.5%	28.5%	100.0%
		占 您如何评价《思想道德修养与法律基础》课程教学中法律基础部分的教学效果？_教材内容及教师教学内容安排非常合理，能够很好支持“尊法学法守法用法”的教学主题与目标，教学效果很好 的百分比	100.0%	100.0%	100.0%
		占总计的百分比	71.5%	28.5%	100.0%

将上述数据进行汇总，形成以下图表：

您的年级？ * 您如何评价《思想道德修养与法律基础》课程教学中法律基础部分的教学效果？ 交叉表

		您如何评价《思想道德修养与法律基础》课程教学中法律基础部分的教学效果？					
		内容过于抽象，理论性较强，难以理解，教学效果很差	真正的基础法律知识过少，不足以让学生了解国家基本法律制度以及与生活、学习和工作息息相关的有关法律知识，教学效果很有限	学习内容过少，难以达到全面提升学生法律素养的教学目标，教学效果一般	授课教师主要是思政课教师，本身对有关法学理论和法律制度了解很有限，由此影响和限制了法律基础部分内容的教学效果	尽管教材内容和教学时数有限，但能够由此初步了解国家法律制度以及有关法学基础知识，个人法律意识和法治观念也有所增强，教学效果比较好	教材内容及教师教学内容安排非常合理，能够很好支持“尊法学法守法用法”的教学主题与目标，教学效果很好
您的年级？_有效百分比价？	大一	20.0	41.7	23.4	37.8	55.2	34.5
	大二	32.9	56.2	33.6	41.7	36.2	19.1
	大三	34.6	57.7	37.8	47.4	38.9	19.7
	大四	32.6	55.6	49.6	50.4	31.9	18.5
	平均值	30.03	52.80	36.10	44.33	40.55	22.95

“您的年级”与“您如何评价《思想道德修养与法律基础》课程教学中法律基础部分的教学效果”交叉统计数据表明，就《思想道德修养与法律基础》课程教学中法律基础部分的教学效果评价而言，受访非法学专业本科生的四个年级之间存在明显差异：从大二开始高年级学生对其消极性评价有效百分比明显增高；而两个积极性评价选项的有效百分比分布情况则完全相反，一年级学生最高，随着年级的增高依次下降。考虑到大一学生只是刚刚开始适应大学的学习与生活，高年级学生的教学评价相对更加具有说服力，所以实际上对于《思想道德修养与法律基础》课程教学中法律基础部分教学效果的评价，总体上不理想，近半学生对课程教学内容安排、师资队伍法律部分教学能力等不予肯定，而大部分学生对于课程中法律基础部分教学效果不做肯定性评价。

您的年级？* 您如何评价《思想道德修养与法律基础》课程教学中法律基础部分的教学效果？

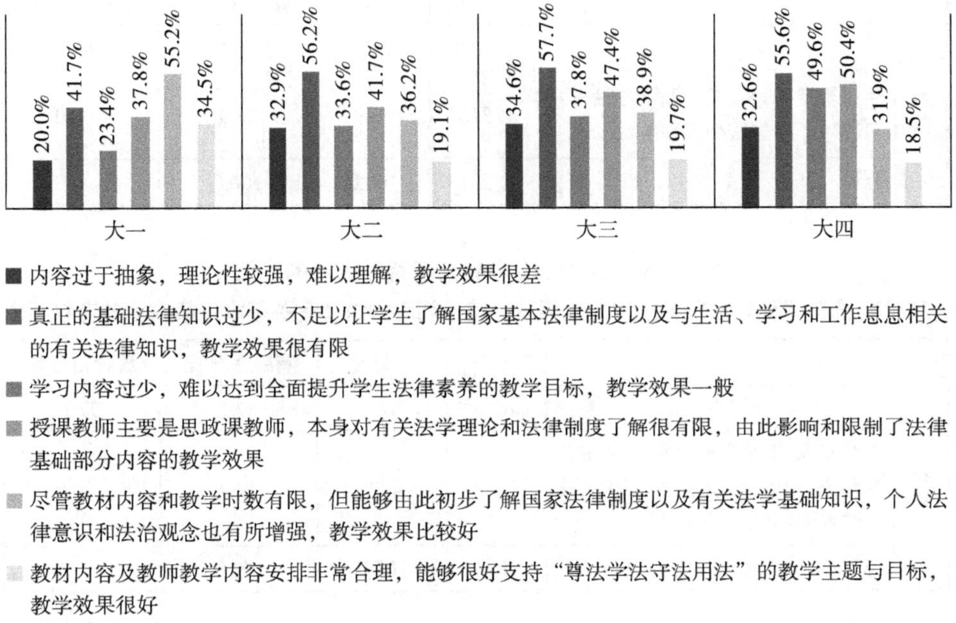

二、面向非法学专业本科学生法治素养提升的机制改革与完善

对于提高大学生法治素养，您有什么好的建议？_通过增设法律课程，强化法律教育

		频率	百分比	有效百分比	累计百分比
有效		838	18.7	18.7	18.7
	通过增设法律课程，强化法律教育	2080	71.3	71.3	100.0
	总计	2918	100.0	100.0	

对于提高大学生法治素养，您有什么好的建议？
_通过相关社团等组织安排主题性第二课堂活动，增强学生法律意识

		频率	百分比	有效百分比	累计百分比
有效		783	26.8	26.8	26.8
	通过相关社团等组织安排主题性第二课堂活动，增强学生法律意识	2135	73.2	73.2	100.0
	总计	2918	100.0	100.0	

对于提高大学生法治素养，您有什么好的建议？
_通过规定课外学分，引导学生积极学习法律、参与法律调研等活动

		频率	百分比	有效百分比	累计百分比
有效		762	26.1	26.1	26.6
	通过规定课外学分，引导学生积极学习法律、参与法律调研等活动	2156	73.9	73.9	100.0
	总计	2918	100.0	100.0	

对于提高大学生法治素养，您有什么好的建议？
_在公务员考试及单位招聘录用考试环节，统一规定宪法及有关基本法律内容的考核要求

		频率	百分比	有效百分比	累计百分比
有效		1666	57.1	57.1	57.1
	在公务员考试及单位招聘录用考试环节，统一规定宪法及有关基本法律内容的考核要求	1252	42.9	42.9	100.0
	总计	2918	100.0	100.0	

将上述数据进行汇总，形成以下图表：

对于提高大学生法治素养，您有什么好的建议？

		频率	百分比	有效百分比
有效	通过增设法律课程，强化法律教育	2080	71.3	71.3
	通过相关社团等组织安排主题性第二课堂活动，增强学生法律意识	2135	73.2	73.2
	通过规定课外学分，引导学生积极学习法律、参与法律调研等活动	2156	73.9	73.9
	在公务员考试及单位招聘录用考试环节，统一规定宪法及有关基本法律内容的考核要求	1252	42.9	42.9

对问卷中所提供的几项提升大学生法治素养策略，受访学生总体上均给予了较高比例的认可，前三项有效百分比均超过了70.0%。尽管“在公务员考试及单位招聘录用考试环节，统一规定宪法及有关基本法律内容的考核要求”选项有效百分比不足50.0%，其背后缘由应该属于可以理解的心理和情感取向，更多的并非理性选择。

对于提高大学生法治素养，您有什么好的建议？

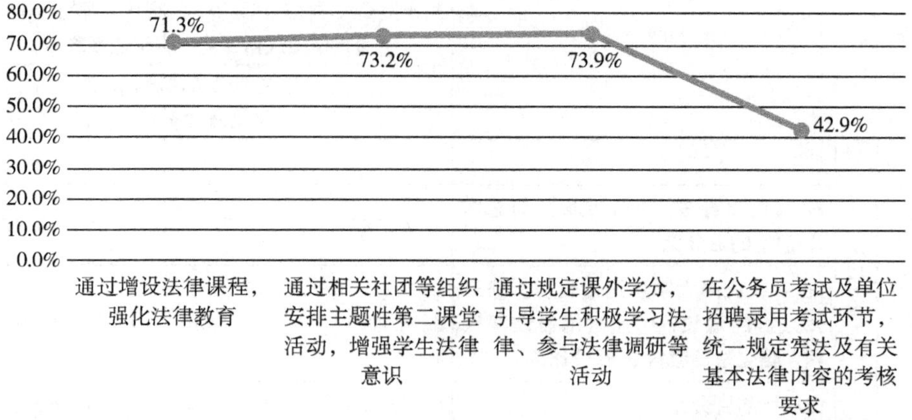

您对自身法律意识状况如何总体评价？ * 对于提高大学生法治素养，您有什么好的建议？_通过增设法律课程，强化法律教育 交叉表

			对于提高大学生法治素养，您有什么好的建议？_通过增设法律课程，强化法律教育		
				通过增设法律课程，强化法律教育	总计
您对自身法律意识状况如何总体评价？	非常强	计数	34	154	188
		占 您对自身法律意识状况如何总体评价？ 的百分比	18.1%	81.9%	100.0%
		占 对于提高大学生法治素养，您有什么好的建议？_通过增设法律课程，强化法律教育 的百分比	4.1%	7.4%	6.4%
		占总计的百分比	1.2%	5.3%	6.4%
	强	计数	221	550	771
		占 您对自身法律意识状况如何总体评价？ 的百分比	28.7%	71.3%	100.0%
		占 对于提高大学生法治素养，您有什么好的建议？_通过增设法律课程，强化法律教育 的百分比	26.4%	26.4%	26.4%
		占总计的百分比	7.6%	18.8%	26.4%
	一般	计数	529	1239	1768
		占 您对自身法律意识状况如何总体评价？ 的百分比	29.9%	70.1%	100.0%
		占 对于提高大学生法治素养，您有什么好的建议？_通过增设法律课程，强化法律教育 的百分比	63.1%	59.6%	60.6%
		占总计的百分比	18.1%	42.5%	60.6%

续表

			对于提高大学生法治素养，您有什么好的建议？_通过增设法律课程，强化法律教育		
				通过增设法律课程，强化法律教育	总计
	比较差	计数	54	137	191
		占 您对自身法律意识状况如何总体评价？ 的百分比	28.3%	71.7%	100.0%
		占 对于提高大学生法治素养，您有什么好的建议？_通过增设法律课程，强化法律教育 的百分比	6.4%	6.6%	6.5%
		占总计的百分比	1.9%	4.7%	6.5%
总计		计数	838	2080	2918
		占 人数总计 的百分比	28.7%	71.3%	100.0%
		占 对于提高大学生法治素养，您有什么好的建议？_通过增设法律课程，强化法律教育 的百分比	100.0%	100.0%	100.0%

您对自身法律意识状况如何总体评价？
* 对于提高大学生法治素养，您有什么好的建议？
_通过相关社团等组织安排主题性第二课堂活动，增强学生法律意识 交叉表

			对于提高大学生法治素养，您有什么好的建议？_通过相关社团等组织安排主题性第二课堂活动，增强学生法律意识		
				通过相关社团等组织安排主题性第二课堂活动，增强学生法律意识	总计
	非常强	计数	55	133	188
		占 您对自身法律意识状况如何总体评价？ 的百分比	29.3%	70.7%	100.0%
		占 对于提高大学生法治素养，您有什么好的建议？_通过相关社团等组织安排主题性第二课堂活动，增强学生法律意识 的百分比	7.0%	6.2%	6.4%
		占总计的百分比	1.9%	4.6%	6.4%

续表

			对于提高大学生法治素养，您有什么好的建议？_通过相关社团等组织安排主题性第二课堂活动，增强学生法律意识		
				通过相关社团等组织安排主题性第二课堂活动，增强学生法律意识	总计
您对自身法律意识状况如何总体评价？	强	计数	185	586	771
		占 您对自身法律意识状况如何总体评价？ 的百分比	24.0%	76.0%	100.0%
		占 对于提高大学生法治素养，您有什么好的建议？_通过相关社团等组织安排主题性第二课堂活动，增强学生法律意识 的百分比	23.6%	27.4%	26.4%
		占总计的百分比	6.3%	20.1%	26.4%
	一般	计数	480	1288	1768
		占 您对自身法律意识状况如何总体评价？ 的百分比	27.1%	72.9%	100.0%
		占 对于提高大学生法治素养，您有什么好的建议？_通过相关社团等组织安排主题性第二课堂活动，增强学生法律意识 的百分比	61.3%	60.3%	60.6%
		占总计的百分比	16.4%	44.1%	60.6%
	比较差	计数	63	128	191
		占 您对自身法律意识状况如何总体评价？ 的百分比	33.0%	67.0%	100.0%
		占 对于提高大学生法治素养，您有什么好的建议？_通过相关社团等组织安排主题性第二课堂活动，增强学生法律意识 的百分比	8.0%	6.0%	6.5%
		占总计的百分比	2.2%	4.4%	6.5%
总计		计数	783	2135	2918
		占 人数总计 的百分比	26.8%	73.2%	100.0%
		占 对于提高大学生法治素养，您有什么好的建议？_通过相关社团等组织安排主题性第二课堂活动，增强学生法律意识 的百分比	100.0%	100.0%	100.0%

您对自身法律意识状况如何总体评价？ * 对于提高大学生法治素养，您有什么好的建议？
_通过规定课外学分，引导学生积极学习法律、参与法律调研等活动 交叉表

			对于提高大学生法治素养，您有什么好的建议？_通过规定课外学分，引导学生积极学习法律、参与法律调研等活动		
				通过规定课外学分，引导学生积极学习法律、参与法律调研等活动	总计
您对自身法律意识状况如何总体评价？	非常强	计数	50	138	188
		占 您对自身法律意识状况如何总体评价？的百分比	26.6%	73.4%	100.0%
		占 对于提高大学生法治素养，您有什么好的建议？_通过规定课外学分，引导学生积极学习法律、参与法律调研等活动 的百分比	6.6%	6.4%	6.4%
		占总计的百分比	1.7%	4.7%	6.4%
	强	计数	209	562	771
		占 您对自身法律意识状况如何总体评价？的百分比	27.1%	72.9%	100.0%
		占 对于提高大学生法治素养，您有什么好的建议？_通过规定课外学分，引导学生积极学习法律、参与法律调研等活动 的百分比	27.4%	26.1%	26.4%
		占总计的百分比	7.2%	19.3%	26.4%
	一般	计数	441	1327	1768
		占 您对自身法律意识状况如何总体评价？的百分比	24.9%	75.1%	100.0%
		占 对于提高大学生法治素养，您有什么好的建议？_通过规定课外学分，引导学生积极学习法律、参与法律调研等活动 的百分比	57.9%	61.5%	60.6%
		占总计的百分比	15.1%	45.5%	60.6%
	比较差	计数	62	129	191
		占 您对自身法律意识状况如何总体评价？的百分比	32.5%	67.5%	100.0%
		占 对于提高大学生法治素养，您有什么好的建议？_通过规定课外学分，引导学生积极学习法律、参与法律调研等活动 的百分比	8.1%	6.0%	6.5%
		占总计的百分比	2.1%	4.4%	6.5%
总计		计数	762	2156	2918
		占 人数总计 的百分比	26.1%	73.9%	100.0%
		占 对于提高大学生法治素养，您有什么好的建议？_通过规定课外学分，引导学生积极学习法律、参与法律调研等活动 的百分比	100.0%	100.0%	100.0%

您对自身法律意识状况如何总体评价？*对于提高大学生法治素养，您有什么好的建议？_在公务员考试及单位招聘录用考试环节，统一规定宪法及有关基本法律内容的考核要求 交叉表

			对于提高大学生法治素养，您有什么好的建议？_在公务员考试及单位招聘录用考试环节，统一规定宪法及有关基本法律内容的考核要求		
				在公务员考试及单位招聘录用考试环节，统一规定宪法及有关基本法律内容的考核要求	总计
您对自身法律意识状况如何总体评价？	非常强	计数	90	98	188
		占 您对自身法律意识状况如何总体评价？ 的百分比	47.9%	52.1%	100.0%
		占 对于提高大学生法治素养，您有什么好的建议？_在公务员考试及单位招聘录用考试环节，统一规定宪法及有关基本法律内容的考核要求 的百分比	5.4%	7.8%	6.4%
		占总计的百分比	3.1%	3.4%	6.4%
	强	计数	406	365	771
		占 您对自身法律意识状况如何总体评价？ 的百分比	52.7%	47.3%	100.0%
		占 对于提高大学生法治素养，您有什么好的建议？_在公务员考试及单位招聘录用考试环节，统一规定宪法及有关基本法律内容的考核要求 的百分比	24.4%	29.2%	26.4%
		占总计的百分比	13.9%	12.5%	26.4%
	一般	计数	1057	711	1768
		占 您对自身法律意识状况如何总体评价？ 的百分比	59.8%	40.2%	100.0%
		占 对于提高大学生法治素养，您有什么好的建议？_在公务员考试及单位招聘录用考试环节，统一规定宪法及有关基本法律内容的考核要求 的百分比	63.4%	56.8%	60.6%
		占总计的百分比	36.2%	24.4%	60.6%
	比较差	计数	113	78	191
		占 您对自身法律意识状况如何总体评价？ 的百分比	59.2%	40.8%	100.0%
		占 对于提高大学生法治素养，您有什么好的建议？_在公务员考试及单位招聘录用考试环节，统一规定宪法及有关基本法律内容的考核要求 的百分比	6.8%	6.2%	6.5%
		占总计的百分比	3.9%	2.7%	6.5%

续表

		对于提高大学生法治素养，您有什么好的建议？_在公务员考试及单位招聘录用考试环节，统一规定宪法及有关基本法律内容的考核要求		
			在公务员考试及单位招聘录用考试环节，统一规定宪法及有关基本法律内容的考核要求	总计
总计	计数	1666	1252	2918
	占 人数总计 的百分比	57.1%	42.9%	100.0%
	占 对于提高大学生法治素养，您有什么好的建议？_在公务员考试及单位招聘录用考试环节，统一规定宪法及有关基本法律内容的考核要求 的百分比	100.0%	100.0%	100.0%

将上述数据进行汇总，形成以下图表：

您对自身法律意识状况如何总体评价？
*** 对于提高大学生法治素养，您有什么好的建议？ 交叉表**

		对于提高大学生法治素养，您有什么好的建议？				
		通过增设法律课程，强化法律教育	通过相关社团等组织安排主题性第二课堂活动，增强学生法律意识	通过规定课外学分，引导学生积极学习法律、参与法律调研等活动	在公务员考试及单位招聘录用考试环节，统一规定宪法及有关基本法律内容的考核要求	平均值
您对自身法律意识状况如何总体评价？_有效百分比	非常强	81.9	70.7	73.4	52.1	69.53
	强	71.3	76.0	72.9	47.3	66.88
	一般	70.1	72.9	75.1	40.2	64.56
	比较差	71.7	67.0	67.5	40.8	61.75
	平均值	73.75	71.65	72.23	45.10	

“您对自身法律意识状况如何总体评价”与“对于提高大学生法治素养，您有什么好的建议”交叉统计数据表明，对于提高大学生法治素养的策略和建议而言，每个具体选项分别在四个不同群体学生中被选择的有效百分比也存在结构性区别：“通过增设法律课程，强化法律教育”选项有效百分比，法律意识状况自我评价“非常强”群体学生最高，其余三个群体学生低了10个百分点而且彼此之间非常接近；“通过相关社团等组织安排主题性第二课堂活动，增强学生法律意识”选项有效百分比，法律意识状况自我评价“强”群体学生最高，自我评价“比

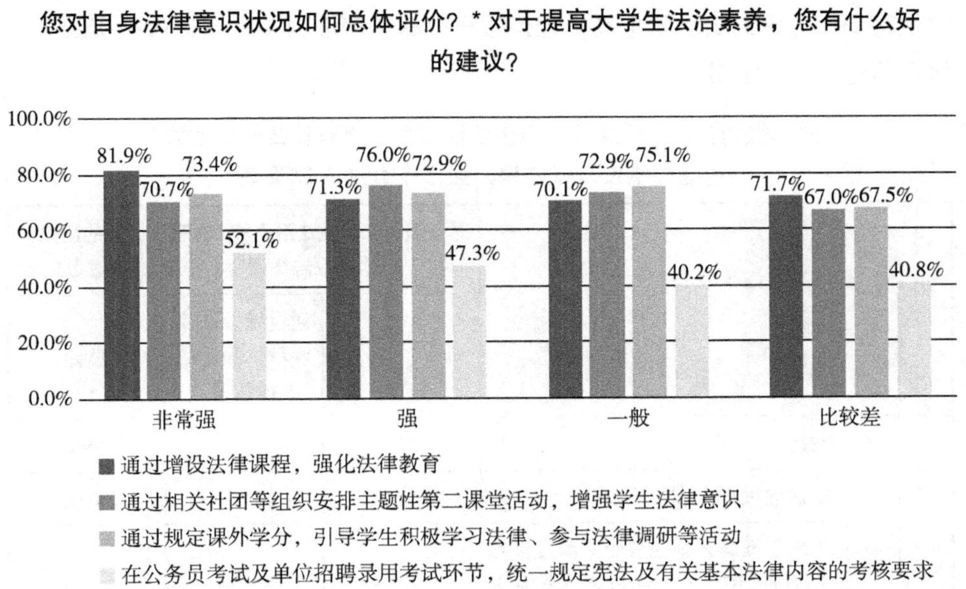

较差”群体学生最低，其余两个居中而且彼此很接近；“通过规定课外学分，引导学生积极学习法律、参与法律调研等活动”选项有效百分比，法律意识状况自我评价“一般”群体学生最高，自我评价“比较差”群体学生最低，其余两群体居中而且距离最高值差距不大；“在公务员考试及单位招聘录用考试环节，统一规定宪法及有关基本法律内容的考核要求”选项有效百分比，法律意识状况自我评价“非常强”群体学生最高，其次是自我评价“强”群体学生，另外两个群体学生较低而且彼此非常接近。总体而言，法律意识状况自我评价较高的学生，具体选项有效百分比相对较高，或者说其意愿更强。

另外，受访非法学专业本科生中法律意识状况自我评价四个不同群体学生之间，对于每个选项的意愿程度也存在高低之分：法律意识状况自我评价“非常强”和“比较差”两个群体学生，相对更加倾向于增设法律课程、规定课外学分要求；自我评价“强”群体学生，相对更加倾向于第二课堂活动形式，其次是规定课外学分要求或者增加法律课程；自我评价“一般”群体学生，相对更加倾向于规定课外学分要求，其次分别是第二课堂和增设法律课程。总体而言，增设法律课程、组织相关第二课堂活动、规定有关课外学分要求三种策略，分别在法律意识状况自我评价四个不同群体学生中都可能被优先选择，而“在公务员考试及单位招聘录用考试环节，统一规定宪法及有关基本法律内容的考核要求”选项，相对更容易被法律意识状况自我评价“非常强”和“强”两个群体学生接受，考虑到受访学生具体选择过程中的非理性因素，该选项在实践中应该有其特殊牵引作用。

您的性别？ * 对于提高大学生法治素养，您有什么好的建议？_通过增设法律课程，强化法律教育 交叉表

			对于提高大学生法治素养，您有什么好的建议？_通过增设法律课程，强化法律教育		
				通过增设法律课程，强化法律教育	总计
您的性别？	男	计数	314	680	994
		占 您的性别？ 的百分比	31.6%	68.4%	100.0%
		占 对于提高大学生法治素养，您有什么好的建议？_通过增设法律课程，强化法律教育 的百分比	37.5%	32.7%	34.1%
		占总计的百分比	10.8%	23.3%	34.1%
	女	计数	524	1400	1924
		占 您的性别？ 的百分比	27.2%	72.8%	100.0%
		占 对于提高大学生法治素养，您有什么好的建议？_通过增设法律课程，强化法律教育 的百分比	62.5%	67.3%	65.9%
		占总计的百分比	18.0%	48.0%	65.9%
总计		计数	838	2080	2918
		占 人数总计 的百分比	28.7%	71.3%	100.0%
		占 对于提高大学生法治素养，您有什么好的建议？_通过增设法律课程，强化法律教育 的百分比	100.0%	100.0%	100.0%

您的性别？ * 对于提高大学生法治素养，您有什么好的建议？_通过相关社团等组织安排主题性第二课堂活动，增强学生法律意识 交叉表

			对于提高大学生法治素养，您有什么好的建议？_通过相关社团等组织安排主题性第二课堂活动，增强学生法律意识		
				通过相关社团等组织安排主题性第二课堂活动，增强学生法律意识	总计
您的性别？	男	计数	286	708	994
		占 您的性别？ 的百分比	28.8%	71.2%	100.0%
		占 对于提高大学生法治素养，您有什么好的建议？_通过相关社团等组织安排主题性第二课堂活动，增强学生法律意识 的百分比	36.5%	33.2%	34.1%
		占总计的百分比	9.8%	24.3%	34.1%
	女	计数	497	1427	1924
		占 您的性别？ 的百分比	25.8%	74.2%	100.0%
		占 对于提高大学生法治素养，您有什么好的建议？_通过相关社团等组织安排主题性第二课堂活动，增强学生法律意识 的百分比	63.5%	66.8%	65.9%
		占总计的百分比	17.0%	48.9%	65.9%
总计		计数	783	2135	2918
		占 人数总计 的百分比	26.8%	73.2%	100.0%
		占 对于提高大学生法治素养，您有什么好的建议？_通过相关社团等组织安排主题性第二课堂活动，增强学生法律意识 的百分比	100.0%	100.0%	100.0%

您的性别？ * 对于提高大学生法治素养，您有什么好的建议？_通过规定课外学分，引导学生积极学习法律、参与法律调研等活动 交叉表

			对于提高大学生法治素养，您有什么好的建议？_通过规定课外学分，引导学生积极学习法律、参与法律调研等活动		
				通过规定课外学分，引导学生积极学习法律、参与法律调研等活动	总计
您的性别？	男	计数	303	691	994
		占 您的性别？ 的百分比	30.5%	69.5%	100.0%
		占 对于提高大学生法治素养，您有什么好的建议？_通过规定课外学分，引导学生积极学习法律、参与法律调研等活动 的百分比	39.8%	32.1%	34.1%
		占总计的百分比	10.4%	23.7%	34.1%
	女	计数	459	1465	1924
		占 您的性别？ 的百分比	23.9%	76.1%	100.0%
		占 对于提高大学生法治素养，您有什么好的建议？_通过规定课外学分，引导学生积极学习法律、参与法律调研等活动 的百分比	60.2%	67.9%	65.9%
		占总计的百分比	15.7%	50.2%	65.9%
总计		计数	762	2156	2918
		占 人数总计 的百分比	26.1%	73.9%	100.0%
		占 对于提高大学生法治素养，您有什么好的建议？_通过规定课外学分，引导学生积极学习法律、参与法律调研等活动 的百分比	100.0%	100.0%	100.0%

您的性别？ * 对于提高大学生法治素养，您有什么好的建议？_在公务员考试及单位招聘录用考试环节，统一规定宪法及有关基本法律内容的考核要求 交叉表

			对于提高大学生法治素养，您有什么好的建议？_在公务员考试及单位招聘录用考试环节，统一规定宪法及有关基本法律内容的考核要求		
				在公务员考试及单位招聘录用考试环节，统一规定宪法及有关基本法律内容的考核要求	总计
您的性别？	男	计数	559	435	994
		占 您的性别？ 的百分比	56.2%	43.8%	100.0%
		占 对于提高大学生法治素养，您有什么好的建议？_在公务员考试及单位招聘录用考试环节，统一规定宪法及有关基本法律内容的考核要求 的百分比	33.6%	34.7%	34.1%
		占总计的百分比	19.2%	14.9%	34.1%
	女	计数	1107	817	1924
		占 您的性别？ 的百分比	57.5%	42.5%	100.0%
		占 对于提高大学生法治素养，您有什么好的建议？_在公务员考试及单位招聘录用考试环节，统一规定宪法及有关基本法律内容的考核要求 的百分比	66.4%	65.3%	65.9%
		占总计的百分比	37.9%	28.0%	65.9%
总计		计数	1666	1252	2918
		占 人数总计 的百分比	57.1%	42.9%	100.0%
		占 对于提高大学生法治素养，您有什么好的建议？_在公务员考试及单位招聘录用考试环节，统一规定宪法及有关基本法律内容的考核要求 的百分比	100.0%	100.0%	100.0%

将据上述进行数据汇总，形成以下图表：

您的性别？ * 对于提高大学生法治素养，您有什么好的建议？ 交叉表

		对于提高大学生法治素养，您有什么好的建议？			
		通过增设法律课程，强化法律教育	通过相关社团等组织安排主题性第二课堂活动，增强学生法律意识	通过规定课外学分，引导学生积极学习法律、参与法律调研等活动	在公务员考试及单位招聘录用考试环节，统一规定宪法及有关基本法律内容的考核要求
您的性别_有效百分比	男	68.4	71.2	69.5	43.8
	女	72.8	74.2	76.1	42.5

您的性别？ * 对于提高大学生法治素养，您有什么好的建议？

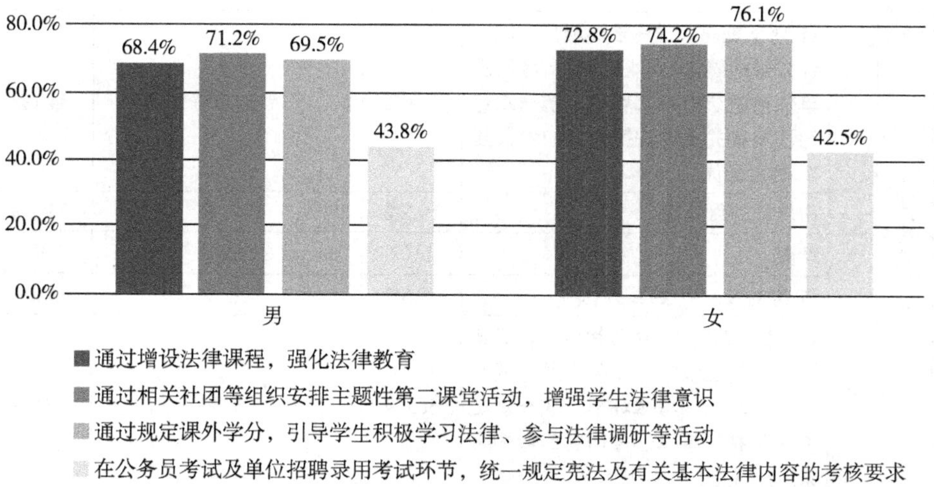

“您的性别”与“对于提高大学生法治素养，您有什么好的建议”交叉统计数据表明，就提高大学生法治素养的路径选择建议而言，受访非法学专业本科生中还是存在一定程度的性别差异：规定课外学分要求、增设法律课程、组织第二课堂活动这三个选项有效百分比，女生不同程度上高于男生；“在公务员考试及单位招聘录用考试环节，统一规定宪法及有关基本法律内容的考核要求”选项有效百分比，男女生之间非常接近，男生稍高于女生。

您的年级？ * 对于提高大学生法治素养，您有什么好的建议？_通过增设法律课程，强化法律教育 交叉表

			对于提高大学生法治素养，您有什么好的建议？_通过增设法律课程，强化法律教育		
				通过增设法律课程，强化法律教育	总计
您的年级？	大一	计数	506	1265	1771
		占 您的年级？ 的百分比	28.6%	71.4%	100.0%
		占 对于提高大学生法治素养，您有什么好的建议？_通过增设法律课程，强化法律教育 的百分比	60.4%	60.8%	60.7%
		占总计的百分比	17.3%	43.4%	60.7%
	大二	计数	190	385	575
		占 您的年级？ 的百分比	33.0%	67.0%	100.0%
		占 对于提高大学生法治素养，您有什么好的建议？_通过增设法律课程，强化法律教育 的百分比	22.7%	18.5%	19.7%
		占总计的百分比	6.5%	13.2%	19.7%
	大三	计数	110	327	437
		占 您的年级？ 的百分比	25.2%	74.8%	100.0%
		占 对于提高大学生法治素养，您有什么好的建议？_通过增设法律课程，强化法律教育 的百分比	13.1%	15.7%	15.0%
		占总计的百分比	3.8%	11.2%	15.0%
	大四	计数	32	103	135
		占 您的年级？ 的百分比	23.7%	76.3%	100.0%
		占 对于提高大学生法治素养，您有什么好的建议？_通过增设法律课程，强化法律教育 的百分比	3.8%	5.0%	4.6%
		占总计的百分比	1.1%	3.5%	4.6%
总计		计数	838	2080	2918
		占 人数总计 的百分比	28.7%	71.3%	100.0%
		占 对于提高大学生法治素养，您有什么好的建议？_通过增设法律课程，强化法律教育 的百分比	100.0%	100.0%	100.0%

您的年级？ * 对于提高大学生法治素养，您有什么好的建议？_通过相关社团等组织安排主题性第二课堂活动，增强学生法律意识 交叉表

			对于提高大学生法治素养，您有什么好的建议？_通过相关社团等组织安排主题性第二课堂活动，增强学生法律意识		
				通过相关社团等组织安排主题性第二课堂活动，增强学生法律意识	总计
您的年级？	大一	计数	441	1330	1771
		占 您的年级？ 的百分比	24.9%	75.1%	100.0%
		占 对于提高大学生法治素养，您有什么好的建议？_通过相关社团等组织安排主题性第二课堂活动，增强学生法律意识 的百分比	56.3%	62.3%	60.7%
		占总计的百分比	15.1%	45.6%	60.7%
	大二	计数	179	396	575
		占 您的年级？ 的百分比	31.1%	68.9%	100.0%
		占 对于提高大学生法治素养，您有什么好的建议？_通过相关社团等组织安排主题性第二课堂活动，增强学生法律意识 的百分比	22.9%	18.5%	19.7%
		占总计的百分比	6.1%	13.6%	19.7%
	大三	计数	129	308	437
		占 您的年级？ 的百分比	29.5%	70.5%	100.0%
		占 对于提高大学生法治素养，您有什么好的建议？_通过相关社团等组织安排主题性第二课堂活动，增强学生法律意识 的百分比	16.5%	14.4%	15.0%
		占总计的百分比	4.4%	10.6%	15.0%
	大四	计数	34	101	135
		占 您的年级？ 的百分比	25.2%	74.8%	100.0%
		占 对于提高大学生法治素养，您有什么好的建议？_通过相关社团等组织安排主题性第二课堂活动，增强学生法律意识 的百分比	4.3%	4.7%	4.6%
		占总计的百分比	1.2%	3.5%	4.6%
总计		计数	783	2135	2918
		占 人数总计 的百分比	26.8%	73.2%	100.0%
		占 对于提高大学生法治素养，您有什么好的建议？_通过相关社团等组织安排主题性第二课堂活动，增强学生法律意识 的百分比	100.0%	100.0%	100.0%

您的年级？ * 对于提高大学生法治素养，您有什么好的建议？
_通过规定课外学分，引导学生积极学习法律、参与法律调研等活动 交叉表

			对于提高大学生法治素养，您有什么好的建议？_通过规定课外学分，引导学生积极学习法律、参与法律调研等活动		
				通过规定课外学分，引导学生积极学习法律、参与法律调研等活动	总计
您的年级？	大一	计数	428	1343	1771
		占 您的年级？ 的百分比	24.2%	75.8%	100.0%
		占 对于提高大学生法治素养，您有什么好的建议？_通过规定课外学分，引导学生积极学习法律、参与法律调研等活动 的百分比	56.2%	62.3%	60.7%
		占总计的百分比	14.7%	46.0%	60.7%
	大二	计数	171	404	575
		占 您的年级？ 的百分比	29.7%	70.3%	100.0%
		占 对于提高大学生法治素养，您有什么好的建议？_通过规定课外学分，引导学生积极学习法律、参与法律调研等活动 的百分比	22.4%	18.7%	19.7%
		占总计的百分比	5.9%	13.8%	19.7%
	大三	计数	120	317	437
		占 您的年级？ 的百分比	27.5%	72.5%	100.0%
		占 对于提高大学生法治素养，您有什么好的建议？_通过规定课外学分，引导学生积极学习法律、参与法律调研等活动 的百分比	15.7%	14.7%	15.0%
		占总计的百分比	4.1%	10.9%	15.0%
	大四	计数	43	92	135
		占 您的年级？ 的百分比	31.9%	68.1%	100.0%
		占 对于提高大学生法治素养，您有什么好的建议？_通过规定课外学分，引导学生积极学习法律、参与法律调研等活动 的百分比	5.6%	4.3%	4.6%
		占总计的百分比	1.5%	3.2%	4.6%
总计		计数	762	2156	2918
		占 人数总计 的百分比	26.1%	73.9%	100.0%
		占 对于提高大学生法治素养，您有什么好的建议？_通过规定课外学分，引导学生积极学习法律、参与法律调研等活动 的百分比	100.0%	100.0%	100.0%

您的年级？ * 对于提高大学生法治素养，您有什么好的建议？_在公务员考试及单位招聘录用考试环节，统一规定宪法及有关基本法律内容的考核要求 交叉表

			对于提高大学生法治素养，您有什么好的建议？_在公务员考试及单位招聘录用考试环节，统一规定宪法及有关基本法律内容的考核要求		
				在公务员考试及单位招聘录用考试环节，统一规定宪法及有关基本法律内容的考核要求	总计
您的年级？	大一	计数	986	785	1771
		占 您的年级？ 的百分比	55.7%	44.3%	100.0%
		占 对于提高大学生法治素养，您有什么好的建议？_在公务员考试及单位招聘录用考试环节，统一规定宪法及有关基本法律内容的考核要求 的百分比	59.2%	62.7%	60.7%
		占总计的百分比	33.8%	26.9%	60.7%
	大二	计数	358	217	575
		占 您的年级？ 的百分比	62.3%	37.7%	100.0%
		占 对于提高大学生法治素养，您有什么好的建议？_在公务员考试及单位招聘录用考试环节，统一规定宪法及有关基本法律内容的考核要求 的百分比	21.5%	17.3%	19.7%
		占总计的百分比	12.3%	7.4%	19.7%
	大三	计数	250	187	437
		占 您的年级？ 的百分比	57.2%	42.8%	100.0%
		占 对于提高大学生法治素养，您有什么好的建议？_在公务员考试及单位招聘录用考试环节，统一规定宪法及有关基本法律内容的考核要求 的百分比	15.0%	14.9%	15.0%
		占总计的百分比	8.6%	6.4%	15.0%
	大四	计数	72	63	135
		占 您的年级？ 的百分比	53.3%	46.7%	100.0%
		占 对于提高大学生法治素养，您有什么好的建议？_在公务员考试及单位招聘录用考试环节，统一规定宪法及有关基本法律内容的考核要求 的百分比	4.3%	5.0%	4.6%
		占总计的百分比	2.5%	2.2%	4.6%

续表

		对于提高大学生法治素养，您有什么好的建议？_在公务员考试及单位招聘录用考试环节，统一规定宪法及有关基本法律内容的考核要求		
			在公务员考试及单位招聘录用考试环节，统一规定宪法及有关基本法律内容的考核要求	总计
总计	计数	1666	1252	2918
	占 人数总计 的百分比	57.1%	42.9%	100.0%
	占 对于提高大学生法治素养，您有什么好的建议？_在公务员考试及单位招聘录用考试环节，统一规定宪法及有关基本法律内容的考核要求 的百分比	100.0%	100.0%	100.0%

将上述数据进行汇总，形成以下图表：

您的年级？ * 对于提高大学生法治素养，您有什么好的建议？ 交叉表

		对于提高大学生法治素养，您有什么好的建议？				
		通过增设法律课程，强化法律教育	通过相关社团等组织安排主题性第二课堂活动，增强学生法律意识	通过规定课外学分，引导学生积极学习法律、参与法律调研等活动	在公务员考试及单位招聘录用考试环节，统一规定宪法及有关基本法律内容的考核要求	平均值
您的年级_有效百分比	大一	71.4	75.1	75.8	44.3	66.65
	大二	67.0	68.9	70.3	37.7	60.98
	大三	74.8	70.5	72.5	42.8	65.15
	大四	76.3	74.8	68.1	46.7	66.48
	平均值	72.38	72.33	71.68	42.88	

“您的年级”与“对于提高大学生法治素养，您有什么好的建议”交叉统计数据表明，就提高大学生法治素养的路径选择建议而言，受访非法学专业本科生中四个年级之间也存在一定的差异：一方面，不同年级学生群体对于四个选项的意愿程度不同：大一和大二学生的四个选项有效百分比，按规定课外学分要求、组织开展第二课堂活动、增设法律课程、在公务员考试及单位招聘录用考试环节统一规定宪法及基本法律内容考核要求顺序依次降低；大三学生的四个选项有效百分比，则按增设法律课程、规定课外学分要求、组织开展第二课堂活动、在公

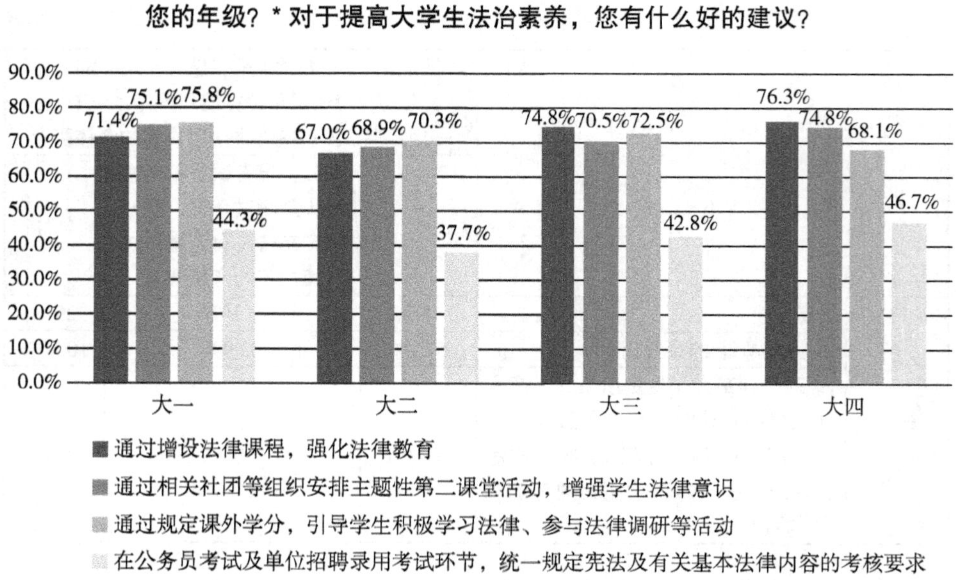

务员考试及单位招聘录用考试环节统一规定宪法及基本法律内容考核要求顺序依次降低；大四学生的四个选项有效百分比，则按增设法律课程、组织开展第二课堂活动、规定课外学分要求、在公务员考试及单位招聘录用考试环节统一规定宪法及基本法律内容考核要求顺序依次降低。另一方面，每一个具体选项在四个年级中被欢迎的程度也不同："通过增设法律课程，强化法律教育"选项有效百分比，大四、大三、大一和大二学生依次降低；"通过相关社团等组织安排主题性第二课堂活动，增强学生法律意识"选项有效百分比，大一、大四、大三、大二学生依次降低；"通过规定课外学分，引导学生积极学习法律、参与法律调研等活动"选项有效百分比，大一、大三、大二和大四学生依次降低；"在公务员考试及单位招聘录用考试环节，统一规定宪法及有关基本法律内容的考核要求"选项有效百分比，大四、大一、大三和大二学生依次降低。

总体上，大一、大二学生相对更加倾向于规定课外学分要求选项，大三、大四学生相对更加倾向于增设法律课程选项，而大二学生的四个选项有效百分比的平均值最低，而且其中三个选项有效百分比也是最低。增设法律课程、组织开展第二课堂活动、规定课外学分要求三个选项的四个年级有效百分比的平均值非常接近，而且都超过了 70.0%，也即受欢迎程度较高。"在公务员考试及单位招聘录用考试环节，统一规定宪法及有关基本法律内容的考核要求"选项的有效百分比在四个年级之间都不高，但相对而言，大一和大四学生支持率更高。

结　　语

伴随着市场经济和法治国家建设实践的不断推进，包括非法学专业本科生在内的受访学生个人法律意识和法治观念总体上在不断进步，青年大学生普遍拥有较强的正义价值观认同，这为其增强和提高法治观念奠定了良好道德、价值基础。但总体上尤其是非法学专业学生法治素养尚待提高，特别是在理解和把握法治的内涵和真谛，从法治国家建设层面了解基本法律制度及相关法律实践、法律权威、法律与党和国家政策等其他社会规范之间关系、法律功能与作用，以及在行动中尊法守法等方面和环节还很不平衡、很不充分。从大学《思想道德修养与法律基础》课程教学及学校相关法律教育角度而言，我们可以形成以下几点结论和建议。

几点结论：

1. 相对于社会主义法治理论以及法治中国建设实践要求，青年大学生法律意识以及法治观念需要进一步增强和提高，即使有较高水平的法律意识和法治观念自我评价，但普遍缺乏足够的法学理论、法律知识理性支持。就大学生法律意识与法治观念状况而言，存在一定幅度的性别差异，年级之间差异则非常有限，甚至随着年级的增高，还在某些方面表现出更加“任性”“随意”和“世故”，这说明学生相关意识与观念更多基于自身道德与习惯自觉等非理性因素，缺乏系统有效的法学理论与法律知识学习与教育支持。

2. 青年大学生法律意识状况自我评价的高低，应当与其自我权利认知、自我权利保护与救济等所表现出的权利意识强弱和能力大小之间具有直接正相关关系，但是这一内在关联只是在受访学生一般性权利认知方面得到不同程度印证，而相关具体问题的考察则表明这一正相关关系体现得不够充分，尤其是在一些制度性法律知识的具体掌握、自我权利的积极主动保护意识以及自我权利保护与救济理性合法渠道认知等方面，更是几无体现。所以总体上可以认为，目前尚未通过积极有效的法学理论和法律知识学习与教育，在青年大学生中形成权利意识提高与法律意识和法治观念增强之间的良性互动。

3. 多年来的市场经济和法治国家建设实践等经济社会发展背景下，青年大学生权利主张与要求意义上的权利意识普遍提高，但存在片面性而且缺乏足够的法学理论与法律知识等理性支撑。比如：对权利内容及其边界、义务观念与规则意识、权利救济的制度设计等普遍缺乏必要的理解和认知，普遍存在总体上权利观念较强而义务观念相对较弱，积极性权利主张强烈而权利保护与救济能力较差，自我权利主张强烈而对他人权利尊重不足等矛盾现象。

4. 总体上追求“宏大叙事”的“法律基础”教育背景下，学生具体的法律知识乃至基本的法律常识比较欠缺，或者说学生的权利意识等法治观念更多还是停留于抽象的一般判断层面，普遍存在整体权利主张强烈而基本法律常识过少、具体权利认知欠缺等矛盾现象。

5. 目前的教育体系设计中，非法学专业本科学生的法律教育一般都全部交由《思想道德修养与法律基础》课程教学，其教学内容和教学时间不仅非常有限，而且存在教材内容体系设计有欠缺等不足，选修法律类课程、观看普法类电视栏目、利用网络法律资源等其他渠道的法律知识供给，由于管理制度不健全等原因而具有不确定性和非系统性等缺陷与不足，因而普遍缺乏系统有效的大学生法治观念养成机制，普遍存在全面增强青年大学生法治素养的期待和要求与法律宣传教育服务供给非常不足这一矛盾现象。

6.《思想道德修养与法律基础》教材中法律部分内容安排过分偏向国家层面的宏观要求，以致内容比较抽象、理论性过强，对于多数一年级非法学专业本科生而言有些抽象化，客观上增加了课程学习的难度，人为造成教材内容宏大叙事与教学对象缺乏必要知识与经验准备这一教学过程中的对立与紧张。

7. 由于学科专业背景以及由此影响和决定的知识结构与思维方式，思政课教师队伍在整体上对于法律知识和法学理论的系统理解和科学应用还存在不足，难以在有限的教学时间里将庞大而抽象的教材内容进行科学转化，客观上影响和限制了《思想道德修养与法律基础》课程教学中法律基础课程部分教学效果的有效提升。

几点建议：

1. 探讨和研究《思想道德修养与法律基础》课中法律部分教学目标定位、教学内容安排、教学体系设计，除了一般性立足学生权利意识、法治观念等培养和教育，还应着重加强学生的守法观念、规则意识以及自主学法、积极用法等方面的学习和教育，要特别注重学生权利救济基本能力培养。

2. 加强《思想道德修养与法律基础》课教师队伍建设，除了通过研讨交流等一般性方式增强和提高教学能力、教学水平外，还应针对性开展法学知识理论的学习与培训，使广大任课教师能够在融会贯通基本法学理论基础上，努力结合学生学习和生活实践，深入浅出、循循善诱，更好兼顾宏观上的法治观念与微观上的学法守法用法能力之间的统一关系。

3. 通过学校公共选修课平台开设系列普法性质课程，在充分尊重学生个性化选择等学习权利的同时，重点针对大二、大三学生积极强化法律基础知识教育，助力学生法治素养提升。

4. 结合学校学生社团建设，引导和组织相关社团重点针对大一和大二学生积极开展主题性第二课堂活动，尤其要注意充分利用现代教育技术手段积极开展“互联网 +”法治教育，结合学习和生活实践有效增强学生法治素养，由此不仅有效增强法律教育效果，而且使得学生在校期间的法律学习和法治教育不间断，确保具有连续性和稳定性。

5. 在学校人才培养方案设计过程中，充分发挥毕业学分要求等学校内部管理规定的引领作用，通过规定相关课外学分要求，重点引导大一和大二学生积极学习法律知识、参与法律实践、开展法律调研。

6. 就学校内部管理而言，要从科学组织、系统设计、有效实施、监督考核等环节，为积极提升青年大学生法治素养构建科学完善的制度体系；要高度重视思想政治课程教师队伍建设，构建和完善思想政治课程教师体系化、常态化的法学理论和法律知识学习与培训机制。

7. 在高等教育管理环节，将大学生法治素养水平及其教育和培养过程纳入高等学校考核评价体系。

8. 从国家和社会层面，改革和优化相关制度设计，逐步在公务员考试及单位招聘录用考试环节统一规定宪法及有关基本法律内容的考核要求；硕士研究生招生考试环节在“政治”科目中加大法律内容及分值占比，充分发挥相关政策和制度的牵引与导向作用。

总而言之，大学生法治素养状况直接影响到全社会法治文化建设水平，进而影响和决定法治国家建设实践进程。面向青年大学生的法治宣传与教育任重道远，需要从教育教学管理制度建设、教材建设、师资队伍建设、教学方式方法改革、新一代信息技术支持与运用以及有关国家政策调整等多环节统筹推进。

图书在版编目（CIP）数据

大学本科生法治素养及其提升策略：基于A校本科生尊法学法守法用法状况调查 / 石旭斋著 .—北京：中国法制出版社，2019.10
ISBN 978-7-5216-0570-9

Ⅰ. ①大… Ⅱ. ①石… Ⅲ. ①社会主义法制–法制教育–教学研究–高等学校 Ⅳ. ① G641.5

中国版本图书馆 CIP 数据核字（2019）第 207026 号

策划编辑：马 颖　　责任编辑：王雯汀　　封面设计：杨鑫宇

大学本科生法治素养及其提升策略：基于A校本科生尊法学法守法用法状况调查
DAXUE BENKESHENG FAZHI SUYANG JIQI TISHENG CELÜE: JIYU AXIAO BENKESHENG ZUNFA XUEFA SHOUFA YONGFA ZHUANGKUANG DIAOCHA

著者 / 石旭斋
经销 / 新华书店
印刷 / 北京京华虎彩印刷有限公司
开本 / 710 毫米 ×1000 毫米　16 开　　印张 / 28.5　字数 / 495 千
版次 / 2019 年 10 月第 1 版　　2019 年 10 月第 1 次印刷

中国法制出版社出版
书号 ISBN 978-7-5216-0570-9　　定价：85.00 元

北京西单横二条 2 号　邮政编码 100031　　传真：010-66031119
网址：**http://www.zgfzs.com**　　**编辑部电话：010-66060794**
市场营销部电话：010-66033393　　**邮购部电话：010-66033288**
（如有印装质量问题，请与本社印务部联系调换。电话：010-66032926）